Bräuche und Feste
durch das ganze Jahr

ÜBER DIESES BUCH

Das Leben in überlieferten Ordnungen bildet den Gegenstand dieses Buches. Es beschreibt und erklärt die Bräuche, mit denen die Menschen im christlichen Kulturkreis das Jahr gliedern und begehen. Den Ansatzpunkt liefern die eindrucksvollsten Brauchformen, nicht nur aus Deutschland, sondern auch aus ganz Europa. Sie werden in vielen neuen Bildern vorgestellt und in ihren kulturhistorischen Zusammenhängen erläutert. Beachtung finden zudem die Beziehungen zwischen Brauch und Liturgie.

ÜBER DEN AUTOR

Dr. Dietz-Rüdiger Moser ist Inhaber des Lehrstuhles für Bayerische Kulturgeschichte an der Universität München. Zuvor lehrte er als habilitierter Volkskundler an der Universität Freiburg i. Br. sowie zeitweise an den Universitäten Berlin, Heidelberg und Münster. Er schrieb zahlreiche Bücher und Aufsätze zur Lied-, Brauch- und Erzählforschung und gibt seit 1985 die Zeitschrift »Literatur in Bayern« heraus. 1996 erhielt er den Kulturpreis des »Bundes Deutscher Karneval«.

Dietz-Rüdiger Moser

Bräuche und Feste durch das ganze Jahr

Gepflogenheiten der Gegenwart
in kulturgeschichtlichen Zusammenhängen

Abbildungen

Dietz-Rüdiger Moser: 8, 13, 14, 15, 23, 26, 27, 28 (2), 29, 30, 31, 37, 46, 48, 49, 51, 54, 62, 63, 64, 65, 67, 75, 79, 80, 81, 83, 89, 91, 93, 100 (1), 102, 103, 104, 105 (1), 106 (1), 107, 109 (2), 121, 122, 123, 124, 125, 126, 132, 133, 135, 138, 139, 143, 144, 145, 146, 147, 148, 149, 152, 153, 155, 156, 157, 161, 162, 163, 164, 165, 168, 169, 170, 171, 174, 175, 176, 183, 184, 186, 189, 190, 194 (1), 195, 196, 198, 201, 207
Stadtmuseum Berlin (Zustand vor Restaurierung): 21
The Yorck Project, Berlin: 24, 25, 40, 41, 42, 43, 56, 57, 69, 71, 74, 90, 95, 97, 100 (1), 106 (1), 108, 113, 157 (1), 167, 179, 191, 193, 194 (1), 200, 203, 205, 211, 217
Thomas Schwarz: 28 (1), 47, 105 (1), 109 (1)
Bamberg, Staatsbibliothek: 44
Museen der Stadt Wien: 45 (1)
Österreichisches Museum für Volkskunde, Wien: 45 (1)
Reichsmuseum Amsterdam: 50
Königliches Museum für Schöne Künste, Antwerpen: 61
Museum Meyer van den Bergh, Antwerpen: 73
Archiv Werner Schwenk, Ehlenbogen i. K.: 77 (1)
Falkenrealschule Freudenstadt: 77 (1)
Chantilly Musée, Condé: 82
Tiroler Landesmuseum Ferdinandeum, Innsbruck: 84
Hessisches Landesmuseum, Darmstadt: 87
Kapuzinerkloster Appenzell: 96
Irene Götz: 101 (1)
Staatsbibliothek Preußischer Kulturbesitz, Berlin: 101 (1)
Annemarie Jacob: 115, 116, 117
Gemeinde Oberammergau: 141
Württembergische Landesstelle für Volkskunde: 160
Ullstein-Archiv, Berlin: 167

Umschlaggestaltung: Finken & Bumiller, Stuttgart
Umschlagmotive – Hauptmotiv: zefa visual media
(K. + H. Benser); Kleinmotive oben v. l. n. r.:
Dietz-Rüdiger Moser, unten: Ullstein-Bildarchiv;
zefa visual media; Christophorus-Verlag, Freiburg i. Br.;
Dietz-Rüdiger Moser.

Alle Rechte vorbehalten – Printed in Germany
© Verlag Herder Freiburg im Breisgau 2002
www.herder.de
Druck und Bindung: J. P. Himmer, Augsburg
Gedruckt auf umweltfreundlichem,
chlorfrei gebleichtem Papier
ISBN 3-451-27367-5

Inhaltsverzeichnis

	Vorwort	7
1	**Das Jahr des Herrn** Der Kalender und die christliche Feiertagsordnung, Jahreszeiten und Festkreise, Perikopen und liturgienaher Brauch	9
2	**So leuchte Euer Licht vor den Menschen** Die Lichterumzüge des Martinstages und andere Bräuche am Vorabend der alten Weihnachtsfastenzeit	23
3	**Mehret Eure Talente!** Der Nikolaustag und die kirchliche Kinderkatechese	37
4	**Siehe, Dein König kommt zu Dir** Adventsbräuche, Adventsspiele und die Vorbereitung auf Weihnachten	51
5	**Ein Licht leuchtet in der Finsternis** Von Lichterbräuchen, Paradeis- und Krippenspielen und vom Weihnachtsbaum	65
6	**Da sie den Stern sahen, wurden sie hoch erfreut** Von Sternsingerumzügen, Dreikönigsspielen und anderen Bräuchen am Fest der Erscheinung des Herrn	79
7	**Wir sind Narren um Christi willen** Vom Narrentum und dem Sechs-Tage-Fest der Fastnacht, des Faschings und des Karnevals	93
8	**Ihr müßt von neuem geboren werden** Vom Scheibenschlagen in der Alten Fastnacht, vom Fischessen am Aschermittwoch und von anderen Fastenbräuchen	107

9 Hochgelobt, der da kommt im Namen des Herrn
   Von Osterpalmen und Palmeseln 121

10 Als Jesus von seiner Mutter ging
   Von Passionsbräuchen, Passionsliedern
   und Christi-Leiden-Spielen 135

11 Da die Sonne aufging
   Von Ostereiern, Osterbrunnen, Osterhasen
   und Eierspielen am Ostermontag 149

12 Da erhob sich vom Himmel her ein Brausen
   Von Himmelfahrts- und Pfingstbräuchen
   und von traditionellen Reiterspielen 163

13 Den Fußspuren des Herrn nachfolgen
   Von Prozessionen, Blumenteppichen und Triumphbögen
   am Fronleichnamsfes 177

14 Kinder, es ist die letzte Stunde
   Von den Besinnungsfesten am Ende des Kirchenjahres
   und ihren Bräuchen 191

15 Siehe, ich bin des Herren Magd
   Von den Marienfesten und ihren Bräuchen,
   besonders von Mariä Lichtmeß und vom Valentinstag 205

Literaturhinweise 219

Vorwort

In aller Welt werden an den Kalenderfesten Bräuche geübt: Am Martinstag ziehen Kinder mit Laternen umher, am Nikolaustag fragt der heilige Bischof die Katechismuskenntnisse der Kinder ab, und am Luciatag bereitet man die Tellersaat für Weihnachten. Verbreitet sind das Aufhängen von Adventskränzen, das Aufstellen von Weihnachtsbäumen oder Krippen sowie der Umzug der Sternsinger am Dreikönigstag. An Fastnacht treiben die Narren ihr Unwesen, am Funkensonntag wird das Scheibenschlagen geübt. Hier und da trifft man noch auf Passionsspiele und -prozessionen. Zu Ostern werden Eier gefärbt und Eierspiele veranstaltet, am Pfingstfest wird bräuchlich »geheischt«, an Fronleichnam legt man Blumenteppiche oder errichtet Triumphbögen für das Allerheiligste – und so gibt es noch viele andere »*kollektive Handlungen mit Regelmäßigkeitscharakter*« (Martin Scharfe), die den Jahreslauf gliedern und ihm – mehr oder minder deutlich – Sinn und Bedeutung verleihen.

Der Verfasser hat rund dreieinhalb Jahrzehnte lang Brauchforschung betrieben und sowohl in Einzeluntersuchungen als auch in zusammenfassenden Darstellungen das Beobachtete zu dokumentieren und zu analysieren versucht. Der vorliegende Band, dessen äußerer Umfang vorgegeben und insofern begrenzt war, zieht aus diesen Erhebungen und Darstellungen in gewissem Sinn die Summe: Er stellt das Gesicherte fest, ohne spezielle Forschungsprobleme zu erörtern oder auch nur Einzelnachweise zu liefern. Wer an genaueren Darlegungen interessiert sein sollte, wird auf die Bücher »*Fastnacht – Fasching – Karneval. Das Fest der ›verkehrten Welt‹*« (Graz/Köln/Wien 1986) und »*Feste und Bräuche im christlichen Jahreslauf*« (Graz/Köln/Wien 1993) verwiesen, zu denen als Vor- und ergänzende Studie noch die dritte Auflage des Bandes »*Lazarus Strohmanus Jülich. Ein christlicher Volksbrauch zur Lehre von der ›satisfactio vicaria‹*« (München 2000) heranzuziehen wäre. Über Einzelstudien, besonders zum Fastnachts- und Karnevalswesen, informiert die Auswahl-Bibliographie in der Festschrift »*Leitmotive. Kulturgeschichtliche Studien zur Traditionsbildung*« (Kallmünz 1999), S. 691-708, die seither durch einzelne Aufsätze, auch zur Brauchforschung, in der Zeitschrift »Literatur in Bayern« noch ergänzt wurde.

Die Erhebungen, die dem vorliegenden Band zugrundeliegen, führten den Verfasser nicht nur (und immer wieder) durch ganz Deutschland, sondern auch durch weite Teile Europas. Er sah die «Gilles» in Binche (Belgien), die Springprozession in Echternach (Luxemburg), die Passionsspiele in Maseveaux (Elsaß), den »Fetzenfasching« in Ebensee (Oberösterreich), die Passionsprozessionen in Trapani und Caltanisetta auf Sizilien, die »Infiorata« in Genzano di Roma in den Albaner Bergen, die Nikolausspiele in Reith in Tirol sowie die Perchtenbräuche im Tiroler Tuxertal, den Karneval in Venedig und in der katholischen Innerschweiz, vor allem in Luzern, um nur einige Beispiele zu nennen. Dementsprechend stammen die Brauchaufnahmen in der weit überwiegenden Zahl der Fälle aus eigener Produktion.

Auch bei der Analyse der Brauchphänomene ist der Verfasser immer wieder eigene Wege gegangen. Es ging ihm dabei darum, dem dichten Gewebe aus Fehldeutungen und Wunschbildern zu entkommen, das die Mythologenschulen des 19. Jahrhunderts (um nur diese zu nennen) hinterlassen haben und das, durch Presse, Funk und Internet weitervermittelt, auch in der Gegenwart immer noch die merkwürdigsten Blüten treibt. »Heidnisches«, zumal »germanisches« oder – wie man heute lieber sagt – »keltisches« Überlieferungsgut ist jedenfalls nirgendwo nachzuweisen, wohl aber gibt es zahllose Verbindungen zwischen dem heutigen Volksbrauch und der überkommenen Liturgie der abendländischen Kirche. Diesen Verbindungen wurde deshalb besondere Aufmerksamkeit geschenkt. Der vorliegende Band wendet sich infolgedessen nicht nur an die mit solchen Bräuchen vertrauten Spezialisten, an Brauchträger, Volkskundler oder Kulturhistoriker, sondern auch an Theologen, Brauchpfleger und Berichterstatter, etwa der Tagespresse, die ein klareres Verständnis der überlieferten Brauchformen suchen.

Der Abhandlung liegen zwei Vorlesungen über das Thema zugrunde, die der Verfasser während seiner Tätigkeit als Professor für Volkskunde an der Universität Freiburg im Breisgau sowie während eines Gastsemesters an der Universität Münster gehalten hat. Seine Berufung auf den Lehrstuhl für Bayerische Literaturgeschichte an der Universität München (1984) und dessen Umwidmung in einen Lehrstuhl für Bayerische Kulturgeschichte (1999) haben seither viele andere Aufgaben an ihn herantreten lassen. Dennoch blieb er der Brauchforschung – durch Erhebungen und Publikationen ebenso wie durch einschlägige Lehrveranstaltungen – weiterhin eng verbunden.

Es ist an dieser Stelle mehrfacher Dank abzustatten: Einmal dem Verlag, vertreten durch den Lektor, Herrn Ludger Hohn-Morisch, für seine Bereitschaft, diesen Band in seine Obhut zu nehmen, dann aber auch den Fachkollegen sowie den Mitarbeitern am Lehrstuhl für Bayerische Kulturgeschichte der Universität München, von denen stellvertretend nur Frau Kathrin Fischer M.A., Frau Claudia Pecher M.A., Frau Carolin Raffelsbauer M.A. und Herr Dr. Waldemar Fromm namentlich genannt seien.

München und Freising,
am Johannistag 2002.

Dietz-Rüdiger Moser

1

Das Jahr des Herrn

DER KALENDER
UND DIE CHRISTLICHE FEIERTAGSORDNUNG,
JAHRESZEITEN UND FESTKREISE,
PERIKOPEN UND LITURGIENAHER BRAUCH

Das menschliche Leben wird schon immer durch den Wechsel von Tätigkeit und Ruhe, von Alltag und Fest, gegliedert. Wie der Mensch arbeiten muß, um sich selbst und die Seinen zu ernähren, so benötigt er auch Zeiten der Entspannung, um neue Kraft zu schöpfen und sich in der Gemeinschaft mit anderen Menschen des Lebens zu erfreuen. Diese Freude entsteht zunächst durch gemeinsames Handeln im Kult: Die ältesten Feste, von denen die Überlieferungen berichten, sind Gottesdienste, das heißt Gelegenheiten zu gemeinsamer Anbetung der Gottheit, zur Danksagung für Wohlergehen und zur Bitte um Abwendung von Unheil. Das gilt auch schon für prähistorische und erst recht für die überschaubaren geschichtlichen Zeiten. Bereits im Alten Testament werden zwei Arten von Festen unterschieden: das (noch heute gefeierte) Fest des Herrn am siebenten Tag der Woche und drei große Jahresfeste, die man in gewissem Sinn als Vorbilder der späteren christlichen Hochfeste ansehen kann. Die Festordnung gehört zu den Verkündigungen des Gesetzes auf dem Berge Sinai: »Sechs Tage lang sollst du arbeiten, am siebenten Tag aber sollst du feiern, damit auch dein Rind und dein Esel ruhen und der Sohn deiner Magd und dein Fremdarbeiter zum Atemholen kommen«. Und weiter: »Dreimal im Jahr sollst du mir Feste feiern: das Fest der ungesäuerten Brote, [...] das Fest der Aussaat und [...] das Fest der Ernte.«

Astronomisches und bürgerliches Jahr

Mit der Frage, an welchen Terminen diese Feste gefeiert werden sollten, betritt man das Gebiet der Kalendergeschichte, an deren komplexer Entwicklung sich die verschiedenen Versuche ablesen lassen, die astronomischen Gegebenheiten mit Zeiterfahrung und Zeitordnung in Übereinstimmung zu bringen. Die Schwierigkeit, daß sich das aus dem Erdumlauf um die Sonne ergebende »Sonnenjahr« nicht mit dem »Mondjahr« aus zwölf vollen Mondphasenwechseln deckt, aber auch mit keinem Vielfachen der kleinsten erfahrbaren Zeiteinheit genau übereinstimmt, dem Wechsel von Tag und Nacht, machte es schon früh nötig, Ausgleichsregelungen zu finden, weil der Kalender anderenfalls das ganze Jahr durchwandert hätte – einmal wäre der Dezember in den Winter gefallen, dann wieder in den Sommer, und so fort. Genau genommen, dauert ein Sonnenjahr 365,24219879 Tage, das heißt 365 Tage, 5 Stunden und 48 Minuten, ein Mondjahr (aus zwölf Monaten zu 29,530589 Tagen oder 29 Tagen, 12 Stunden und 44 Minuten) aber nur 354,36706 Tage, das sind etwas mehr als 354 Tage, 8 Stunden und 48 Minuten. Verlängerte man die Monate in der Weise, daß sich in der Summe 365 Tage ergaben – und damit das »bürgerliche Jahr« –, blieb diese Zeitspanne immer noch ein wenig hinter der Dauer des Sonnenjahres zurück. Man mußte deshalb von Zeit zu Zeit Schalttage einlegen, um den astronomischen Vorsprung des Sonnenjahres wieder aufzuholen. Die Möglichkeiten, dieses Problem zu lösen, fanden ihren Ausdruck in den Zeitrechnungssystemen der »Kalender«. Das Wort selbst stammt aus dem Lateinischen (von *calare* = ausrufen) und bezeichnet ursprünglich den Zeitpunkt der *calendae*, an denen man den neuen Monat öffentlich ausrief; im Mittelalter entstand aus dem Namen, der an diese Praxis erinnerte, der »Zeitweiser durch das Jahr«, das *Calendarium*, das wiederum in unserem »Kalender« fortlebt.

Relative und absolute Chronologie

Die Jahre bildeten stets die größte natürliche Zeiteinheit. Um sie in ihrer Gleichförmigkeit besser voneinander unterscheiden (und zugleich historische Ereignisse genauer bestimmen) zu können, erfand man schon früh eine relative Chronologie, insofern man sie nach den Regierungszeiten der Könige, der Konsuln oder der Statthalter benannte und auch anfing, die Jahre von großen geschichtlichen Ereignissen an neu zu zählen. Das bekannteste Beispiel einer solchen Chronologie nach den Regierungszeiten eines

Vorige Seite: Die vier Jahreszeiten Frühling, Sommer, Herbst und Winter. Allegorische Gestalten bei der Kötztinger »Pfingstrittehr«, 1989.

Amtsträgers bildet der biblische Bericht über die Geburt Jesu Christi bei Lukas, wo es heißt: »*Und es geschah zu der Zeit, da Cyrenius Landpfleger in Syrien war*«. Die Jahreszählung von einem bestimmten herausragenden Ereignis an erwies sich in der Praxis jedoch als besser geeignet, weil sie genauer war, weshalb man ja auch schon in altrömischer Zeit – seit Marcus Terentius Varro – die Jahre *ab urbe condita* gezählt hatte, das heißt von der sagenhaften Gründung der Stadt Rom im Jahre 753 v. Chr. an.

Altrömischer und Julianischer Kalender

Das älteste Vorbild des heutigen Kalenders, der ägyptische, umfaßte bereits 365 Tage und kannte eine Schaltjahrsregel, nach der jedes vierte Jahr um einen Tag verlängert werden sollte, so daß dieses Schaltjahr aus 366 Tagen bestand. Ebenso leben in ihm Reste des altrömischen Kalenders fort, dessen Einführung man dem Romulus zuschreibt. Dieser altrömische Kalender kannte nur zehn Monate: März, April, Mai und Juni, dazu sechs weitere Monate, die einfach abgezählt wurden und deshalb Quintilis und Sextilis, September, Oktober, November und Dezember hießen. Es handelte sich insgesamt wohl um ein bäuerliches Arbeitsjahr (aus insgesamt 298 Tagen), bei dem nur die Monate der Feldarbeit gezählt wurden, während die Ruhezeit ausgespart blieb. Im Jahre 153 vor Christi Geburt, unter Numa Pompilius, wurden diesem altrömischen Kalender der Januar und der Februar als elfter und als zwölfter Monat angehängt. Die Jahreslänge aus zwölf gleichen Mondmonaten ergab ein Mondjahr, das auf 355 Tage festgelegt wurde. Um den Ausgleich zum Sonnenjahr herzustellen, schuf man eine Vierjahresfolge (*tetraëteris*) aus einem Gemeinjahr von 355, einem Schaltjahr von 377, wieder einem Gemeinjahr von 355 und einem weiteren Schaltjahr von 378 Tagen. Eine solche *tetraëteris* belief sich auf 1465 Tage, und sie war damit um vier Tage länger als vier Sonnenjahre (= 1461 Tage). Hier waren Ausgleichsregelungen unvermeidlich, die den altrömischen in den Julianischen Kalender verwandelten. Beraten von dem ägyptischen Astronomen Sosigenes, ließ Caesar zunächst das Reformjahr (46 vor Ch.) um drei Monate verlängern, um die gröbsten Fehler zu beseitigen; mit einer Länge von 445 Tagen wurde dieses »Jahr der Verwirrung« (»*annus confusionis*«) das längste Jahr der abendländischen Geschichte. Ferner übernahm er die ägyptische Kalenderregel, daß jedes Jahr 365 Tage dauern sollte, jedes vierte Jahr aber 366 Tage; damit ergab sich eine durchschnittliche Jahreslänge von 365 Tagen und sechs Stunden, die nur noch um 12 Minuten vom astronomischen Jahr abwich. Der verbleibende Restfehler wurde erst Jahrhunderte später durch die Gregorianische Kalenderreform ausgeglichen. Sie setzte fest, daß alle durch vier teilbaren Jahre Schaltjahre zu sein hätten, ausgenommen die Jahrhundert-Jahre, von denen nur solche Schaltjahre sein sollten, die durch Vierhundert geteilt werden könnten. So war das Jahr 2000 ebenso Schaltjahr, wie schon das Jahr 1600 ein solches gewesen ist. Weiter entschied sich Caesar für Monatsdauern unterschiedlicher Länge, und zwar für sieben Monate zu 31 und für vier zu 30 Tagen, dazu für einen letzten Monat mit 28 (in Schaltjahren 29) Tagen, also für die noch heute gültige Regelung. Caesar ließ den Schalttag dort einfügen, wo man bis dahin das Fest der Terminalien, das Jahresschlußfest, gefeiert hatte: am 24. Februar, der in Schaltjahren zweimal auftreten sollte. Nach der eigentümlichen Tagesrechnung der Römer, rückwärts von den Stichtagen *nonae*, *idus* und *kalendae* aus zu zählen, wobei dieser Stichtag und der bezeichnete Monatstag mitgezählt wurden, resultierte daraus für den 24. Februar die Benennung als 6. Tag vor dem 1. März; er lag also »*ante diem sextum Kalendas Martias*«. Die Doppelzählung dieses Tages in Schaltjahren erbrachte für diesen, der zweimal (»*bis*«) vorkam, die Bezeichnung »*ante diem bis sextum Kalendas Martias*«, die bis heute in dem französischen Namen des Schaltjahres (»*année bissextile*«) fortlebt; es handelt sich um das Jahr, in dem ursprünglich der 24. Februar zweimal gezählt wurde. Die Vorstellung, daß der 24. Februar Schalttag sei, hat sich in den Heiligenkalendern noch lange gehalten. So vermerken sie bis heute unter dem Namen des Apostels Matthias: »*Fest am 24. Februar [im Schaltjahr 25. Februar] seit 9. bis 11. Jahrhundert*«. Das bezieht sich natürlich nicht auf die heutige Schaltjahrsregel, die den Schalttag an den letzten Tag des ehemals letzten Kalendermonats, den 28. Februar, anhängt.

Eine weitere Neuerung Caesars bestand darin, daß er den Jahresbeginn vom 1. März auf den 1. Januar vorverlegte, den Tag, an dem schon seit Numa Pompilius die römischen Konsuln ihr Amt antraten. Durch diese Maßnahme verlor nicht nur der Monat Februar seine Stellung am Schluß des Kalenderjahres, die ihn zum Schaltmonat hatte werden lassen, sondern nun wurden auch die alten Monatsnamen sinnwidrig, denn Oktober, November und Dezember betrafen nun nicht mehr den 8., 9. und 10., sondern den 10. 11. und 12. Monat. Von der Möglichkeit, den Monaten neue Namen zu geben, machte man nur insoweit Gebrauch, als man dem ehemals 5. und nun 7. Monat, dem »*Quintilis*«, noch im Jahr der Reform den Namen »*Juli*« gab, zu Ehren des Reformers Gaius *Julius* Caesar. Etwa eine Generation später, im Jahre 8 vor Christus, wurde dann noch der 6. (nunmehr 8.) Monat, »*Sextilis*«, in »*August*« umbenannt, diesmal zu Ehren des Kaisers. Das geschah mit der Begründung, daß dieser im Sextilis des Jahres 43 sein erstes Konsulat übernommen, im selben Monat des Jahres 30 Ägypten erobert und in späteren Jahren, ebenfalls im Sextilis, mehrere Triumphe gefeiert habe. Die übrigen, nach ihrer Stellung im altrömischen Kalender benannten Monate September bis Dezember behielten ihren Namen, und dabei ist es unverändert bis heute geblieben.

Die »dionysische« oder christliche Ära

Die militärische Macht der Römer verhalf dem Julianischen Kalender rasch zur Verbreitung im weiten römischen Einflußbereich, zumal ihn das junge Christentum ebenfalls übernahm, nur mit dem Unterschied, daß die Jahre schließlich nicht mehr »*ab urbe condita*«, sondern »*post Christum natum*« gezählt wurden. Dabei bildeten sich verschiedene Parallelbenennungen heraus, wie »*anno Domini [Nostri Jesu Christi]*«, »*anno Salutis*« oder »*anno incarnationis*«. Die heute noch übliche Zählung »nach Christus« geht auf den in Rom lebenden skythischen Abt Dionysius Exiguus (532) zurück, zu dessen Zeit es noch üblich gewesen war, die Jahre des Julianischen Kalenders nach der »Märtyrer-Ära« zu zählen, die mit dem Amtsantritt des römischen Kaisers Diokletian (284 n. Chr.) begonnen hatte. Dionysius Exiguus argumentierte, daß es angemessener sei, den Lauf der Zeit nach der Menschwerdung Jesu Christi zu bestimmen als nach einem Mann, der »*eher ein Tyrann denn ein Kaiser*« gewesen sei. Exiguus versuchte, den Tag der Geburt Jesu Christi genauer festzustellen. Er fand den Hinweis, daß Christus im 28. Regierungsjahr des Kaisers Augustus geboren worden sei, d. h. im Jahre 754 alter Zählung. Deshalb setzte er den 25. Dezember 754 als Geburtstag Jesu an und nannte dieses Jahr das Jahr Eins. Wie er meinte, wäre das 248. Jahr nach Diokletian mit dem Jahr 532 nach Christi Geburt identisch gewesen. Die neuen Jahre bezeichnete er als »*anni Domini nostri Jesu Christi*«. Er übersah dabei jedoch, daß Kaiser Augustus zuvor schon vier Jahre lang unter seinem eigentlichen Namen Octavianus regiert hatte, und außerdem, daß er die Jahreszählung eigentlich mit der Zahl Null hätte anfangen müssen, mit der die Römer aber noch nicht gerechnet hatten. So ergab sich ein Fehler von 4 und 1 = 5 Jahren, der später korrigiert werden mußte. Die neue Jahreszählung setzte sich trotz ihrer Plausibilität aber nur langsam durch. Einer ihrer Befürworter wurde Beda Venerabilis (um 672-735), der sich in seinem Buch über die Zeitrechnung *(De ratione temporum)* für die Verbreitung der »dionysischen Ära« einsetzte. Nach der Wende zum zweiten Jahrtausend war die Zählung »*nach Christi Geburt*« über ganz Europa hinweg verbreitet, doch erfolgte die offizielle kirchliche Anerkennung erst durch Papst Eugen IV. nach dem Konzil von Konstanz 1431. Im Jahre 1606 vertrat der deutsche Astronom Johannes Kepler die Auffassung, daß das Aufgehen des Sterns zu Bethlehem, den die Magier gesehen hatten, eine genauere Berechnung des Geburtsjahres Jesu möglich mache als andere Mittel. Denn dieser Stern sei nichts anderes gewesen als eine Annäherung der Planeten Jupiter und Saturn am 4. Dezember des Jahres 7 vor der dionysischen Ära. Das Geburtsjahr Jesu müsse demzufolge ebenso um 7 Jahre zurückdatiert werden wie das Jahr der Kreuzigung; sie habe bereits am Karfreitag des Jahres 27 stattgefunden.

Der Gregorianische Kalender

Den heute gültigen Kalender könnte man den »verbesserten Julianischen Kalender« nennen, doch trägt er, weil die Veranlassung dazu auf Papst Gregor XIII. zurückging, den Namen »Gregorianischer Kalender«. Der Fehler, daß das Jahr des Julianischen Kalenders gegenüber dem astronomischen Jahr um rund 12 Minuten zu lang war, hatte sich bis zum 16. Jahrhundert auf mehr als 10 Tage summiert, und daraus ergaben sich unerwünschte Folgen für das Osterfest. Das Konzil von Nicäa hatte zur Beendigung des Osterfeststreites, bei dem es um die richtige Bestimmung des Ostertermins ging, im Jahre 325 das Osterfest auf den ersten Sonntag nach Frühlingsvollmond festgelegt und als Stichtag für den Frühlingsanfang den 21. März bestimmt. Nun aber kam es dazu, daß der

»Zu einer von diesen (Stunden) wirst du sterben!« Memento-mori-Spruchband am Turm der Benediktiner-Klosterkirche zu Andechs. Es weist mit den zwölf Tierkreiszeichen auf das Jahr, mit Sonne, Mond und Sternen auf Tag und Nacht und mit der Sonnenuhr auf die einzelnen Stunden hin. Gemälde von Lothar Schwink, 1960.

Frühlingsvollmond eintrat, ohne daß am folgenden Sonntag das Osterfest gefeiert werden konnte, weil der Stichtag noch nicht erreicht worden war. Diese Unzuträglichkeit hatte man kirchlicherseits schon seit langem vorausgesehen. – Bereits im Jahre 1344 – der Fehler betrug gerade 8,49 Tage – war in Rom eine Reformkommission zusammengetreten, die auf Abhilfe sinnen sollte, doch hatte sie kein Ergebnis erzielt. 131 Jahre später – der Fehler war inzwischen auf 9,58 Tage angewachsen – hatte Papst Sixtus IV. den

Die Astronomische Uhr am Altstädter Rathaus in Prag (1552-1572) rückt die Zeitvorstellungen in eine christliche Dimension: Lasterallegorien und die Gestalt des Todes verweisen auf die »letzte Stunde«.

deutschen Astronomen Johannes Müller gen. Regiomontanus mit der Lösung des Problems beauftragt, doch fiel dieser kurz nach dem Beginn der Arbeit der Pest zum Opfer, und die Sache blieb erneut liegen. Erst im Jahre 1576 gab Gregor XIII. den Auftrag zur Durchführung der Kalenderreform, und ihm legte die eingesetzte Kommission nach fünfjähriger Arbeit unter Leitung des Astronomen Aloysius Lilius einen entsprechenden Entwurf vor. Am 24. Februar 1582 – dem alten Schaltjahrstermin – gab der Papst mit der Bulle »Inter gravissimas« den neuen Kalender bekannt und ordnete seine allgemeine Einführung an. Um die Jahreszeiten wieder mit dem Kalender in Übereinstimmung zu bringen, wurden zehn Tage ausgelassen: Auf Donnerstag, den 4. Oktober 1582, sollte sogleich Freitag, der 15. Oktober, folgen. Da als Grundlage der Fehlerberechnung das Jahr des Konzils von Nicäa gewählt worden war (325), wurde so die Situation wiederhergestellt, unter der man sich auf die erwähnte Osterfestregelung geeinigt hatte.

Zweifellos stellte die Kalenderreform Gregors XIII. eine richtige Maßnahme dar, da durch sie die Abweichungen zwischen dem astronomischen und dem Gregorianischen Jahr stark verringert wurden; erst in einem Zeitraum von 3.300 Jahren wachsen sie wieder zu einem ganzen Tag heran. Trotzdem stieß die Neuregelung auf Widerstand. Im Jahre 1582 nahmen den neuen Kalender nur die rein katholischen Länder und Gebiete an, während die protestantischen und reformierten Territorien sich seiner Einführung heftig widersetzten. Der Luzerner Stadtschreiber Renward Cysat bemerkt in seinen *Collectanea chronica*: »*A[nn]o 1582 ward der nüw, reformiert calender vss bevelch bapst Gregorij dess 13ten jn der Christenheit publicirt von der statt Lucern gehorsamlich vnd mitt aller reverentz angnommen, vnd in statt vnd aller landtschafft durch offenliche kilchenrüeff [= Kanzelabkündigungen] verkünd vnd ze hallten gebotten. Dem sind die vebrigen catholischen ort der Eydtgnoßschafft ouch nachgevolgt. Die vncatholischen ort der Eydtgnoßschafft bleibent hartnäckig vff dem allten verharrende, wolltend dessen gar nüt hören dencken, allein darumb, das es vnder des bapsts namen vssgangan, wie ouch andre vncatholische ständ meer; sonst bekanntend jre geleerten vnd sonst politische, verstendige lütt, das[s] es ein guott vnd nottwendig werck wäre. Vnd wollte Gott, sy hetten by der allten religion ouch so stark gehallten.*« Die Kritiker argumentierten, es sei dem Papst nur um eine

KALENDERFESTE

willkürliche Maßnahme im Zusammenhang mit der katholischen Restauration nach dem Tridentinum gegangen, nicht aber um eine Verbesserung des Zeitrechnungswesens. Eine Flut von Klage- und Schmähschriften setzte ein, die darauf abzielte, die Übernahme des Gregorianischen Kalenders zu verhindern. Die Klagen war nicht ganz unbegreiflich, denn die weitverbreiteten gedruckten »Bawren Kalender«, die ganz auf die bäuerliche Arbeitswelt zugeschnitten gewesen waren, hatten durch die Kalenderreform ihre Gültigkeit eingebüßt. Viele »Zeichen« am Himmel und auf der Erde stimmten plötzlich mit den neuen Fest- und Heiligentagen nicht mehr überein. Vor allem aber führte die Wiederherstellung der alten Osterfestregelung dazu, daß das Osterfest des Jahres 1584 wegen der Begrenzungsvorschrift nicht auf den 19. April, sondern schon auf den 22. März beziehungsweise den 1. April fiel, wodurch auch die von Ostern abhängigen Hochfeste Pfingsten und Fronleichnam um einen Monat vorrückten. Die abwehrende Haltung der Bevölkerung änderte sich erst, als 1606 der päpstliche Astronom Christopher Clavius in seiner *Explicatio Romani Calendarii a Gregorio Tredecimo Pontifice Maximo restituti* eine genaue Begründung der Kalenderreform nachlieferte, die auch von protestantischen Gelehrten akzeptiert wurde. Immerhin hatte schon 1587 Johannes Kepler gefragt, wie lange sich das protestantische Deutschland gegen die Übernahme des Gregorianischen Kalenders noch sperren wolle: »*Worauf wollen wir warten? Wer könnte einer Regierung einen besseren Kalender vorschlagen?*« So setzte sich der Gregorianische Kalender allmählich doch durch: Anno 1700 übernahmen ihn die reformierten Kantone der Schweiz, 1752 folgte Großbritannien, 1753 Schweden; 1875 wurde er in Ägypten eingeführt, 1912 in China, 1927 in der Türkei, usw… Für die Kenntnis lokaler Brauchüberlieferungen hat die Gregorianische Kalenderreform einiges Gewicht, weil sie die Verschiebungen mancher Brauchtermine erklärt. Die Zurzacher Messe beispielsweise, die bis 1583 immer am 1. September abgehalten worden war – dem Tag der hl. Verena, der Schutzpatronin der Stadt –, wurde nach der Kalenderreform erst auf den 11., dann (im Jahre 1700) auf den 12. September verschoben, weil diese Messe sinnvollerweise erst nach Einbringung der Ernte abgehalten werden konnte; für andere Märkte gilt Entsprechendes. Und die Gemeinde Urnäsch im Appenzeller Land feiert noch heute Silvester und Neujahr nach dem Julianischen Kalender, d. h. am 13. und 14. Januar Gregorianischer Zählung.

Der Schalttag und sein Heiliger

Der Gregorianische Kalender behielt übrigens die Doppelzählung des 24. Februars in Schaltjahren bei. Er proklamierte zwar für den alle vier Jahre eintretenden Schaltmonat 29 Tage, wollte den Schalttag aber nicht als 29. Februar an den 28. anhängen, sondern blieb bei der aus dem Julianischen Kalender bekannten Regelung. Bei einer Betrachtung der Brauch-

Während am Uhrenturm in Prag der Tod (rechts unten) bei jedem Schlag zur vollen Stunde die Sanduhr hochhält und so an die Vergänglichkeit der Zeit erinnert, ziehen oben Christus und die Apostel vorüber und verheißen dem Gläubigen das ewige Leben.

termine fällt auf, daß der Schalttag nirgendwo bräuchlich begangen wird, obwohl es durchaus Bräuche gibt, die nur im Abstand mehrerer Jahre stattfinden. Der Grund für die Vernachlässigung des Schalttages im Brauchkalender liegt offenbar darin, daß der Schalttag weithin als Unglückstag galt, den man nicht durch Bräuche noch zusätzlich hervorheben wollte. In seinen *Fasti* (gedruckt 1516) berichtet der Karmelitermönch Baptista Mantuanus, daß ein Jahr, in den Matthias (24. Februar, in Schaltjahren 25. Februar) als Schalttag falle, nach verbreiteter Meinung von übler Vorbedeutung sei. Es pflege den Früchten zu schaden und die menschliche Arbeit ungünstig zu beeinflussen. Unternehmungen, die man für den Schalttag plane, gingen leicht daneben. Noch vierhundert Jahre später, 1911, ging bei einer volkskundlichen Befragung in Italien aus der Weingegend Pieve di Collina die Nachricht ein, daß dort in einem Schaltjahr keine Reben gepflanzt würden, weil sie verfaulen müßten. Der Schaffhauser Jerusalempilger Hans Stockar notierte in seiner Chronik zum Jahre 1520, es hätten sich viele seltsame Dinge ereignet, und alles, was er begonnen habe, sei verkehrt gelaufen; es sei eben ein Schaltjahr gewesen. Dieser Glaube, daß der Schalttag und mit ihm das Schaltjahr kein Glück brächten, heftete sich offenbar an die Doppelzählung des 24. Februars, die nicht jedermann ohne weiteres verständlich war. Der 29. Februar setzte sich erst im 19. Jahrhundert als Schalttag allgemein durch.

Die seit dem 12. Jahrhundert bestehende Praxis, die Tage nach einem Mitglied der heiligen Familie oder nach einem Heiligen zu benennen, wurde im übrigen auch auf den Schalttag übertragen und angewendet. Heiliger des Schalttages ist der römische Asket Johannes Kassian (gestorben vor 435), von dem man sich erzählt, daß er von Gott für seinen bekannten Neid gegenüber dem vielverehrten heiligen Nikolaus, dem Patron der Seeleute, dadurch bestraft worden sei, daß er nur alle vier Jahre, im Schaltjahr, die übliche Verehrung der Gläubigen genießen dürfe; Gott habe ihm also drei Viertel seiner Heiligkeit hinweggenommen. Heiliger des Schalttages zu sein, bedeutete im populären Denken eine Strafe.

Das »Jahr des Herrn« und die Jahresstile

Früh schon versuchte die Kirche, die überkommene römische Kalenderordnung mit den eigenen christlichen Vorstellungen in Übereinstimmung zu bringen. Das geschah teils durch Verdrängung beziehungsweise Ablösung der überkommenen Feste und Festtermine, teils durch deren Umdeutung, d. h. durch Akkommodation. Für diese zweite Art gibt es einen bezeichnenden Beleg in der *Legenda aurea* des Jacobus de Voragine, wo im Abschnitt über »*Mariae Reinigung*« erzählt wird, daß dieses Fest am 2. Februar auf einen Lichterumzug zu Ehren der römischen Göttin Proserpina zurückgehe. Der eingewurzelte Brauch habe sich nur schwer verdrängen lassen, so daß Papst Liborius angeordnet habe, ihn umzudeuten und durch ihn an die Reinigung Marias zu erinnern. Dennoch muß man beachten, daß Akkommodationsvorgänge dieser Art eher die Ausnahme als die Regel geblieben sind, weil die Kirche die alten Festtermine lieber durch Bußtage ersetzte und ihre eigenen Feste an das Ende der Bußtage anhing. Entsprechend setzte die Kirche dem alten Jahresanfang am 1. Januar, wie ihn der Julianische Kalender vorsah, einen neuen kirchlichen Jahresbeginn – »Großneujahr« – am 6. Januar entgegen. Auf ihm beruht noch der heutige Brauch der Sternsinger, an diesem Tag oder dessen Vorabenden von Haus zu Haus zu gehen und die Segenswünsche für das im geistlichen Sinne nun erst beginnende Jahr zu übermitteln.

In der Geschichte der Kirche spielten zeitweise, vor allem bei der Formulierung von Rechtsakten, auch noch andere »Jahresstile« eine Rolle. Das wichtigste Fest des Christentums bildet verständlicherweise Ostern, weil an ihm die Auferstehung Jesu Christi gefeiert wird, der Kern des christlichen Glaubens. Es lag deshalb nahe, die innerkirchliche Zeitrechnung nicht am 1. Januar, sondern mit Ostern beginnen zu lassen, und tatsächlich war es jahrhundertelang und in vielen Diözesen üblich, die Jahre zwar »nach Christi Geburt« zu zählen, aber nicht vom 1. Januar bis zum 31. Dezember, sondern vom Osterfest des einen zum Osterfest des nächsten Jahres. Bei der Anwendung dieses sogenannten »Paschal- oder Osterstils« ergab sich demzufolge eine Zahlendifferenz zum bürgerlichen Jahr mit seinem Beginn am 1. Januar: Das Osterjahr 1168 zum Beispiel endete erst am 20. April 1169, so daß der 1. Januar 1168 »Paschalstil« mit dem 1. Januar 1169 »Circumcisionsstil« identisch war; (am 1. Januar, dem Fest »Circumcisionis Domini«, gedachte die Kirche der Beschneidung des Herrn). Der Osterstil warf nur die Frage auf, wann genau denn nun der Jahresbeginn angesetzt werden sollte. Viele waren der Meinung, den richtigen Zeitpunkt bilde die Weihe der Osterkerze in der Nacht vom Karsamstag zum Ostersonntag. Aus diesem Grunde brachte man auf der großen Osterkerze das Jahreskennzeichen an und hob die Entzündung dieser Kerze durch einen liturgischen Akt noch besonders hervor. Nun ergab sich für die Datierungen aber das Problem, daß Ostern als bewegliches Fest an 35 verschiedenen Tagen eintreten kann. Man mußte also zur Umrechnung der Tage in diejenigen des gewöhnlichen Jahres entweder 35 »Ostertafeln« zur Hand nehmen oder aber einen ganz anderen, festliegenden Anfangstermin suchen. Dafür bot sich der Weihnachtstag an, der 25. Dezember. So verfügten die Provinzialstatuten des Erzbischofs Heinrich von Köln aus dem Jahre 1310: »*Das Jahr des Herrn soll in Zukunft mit Weihnachten angefangen und beobachtet werden. Wir verordnen auch, daß von nun an in Zukunft das Jahr des Herrn so gehalten werde, daß mit Weihnachten jedes neue Jahr anfange.*« Der Weihnachts- oder »Nativitätsstil«, den schon die karolingischen Perikopenverzeichnisse benutzten, trug verständlicherweise stark zur Aufwertung des Weihnachtsfestes bei; in manchen Gebieten, wie beispielsweise in Brandenburg, wurde er noch im 17. Jahrhundert verwendet. Anders verfuhren die Zisterzienser, die im Zuge des aufblühenden Marienkultes den Jahresbeginn auf den 25. März gelegt sehen wollten, das Fest der Verkündigung an Maria, das genau neun Monate vor dem Weihnachtstag lag und deshalb in einem biologischen Sinn tatsächlich als Beginn der Inkarnation aufgefaßt werden konnte. Dieser »*Annuntiationsstil*« wurde in Pisa und Florenz erst 1750 außer Kraft gesetzt. Neben dem Paschal-, Nativitäts- und Annuntiationsstil hielt sich vereinzelt auch noch der altrömische Jahresbeginn am 1. März.

Erst allmählich setzte sich der Beginn des »Kirchenjahres« am 1. Adventssonntag durch. Die konfessionsübergreifend verwendete Bezeichnung »Kirchenjahr« stammt an sich aus der lutherischen Orthodoxie, d. h. aus der evangelischen Kirche; sie ist erstmals 1589 bei dem Magdeburger Pfarrer Johannes Pomarius nachgewiesen.

Die Gedächtnistage der Auferstehung Jesu

Die christliche Feiertagsordnung wurde also dem alten Julianischen Kalender übergeordnet, und zwar nach dem Prinzip, die Gliederung des Jahres mit der Heilsgeschichte zur Deckung zu bringen, um so einen immerwährenden Nachvollzug des Lebens und Leidens Jesu Christi zu ermöglichen. Am Anfang standen nur die Feier des Sonntages einerseits und diejenige des Osterfestes andererseits, beides Gedächtnistage der Auferstehung Jesu Christi. Seine eigentliche und gewichtige Bedeutung als Ruhe- und Besinnungstag gewann der »Tag des Herrn« durch den Schutz, den ihm im Jahre 321 Konstantin der Große zuteil werden ließ. Der Kaiser verbot die Gerichtshaltung und die Ausübung der Gewerbe an Sonntagen und nahm von dem Verbot nur die unaufschiebbare Feldarbeit aus; noch heute bestehen die Gewerbeordnungen strikt auf die Einhaltung der Sonntagsruhe.

Das Osterfest selbst setzte die Tradition des jüdischen Passahfestes fort, das als Freudenfest zur Erinnerung an den Auszug aus Ägypten am 14. Tag des Monats Nisan gefeiert worden war. Der Monat Nisan hatte bei den Juden mit dem ersten Neumond im Frühjahr begonnen. So konnte man schließen, daß zur Zeit der Kreuzigung Jesu Christi Vollmond gewesen sei. Das Fest zur Erinnerung an die Auferstehung konnte demnach entweder auf den 16. Nisan oder auf den Sonntag nach dem 14. Nisan, aber auch auf den ersten Sonntag nach Frühlingsvollmond festgesetzt werden. Während nun die Kirchen in Kleinasien Ostern am 3. Tag nach dem 14. Nisan feierten – man nannte sie die *»Quartodezimaner«* –, begingen die anderen Kirchen Ostern am ersten Sonntag nach dem 14. Nisan beziehungsweise nach dem Frühlingsvollmond; man sprach hier von einer *»dominikalen Praxis«*. Da die unterschiedlichen Regelungen die Einheitlichkeit des Kultes zu sprengen drohten, kam es schließlich zu dem genannten Osterfeststreit, der erst auf dem Konzil von Nicäa durch die Übereinkunft gelöst wurde, Ostern einheitlich am ersten Sonntag nach Frühlingsvollmond zu begehen; auf Anregung des Dionysius Exiguus wurden dann später als Stichtage der Osterfestberechnung der 21. März und der 18. April festgelegt, so daß sich als äußerste Ostertermine der 22. März und der 25. April ergaben; diese Regelung hat bis heute ihre Gültigkeit behalten. Möglicherweise zum 100. Jahrestag des Konzilsbeschlusses von Nicäa ordnete Kaiser Theodosius II. am 1. Februar 425 die allgemeine Einführung des Pfingstfestes an, das an sich schon um 130 zum ersten Mal als christliches Fest erwähnt wird. Es mag sein, daß der Kaiser 425 die Absicht verfolgte, an die »Jahrhundert-Entscheidung« für den Termin des ersten Hochfestes der christlichen Kirche zu erinnern. Wie sehr sich Kaiser Theodosius II. selbst mit diesem Fest identifizierte, kann man jedenfalls dem Umstand entnehmen, daß er zu Pfingsten 431 ein Konzil nach Ephesos einberief.

Die Einheit von Weihnachten und Epiphanie

Von dem nach Ostern zweitältesten der christlichen Hochfeste, Epiphanie (am 6. Januar) weiß man, daß es schon im zweiten Viertel des zweiten Jahrhunderts durch den alexandrinischen Gnostiker Basilides in festlicher Weise begangen wurde. Dieser knüpfte mit der Erinnerungsfeier an die Taufe Jesu im Jordan an eine ägyptische Vorstellung an, derzufolge die Wasser des Nils an diesem Tage eine besondere Wunderkraft erlangten. Basilides hielt die Taufe Jesu im Jordan für das entscheidende Ereignis, durch das Christus in Jesus in Erscheinung getreten sei. Nun war an diesem 6. Januar im Osten ursprünglich ein heidnisches Dionysos-Fest zur »Geburt des neuen Jahres« gefeiert worden. Wie die Scholien zu Gregor von Nazianz überliefern, gingen die Anbeter des Dionysos mitternachts auf die Straßen und riefen: *»Die Jungfrau hat das Kind geboren! Das Licht wächst!«* Dieses neugeborene Kind aber war *Aion*, die neue Zeit. Um das heidnische Fest zu christianisieren, wurde später in einigen östlichen Gemeinden an diesem Tag außer der Taufe Jesu im Jordan auch der Geburt Jesu gedacht, so daß sich bis zum Ende des vierten Jahrhunderts Epiphanie in der östlichen Kirche als Geburtsfest Jesu, des »wahren Sonnenlichtes«, durchsetzte. Wann genau die Verlegung dieses Geburtsfestes auf einen eigenen Termin, den 25. Dezember, erfolgte, ist nicht mehr bekannt, doch mag es unter Konstantin dem Großen geschehen sein. Jedenfalls vermerkt als erste Quelle der spätantike Chronograph aus dem Jahre 354 (im Abschnitt *»Depositio martyrum«*), daß am 8. Tag vor den Kalenden des Januars – dem von demselben Chronographen als Geburtstag des unbesiegten Sonnengottes Mithras bezeichneten Tag – Christus in Bethlehem in Judäa geboren worden sei, also am 25. Dezember: *»Die octavo ante Kalendas Ianuarias natus Christus in Betleem Iudeae«*. Das Kapitel *»Depositio episcoporum«* setzt dasselbe Datum für das Jahr 336 voraus. Man schließt daraus, daß in Rom schon vor 336 am 25. Dezember das Fest der Geburt Jesu Christi liturgisch begangen wurde, und zwar als christliches Fest, das einen schon länger bestehenden Mithras-Kult ablösen sollte.

Die Feier der Geburt Jesu Christi war an sich nicht selbstverständlich, weil manche Kirchenväter prinzipielle Bedenken gegen die *»heidnische Sitte«* trugen, Geburtstage festlich zu begehen. Doch gibt der syrische Scholiast des Dionysius Ba Shlibi im 6. nachchristlichen Jahrhundert eine plausible Erklärung dafür, warum die Verlegung des Festes der Geburt Jesu Christi vom Epiphaniastag auf den 25. Dezember erfolgte: *»Die Heiden pflegten am 25. Dezember das Fest des Geburtstages der Sonne zu begehen und zu Ehren des Tages Feuer anzuzünden. An diesem Fest und seinen Feierlichkeiten nahmen auch die Christen teil. Da nun die Lehrer der Kirche* (doctores) *wahrnahmen, daß sich auch Christen zur Teilnahme verleiten ließen, beschlossen sie, am selben Tag das Fest der wahren Geburt zu begehen; am 6. Januar aber ließen sie fortan die Epiphanie feiern.«* Daß die christlichen Gelehrten das Fest der »wahren Geburt« von dem der Erscheinung der Gottheit in der Welt trennten, kam der Lehre von den »zwei Naturen« in Christus entgegen, die besagt, daß Jesus Christus wahrer Gott und wahrer Mensch zugleich ist, – einer Lehre, die als »Lehre von der hypostatischen Union« wohl zuerst im Symbolum *»Quicumque«* (zwischen 430 und 500) ausgesprochen worden ist, aber der Sache nach schon einen Bestandteil der ältesten Glaubensbekenntnisse ausmacht: *»Dominus noster Iesus Christus Dei Filius Deus et homo est: Deus est ex substantia Patris ante saecula genitus, et homo est ex substantia matris in saeculo natus.«* Die Bedeutung dieser Lehre als einer der Kernlehren des Christentums gab den beiden Festen, in denen sie sich spiegelt, großes Gewicht, und sie erklärt auch, warum beide Hochfeste künftig als Einheit angesehen wurden, wie es sich noch heute daran zeigt, daß Weihnachten und Epiphanie durch Gerichts- und Schulferien miteinander verbunden sind.

Die Vorbereitungszeiten auf die Hochfeste

Die Entstehungsgeschichte des Epiphaniasfestes läßt erkennen, warum dieses schon früh als der eigentliche Jahresbeginn angesehen wurde: Mit dem *»neuen Licht«* Jesus Christus ließ sich das Jahr sinnvoll eröffnen. An diese sehr alte Überzeugung erinnert die im Jahre 325 auf dem Konzil von Nicäa eingeführte und bis heute bestehende liturgische Praxis, daß der Bischof an diesem Tag in feierlicher Form die Termine der beweglichen Jahresfeste bekanntgibt. Der Jahresbeginn am Epiphaniastag erschien den christlichen Lehrern einsichtiger als der überkommene »bürgerliche« Jahresbeginn des Julianischen Kalenders am 1. Januar. Caesarius von Arles, gestorben 542, wies seine *»fratres carissimi«* darauf hin, daß die Kalenden des Januars ihren Namen von einem gewissen Janus (*»a quodam Iano«*) bezögen, einem verlorenen und gottlosen Menschen (*»homine perdito ac sacrilego«*), den zu verehren es keinen Anlaß gebe. Diese Meinung machte sich 567 das Konzil von Tours zu eigen, erklärte, daß Janus als Heide (*»homo gentilis«*) niemals Gott sein könne, und entschied, daß ein Christ, der an den dreieinigen Gott glaube, das Fest zu Ehren des Janus nicht mitfeiern dürfe. Der Versuch, das als Rechtstermin etablierte Neujahrsfest am 1. Januar zu beseitigen, schlug indessen fehl, so daß man sich veranlaßt sah, ihm einen eigenchristlichen Sinn zu geben. Da das Jesuskind, dem Bericht des Evangelisten Lukas zufolge, am achten Tag nach der Geburt beschnitten worden war, und man als Tag dieser Geburt den 25. Dezember festgesetzt hatte, ergab sich nach römischer Zählung für den 1. Januar das Fest der Beschneidung des Herrn (*»Festum circumcisionis Domini«*).

Schon früh erkannte man, daß die christlichen Hochfeste einer Vorbereitungszeit bedürften, und zwar nicht nur, damit sich jeder Gläubige durch die Enthaltung von Speisen, durch Keuschheit und durch Bußübungen auf die Festfeiern einstellen könnte, sondern auch um in dieser Zeit in den Grundlehren des Christentums unterwiesen zu werden. Die älteste dieser Vorbereitungszeiten scheint die Fastenzeit vor Ostern gewesen zu sein, die insbesondere der Hinführung der Taufbewerber (Katechumenen) auf das Osterfest und dessen Oktav, den Weißen Sonntag (*»Dominica in Albis«*), diente, an dem sie in die Gemeinschaft der Gläubigen aufgenommen wurden. Über die Dauer der Vorbereitungszeit bestand bei den Theologen kein Zweifel: Sie mußte in Anlehnung an das 40tägige Fasten Jesu in der Wüste ebenfalls 40 Tage dauern. Nur über die Berechnung dieser Tage war man sich uneins. Für das Epiphaniasfest fand man zunächst die Lösung, 40 Tage unter Auslassung der Sonnabende und Sonntage zurückzuzählen. Man kam dabei auf den 12. November als den Beginn der Epiphanias-Quadragesima, deren Vorabend – der 11. Tag des 11. Monats (Martini) – damit zum Anlaß eines letzten Festes vor der »stillen Zeit« genommen wurde. Inzwischen hatte allerdings die Verlegung des Geburtsfestes vom 6. Januar auf den 25. Dezember die alte Epiphanias-Quadragesima gestört, denn an einem Hochfest durfte nicht gefastet werden. Sie als Weihnachts-Quadragesima um 13 Tage vorzuziehen, kam aber nicht in Betracht, weil ihr Anfang dann noch in die Erntezeit gefallen wäre. So setzte sich schließlich in der römischen Liturgie die Substitution der vier Dekaden durch vier Adventssonntage durch, die also streng genommen Fastensonntage darstellen, während im Bereich der Ostkirche eine Advents-Quadragesima mit dem Beginn am 14. November eingeführt wurde.

Was die Osterfastenzeit angeht, setzte sich auf dem Konzil von Nicäa zunächst die strikte Zählung der 40 Fastentage von Ostern her durch, womit der Fastenzeitbeginn auf den Dienstag nach Invocavit fiel, den heutigen ersten Fastensonntag. Der Vorabend dieser »alten« Fastenzeit wurde, wie das Martinsfest am Vorabend der alten Epiphanias-Quadragesima, als ein fröhliches Fest begangen, nämlich als die »alte Fastnacht«. Schon unter Gregor dem Großen setzte sich demgegenüber die Auffassung durch, daß bei der Zählung der vorösterlichen Fastenzeit die Sonntage ausgespart werden sollten, um das Volk nicht zu überfordern. Durch diese Regelung rückte der Beginn der Fastenzeit um sechs Tage vor, d. h. auf den Aschermittwoch; dieser Fastenzeitbeginn wurde dann auf dem Konzil von Benevent 1091 für die Gesamtkirche vorgeschrieben. Es verging aber noch viel Zeit, bis sich die dadurch entstandene »neue« oder »Herren-Fastnacht« gegen die »alte« oder »Bauern-Fastnacht« durchsetzte; die endgültige Abschaffung der letzteren, die an sich ja nicht weniger gut begründet war als die erstere, erfolgte erst nach dem Tridentinum, als von reformatorischer Seite aus Kritik daran erhoben wurde, daß die Katholiken mancherorts noch Fastnacht feierten, während andernorts bereits die Fastenzeit begangen wurde. Vor allem die Jesuiten drängten auf die Abschaffung der »alten« Fastnacht, konnten sich damit aber nicht überall durchsetzen. So erklärt es sich, warum etwa im mehrheitlich reformierten Basel, wo die Fastnacht stets von der katholischen Minderheit begangen wurde, und in verschiedenen Orten des Markgräflerlandes, die »alte« Fastnacht bis heute als Brauchtermin erhalten geblieben ist.

Zwei christliche Festkreise

Mit der Etablierung des Christentums als Staatsreligion durch Kaiser Konstantin (321) nahmen die theologischen Bemühungen zu, den christlichen Festkalender mit den heilsgeschichtlichen Vorgaben in Übereinstimmung zu bringen. Dieser Prozeß gelangte unter Gregor dem Großen (gestorben 604) zu einem gewissen Abschluß; alle späteren Hinzufügungen setzten die von ihm gebilligte Kalenderstruktur voraus, die verbindliche Vorschriften für die inhaltliche Füllung der Sonn- und Feiertage durch bestimmte Lese-Abschnitte aus den Evangelien und den Episteln erließ: die Perikopen. Wie sehr man bei ihnen theologisch dachte, geht etwa aus dem Umstand hervor, daß man, nachdem das Fest der Geburt Jesu Christi auf den 25. Dezember gelegt worden war, im Sinne der Typologie, d. h. der Hereinnahme alttestamentlicher Geschehnisse als Vorausweisungen auf das Neue Testament, den 24. Dezember dem Gedächtnis des Urmenschenpaares Adam und Eva widmete, womit ein unmittelbarer kalendarischer Nachvollzug der Adam-Christus-Parallele bei Paulus möglich wurde. Bei der Festlegung der Perikopen stützte sich Gregor der Große im wesentlichen auf Augustins Werk *De civitate Dei*, dem die Anordnung der vorgesehenen Lesungen in vielen Punkten folgt.

Es bedeutet letztlich das Verdienst des Kirchenvaters Augustinus, jene übergeordneten Zusammenhänge geschaffen zu haben, die sich im Festkalender als die beiden großen Festkreise um Weihnachten und Ostern präsentieren. Auch hier machte die Gestaltung des Osterfestkreises den Anfang. Augustinus, der den Ablauf der Heilsgeschichte unter dem Modell der beiden gegensätzlichen »civitates« von Gottesbürgerschaft und Teufelsbürgerschaft begriff, ordnete in seiner Predigt über den 148. Psalm das Gegensatzpaar »Erde« und »Himmel« den kalendarischen Zeitabschnitten *vor* und *nach* Ostern zu, die ihrer Qualität entsprechend begangen werden müßten: der eine zum Ausdruck der Versuchungen und Drangsale des menschlichen Lebens – ausdrücklich in der Fastnacht –, der andere zur Vergegenwärtigung der Sicherheit und der andauernden Freude. Die Metastruktur des um Ostern zentrierten augustinischen Denkmodells von zwei miteinander vergesellschafteten, aber durch äußerste Gegensätzlichkeit gekennzeichneten Gemeinschaften (»civitates«) spiegelt sich in konkreten Kirchenfesten, deren innere Beziehung aus ihrem jeweiligen Gegensatz resultierte. Man versteht von hier aus sehr gut, warum die Zeit zwischen dem Sonntag Septuagesima, mit dem die Vorfastenzeit anfing, und dem in der Oktav des Pfingstfestes liegenden, zwar erst 1334 eingeführten, aber bereits seit dem 8. Jahrhundert mit einer Votivmesse begangenen Trinitatisfest einen geschlossenen Kreis darstellte, von dem sich der mit der vorweihnachtlichen Adventszeit einsetzende und bis zu Maria Lichtmeß reichende Weihnachtsfest-

Das Gemälde »Der Stralauer Fischzug« von Alexander Schramm (1835) behandelt das Volksfest am 24. August, dem Bartholomäustag und überlieferten Herbstbeginn, von dem an man wieder mit dem »großen Garn« fischen durfte. Links im Hintergrund die Kirche von Stralau, im Vordergrund die »Liebesinsel« mit den Liebespaaren.

kreis mit seiner eigenen Thematik zwangsläufig abhob. Beide Festkreise wurden durch Übergangszeiten miteinander verbunden, deren Länge sich letztlich nach dem Termin des beweglichen Osterfestes richtete. Dabei wurde ein sinnvoller Übergang am Schluß des Kirchenjahres durch den Hinweis auf das Ende der Welt, mithin auf das Jüngste Gericht und die darauf folgenden Endzustände in Himmel und Hölle geschaffen.

Fastnacht und Fronleichnam als Gegenfeste

Zum letzten Mal wurde das augustinische Denk- und Geschichtsmodell bei der Einführung des Fronleichnamsfestes wirksam, d. h. im 13. Jahrhundert. Das »*Festum Sanctisimi corporis Christi*« oder Fronleichnam wurde im Jahre 1264 durch die Bulle »*Transiturus de hoc mundo*« Papst Urbans IV. eingeführt und 1311 auf dem Konzil von Vienne für die Gesamtkirche verbindlich vorgeschrieben. Den konkreten Anlaß zu seiner Einrichtung kann man in der Diskussion um die Transsubstantiationslehre sehen, die auf dem IV. Laterankonzil, im November 1215, durch das Dekret »*De fide catholica*« zum Abschluß gebracht worden war, denn seinen Gegenstand bildet die Lehre von der Realpräsenz Christi im Sakrament der Eucharistie. Die Einrichtung des neuen Hochfestes diente in erster Linie der Selbstvergewisserung der Gläubigen und damit zugleich dem Widerstand gegen häretische Lehren, etwa der Waldenser und anderer Sekten. Es lag nahe, das neue Fest Fronleichnam als Gegengewicht zur Fastnacht an das Ende der augustinischen »zweiten Zeit«, also auf den zweiten Sonntag nach Pfingsten oder in dessen Nähe, zu rücken. Daß das neue Hochfest selbst auf den Donnerstag vor diesem Sonntag anberaumt wurde, hatte seinen Grund darin, daß sein Thema, die Einsetzung der Eucharistie, eigentlich das Gründonnerstagsgeschehen betraf, an das man durch die Wahl eines entsprechenden Donnerstages als Festtag augenfällig erinnern konnte. Zugleich ergab sich damit wieder ein Gegensatz zur Fastnacht, deren engere, sechstägige Brauchzeit am Donnerstag vor Aschermittwoch begann, entsprechend den sechs Schöpfungstagen, die Augustinus auf die sechs vorchristlichen »*Aetates*« bezogen wissen wollte.

Verbindungen zwischen Brauch und Liturgie

Der christliche Kalender enthält insgesamt eine Fülle von Hinweisen auf heilsgeschichtliche und theologische Zusammenhänge, die erfahrungsgemäß nicht jedermann bewußt sind. Dies mag einer der Hauptgründe für die Tatsache gewesen sein, daß die Kirche sich immer wieder darum bemühte, den Sinn der Einzelfeste breiten Bevölkerungsschichten verständlich zu machen, und zwar nicht nur durch die Predigt, sondern auch durch verschiedene andere Kommunikationsformen, wie die überlieferten Bräuche gehören. Der durchgängige Zusammenhang zwischen Brauch und Liturgie ist heute jedoch zumeist aus dem Bewußtsein der Öffentlichkeit geschwunden. Die Lichterumzüge am Martinstag, die Gabenbräuche des Nikolaustages, die Krippenspiele zu Weihnachten und sogar die Fastnachts- und Karnevalsbräuche usw. setzen die liturgischen Vorgaben voraus – selbst dort, wo sie seit der letzten Liturgiereform in Abgang geraten sind. Insgesamt lassen sich bei der Betrachtung der Bräuche des Jahreslaufes nur wenige außerliturgische Festtermine erkennen, die bestenfalls liturgisch angepaßt wurden (z. B. Sommerhalbjahresbeginn am 1. Mai, Herbstbeginn am 24. August, Jahreswechsel am 31. Dezember und 1. Januar). Ihnen steht eine große und bestimmende Zahl von Festterminen gegenüber, die aus der christlichen Tradition hervorgegangen und ihr mehr oder minder deutlich verbunden geblieben sind. Weil diese Bräuche den Zweck verfolgten, einer breiten Öffentlichkeit die Inhalte der christlichen Feste verständlich zu machen, haftet ihnen in vielen Fällen eine ausgesprochen lehrhafte Tendenz an, ohne daß ihnen dadurch das Pittoreske zwingend hätte verlorengehen müssen. Sie dienten, ganz im Sinne des Horaz, der Unterhaltung – und der Belehrung.

2

So leuchte Euer Licht vor den Menschen

DIE LICHTERUMZÜGE DES MARTINSTAGES
UND ANDERE BRÄUCHE
AM VORABEND
DER ALTEN WEIHNACHTSFASTENZEIT

Der 11. November, Martini, gehört zu jenen Brauchterminen, die heute im öffentlichen Leben eine mehr als nur marginale Rolle spielen, ja bei denen man sogar von einer zunehmenden Prosperität sprechen kann. *»Kinder ziehen am Martinstag mit Lampions in Stadt und Land singend durch die Straßen. In den letzten Jahren ist dieser Kinder- und Lichterbrauch überall im Land wieder in Mode gekommen. ›Martin, Martin, Martin war ein frommer Mann / zündet viele Lichter an‹, singen sie, und St. Martin, mit römischem Helm und Purpurmantel angetan, reitet hoch zu Roß im Zug mit. Zum Abschluß gibt es Martinsbrezeln und Martinslaibln für die Kleinen.«* Vielfach sind es die Kindergärten, die geeignete Vorkehrungen für den Martinstag treffen, wenn hier Martinslieder einstudiert, Laternen gebastelt und Spielszenen eingeübt und probiert werden. Aber auch die Fastnachts- und Karnevalsvereine beteiligen sich, wenn sie – wie die »Höllenzunft« in Kirchzarten – die Säckchen mit den Süßigkeiten bereitstellen, die den Kindern im Anschluß an den Laternenumzug als Martinsgabe in die Hand gedrückt werden. Oft stellen sich auch die örtlichen Reitervereine zur Verfügung, damit der heilige Martin hoch zu Roß einreiten, die Episode der Mantelteilung vorführen und den Laternenumzug begleiten kann. In Freiburg im Breisgau beginnt der Martinszug mit dem Auszug der Kinder aus der Martinskirche, vor der die Laternen entzündet werden. In Freising führt der Martinszug unter Liedgesang durch die Stadt auf den Domberg hinauf, wo der Weihbischof oder ein anderer hoher kirchlicher Würdenträger eine Ansprache hält und den Sinn des Festtages erklärt. Auch hier führen die Kinder Laternen mit brennenden Lichtern mit sich, einige haben in vergitterten Verschlägen Gänse dabei, und auch hier fehlt nicht die Gruppe aus heiligem Martin, Pferd und Bettler, die für das Spiel um die Mantelteilung benötigt wird. Ebenso versäumt man es nicht – wie es sonst vor allem im Rheinland üblich ist –, Martinsfeuer zu entzünden. Bei aller Buntheit verläuft der Martinsbrauch, wohin man auch schaut, in durchaus gleichartigen oder zumindest ähnlichen Formen, was im übrigen einer starken lokalen Differenzierung nicht widerspricht.

Der Festtag vor dem Weihnachtsfasten

Die Feier und die Bräuche des Martinstages am 11. November oder an dessen Vorabend stehen zunächst im Zusammenhang mit der alten, heute weithin aus dem Bewußtsein verschwundenen Fastenzeit vor dem Epiphaniasfest, auf die sie einst ähnlich zuleiteten wie die Fastnacht auf die vorösterliche Fastenzeit. Die alte Epiphaniasquadragesima, die auch *»quadragesima sancti Martini«* genannt wurde, weil sie sich dem Martinstag unmittelbar anschloß, stammte nicht aus römischer Tradition, sondern aus der christlichen Tradition Galliens. Sie hatte ursprünglich auf Epiphanie als das Fest der Jordantaufe zugeführt und jene vierzig Tage umfaßt, die an das Fasten

Jean Fouquet: Die Mantelteilung des hl. Martin am Stadttor von Amiens. Miniatur aus dem Gebetbuch des Étienne Chevalier, um 1460. Paris, Louvre

Vorderseite: Kinder mit »Martinsgänsen« am Martinstag auf dem Freisinger Domberg, 1990.

MARTINSTAG 24

Jesu in der Wüste erinnern sollten. Wie Gregor von Tours überliefert, habe einer seiner Vorgänger auf dem dortigen Bischofsstuhl, Bischof Perpetuus, um das Jahr 480 angeordnet, daß die Gläubigen vom Feste des hl. Martinus an bis Weihnachten jede Woche dreimal fasten sollten. Diese Verordnung wurde 581 auf der ersten Synode von Mâcon bestätigt:

Pieter Brueghel d. Ä.: Die Spende des hl. Martin, um 1559. Wien, Kunsthistorisches Museum. Am letzten Tag vor der alten Weihnachtsfastenzeit durfte noch einmal von Herzen gegessen und getrunken werden.

»Vom Tage des hl. Martin an bis Weihnachten muß am Montag, Mittwoch und Freitag jeder Woche gefastet werden. Das Opfer ist nach Art der Quadragesimalzeit zu feiern. Auch sollen in dieser Zeit die Canones [= die entsprechenden Verordnungen] *verlesen werden, damit niemand bei einem Fehler Unwissenheit vorschützen kann.«* Der Martinstag, der als Kirchenfest seit dem Sakramentar des Papstes Gelasius I. (492-496) belegt ist, stellte den letzten Tag vor der alten Quadragesima dar, und diese war, wie alle übrigen Fastenzeiten auch, durch Fastenruhe gekennzeichnet. Der Umstand, daß diese Fastenruhe der Quadragesimalzeit nicht nur fröhliche Feste, sondern auch Rechtsgeschäfte ausschloß, ließ den letzten ihr vorausgehenden Tag im Mittelalter einerseits zu einem wichtigen Zinstermin und Markttag (mit Gesindewechsel) werden, andererseits zu einem beliebten Herbstfest, bei dem Gänse geschlachtet und verzehrt wurden; auf diese Gewohnheit wird in manchen Bräuchen des Martinstages bis heute hingewiesen. Im Hinblick auf den Martinstag als Namenstag Martin Luthers, der am 10. November 1483 zu Eisleben geboren (und wohl tags darauf getauft) worden war, ließen die Evangelischen die Bräuche dieses Tages weithin bestehen, versuchten sie aber auf Luther umzudeuten, wofür die entsprechenden Martinslieder zahlreiche Belege bieten.

Der heilige Bischof Martin von Tours

Mit der Legende des Tagesheiligen Martin von Tours haben die Bräuche des Martinstages demnach erst in zweiter Linie zu tun, auch wenn es bei der Frage, wie man den Festtag des heiligen Bischofs bräuchlich begehen sollte, nahelag, sich der Geschichte seines Lebens und seiner Wundertaten zu erinnern. Martin, der erste »Bekenner« *(confessor)* des abendländischen Mönchtums, wurde im Jahre 316 oder 317 zu Sabaria (= Stein am Anger) in Pannonien als Sohn eines römischen Tribuns geboren, wandte sich früh als Katechumene dem Christentum zu, wurde dann aber in die römische Reiterei eingezogen und tat einige Jahre als Soldat Dienst, bevor er sich als getaufter Christ dem Bischof Hilarius anschloß und die niederen Weihen empfing. Um 370 gründete er bei Poitiers das Kloster Ligugé, das als das erste Kloster Galliens gilt. Wohl im Jahr 371 wurde er durch Volksentscheid zum Bischof von Tours bestimmt, doch bedurfte es, wie die Legende will, einer List, um ihn aus dem Kloster herauszulocken und nach Tours zu bringen. Der 4. Juli wird als Tag seiner Bischofsweihe begangen. Später gründete Martin am rechten Ufer der Loire das Kloster Marmoutiers, in dem er mit der Zeit etwa achtzig Mönche um sich sammelte, die ihm bei der

Mission dieses Gebietes zur Seite standen. Um das Jahr 400 starb er, als Mönchsvater wie als Heidenbekehrer hoch verehrt, eines friedlichen Todes. Sein Todestag dürfte der 11. November gewesen sein, an dem seiner seither festlich gedacht wird. Von seiner Verehrung künden zahlreiche Patrozinien, die sich nicht nur auf Kirchen und Kapellen erstrecken, sondern auch auf ganze Siedlungen. Im Kerngebiet seiner Verehrung in Frankreich sind 3675 Martinskirchen nachgewiesen, die übrigens, wie schon die Martinskirche in Tours, oft außerhalb der jeweiligen Stadtmauern liegen. Von den zahlreichen Orten, die den Namen des Heiligen tragen, finden sich 49 allein in Österreich: »St. Martin an der Raab«, »St. Martin an der Salza«, »St. Martin bei Deutschlandsberg« usw., während für Frankreich sogar 485 Flecken und Dörfer unter dem Namen des hl. Martin genannt werden. Patrozinien aber bieten die Gewähr für die Annahme, daß überall dort, wo man sie beging, Kenntnisse über die Lebens- und Wirkensgeschichte des Heiligen in Umlauf waren.

Martinstag in Freising, 1989 Die ganze Kirche beteiligt sich am Martinsumzug. So wurde auch eine Abbildung des Domes selbst mitgeführt.

Unter den Erzählungen, die sich um Martin von Tours rankten, fand immer die Mantelepisode vom Stadttor zu Amiens die meiste Beachtung. Wie es zuerst bei Sulpicius Severus heißt, habe einst den jungen, noch ungetauften Soldaten Martin, als dieser im kalten Winter nach Amiens einritt, ein halbnackter Bettler am Weg um ein Almosen angefleht. Martin, der nichts anderes mehr besaß als die Kleider, die er auf dem Leibe trug, habe kurz entschlossen mit dem Schwert seinen Reitermantel in zwei Stücke geteilt und dem Bettler das eine davon hingereicht. In der darauffolgenden Nacht aber sei ihm in der Gestalt dieses Bettlers der Heiland erschienen und habe ihm für seine Wohltat gedankt. – Mit der vierten Lektion des Martinstages erinnerte das Römische Brevier an diesen Legendenzug, eine deutliche Anspielung auf das Christuswort: »*Was ihr dem Geringsten unter meinen Brüdern getan habt, das habt ihr mir getan*« (Mt 25, 40). Die Wendung: »*dem Armen gegeben – Gott gegeben (pauperi datum – Deo datum)*« war zur Zeit Martin Luthers noch ganz geläufig, und sie wurde auch später auf vielerlei Weise populär gehalten. In der deutschen Sprachinsel Gottschee in Slowenien sang man noch bis in die jüngste Vergangenheit ein Lied »*Bie vrie ischt aüf shain Martine*«, das erzählte, wie der Mantel des Heiligen, den dieser geteilt und dem Bettler gegeben habe, hinterher wieder ganz und unversehrt gewesen sei; das sollte wohl heißen, daß die barmherzige Tat den Heiligen nicht ärmer gemacht habe.

Als eine der kostbarsten Reliquien des hl. Martin wurde seit dem Geschehen am Stadttor von Amiens der übriggebliebene halbe Mantel, die »capa«, in der eigens dafür geschaffenen »Capella« und von dem zu ihrer Betreuung bestellten »Capellanus« sorgfältig aufbewahrt; die »Kapellen« und der »Kaplan« tragen von diesem Erinnerungsstück her noch heute ihre Namen. Wie sehr die »capa« des hl. Martin als Talisman geschätzt wurde, bezeugt Notker Balbulus von St. Gallen, der in den *Gesta Caroli Magni* versichert,

Martinstag in Kirchzarten im Breisgau. Der hl. Martin, hoch zu Roß, führt den Laternenumzug an, der an der Grundschule beginnt. Foto: 1982.

daß die fränkischen Könige diese »capa« mit in die Schlacht genommen hätten, um unter diesem Zeichen der Gegenwart des römischen Kriegsmannes die Feinde zu unterdrücken.

Martinsspiele um die Mantelteilung

Die Aufgabe der Martinsspiele, die an die Lebensgeschichte des Tagesheiligen Martin von Tours anknüpfen, liegt gewöhnlich in einer Besinnung auf den christlichen Glauben und damit auf die Notwendigkeit der Zuwendung zum Nächsten schlechthin. Deshalb führt man vielerorts die Episode der Mantelteilung am Stadttor von Amiens auf, wie sie nach der von Sulpicius Severus gegebenen Schilderung auf vielerlei Bildern dargestellt worden war, schon auf Glasfenstern des 13. Jahrhunderts und auf Gemälden wie jenem von Jean Fouquet aus der zweiten Hälfte des 15. Jahrhunderts. In den heutigen Martinsspielen von Freiburg im Breisgau, Kirchzarten oder Freising erscheint der Heilige als ein römischer Kriegsmann. Das Spiel selbst erfolgt unter Teilnahme der Schuljugend, in Kirchzarten beispielsweise auf dem Platz vor der Grundschule, in Freising (seit Anfang der siebziger Jahre) auf einer Wiese zu Füßen des Domes; es hebt die Pflicht des Einzelnen zur Nächstenliebe deutlich hervor.

Was dabei heute eher wie eine historische Reminiszenz anmutet, wurde in älterer Zeit sehr viel konkreter aufgefaßt und in das tägliche Leben mit

Die Gänse als traditionelle »Hauptspeise« des Martinstages – des letzten Tages vor der alten Weihnachtsfastenzeit – werden auch nach der Legende zu den festen Attributen des Heiligen gezählt. Aufnahmen: 1982.

Martinstag in Kirchzarten, 1982. Auch die Kinder der evangelischen Gemeinde veranstalten einen kleinen Martinsumzug, der an der Evangelischen Kirche beginnt und endet.

einbezogen. Aus dem Mittelalter wird mehrfach überliefert, daß wohlhabende Leute, zumeist Adelige, am Martinstag an Bedürftige Geschenke auszuteilen pflegten, vor allem Mäntel, um so dem Heiligen durch eine sichtbare, die Legende aufgreifende Handlung unmittelbar nachzueifern. Auf diese Weise gelangte offenbar auch der Dichter Walther von der Vogelweide in den Besitz eines kostbaren Mantels, weil ihm am 12. November 1203, auf Geheiß des Bischofs Wolfger von Passau, fünf Goldstücke für einen »Pelzrock« ausgezahlt wurden. Wie sehr solche Gaben Gewohnheitsrecht gewesen sein dürften, läßt sich aus einem freundlichen Wink des »Archipoeta« in Köln an den Erzbischof Rainald von Dassel Anno 1162 schließen, insofern dieser, der doch noch freigebiger als der hl. Martin sei *(largior Martino)*, ihm Mantel und Tunika

verehren könne. Geschenke dieser Art lassen sich noch bis weit ins 18. Jahrhundert hinein nachweisen.

Laternenumzüge und Laternenpredigten

Zum Zeichen des Bekenntnisses finden zudem Laternenumzüge statt, die ihren Grund nicht, wie man irrtümlich gemeint hat, in der Aufgabe haben, in der dunklen Jahreszeit die Beleuchtung durch Straßenlaternen zu ersetzen, sondern die wieder auf der Perikopenordnung des *Missale Romanum* beruhen, das für den Martinstag die Lucerna-Perikope vorschrieb, das Gleichnis vom Licht (Lk 11, 38f): »Niemand

Wo llebende Gänse nicht mehr verfügbar sind, genügen auch Gänseattrappen dazu, dem Tagesheiligen die Ehre zu erweisen. Martinsumzug in Freiburg im Breisgau, um 1980.

zündet eine Lampe an und stellt sie in ein Versteck«. Zu dieser Textstelle boten die Parallelen (z. B. Mt 5, 15) die Aufforderung an alle Gläubigen, mit solchem Licht sich zu Gott zu bekennen und ihm zugleich Lob und Dank auszusprechen: *»So leuchte Euer Licht vor den Menschen, damit sie Eure guten Werke sehen und Euren Vater preisen, der im Himmel ist.«* In diesem Sinn verkündete auch das *Breviarium Romanum* in der achten Lesung zum Martinstag unter ausdrücklicher Bezugnahme auf den Heiligen: *»Dieses ist die Lampe [= lucerna], die angezündet wird, die Tugend unseres Geistes und Sinnes […], jene Lampe, die nach altem*

Brauch der Juden der erste unter den Priestern am Morgen und am Abend anzuzünden pflegte [...], die Stadt Jerusalem [...], in der unser Glaube kämpft, [...] und uns mit dem Licht der geistlichen Gnade erleuchtet.« Nicht uninteressant erscheint in diesem Zusammenhang, daß schon ein Perikopenbuch aus Monte Cassino, das dem 10. oder 11. Jahrhundert angehört, für den Martinstag eine Evangelienlesung vorschrieb, in der von den »brennenden Lampen« die Rede war, nämlich die Bibelstelle Lk 12, 35f: »*Eure Lenden sollen umgürtet sein und eure Lampen sollen brennen*«, im Wortlaut der Vulgata: »*Sint lumbi vestri praecincti, et lucernae ardentes in manibus vestris*«. Der lateinische Text schrieb also ausdrücklich vor, brennende Laternen in die Hände zu nehmen. Nun könnte man vermuten, daß die Kirche diese Bibelstelle nur deshalb herangezogen hätte, weil es ihr darum gegangen wäre, einen bereits bestehenden heidnischen Brauch sinnvoll liturgisch einzubinden. Tatsächlich wäre diese Vermutung aber verfehlt. Denn das Hauptthema der genannten Perikope bildet die »Erwartung des Herrn«, die zugleich den zentralen Gedanken der folgenden Fasten- oder Adventszeit darstellt. Also gebührt dieser die Priorität. Man wird insofern schlußfolgern müssen, daß die Einrichtung der Weihnachts- oder genauer Epiphaniasfastenzeit die Festlegung der Perikope Lk 12, 35f auf den Martinstag als ihren Beginn nach sich zog, und daß mit dieser Festlegung die Voraussetzung und zugleich die Anregung dazu gegeben war, am Martinstag mit Laternen in den Händen umherzuziehen.

Die Entstehung dieses Brauches könnte man demzufolge für den Zeitraum annehmen, in dem die Perikope Lk 12, 35f als Lesung für den Martinstag eingeführt und noch nicht durch die Perikope Lk 11, 33f, die eigentliche Lucerna-Perikope, ersetzt worden war. Allerdings waren beide Perikopen so eng miteinander verwandt, daß kundige Theologen ohne Mühe von der Lucerna-Perikope Lk 11 auf die entsprechende ältere in Lk 12 überleiten konnten, auch noch zu einer Zeit, als die letztere bereits durch die erstere abgelöst worden war; übrigens hat 1519 noch Martin Luther über die Perikope Lk 12, 35f am Martinstag gepredigt. Bezeichnend für die enge Verbindung zwischen Perikope und Brauch des Martinstages mutet in diesem Zusammenhang ein Zeugnis des katholischen Kontroverspredigers Martin Eysengrein (gestorben 1578 zu Ingolstadt) an, der in seiner Heiligenpostille, gedruckt zu Mainz 1601, nicht nur die Aufforderung der Bibelstelle Lk 12, 35f, »Lichter« oder »Laternen« zu tragen, in den Mittelpunkt

der Betrachtung rückt – »*Und ir sollet brennende Liechter haben in euern Händen*« – , sondern diesen Lichtern auch eine bestimmte allegorische Bedeutung als Zeichen für die von der Reformation für nicht heilsnotwendig angesehenen »guten Werke« zuerkennt: »*Der H. Gregorius spricht: Brennende Liechter halten wir in den Händen / wann wir durch gute Werck dem nechsten Exempel deß Liechts fürtragen:*

Laternen in allen Formen und Farben dienen dazu, »das Licht des Glaubens unter die Völker« zu tragen, wie es die Lesung des Martinstages fordert. Die Gläubigen sollen »*brennende Lichter (lucernae ardentes)*« in den Händen halten. Freising, 1989.

Auf dem Freisinger Domberg werden unter dem Kruzifix ein Martinsfeuer entzündet und das Spiel von der Mantelteilung aufgeführt. Aufnahme 1989.

MARTINSTAG

Also sol euer Liecht scheinen / spricht Christus / vor den Menschen: damit sie sehen euere gute Werck / und preisen den Vatter der im Himmel ist. Nun sagt aber Christus im heutigen Evangelio nit / daß wir sollen ein Liecht in Händen tragen / sondern Liechter / und deren seynd fürnemlich drey.« Er charakterisierte diese Lichter als »*lucerna purae intentionis*«, »*lucerna pedibus meis Verbum tuum*« und »*lucerna honestae conuersationis*«, d. h. als Zeichen der guten Absicht, der Nachfolge und des rechten Wandels.

Auch andere Prediger, wie der katholische Pfarrer Melchior de Fabris oder Bartholomaeus Wagner, Freiburg 1610, gingen am Martinstag auf die Bibelstelle Lk 12, 35f ein, um an ihr die Aufforderung, brennende Lichter in den Händen zu halten, mit guten Morallehren zu verknüpfen. Melchior de Fabris gab seiner Predigt sogar einen auf den Tag bezogenen Titel: »*Von der Martins Gans. Ein schöne nützliche Predig / darinn zuo sehen ein feyne außlegung deß H. Evangelij leben: Unnd ein hailsame anmanung / wie und was gestalt wir S. Martins Gans essen / und unser leben in ein andern gang richten sollen, Gedruckt im Closter zuo Thierhaupten 1595*«. Hier stellte er zunächst die genannte Schriftstelle vor, setzte dann die in ihr erwähnten Lichter in Beziehung zu den drei christlichen Kardinaltugenden Glaube, Hoffnung und Liebe und forderte schließlich die Gläubigen zur Wachsamkeit auf, womit er sie zugleich auf die Endzeitstimmung der letzten Sonntage des Kirchenjahres hinführte. Karl Meisen hat in einer Untersuchung der Martinstagsbräuche die Lichterumzüge auf den Kult am Grabe des Heiligen zurückführen wollen, ohne dabei jedoch plausibel machen zu können, wie es vom Lichterschmuck eines Grabes zu einem Umgang mit Laternen kommen konnte. Die Lucerna-Perikope mit ihren Paralle-

Das Mittragen einer »Kapelle« beim Martinsumzug in Freising dient der Erinnerung an das Wirken des hl. Martin, der einst seine »*capa*« einem Bedürftigen aufgeopfert hatte.

len lieferte dagegen eine konkrete Anregung für den Brauch, am Martinstag Laternen in die Hand zu nehmen und damit umherzuziehen, ohne daß diese Anregung überall und zur gleichen Zeit aufgegriffen worden sein muß; die Verbreitungskarten der jüngeren Vergangenheit lassen sogar die Vermutung zu, daß erst die katholische Restauration der ersten Hälfte des 19. Jahrhunderts zu einer allgemeineren Einführung des Laternenumzuges am Martinstag geführt habe, doch reichte die liturgische Basis dafür sehr viel weiter in die Vergangenheit zurück. Vor allem aber stellte schon die Predigttradition des Martinstages jene Verbindung zwischen dem Laternenumzug und der Darstellung der »guten Werke« her, wie sie dann im Brauch durch die szenische Wiedergabe der Mantelteilungsepisode so augenfällig unterstrichen wurde.

Die bräuchlichen Laternenumzüge blieben traditionell auf den 11. November oder dessen Vorabend beschränkt und dehnten sich nicht auch auf andere Wintertermine aus; es handelt sich um einen Brauch, der genuin mit dem Martinstag und dessen liturgischer Formung in Zusammenhang steht. So konnte der Kapuzinerpater Athanasius von Dillingen 1691 treffend formulieren, daß *»das heutige Hl. Evangelium«* dem Betrachter *»gar recht ein Latern an die Hand«* gebe, und der Pfarrer Johann Baptist Golhofer 1747 in gleichem Sinne hinzufügen, daß man sich *»in dem heil. Martino [...] in einem hellen Licht ersehen und seinem Exempel folgen«* solle.

Es bedeutete insofern eine liebenswürdige Uminterpretation, wenn ein aus Thüringen um 1830 bezeugtes und dem Erfurter Diakon Lossius (1817) zugeschriebenes Kinderlied als Grund für die *»vielen Lichter«* am Vorabend des Martinstages die Absicht des Heiligen angab, all das in hellem Lichte sehen zu wollen, was er auf Erden getan habe: *»Martin, Martin / Martin war ein frommer Mann / Zündet viele Lichter an / Daß er droben sehen kann / Was er unten hat getan.«* Da es jedenfalls um das »Licht« (des Glaubens) geht, auf das am Martinstag so konkret wie möglich hingewiesen werden soll, versteht sich ohne weiteres, warum man mancherorts die Laternenumzüge mit dem Abbrennen von Jahresfeuern verknüpft hat. Denn auch dieses »*Licht, das in der Finsternis leuchtet*« (vgl. Joh 1,5), ließ sich wie selbstverständlich in den vorgegebenen liturgischen Rahmen einfügen, so daß man wohl annehmen darf, daß es wieder dieser Rahmen war, der die Einbeziehung auch eines solchen, an sich ja beliebig verfügbaren Brauchelementes in die Begehung des Martinstages nach sich zog. Die Annahme einer vorchristlichen Festfeier am 11. November oder an dessen Vorabend kann sich jedenfalls auf kein einziges zuverlässiges Zeugnis stützen; sie bliebe reine Spekulation.

Martinigerte und Martinssegen

Das gilt auch für die verschiedenen anderen Brauchformen des Martinstages, die einst zum bäuerlichen Jahresbrauch gehörten und in abgelegeneren Gebieten zum Teil auch heute noch anzutreffen sind. Mehrfach wurde beispielsweise ein Zusammenhang zwischen Almabtrieb und Martinstag hergestellt. So war es, wie entsprechende Segenssprüche bezeugen, mancherorts üblich, am »heiligen Antlastag« auszutreiben, das heißt am Gründonnerstag, der wegen seiner Abhängigkeit vom Ostertermin auf 35 verschiedene Kalendertage nach dem 19. März fallen konnte. Im Jahre 1615 wurde in der Steiermark ein gewisser Paul Muck aufgegriffen, weil er einen »*Wolfssegen*« ausgesprochen hatte, den wohl irgendjemand als anstößig empfand. Jedenfalls begann dieser Segen, eigentlich ein Martinssegen, mit den Versen: *»In Gottes Namen tritt ich herein / Gott behüte euch eure Rinder und Schwein / Gott behüte euch euer Leib und Seel / Also sollt ihr gesegnet sein / Wie der h(eilige) Opferwein / Wie das wahre Himmelsbrot / Das Gott mit seinen zwölf Jüngern gegessen hat. [...].«* Andere Sprüche nennen als Beginn des *»Ausglöckens«*, des Viehaustriebs, den Georgitag am 23. April, der vielerorts als Beginn des Sommerhalbjahres verstanden wurde. Der Almabtrieb erfolgte dann zu Martini, weil ein späterer Termin die vorweihnachtliche Fastenruhe gestört hätte. Entsprechend bildete der Martinstag in weiten Gebieten, zumal des bayerisch-österreichischen Raumes, früher den Schlußtermin des Weidehalbjahres: Das Vieh wurde in die Ställe getrieben, und der »Halter«, der Viehhirte, bezog seinen Lohn. Um einem solchen Vorgang auch eine gewisse zeichenhafte Bedeutung zu geben, bereicherte man ihn durch »Bildgebärden« (Leopold Schmidt), wie das demonstrative Ablegen des Hirtenstabes, das seinerseits wieder mit dem Sprechen bestimmter Segen, eben jener Martinisegen, verbunden wurde. Dabei handelte es sich um fromme Wünsche für das Vieh und dessen Besitzer, die sich dafür nicht nur freundlich bedankten, sondern oft auch dem verdienten Lohn eine zusätzliche Gabe beifügten. Ein anderer Spruch lautete beispielsweise: *»Gelobt sei Jesus Christus! / Glück herein, Unglück hinaus. / Da kommt der ehrsame Hirt / Mit der Martinigerte ins Haus. / So viele Zweige auf der Gerte sind, / So viele Ferkel wünsche ich euch! / Viel Glück und viel Segen / Und ein langes Leben / Soll euch der liebe Herrgott geben!«* Die Bezeugungsgeschichte dieses Brauches reicht vom 17. bis zum beginnenden 20. Jahrhundert, und er erstreckt sich ausschließlich über die katholischen Landschaften des deutschen Sprachgebietes im Süden wie im Südosten. Man kann insofern auf seine Ausbreitung im Zuge der katholischen Reform schließen, die ja auch sonst in vielfältiger Weise den Alltag der Gläubigen in eine christliche Gesamtlebensordnung einzufügen suchte. Ältere Belege sind jedenfalls nicht bekannt geworden.

Der Brauch, mit dem Martinstag das Weidehalbjahr zu beschließen, erklärt nebenbei ungezwungen das Patronat des Heiligen für den Schutz der Haustiere, der Rinder, Pferde und Schweine, die ihm an seinem Kalenderfesttag gewissermaßen neu anvertraut wurden. Und dieser Brauch liefert zugleich eine hinreichende Begründung für die Anrufung des hl. Martin in Notzeiten, etwa bei Viehseuchen, für die auch entsprechende Votivgaben zeugen. So findet auch der Brauch eines spielerischen *»Wolfablassens«* am Martinstag oder dessen Vorabend im Mühlviertel und in den angrenzenden Gebieten Bayerns und des Böhmerwaldes seine Erklärung. Wenn die Wiesen nicht mehr für das Vieh gebraucht wurden, konnte man sie gewissermaßen dem einstmals so sehr gefürchteten Wolf überlassen. Darauf spielen die betreffenden Lärmumzüge der Schuljungen an, die ihr Leitmotiv in dem wiederkehrenden Ruf *»Der Wolf ist abgelassen«* besitzen. In Klaffer im oberen Mühlviertel beispielsweise versammeln sich am Vorabend des Martinstages viele Kinder im Schulgebäude. Unter ohrenbetäubendem Lärm ziehen sie durch den Ort zur Kirche und wieder zurück. Wie es heißt, sei dieser Lärmbrauch einst eine notwendige Maßnahme gegen die Wölfe aus den böhmischen Wäldern gewesen. Heute führt ein Teil der Kinder ausgehöhlte und von innen erleuchtete Kürbisse mit, die hier die Funktion der anderenorts üblichen Laternen übernehmen. Hirtenbrauch und liturgienahe Festform sind hier also eine feste Verbindung eingegangen.

Martini als Rechts- und Zinstag

Zu den Rechtsgeschäften der bäuerlichen Welt, die am Martinstag erledigt werden mußten, zählte bis in die jüngste Zeit die Auszahlung des *»Ausgedinges«* an den Altbauern. War halbjährliche Zahlung vereinbart worden, war der eine Zinsbetrag am Georgitag, der andere an Martini fällig. Am Martinstag fand neben dem Dienstbotenwechsel auch die Vergabe der Winterwohnungen an Landarbeiterfamilien und Tagelöhner statt, durchaus in dem Bestreben, die nachfolgende Vorbereitungszeit auf die *»Wiederkunft des Herrn«* von solchen Rechtsgeschäften freizuhalten. Vielerorts wurde am Martinstag (oder im Hinblick auf ihn) Herbstmesse gehalten, so seit 1471 in Basel, seit 1507 in Aarberg und vielfach sonst.

Martini als Fest- und Feiertag

Es versteht sich von hier aus ohne weiteres, warum Martini zum rechten »Bauernfeiertag« heranwuchs, der auf möglichst festliche Weise, mit Kirchgang und mit üppigem Essen und Trinken, nachher auch mit Tanz, in fröhlicher Weise begangen wurde. Erst die Aufklärung bewirkte das Verschwinden verschiedener Martinstagsbräuche, die einen erkennbaren religiösen Anstrich besaßen. Ein Salzburger Volkslied des 18. Jahrhunderts, das die Folgen der Aufklärung beklagte, ging auch auf den Martinstag ein und wies darauf hin, daß dessen Begehung immer seltener werde, ja daß allgemein nur noch das Tanzen üblich sei: »*Den elften November, von dem i hiatz sag, / Dort fallet dem heiligen Martini sein Tag; / O heiliger Martini, du mit deiner Gans, / Du wirst neamma g'halten, wohl aba da Tanz.*« Ein Martinitanz als Abschluß des Martinischmauses ist für viele Orte Ober- und Niederösterreichs, aber auch für Bayern und andere Landschaften bezeugt.

Das Festessen des Martinstages war unter verschiedenen Namen bekannt. Man nannte es »*Martinimahl*« oder auch »*Martiniloben*«, wohl im Anschluß an die Matutin des Festtages, die mit den Worten begann: »*Laudemus Deum nostrum, in confessione beati Martini*«. Von dieser Schriftstelle und ihrer Anwendung her versteht sich auch die etwas ironische Bemerkung Sebastian Francks in seinem »*Weltbuch*« von 1534: »*Erstlich loben sy* [= die Katholischen] *Sanct Martin mit guotem Wein, genßen bis sy voll werden. Unselig ist das hauß, das nit auff deß nacht ein ganß zuo eßn hat.*« Das Martinsgansessen hat sich lange erhalten. Ernst Burgstaller überliefert die Zeitungsnotiz zu einer »Martiniparty« (!) in Bad Ischl, derzufolge dort am Martinstag (wohl 1964) »*allein im Gasthof ›Zur goldenen Krone‹ ein wahrer Massenmord an Gänsen*« veranstaltet worden sei. Man mußte 40 Gänse schlachten, um den Bedarf dieses Tages an Gänsebraten abzudecken. Dabei sind durchaus auch andere Festspeisen für den Martinstag nachweisbar: »*zweierlei Fleisch*«, nämlich gekochtes und gebratenes Fleisch, aber auch Süßspeisen, wie der beliebte »*Milch-*« oder »*Mehlkoch*« und anderes. Um den Gänsebraten des Martinstages haben sich dann allerlei Spiele gelagert, etwa das »*Gans-Scheiben-Schießen*«, bei dem der Sieger eine Martinsgans gewann, oder das »*Gansreißen*«, ein Reiterspiel, dessen Aufgabe darin bestand, einer aufgebundenen lebenden Gans im Vorüberreiten den Kopf abzuschlagen. Dieser Brauch, der auch unter dem Namen »*Gansrennen*« läuft, ist auch für die Fastnacht bezeugt. Mancherorts war am Martinstag sogar das »*Gänsestehlen*« zulässig; jedenfalls wird hier und da von einem »Stehlrecht« berichtet, das vielleicht seinen Grund im stillschweigenden Hinnehmen der Bestohlenen hatte, die auch die ärmeren Leute an den Vergnügungen des Martinstages teilhaben lassen wollten.

Wie so oft, haben auch diese letzten Ausläufer einer einst vielfältig gestalteten Festfeier ihre ältesten Zeugnisse in Klosterbräuchen. So berichten die im 15. Jahrhundert niedergeschriebenen (angeblich gefälschten) Corveyer Annalen, daß im Jahre 1171 Othelricus von Svalenberg den Mönchen des Klosters am Fest des hl. Martin eine silberne Gans geschenkt habe; diese Geste dürfte den Brauch, am Martinstag Gänse zu verzehren, bereits voraussetzen. Daß man hochstehenden Persönlichkeiten zum Martinstag Gänse verehrte, ist oft bezeugt. Noch Martin Luther bedankte sich am 10. November 1541, seinem Geburtstag, bei Justus Jonas in Halle für zwei fette Gänse, die offenbar wohlgeraten waren: »*Accepi duos Anseres, mi Iona, praepingues* (= sehr feist) *& perpingues* (= voll fleischig) *& pinguissimos* (= äußerst fett)*, Et gratias agimus.*« Richtig dürfte die Überlegung sein, die 1699 der Salzburger Stadtkaplan Christoph Selhamer zu Papier brachte, als er nach sorgfältiger Diskussion aller Deutungen des Gänseessens zu dem Schluß kam: »*Ich für mein Theil wolt lieber glauben / diß Mahlzeitlen mit Gänsen hab vielmehr daher ihren Ursprung genommen / weil in der ersten Christenheit auch vor Weyhnachten ein vierzigtägige Fasten in Schwang gangen / so nach S. Martin ihren Anfang genommen; also werden sie mit Gänsen / die nie besser und feister seyn als jetzt / Faßnacht gehalten*«, also gepraßt und geschlemmt haben.

Es waren, wie man annehmen darf, Mönche, die das Martinsgansessen mit der Legende des Tagesheilligen verknüpften, wenn sie erzählten, daß sich der scheue Martin nach seiner Wahl zum Bischof von Tours in einem Gänsestall versteckt habe, jedoch durch das Schnattern der aufgeschreckten Tiere verraten worden sei; – Grund genug für die Klosterbrüder, sich über das vergebliche Sträuben des Heiligen lustig zu machen. Noch in Melchior Francks »Fröhlichem Convivium«, einem 1621 zu Coburg gedruckten Quodlibet, stößt man unter Nummer 12 auf den entsprechenden Singvers, wohl aus älterer Vagantenpoesie: »In illo tempore sedebat Dominus Martinus, ho! / Bonus ille Martinus inter anseres im Stroh!« Dazu gab es auch eine deutschsprachige Variante, die den Gänseverzehr am Martinstag zugleich als eine späte Strafe für den an dem Heiligen verübten »Frevel« interpretierte. In Erasmus Widmanns »Musikalischer Kurtzweil« von 1611 findet sich das entsprechende Lied mit dem Text der »Martins Gans durch Joh. Olorinum Variscum«: »1. Was haben doch die gense getan / Daß so vil müßens leben lan? / Die gens mit irem dadarn, da da, da da, da da, / mit irem geschrei und schnadern, da da, da da, da da, / sant Martin han verraten, da da, da da, da da, / darumb tut man sie braten, da da, da da. // 2. Ist's war daß sie verraten han / sant Martin den heiligen man? (Kehrreim) // 3. So müßen's mit dem leben zwar / den zehend geben alle jar; (Kehrreim) // 4. bei süßem Most und külem wein / vertreibt man in [= ihnen] das dadarn fein; (Kehrreim) // 5. So laßet uns all in gemein / bei braten gensen frölich sein. (Kehrreim).«

Damit ist schon der Rahmen gezeigt, in dem sich die sehr zahlreichen Martinslieder älterer Machart bewegen: Sie besingen den hl. Martin als Gabenbringer der Gänse und des neuen Weines, den man an seinem Fest ebenfalls so üppig zu genießen wußte, daß der Heilige sogar zum Weinpatron erhoben wurde; Pieter Brueghel d. Ä. hat ihn auf seinem Martinstagsbild (oben S. 25) als barmherzigen Weinspender entsprechend charakterisiert. So enthält eine Lambacher Handschrift aus der Zeit um 1400 einen dreistimmigen »Radel« oder Kanon, den man wohl zum Auftakt des Gelages anzustimmen pflegte:

»Martein, lieber herre, nu laß vns frölich sein, / heint czu deinen eren, und durch den willen dein, / dy genns solt du vns meren, und auch [den] küelen wein, / gesotten vnd gepraten, sy müessen all herein.« Im Verzehr der gebratenen Gänse und im Genuß des jungen Weines erschöpft sich der Inhalt dieser Gesänge und ihrer Seitenstücke und Parallelen. Offenbar spiegeln sie damit die Wirklichkeit der Martinstagsfeier recht genau wieder. Eine Ratsrechnung aus Trier von 1522/23, die hier für viele gleichartige steht, hält den Vermerk des Rechnungsführers fest, daß er seinen »Herren« den »Martinswyn (aus)geschenkt« habe, und zwar zunächst im Umfang von 43 1/2 Sestern, was etwa 350 Litern entsprach, und daß er dann noch einmal 14 1/2 Sester geholt habe, rund einhundert Liter, »als man die genße uff St. Martinstage gessen hait.« Den Inhalt der Legende des Heiligen geben erst die jüngeren Martinslieder wieder, unter denen das Erzähllied »Sankt Martin ritt durch Schnee und Wind« die weiteste Verbreitung fand.

Martinstag und Fastnachtsbeginn

Den Martinstag nutzen seit geraumer Zeit auch die Karnevalsgesellschaften zu Sitzungen, bei denen etwa das neue Prinzenpaar gewählt oder andere Vorbereitungen für die kommende Fastnachtssaison getroffen werden. Soweit der Beginn der betreffenden Veranstaltungen auf den 11. 11., 11 Uhr 11 festgelegt wurde, handelt es sich dabei um eine bräuchliche Begehung der Elf als Narrenzahl, wie sie beispielsweise auch dem Elferrat zu seinem Namen verholfen hat. Daß die Zahl Elf, die als erste die Zehnzahl der Gebote überschreitet, diejenigen bezeichnet, die das »Gesetz« des Dekaloges übertreten, bildet eine verbreitete Auffassung allegorischer Handbücher. Insofern läßt sich die Elfzahl als die »klassische« Narrenzahl begreifen, die schon als solche auf das Narrenwesen der Fastnacht hinweist.

Die Wahl des Martinstages zum Beginn der Fastnachtsperiode wurde durch dessen Stellung im liturgischen Kalender begünstigt: Martini steht genau so am »Kopf« der alten Weihnachtsfastenzeit wie die Fastnacht am »Kopf« der Osterfastenzeit, weshalb man sie in lateinischer Überlieferung sehr passend als »*caput ieiunii*« oder »Haupt des Fastens« bezeichnete. Der Martinstag stellt insofern schon von seiner Position im Kalender her ein klares Äquivalent zur Fastnacht dar; es handelt sich bei ihm um eine »kleine Fastnacht«, also um einen Freiraum zur Entfaltung all jener Einstellungen und Verhaltensweisen, die für die jeweils folgenden Fastenzeiten untersagt waren. Treffend bemerkte Thomas Kirchmaier in seinem *Regnum Papisticum* 1555: »*Sanct Martins auch nichts feilen [= fehlen] leßt, dem Ba[c]cho helt ein sonder fest.*« Es dürfte deshalb auch kein Zufall gewesen sein, daß sich früher die Hochzeiten ähnlich auf Martini konzentrierten wie auf die Fastnacht, denn für die Fastenzeiten galt die Vorschrift geschlechtlicher Enthaltsamkeit, auch in der Ehe.

Die Brauchträger scheinen sich der gleichartigen Stellung von Fastnacht und Martini im Kalender durchaus bewußt gewesen zu sein. Das Festkomitee des Kölner Karnevals wählte schon in den zwanziger Jahren des 19. Jahrhunderts den 11. 11. zum festen Termin für die erste Sitzung der jeweiligen Saison, und in anderen Städten ahmten die Karnevalsgesellschaften diese Neuerung nach. In Kassel beispielsweise fand die Neugründung des »Carnevalsvereins« am Vorabend des 11. 11. 1863 statt, wohl weil man diesem Festtag eine Vigil zubilligte. Man griff hier schon eine alte Tradition auf. Es mag dabei dahinstehen, ob diejenigen Autoren, die aus der Unterzeichnung der Gründungsurkunde für die Geckengesellschaft zu Kleve am 12. 11. 1381 auf eine Veranstaltung an dessen Vorabend geschlossen haben, damit das Rechte trafen oder nicht. Denn es gibt andere Zeugnisse, die einen Zusammenhang zwischen Martinstag und Fastnacht schon früher belegen. So stellte nach Abraham Sau[e]rs »*Calendarium historicum*« von 1594 der Martinstag den Fixpunkt dar, von dem aus die Berechnung des beweglichen Fastnachtstermins erfolgte. Sau[e]r führte dazu aus: »*Merck / die Faßnacht alle Jar zu erkennen. So zehle vom ersten Dienstag / im neuen Liecht / nach Martini an / es komme halb oder lang darnach / vnd vber dreytzehen Wochen / der Dienstag / ist der letzt Fastelabend deß Jars.*« Das hieß: Vom Dienstag der auf den 11. 11. folgenden Woche an, in die der Neumond fällt, sind es 13 Wochen bis zur Fastnacht. Daß Sau[e]r den Martinstag als Berechnungsbasis wählte, belegt zumindest, daß ihm dieser Ecktermin der Fastnachtsperiode schon als solcher bekannt war. Die im 19. Jahrhundert aufkommende »Martinifastnacht« der Elferräte, zu deren Umkreis auch die bis zum Zweiten Weltkrieg übliche »*Martini-Kerb*« (= Kirchweihe) der Mainzer Prinzengarde zählte, folgte also einer längeren Tradition, die sie nur aufgriff und erneuerte.

Bei aller Verschiedenheit der Brauchformen des Martinstages läßt sich jedenfalls das gemeinsame Grundanliegen erkennen, Orientierungsmarken für eine christliche Gesamtlebensordnung zu geben. Der Verzehr der Martinsgans, der üppige Genuß des neuen Weines, die Laternenumzüge der Kinder, das Ablegen der Martinigerte, die Dienstbotenwechsel, die Zinsabgaben und die übrigen Bräuche des Martinstages erweisen sich so als Elemente eines Handlungsgefüges, das in dem gemeinsamen Wunsch nach einer sinnvollen Lebensgestaltung seinen inneren Antrieb besaß. Vom Tag nach Martini an setzte die stille Vorbereitungszeit auf die »Ankunft des Herrn« ein, begann also die innere Vorbereitung auf Weihnachten und Epiphanie. Hinter den üppigen Gelagen und den bunten Festtagsbräuchen stand jedenfalls eine religiöse Haltung, die auf dem Weg über die Liturgie mit ihren vorgeschriebenen Lesungen unmittelbar auf das Verhalten der Gläubigen einwirkte. Insofern hatte Melchior de Fabris recht, wenn er 1595 schrieb, bei allem, was sie getan hätten, »*so theten sy es alle zuo der ehr und glori Gottes: Derowegen dann von jnen vil eusserliche und Leibliche ding fürgenommen, / durch welche sy zuo erinnerung der innerlichen und Gaistlichen ermanet wurden [...] Also haben sy auch Sant Martins Gans nit ohne sonderliche ursach angefangen zuo essen.*«

3
....

Mehret Eure Talente!

DER NIKOLAUSTAG
UND DIE
KIRCHLICHE
KINDERKATECHESE

Das zweite bedeutendere Heiligenfest der Vorweihnachtszeit neben dem Martinsfest stellt das Nikolausfest dar, das eine wichtige Aufgabe im Rahmen der christlichen Unterweisung für Kinder erfüllt. In alter Zeit war es allgemein üblich gewesen, daß die Taufbewerber, die um Ostern in die Gemeinschaft der Gläubigen aufgenommen werden wollten, in der vorausgehenden Fastenzeit den Taufunterricht empfingen. Es lag nahe, in entsprechender Weise auch die Epiphanias- bzw. Weihnachtsquadragesima zu nutzen, und tatsächlich wählte man sie schon im Spätmittelalter zur Unterrichtung der Kinder. Das Besondere am Nikolaustag besteht darin, daß an diesem Tag durch den hl. Nikolaus die in der Katechese erworbenen Kenntnisse abgefragt werden, wobei die Examinierten durch die Begleiter des Bischofs nach Verdienst Lohn oder Strafe finden. Den Ansatzpunkt dafür bietet die seit dem 14. Jahrhundert nachgewiesene Perikope (auch des Römischen Meßbuches), die als Schriftlesung für den Nikolaustag das Gleichnis von den Talenten vorschreibt (Mt 25, 14 ff). Bei diesem Gleichnis geht es um die Rechenschaft vor Gott und um den Gedanken, daß dabei die Treue entscheidend sei, mit der man die übertragenen Aufgaben erfüllt hat, nicht deren äußere Größe. Daß die Kinder an diesem Tag über ihre Glaubenskenntnisse Rechenschaft ablegen sollen, ergibt sich als Folgerung aus der Liturgie. Jedenfalls steht der Nikolaustag genauso in der Mitte der ehemaligen Weihnachts- bzw. Epiphaniasfastenzeit, wie der Martinstag an ihrem Anfang, und er bietet die geeignete Möglichkeit, den aus ihr bis dahin gezogenen Nutzen zu überprüfen.

Die Bindung der Glaubensprüfung an die Gestalt und an den Festtag des hl. Nikolaus ergibt sich aber wohl nicht primär aus der Kalenderrechnung, sondern aus dem Schülerpatronat des Heiligen, das sich an seine Legende geknüpft hat. Die heutigen Nikolausbräuche gehen sämtlich auf das Institut des examinierenden Bischofs zurück, das in seinen Vorformen bis in das Hochmittelalter zurückreicht. Die für den Brauch charakteristischen Erscheinungsformen haben sich aber erst nach der Reformation und im Anschluß an die von den Reformatoren eingeführten Adventsspiele herausgebildet. Die Nikolausbräuche bieten ein vielfältiges und buntes Gemenge: Umzüge und Katechisierungsspiele, Einkehrbräuche und Klausenhölzer, das Klausjagen, Klausenmänner und anderes mehr gehören dazu. Die Vermutung der Mythologenschulen des 19. Jahrhunderts, daß in den Nikolausbräuchen ältere, vorchristlich-heidnische Bräuche fortlebten, entbehrt jeder sachlichen Begründung.

Die Gestalt des hl. Nikolaus

Anders als über den hl. Martin ist über den historischen Nikolaus nichts wirklich Zuverlässiges bekannt geworden. Man vermutet, daß sich hinter seinem Namen und seiner Gestalt zwei Persönlichkeiten verbergen: ein Bischof von Myra in Kleinasien (um 300), und ein Abt Nikolaus von Sion, der Bischof von Pinora war und am 10. Dezember 564 starb. Aus der Gleichsetzung dieser beiden Heiligen erwuchs offenbar die Gestalt des wundertätigen Bischofs Nikolaus von Myra, dessen Kult zwischen dem 6. und 9. Jahrhundert im byzantinischen Reich eine große Rolle spielte. Dieser Kult besaß zwei Zentren: Myra, wo man die Gebeine des ehemaligen Bischofs aufbewahrte und verehrte, und Konstantinopel, wo die wichtigsten Nikolaus-Texte verfaßt und manche der Nikolauslegenden lokalisiert wurden. Seinen Ruf als besonders wirksamer Nothelfer verdankte der hl. Nikolaus vor allem der Wundertat von der Errettung dreier unschuldig verurteilter Feldherren vor deren geplanter Hinrichtung, wie sie in der »Stratelatenlegende« überliefert wird (*via strata* = Heerstraße; *stratelus* = Heerführer). Man sah in der Gestalt des hl. Nikolaus einen »Hyper-Hagios«, den hl. Retter schlechthin, der ungerecht Verurteilte und Gefangene befreie, aus Todesgefahr erlöse und ebenso bei Armut wie bei jeder anderen Not helfe. Da sein Gedächtnistag immer der 6. Dezember war, darf man

Vorderseite: Auftritt des hl. Bischofs Nikolaus beim Nikolausspiel in Reith im Alpbachtal/Tirol, 1990.

annehmen, daß dieses Datum seinen Todestag bezeichnete. Man weiß aber nicht einmal, ob er als Märtyrer oder als Bekenner dahingegangen ist.

Den ältesten Versuch, einen Lebenslauf des heiligen Nikolaus zu geben, stellt ein Sendschreiben des Methodios an Theodorus dar, das um 880 die Grundlage einer lateinischen *Vita Sancti Nicolai Episcopi* des Johannes Diaconus abgab. Die »Normalform« der Nikolauslegende aber verdankt man Symeon Logotheta Metaphrastes, jenem bedeutenden Hagiographen am Ende des ersten Jahrtausends, der für viele langverehrte Heilige, z. B. auch für den hl. Georg, die Basislegenden geliefert hat. Auf den Text des Metaphrastes haben sich zahlreiche spätere Autoren gestützt. Man erfährt von ihnen, daß Nikolaus in der Stadt Patara von gläubigen Eltern in deren besten Jahren geboren sei, daß sein Vater Epiphanius geheißen und seine Mutter den Namen Johanna (Nonna, Anna) getragen habe, und daß er im Jahre 343 selig gestorben sei; – in seiner Sterbestunde habe er den Psalm »*In te Domine speravi*« gebetet und sei mit den Worten »*in manus tuas*« fromm verschieden. Schon für seine Kindheit werden ihm Zeichen der Auserwählung zugeschrieben. So soll er bereits am ersten Tage nach seiner Geburt aufrecht im Badebecken (und genauso später im Taufbecken) gestanden haben, und er habe sich auch geweigert, am Mittwoch und Freitag jeder Woche, den traditionellen Fasttagen, mehr als einmal an der Mutterbrust zu saugen. Andere Episoden der Nikolauslegende betreffen eine Pilgerfahrt nach Jerusalem und verschiedene Wunder.

Immerhin gab es ein Charakteristikum, das diesem so wenig faßbaren Heiligen eine gewisse Kontur verlieh: seine byzantinische Abkunft, die in den bildlichen Darstellungen durch seine Erscheinung mit unbedecktem Haupt und im bischöflichen Ornat zum Ausdruck kommt. Am Ornat fällt das weiße *Omophorion* ins Auge, das Schulterband, das in zwei breiten Streifen zur Mitte der Brust läuft, wo sich die Streifen vereinigen und dann senkrecht hinabführen. Das Schulterband ruht auf dem weiten Bischofsmantel, unter dem der Heilige die bis zu den Knöcheln herabreichende *Tunica talaris* trägt, von der meist ein verziertes Stück aus dem weiten Ärmel des Mantels hervorschaut. Erst in der Ikonographie des Abendlandes hat der heilige Nikolaus die Mitra hinzugewonnen, die zum abendländischen Bildtypus des hl. Nikolaus gehört. Seit dem 11. Jahrhundert verliehen die Päpste die Mitra als Ehrenzeichen an Bischöfe, Domkapitulare und sogar Fürsten, wie den König von Böhmen (1060). Man wird deshalb annehmen müssen, daß die Zuerkennung der Mitra an den Heiligen der Ostkirche einen Akt der Reverenz darstellte, durch den man ihn zugleich deutlich in die eigene Vorstellungswelt integrieren wollte.

Die Nikolauspatrozinien und -patronate

Diese Integration dürfte ihren Anlaß in jenem Ereignis gehabt haben, das der Verbreitung des Nikolauskultes im Abendland den stärksten Antrieb gegeben hat: der Überführung seiner Reliquien von Myra nach Bari. Diese Überführung erfolgte im Anschluß an einen Krieg zwischen Türken und Byzantinern, bei dem die letzteren 1071 entscheidend geschlagen worden waren. Die Türken drangen in Kleinasien bis zur Westküste vor. Aus Myra flüchteten die Einwohner in das Gebirge, so daß die Stadt leer stand. Daher konnten Kaufleute aus Bari die Reliquien ungestört verladen und auf einem Schiff in ihre Heimatstadt transportieren, wo sie am 8. Mai 1087 angelangten.

Diese Translation der Gebeine des hl. Nikolaus muß für das ganze Abendland ein Vorgang von höchster Tragweite gewesen sein. Man überlieferte die Namen der Teilnehmer an dieser Fahrt, und der Benediktiner Nicephorus von Bari schrieb einen ausführlichen Bericht nieder. Der Erzbischof Urso von Bari wollte die Nikolaus-Reliquien in seine Kathedrale bringen lassen, die Kaufleute aber, von dem Benediktinerabt Elias unterstützt, beharrten darauf, für diese Reliquien eine eigene Kirche errichten zu lassen, und setzten dieses Vorhaben durch. Bereits am 1. Oktober 1089 konnte Papst Urban II. die Einweihung

Gentile da Fabriano (um 1370-1427): Der hl. Nikolaus – schon mit dem Nimbus – steht gleich nach seiner Geburt aufrecht im Badebecken. Sammlung der Pinacoteca Vaticana.

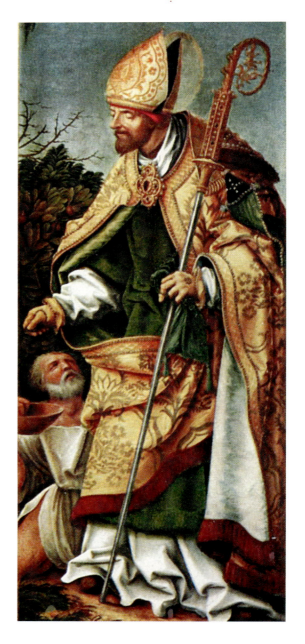

Hans Burgkmair d. Ä.: Hl. Nikolaus vom Johannesaltar, 1518. München: Alte Pinakothek.

der neuen Nikolauskirche vornehmen; die Reliquien wurden in einem Schrein in der Krypta der Kirche aufgestellt. Seither gab es zwei Festtermine: außer dem Gedächtnistag am 6. Dezember auch den Translationstermin *St. Nikolaus in maio* am 9. Mai. Bereits 1089 berief Papst Urban ein allgemeines Konzil nach Bari ein, und in der Folgezeit vermehrte sich die Zahl der dem hl. Nikolaus geweihten Kirchen rapide. Unter dem Einfluß der Kreuzzüge entstanden bis zum Ende des Mittelalters mehr als 2000 Nikolauskirchen, -kapellen und -altäre, und sogar ganze Ortschaften wurden nach dem Heiligen benannt.

Mit der Ausbreitung der Nikolauspatrozinien ging auch die Einführung des Nikolaus in den Meßkanon einher. Die Synoden zu Soissons (1125), zu Toulouse (1129) usw. zählten den 6. Dezember zu den Festtagen, und das Konzil von Oxford (1222) gab diesem Tag den Rang eines Festes erster Klasse. Später setzten sich die Schülerfeste am 6. Dezember durch, die sich auf das Schülerpatronat des hl. Nikolaus berufen. Die außerordentlich vielen Patronate des Heiligen belegen seine Popularität: Er galt und gilt als Patron zahlreicher Berufe, ja sogar – in merkwürdiger Gegensätzlichkeit – als Patron der Diebe und Mörder einerseits wie der Liebenden andererseits. Die Gläubigen verehren ihn als Schutzherren des Eigentums und des verlorenen Gutes, als Patron der fahrenden Schüler, der Gebärenden, der Verurteilten, der Gefangenen, der Geldleute und Pfandleiher

Thronender hl. Nikolaus mit der Mitra, den Segensgestus vollziehend. Bemalte Holzfigur im Diözesanmuseum Köln, entstanden vor 1350, mit weiteren Szenen aus der Lebensgeschichte des Heiligen.

usw. So erklärt sich, warum »Nikolaus«, »Niklas«, »Nickel«, »Klaus«, »Klas« und die zahlreichen übrigen Ableitungen dieses Namens zu den beliebtesten Tauf- und Familiennamen überhaupt zählen: »Up Fischland is't en wohren Spaß, / Dor heiten 's alltausamen Klas. / ›Klas, segg mal, Klas‹, so frögt de Ein, / ›Klas, hest Du minen Klas nicht seihn?‹ / ›Ja‹, antwurt't denn de Anner, ›Klas, / Din Klas de gung mit minen Klas / Tausamen nach Klas Klasen sinen Klas‹« (Fritz Reuter). Manche der abgeleiteten Taufnamen bilden bis heute Modenamen, z. B. im Französischen »Nicole«, »Nicolette«, »Colette«, im Englischen »Nick«, im Italienischen »Nico«, im Russischen »Nikita« usw. Der Name »Nickel«, der einen närrischen, ungeschickten Menschen meint, ist in Anlehnung an die Rolle der negativen Begleiter des Heiligen entstanden, setzt also den Brauch des Nikolaustages voraus. Verschiedene Ableitungen, wie »Filznickel«, »Giftnickel«, Schweinnickel« (daraus dann »Schweine-Igel«) gehen ebenfalls auf den Heiligen zurück.

Die Nikolauslegenden und -mirakel

Die verschiedenen Patronate des hl. Nikolaus bilden prinzipiell einen Niederschlag der auf ihn bezogenen Legenden und Mirakel, d. h. jener Geschichten, die sich entweder auf Episoden aus seiner Vita oder aber auf sein Wirken als Heiliger beziehen. Sie lassen sich in zwei Gruppen einteilen: den griechisch-kleinasiatischen Grundbestand und die abendländischen Ergänzungen. Zum Grundbestand zählen etwa die »Stratelatenlegende« von der Errettung dreier unschuldig verurteilter Feldherren und die »Jungfrauenlegende«, derzufolge der Heilige drei verarmte Mädchen durch Gaben vor der Prostitution bewahrt habe – eine Geschichte, die sogar in die »Divina Comedia« Dantes Eingang gefunden hat. Auf sie geht wahrscheinlich der Brauch zurück, den braven Kindern am Nikolaus-Vorabend Gaben in die Schuhe zu stekken. Zu den jüngeren Ergänzungen zählen mehrere Mirakel von der Errettung aus Todesnot, etwa im Schiffbruch, oder aus der Verfolgung, wie im Fall dreier ermordeter Scholaren, die der hl. Nikolaus wiedererweckt. Dieses sogenannte Schülermirakel begründete sein Patronat über die Lateinschüler und den Priesternachwuchs.

Der hl. Nikolaus in der Adventspädagogik

Die Bedeutung, die der heilige Nikolaus zunächst als Schülerpatron, dann als Examinator der Kinder in der Adventszeit erlangt hat, geht mindestens zum Teil auf den Versuch zurück, das mittelalterliche Kinderbischofsfest an den Nikolaustag anzubinden und zu einem Nikolaus- oder Schülerfest umzuwandeln.

Im Hochmittelalter war es vielerorts üblich gewesen, zu einem bestimmten Zeitpunkt des Jahres den Bischof (oder in Klöstern den Abt) für kurze Zeit durch einen Narrenbischof oder Narrenabt zu ersetzen. Das geschah aufgrund der berühmten Stelle im Magnifikat: »*Deposuit potentes de sede, et exaltavit humiles – Er hat die Mächtigen von ihrem Thron abgesetzt, und die Geringen hat er erhoben.*« Mit der zeitweiligen Absetzung sollten die kirchlichen Amtsinhaber daran erinnert werden, daß ihnen alle Gewalt nur auf Zeit von Gott gegeben worden sei und ihnen von diesem auch jederzeit wieder genommen werden könne. Der Brauch diente also zur Warnung vor Amtsmißbrauch. Man konnte zum Beispiel den Hofnarren an die Stelle des rechten Machthabers setzen, oder auch Kinder. Die Wahl solcher Kinderbischöfe erfolgte traditionell am »Tag der unschuldigen Kinder«, dem 28. Dezember, der eigentlich an den Tag des Kindermordes zu Bethlehem erinnern sollte. Die Ausschreitungen, die bei den verschiedenen Festen vorkamen, veranlaßten offenbar die Verlegung auf den Nikolaustag, wobei aus dem Kinderbischofsfest ein Patronatsfest für und um den hl. Nikolaus wurde. 1582 heißt es in Bamberg: »*Wenn man am Abent Nicolai Zu der Vesper Zu sammen leut, so geht der knab, welcher Bischoff, von der schul herab, in einem korrock, vnnd daruber ein schones rotes korkeplein, Ein Inful* [= Mitra] *auf seinem haupt vnnd den Baculum pastoralem oder Bischofstab in seiner handt, Zu beden seiden neben Ime die zwen Asseclae, oder ministranten, auch mit korrocken, vnnd gespreckletn khorkeplein darüber angetan.*« 1683 berichtet der Würzburger Chronist Johann Christoph Frisch, daß »*in Würtzburg am Tag Nicolai, jährlichen, die Studierendte Jugendt Zusammen kommt, vndt drey auß ihnen erwählen. Deren der eine Bischof, die andern Zwey aber seine Diaconi seindt.*« Dieser Brauch diente dazu, Stipendien für die studierende Jugend einzusammeln. Offenbar hatte hier eine Kontamination zwischen den drei »Schülern« und der Gestalt des Bischofs stattgefunden. Im spanischen Salvatierra wählt man noch immer den »*Obispillo de San Nicolas*«, den Kinderbischof.

Neben dem traditionellen Schülerfest spielte für die Entwicklung der Figur des Gabenbringers Nikolaus auch die Mirakeltradition eine Rolle. Schon die Historiker der Reformationszeit wissen davon zu berichten, daß der Nikolaus in der Nacht vor seinem Festtage Gaben in die Schuhe der braven Kinder zu stecken pflege, und sie geben dafür als Erklärung die Jungfrauenlegende an, so zum Beispiel Thomas Kirchmair (Naogeorg) im *Regnum Papisticum*, deutsch 1555: »*Von Sant Nicolaus thut man sagen, / Wie er hab heimlich golt getragen. / Den armen meidlin geben hab / Zur ehestewr vnd zur hochzeit gab. / Darumb allenthalben / die leüt / Ir kind bereden dise zeit, / Das sie hierin geben gehor / Im fasten einen tag beuor. / Wann sie dann schlaffen gangen sein / Tregt die mutter mit hauffen ein. / Nüß / öpffel pirn / hosen vnd schuch / Krentz / gürtel / bendlin / schleyer tuch. / Ein scharpffe rut laufft auch mit vnder / Diß hat die Kind am morgen wunder. / Sprechen / es sey sanct Niclas gschencken / Das man sein lang dabey gedencken. / Verfürn also das jung geblüt / Das sie wenden ir sin vnd gmüt. / Von Gott / den glauben zu verletzen / Ir*

Fra Angelico (1387-1455): St. Nikolaus wirft Gaben in das Zimmer der drei armen Mädchen. Slg. der Pinacotheca Vaticana.

NIKOLAUSTAG

Gérard David (um 1460-1523): Das Jungfrauenmirakel des hl. Nikolaus, um 1500/1510. Edinburgh, National Gallery of Scotland.

hoffnung zu den heilgen setzen.« Entscheidend für die jüngere Praxis dieses »Einlegebrauches« aber wurde nicht dieses Jungfrauen-Mirakel, sondern die Einbeziehung der Vorstellung vom Gabenbringer Nikolaus in die religiöse Unterweisung des späten Mittelalters und der Zeit der katholischen Reform. Nachdem die evangelische Seite damit begonnen hatte, in der Adventszeit durch Spiele mit dem Christkind – das gewöhnlich durch einen Erwachsenen, meist eine junge Frau, dargestellt wurde – die Religionskenntnisse der Kinder zu überprüfen, antwortete die katholische Seite damit, daß sie die Belohnungen, die vom hl. Niko-laus erwartet wurden, prinzipiell von einer bräuchlich vollzogenen Prüfung der entsprechenden Kenntnisse in den Grundlehren des katholischen Glaubens abhängig machte. Landauf, landab wurden deshalb, der liturgischen Vorgabe im Gleichnis von den Talenten folgend, seit dem frühen 17. Jahrhundert Spiele eingeführt, bei denen der Bischof Nikolaus mit seinen Begleitern auftrat, mit Engeln und Teufeln, um diese Prüfung vorzunehmen. Der Bischof fragte die Kinder nach dem Vaterunser, dem Glaubensbekenntnis, dem Schutzengelgebet oder dem Ave Maria, und ließ an die Kundigen von den Engeln die erhofften Gaben austeilen, während die übrigen durch die Teufel erschreckt, mit Ruten geschlagen oder beschenkt, jedenfalls aber an die Höllenstrafen für die Unfrommen in aller Deutlichkeit erinnert wurden. Eine vergleichsweise frühe Darstellung des Brauchablaufes gab in einem erst 1729 posthum veröffentlichten Buch Abraham a Sancta Clara, der schilderte, wie am Vorabend des 6. Dezembers gewöhnlich der *»Nicola« komme, »die Kinder zu probiren und zu examiniren, ob sie auch durch ihre Herren Lehrmeister, Hofmeister, Schulmeister, Rechenmeister, Sprachmeister und andere Informations-Räthe wohl unterwiesen in Glaubens-Sachen, im Buchstabiren, Sylbe theilen, Lesen und Schreiben, im Rechnen, in Sprachen etc.«*

Wie sich die Kinder im Innviertel auf ein solches »Examiniren« einstellten, überliefert später der Ordensmann und Dichter Michael Denis: *»Schon einige Tage vor Nikolai wurden die Kinder von einem vermummten Menschen, den man Klaubauf, anderswo Grampus, auch Bärthel nannte, geschrecket. Er rasselte mit Ketten, polterte an der Thür, that wohl auch auf, und warf den guten Kindern Nüsse, gedörrtes Obst, Rosinen u. dgl. hinein. Das hieß: Der Nikolaus meldet sich an. Da lernten die Kinder fleißig bis zum Vorabende, an dem er nun bischöflich angethan selbst erschien, und eine Prüfung vornahm. Die wohl unterrichteten Kinder durften dann irgendwo ein Körblein hinsetzen, das sie den andern Morgen kleiner Geschenke voll fanden; die*

Auftritt des Schülerbischofs Nikolaus am Kollegiatstift St. Stephan zu Bamberg, 16. Jahrhundert. Staatsbibliothek Bamberg.

Nachlässigen hingegen wurden von dem leidigen Prodromus, der wieder mit zugegen war, aufs neue geängstiget, bis sie Besserung versprachen.« Ein Gemälde des Meisters A[...] V[...] aus Niederösterreich (um 1845) zeigt die typische Form des Brauches, wie sie sich in katholischen Landen vielerorts bis heute erhalten hat: Die »guten« Kinder, die ihr Wissen nachgewiesen haben, werden dabei vom Nikolaus (und den begleitenden Engeln) belohnt, während die »bösen« Kinder von den schwarzen Begleitern, den Teufelsgestalten, erschreckt und gezüchtigt werden. In den katholischen Ländern war dies das übliche

Bild: Die Kinder erwarteten den Nikolaus, dieser kam, fragte nach Kenntnissen und Verhalten und belohnte oder ließ belohnen und, falls nötig, auch bestrafen. In einem um 1700 aufgezeichneten handschriftlichen Sammelwerk unter dem Titel *Kurtze Betrachtungen des Lieben Christkindleins für die Schuljugend* fanden die Herausgeber der Sammlung *Des Knaben Wunderhorn* von 1806-1808, Achim von Arnim und Clemens Brentano, in einigen gereimten Nikolausversen die schon für die damalige Zeit feststehende Form des Brauches. Der Vater spricht: »Es wird aus den Zeitungen vernommen, / Daß der heilige Sankt Nikolaus werde kommen / Aus Moskau, wo er gehalten wert / Und als ein Heilger wird geehrt; / Er ist bereits schon auf der Fahrt, / Zu besuchen die Schuljugend zart, / Zu sehn, was die kleinen Mägdlein und Knaben / In diesem Jahre gelernet haben / In Beten, Schreiben, Singen und Lesen, / Auch ob sie sind hübsch fromm gewesen. / Er hat auch in seinen Sack verschlossen / Schöne Puppen, aus Zukker gegossen, / Den Kindern, welche hübsch fromm wären, / Will er solche schöne Sachen verehren.« Das Kind antwortet in wohlgesetzten Worten: »Ich bitte dich, Sankt Niklaus sehr, / In meinem Hause auch einkehr / [...] So will ich lernen wohl, / Und fromm sein, wie ich soll. / Amen«. Dann folgt der übliche Auftrittsvers des hl. Nikolaus: »Gott grüß euch, lieben Kinderlein, / Ihr sollt Vater und Mutter gehorsam sein, / So soll euch was Schönes bescheret sein. / Wenn ihr aber dasselbige nicht tut, / So bringe ich euch den Stecken und die Rut. / Amen.«

»Bickeselumgang« in Unterentersbach

Der aufwendigen »Normalform« des Nikolaus-Brauches begegnet man heute noch zum Beispiel am 5. Dezember in Unterentersbach bei Zell am Harmersbach (Baden-Württemberg), wo zunächst in einer Schmiede die schwarzen Gesellen ihre Masken erhalten; ihr Anführer trägt eine Kiepe mit Ruten, sicherlich nicht zufällig: Denn die *virga correctionis*, wie sie in den allegorischen Lexika nach Art des *Spicile-*

gium Solesmense von Jean-Baptiste Pitrà bezeichnet wird, bildet ein traditionelles Sinnbild der Besserung und der – im ursprünglichen Wortsinn gemeinten – »Bekehrung«. Die schwarzen Gesellen führen auch Tiere mit sich, in diesem Fall den »Bickesel«, der jene Kinder erschreckt und beißt, die bei der Prüfung versagen. Dieser Esel, in der Allegorese seit altersher Zeichen der geistlichen Trägheit (*acedia* oder *accedia*), erscheint dafür gut gewählt. – Das Umzugsspiel führt von Haus zu Haus. Nach erbetener und erhaltener Spielerlaubnis tritt der Bischof

Monogrammist A. V. aus Niederösterreich, um 1850: Der hl. Bischof Nikolaus teilt an die braven Kinder Gaben aus, die ihm von seinem »hellen« Begleiter gereicht werden, während ein »dunkler« Geselle ein unartiges Kind zwickt. Wien, Österreichisches Museum für Volkskunde.

Franz Xaver von Paumgarten: Christabend in Wien, datiert 1820. Der hl. Nikolaus belohnt die braven Kinder, während der Teufel die unartigen in die Kiepe zu stecken vorgibt. Wien, Museen der Stadt.

Nikolaus ein und beginnt die Kinder nach ihren Kenntnissen in der Christenlehre zu befragen. Dann stürmt der von zwei Burschen dargestellte »Bickesel« herein und stürzt sich auf die unfolgsamen Kinder. Das (pädagogisch nicht ganz unproblematische) Erschrecken der Kinder bildet ein wesentliches Element des Brauches.

Das Mitterndorfer Nikolospiel

Entsprechende Belege für Nikolausspiele liegen aus der Steiermark, aus Nord- und Südtirol sowie vereinzelt aus Bayern vor. Eines der bemerkenswertesten Spiele findet sich in Mitterndorf und dessen Nachbargemeinden im steirischen Salzkammergut. Bei diesem Mitterndorfer Nikolospiel, das angeblich »*das seltsamste Volksschauspiel der Alpentäler*« darstellt und dem – wie man irrtümlich glaubt – »*heidnische Kultmotive*« zugrundeliegen sollen, handelt es sich um ein personenreiches Einkehrspiel mit zwei zusätzlichen Szenen vom Sterben des unbekehrten Bettelmannes und vom »Teufel in der Ehe«. Dem Zug der Nikolospieler von Krungl nach Mitterndorf am Abend des 5. Dezember gehen die »Schab« voraus, in Stroh gehüllte Gestalten mit meterlangen Hörnern auf den Köpfen, die sich durch scharfes rhythmisches Peitschenknallen ankündigen und dabei zugleich den Spielern den Weg freimachen. Die eigentliche Darbietung beginnt mit dem Umritt des Schimmelreiters um den Spielplatz. Gleich darauf stürmt der Roller- oder Schellenträger herein, den aber ein Engel zurückweist. Nun erscheint, mit dem ehrwürdigen Gruß »Gelobt sei Jesus Christus« auf den Lippen, der heilige Bischof Nikolaus, der den braven Kindern Belohnungen verheißt, die Unfolgsamen aber vor seinem »fürchterlichen Anhange« warnt und alle Anwesenden mahnt, den zehn Geboten Gottes gehorsam nachzuleben. Während die »Pachtl« (oder »Percht«) Gaben austeilt, ertönt die klägliche Jedermann-Beichte des Bettelmannes, der seine verübten Schandtaten zu verharmlosen sucht und die Reue auf spätere Zeit verschiebt, unversehens aber vom Tod übermannt und von zwei »Krampussen« hinweggezerrt wird, – den Worten des Bischofs Nikolaus zufolge das Musterbeispiel eines verstockten Sünders. Nachdem Nikolaus, Pfarrer und Engel das Lokal verlassen haben, ist der Platz frei für einen Eheteufel, der sich seiner Kunst rühmt, Zwietracht zu säen, und für Luzifer, der nach einer wilden

Von der Kiepe dieses schwarzen Nikolaus-Begleiters in Unterentersbach hängen die Kinderbeine der vorgeblich schon bestraften unartigen Kinder herab. Fotos: 1983.

»Bickesel«-Maske in Unterentersbach bei Zell am Harmersbach in Baden. Dieser Esel, Sinnbild der »geistlichen Trägheit«, erschreckt und beißt die unfolgsamen Kinder.

Ansprache seine »Adjutanten«, unter ihnen die Habergeiß und den Schmied, hereinruft und sie auffordert, die ganze Brut der Zuhörer in die Hölle mitzunehmen. Ein Tumult entsteht, als die »Krampusse« mit ihren Ruten zu schlagen beginnen, die Habergeiß jeden zwickt, der ihr zu nahe kommt, und unter dem Tisch der Schmied auf alles einhämmert, was sich zu verstecken sucht. Erst das Hornsignal des Nachtwächters bereitet dem bösen Spuk ein Ende.

Dieses Nikolaus-Spiel ist in ganz ähnlicher Gestalt auch für Obersdorf, Tauplitz, Lassing, Liezen, Donnersbach und andere Orte vornehmlich des mittleren Ennstales bezeugt. Die Vermutung Leopold Kretzenbachers, daß die Anregung zu ihm ebenso wie die erste Textformulierung auf die Benediktiner des Stiftes Admont zurückgingen, gewinnt dadurch an Wahrscheinlichkeit, daß sich in diesem Spiel eine ausgezeichnete Kenntnis sowohl biblischer als auch liturgischer Traditionen ablesen läßt.[25] Besonders charakteristisch für diese Gebundenheit an die kirchliche Tradition erscheint dabei, daß das Spiel deutlich auf die Evangeliums-Perikope des Nikolaustages Bezug nimmt: »*Habt aber acht auf euch, daß eure Herzen nicht von Rausch und Trunkenheit und irdischen Sorgen belastet werden, damit euch jener Tag* [= des Gerichtes] *nicht unversehens überfalle wie ein Fallstrick*« (Lk 21,34 f). Denn »Rausch und Trunkenheit« werden in ihm durch die Bettelmannsbeichte, die »irdischen Sorgen« aber durch den Auftritt des Eheteufels zum Thema gemacht, und auf das Gericht weisen ebenso der plötzliche Tod des Sünders wie die Mahnungen des Bischofs Nikolaus hin. Überdies enthält gerade der Mitterndorfer Text eine ganze Reihe wörtlicher Bibelzitate: Der Satz des Bischofs Nikolaus »*Der Tod schleicht wie ein Dieb durch die Nacht, um euch abzuberufen*«, bezieht sich auf 1. Thess 5,2; die Selbstanklage Luzifers »*Wenn andere guten Samen streuen, Unkraut säe ich aus ins weite Land*« geht unmittelbar auf das Gleichnis Jesu vom Unkraut unter dem Weizen zurück (Mt 13,25 und 13,39 f), und auch die ganze Schar der dämonischen Nikolausbegleiter weist bis in viele Einzelheiten auf Vorbilder aus

In Mitterndorf, Krungel und anderen Orten des Steirischen Salzkammergutes wird ein Nikolospiel aufgeführt, zu dem außer dem hl. Bischof und dem Pfarrer auch Bettelmann und Tod gehören – der Bettelmann als Beispiel eines verstockten Sünders; 1983.

Der vogelgesichtige Eheteufel im Mitterndorfer Nikolospiel gleicht dem Augsburger Teufelsbild aus der Zeit um 1400 (gegenüber), das die geistliche Trägheit versinnbildlicht.

der christlichen Ikonologie, auf Meditations-, Visions- und Andachtsliteratur, auf katechetisches und Erbauungsschrifttum zurück. Nur weil man die entsprechenden Publikationen früher kaum befragt hatte, konnten sich Deutungen des Spieles als »heidnisches, wildes Perchtenjagen« oder dergleichen durchsetzen. Für den vogelgesichtigen Eheteufel in Mitterndorf beispielsweise ist die Abhängigkeit von einer bildlichen Vorlage evident: Der Teufel, der auf der Augsburger Darstellung der Zeit um 1400 die Allegorie der Trägheit aussendet, um die Menschen zum Abfall von Gott zu verführen, trägt den gleichen Geierschnabel (nach Lev 11,14), der von den Urhebern solcher Bräuche als abscheuerregend verworfen wird.

Ein ähnliches Nikoausspiel wie in Mitterndorf findet man auch in Reith im Alpbachtal (Tirol), wo im Abstand mehrerer Jahre, meist im 7jährigen Turnus, gespielt wird. Auch hier umrahmen die eigentliche Katechisierungsszene verschiedene andere Szenen, so daß sich ein verhältnismäßig umfangreiches Textkorpus ergibt, dessen Aufführung mehrere Stunden in Anspruch nemmen kann. Mag es sich ursprünglich um ein Stuben-(Umgangs-)spiel gehandelt haben, hat sich doch daraus längst ein Bühnenstück mit nicht weniger als 34 Rollen entwickelt, das bei der Aufführung von 1990, wie schon in den Spieljahren davor (1976 und 1983), im großen Saal des Stocker-Wirtes inszeniert wurde. Verantwortlich war der Volksschullehrer und Sänger Anton (»Toni«) Pfurtscheller, der 1976 die Rolle des Jünglings übernommen hatte und sich für seine Regiearbeit manche Anregungen vom Fernsehen holte. Das Stück selbst läßt sich am Ort bis in das Jahr 1875 zurückverfolgen, wo es der Bauer Jakob Feichtner nieder-, d. h. wohl abgeschrieben hat, vermutlich nach einer Chronik aus dem Jahre 1690. Die zuletzt verwendete Fassung beruhte auf einer Abschrift von Josef Hechenblakner, die von Anton Pfurtscheller überarbeitet wurde. Sie teilt das Spiel in zwei Hauptteile von insgesamt 13 Bildern ein, und zwar in der Weise, daß am Ende des ersten Teiles die große Jedermann-Szene vom Jüngling und dem Tod steht, während der zweite Teil vom Auftritt des Bischofs Nikolaus und seinen Begleitern, Engeln und »Klaubauf«, beschlossen wird. Die folgenden Szenen bieten Schilderungen des alpenländischen, zumeist Tiroler Lebens dar, die jedoch bei aller »Weltlichkeit« nur den Rahmen für die Auftritte der »geistlichen« Personen, d. h. Teufel, Engel und Tod, abgeben, bei denen dann in aller Form katechisiert wird.

Nikolaus und »Knecht Ruprecht«

Eine Zeichnung süddeutscher Herkunft aus dem 19. Jahrhundert zeigt, daß der Bischof Nikolaus nicht immer in Begleitung eines Priesters auftritt, wie in Mitterndorf, sondern oft nur mit einem Knecht, der häufig den Decknamen »Knecht Ruprecht« trägt. Bei diesem »Knecht« handelt es sich im Kern immer um den teuflischen Begleiter des Heiligen, erkennbar zum Beispiel an den Bockshörnern, aber auch an der Kiepe, die er als charakteristisches Attribut auf dem Rücken trägt. In dieser Gestalt leben die alten, teuflischen »Seelenfresser« fort, wie man sie von Dantes oder Fra Angelicos Höllendarstellungen her kennt, die bei Luther und dessen Nachfolgern zu »Kindlifressern« umgedeutet wurden. Die Knecht-Ruprecht-

Motive (sogar noch der »Spekulatius«-Backmodel des 18. Jahrhunderts) meinen nichts anderes als den teuflischen Begleiter des hl. Bischofs Nikolaus, der als »*speculator*« oder Prüfer das religiöse Wissen abfragt und nach Gebühr entlohnt. Dieser Teufel trägt nicht zufällig den Na-

Der »Kindlifresser« von Hans Gieng in Bern (1544) meint ursprünglich den seelenverschlingenden Teufel.

Jan Steen (1626-1679): Sinterklaasfest, um 1667, mit dem Brauch des Nikolaus-Vorabends. Amsterdam: Rijksmuseum.

men »Klaubauf«, weil das »Aufklauben« der unartigen Kinder zu seinen wesentlichen Aufgaben gehört. Der Gedanke, daß dieser »Knecht Ruprecht« die Kinder in den Sack stecke, steht am Ende eines Säkularisierungsprozesses, bei dem die Gestalt des heiligen Gabenspenders Nikolaus mit der seines teuflischen, seelenfressenden Begleiters verschmolzen (und dann auch zum »Weihnachtsmann« – und schließlich sogar zur »Weihnachtsfrau«) weitergebildet worden ist – ein klassisches Beispiel des Sinnverlustes christlicher Überlieferungen.

4

Siehe, Dein König kommt zu Dir

ADVENTSBRÄUCHE,
ADVENTSSPIELE,
UND DIE VORBEREITUNG
AUF WEIHNACHTEN

Zu den biblischen Worten, die in der Tradition der Kirche immer als Voraussagen der Ankunft des Herrn verstanden wurden, gehört die Weissagung des Propheten Zacharias (9,9-10): »*Aber du, Tochter Zion, freue dich, und du, Tochter Jerusalem, jauchze; siehe, dein König kommt zu dir, ein Gerechter und ein Helfer [...].*« Anfang des 19. Jahrhunderts entstand auf der Grundlage dieser Schriftstelle eines der bekanntesten Adventslieder der neueren Zeit: »*Tochter Zion, freue dich! / Jauchze laut, Jerusalem. / Siehe, dein König kommt zu dir! / Ja, er kommt, der Friedensfürst.*« Dieses Gedicht über die Ankunft des »Königs« Christus drang mit seiner fanfarenartigen, freudigen Melodie, die sein Verfasser (Johann Joachim Eschenburg oder Friedrich Heinrich Ranke) dem Siegeschor »*See the conqu'ring hero comes*« aus Händels *Judas Maccabäus* entnommen hatte, bald in die häuslichen Advents- und Weihnachtsfeiern des Bürgertums ein und schuf hier jene erwartungsvolle Stimmung, die ein wesentliches Element der Vorfreude auf das Fest der Christgeburt darstellt. Wie man sich eine solche Hausfeier um 1900 zu denken hat, geht aus einer Schilderung Thomas Manns in dessen Roman *Buddenbrooks* (1901) hervor, bei der gerade dieses Lied eine gewisse Rolle spielt. Am 24. Dezember kommen da im »*Landschaftszimmer*« die Verwandten und Freunde des Konsuls und der Konsulin Buddenbrook zusammen und erleben einen Heiligen Abend, »*der von der Stimmung einer tiefen, ernsten und inbrünstigen Fröhlichkeit*« erfüllt ist. Die Marien-Chorknaben versammeln sich, und bald breitet sich unter den Zuhörern »*Kirchenstille*« aus: »›*Tochter Zion, freue dich!*‹ sangen die Chorknaben, und sie, die eben noch da draußen so hörbare Allotria getrieben, daß der Senator sich einen Augenblick an die Tür hatte stellen müssen, um ihnen Respekt einzuflößen – sie sangen nun ganz wunderschön. Diese hellen Stimmen, die sich, getragen von den tieferen Organen, rein, jubelnd und lobpreisend aufschwangen, zogen aller Herzen mit sich empor, ließen das Lächeln der alten Jungfern milder werden und machten, daß die alten Leute in sich hineinsahen und ihr Leben überdachten, während die, welche mitten im Leben standen, ein Weilchen ihre Sorgen vergaßen. [...] ›Jauchze laut, Jerusalem!‹ schlossen die Chorknaben, und die Stimmen, die fugenartig nebeneinander hergegangen waren, fanden sich in der letzten Silbe friedlich und freudig zusammen. Der klare Akkord verhallte, und tiefe Stille legte sich über Säulenhalle und Landschaftszimmer.*« Dann las die Konsulin aus der Bibel die Weihnachtsgeschichte vor, und später erklang, wie Thomas Mann versichert, im dreistimmigen Satz das Lied »*Stille Nacht, heilige Nacht*« von Joseph Mohr und Franz Gruber (1818), in das bald alle Anwesenden einstimmten. Das abschließende, ebenfalls gemeinsam gesungene Lied »*O Tannenbaum*« bot dann den geeigneten Übergang zur Bescherung.

Ähnlich sang man in den häuslichen Festfeiern auch sonst die überkommenen kirchlichen Adventslieder, wie »*Es kommt ein Schiff geladen*«, »*Macht hoch die Tür, die Tor macht weit*«, »*Nun komm, der Heiden Heiland*«, »*Maria durch ein Dornwald ging*«, usw., alles Lieder, denen gemeinsam war, daß sie die theologischen Grundlagen der Lehre von der Menschwerdung und Erlösung Jesu Christi in einprägsame Bilder übersetzten.

Vom Wesen des Advents

Heute finden Advents- und Weihnachtsfeiern nur noch selten in solch feierlicher Form statt wie bei Thomas Mann; im allgemeinen sind sie zu einer Domäne der Vereine geworden, die hier eher allgemeine Geselligkeitsformen pflegen als eine lebendige christliche Überlieferung. So versteht man leicht den Hauch von Wehmut, der über manchen Erinnerungen an den Advent liegt, so wie er »damals« gewesen war, als man sich in der »stillen Zeit« des Jahres der Vorfreude auf die große Feier der Christgeburt mit ihren festlichen Gottesdiensten, ihren vergleichsweise üppigen Mahlzeiten und ihrer

Vorderseite: Auftritt der Klöpferbuben am Samstag nach Nikolaus in Silheim, Gemeinde Bibertal, bei Günzburg, 9. 12. 2000.

Arbeitsruhe hingab. Heute, da in den Städten oft schon seit Mitte November die Weihnachtsilluminationen an den Geschäften angebracht und in den Schaufenstern die Waren für den Weihnachtskonsum ausgelegt werden, nehmen nur noch wenige die Tatsache wahr, daß man sich – liturgisch gesehen – in einer Zeit der Zurückgezogenheit und der Enthaltsamkeit befindet, die von der Erwartung auf das Kommende geprägt sein sollte. Immerhin zeigt etwa das große Interesse am »Salzburger Adventsingen«, (seit 1945), wie stark der Wunsch nach einer Wiederentdeckung des Sinngehaltes der Adventszeit angewachsen ist. Bei diesem Singen traf Karl Heinrich Waggerl (1897-1973) den richtigen Ton, wenn er die Charakterisierung des Advents mit einer Naturschilderung einleitete: »Advent! Das ist die Zeit, in der das Jahr zu verwelken scheint; sogar die Sonne wird müder von Tag zu Tag. Im Sommer schwang sie sich von der Zinne des Berges weg über den ganzen Himmel, und jetzt ist sie eine alte Frau. Sie geht noch ein wenig am Rand der Welt entlang, gleich sinkt sie wieder in den Wald zurück. Das Herz wird einem schwer, weil der Sommer so flüchtig ist bei uns in den Bergen, verschwenderisch, ja stürmischer als anderswo, aber so kurz. Und dann geschieht es doch einmal, daß der verhangene Himmel in den Adventnächten aufbricht, und ein glänzendes Gestirn tritt hervor, der Stern der Verheißung...«

Die Bräuche der »heiligen Klöpfelnacht«

Gewiß bildet diese Einbindung des Adventsgeschehens in das Naturjahr ebenso einen literarischen Topos wie die Klage, daß es um den Advent früher besser bestellt gewesen sei als heute. Doch hat der Münchener Schriftsteller Wolfgang Johannes Bekh (geb. 1925) nicht ohne Grund die (eher rhetorische) Frage aufgeworfen, ob der Advent als »heilige Zeit« nur noch eine Erinnerung sei, und in diesem Zusammenhang eine leicht wehmütige Beschreibung der einst weitverbreiteten »Klöpfelnächte« im Advent gegeben: »Die Wiesen waren verschneit, Büsche und Hecken überzuckert; stand Mondschein darauf, glänzten und glitzerten Kristalle über Kristalle. Vom Nachbarn beim ›Kramer‹ – so hieß der Hof – kamen die Kinder, der Seppe, der Toni, der Franz, der Micherl und später auch das kleine Linerl in abenteuerlicher Verkleidung, in Rupfensäcken, aus denen Löcher für die Augen geschnitten waren, unter Kapuzen und gefiederten Hüten, trampelnd und stapfend mit Stulpenstiefeln, an unsere Tür, pumperten grobschlächtig und sangen, wenn wir erschrocken auftaten, ihr Lied: ›Klopf o, Klopf o, / da Bauer is a brava Mo! / D' Bäurin muaß ma Küache gebm, / weil i an Bauern globt ho. / D' Schüssl hört ma klinga, / d' Kletzn hört ma springa, / d' Scheitl hört ma kracha, / d' Küache haan scho bacha! / Jo, Bäurin, jo! / Kletzn mog i scho!‹ [...] In die bereitgehaltenen Säcke und Beutel taten wir ihnen Kletzen – wie die gedörrten Birnen hießen – und Äpfel, Nüsse und Birnen, auch ein paar Lebkuchen und Guatln dazu.« Die Klöpfelnachtbräuche entstammen alter christlicher (nicht heidnischer) Überlieferung. Das »Weltbuoch« des Sebastian Franck von 1534 erklärt: »Drei Donrstag vor Weihnacht klopffen die maydlin und knaben von hauß zu hauß / durch die statt an den thüren an / die zukunft der Geburt des Herren verkündigende / unnd ein glückseliges jar den einwonern wünschende / darvon entpfahen sy von den haussessigen öpfel / biren / nuß / und auch pfennig zulon.« Die Klöpfelnachtbräuche sind von daher als eigentliche Adventsbräuche zu verstehen. Die in Oberammergau oder in Reit im Winkel nachgewiesenen »Klöpfiliader« weisen dementsprechend auf das Christfest voraus: »Jetzt kommt die heilig Weihnachtszeit, / Jetzt seids nur alle still, / Was Gott der Herr uns verheißen hat, / Ist ohne Maß und Ziel. / Der Himmel, der verschlossen war, / Ja schon vieltausend Jahr / Und was die Propheten uns weissagt ham, / Das wird jetzt wirkli wahr.« An diese Einleitung schließt sich eine Darstellung der Verkündigung an Maria an: »Gott sprach zum Engel Gabriel / Hör auf, hör auf mein Wort«. In einem anderen Lied dieser Art, »Jetzt is halt mehr die Klöpfelzeit«, wird

Für das »Ansagen« der Ankunft des Herrn werden die Klöpferbuben belohnt. Silheim, 9.12.2000.

ebenfalls die Aufmerksamkeit auf das Kommende gelenkt: »*Gott grüß euch, Herr und Frau im Haus, / Wir singen euch was vor. / Es ist jetzt nicht mehr lange aus, / Es steht schon vor dem Tor / Die liebe, schöne Weihnachtszeit, / Wo Himmel sich und Erde freut.*«

In Silheim, Gemeinde Bibertal (im Landkreis Günzburg), zogen die Klöpferbuben und -mädchen am Samstag nach dem Nikolaustag, der am 9. Dezember 2000 zugleich auf den Tag vor dem zweiten Advent fiel, in getrennten Gruppen von Haus zu Haus, um die Ankunft des Herrn anzusagen und dafür Gaben zu empfangen. Den Kern ihres Auftrittes macht der Hinweis auf das baldige Kommen des Herrn aus: »*Wir klopfen an, wir sagen an, daß der Herr bald kommen kann. / Wenn er kommt, ist Heil im Haus, / Holla, holla, Klopfer raus!*«

Die ältesten sicheren Belege für die Klöpfelsnächte und den in ihnen geübten Brauch stammen aus dem späten 15. Jahrhundert und aus klösterlichem Umfeld, nämlich aus Losbüchern aus dem Besitz des Klosters St. Ulrich und Afra in Augsburg. Schon hier werden sie mit dem Advent bzw. mit den Donnerstagen vor Weihnachten in Verbindung gebracht und übereinstimmend als glückbringende Tage bezeichnet: »*Der Adventt pringet dir hohen mutt / das ein ander zeitt nit tutt / wann die Clöpfflinsnächt für ware / pringet dir glück und hayl zu diesem Jare / darumb magst du wol sein frisch und gail [= fröhlich] / Dann dir wirt vil freud zutayl / Davon solltu frölich begon / Die drei rachnacht gar schon / Die da sind zu weyhenächt / doch still on laut gerpächt.*« Die Freude, die dem Angesprochenen zuteil werde, sei Grund genug, die drei »Rauhnächte« vor Weihnachten fröhlich zu begehen, jedoch in einer

ADVENT

54

eher stillen Fröhlichkeit ohne Lärm [geprächt = mhd. Krach, Lärm]. Ein zweiter Beleg betont den glückbringenden Charakter der drei Donnerstagnächte vor Weihnachten, der magische Praktiken überflüssig mache: »*An den dreyen donrestagnächten / Die da sind nächst vor weyhenachten / Bedarffst du nicht umb den prunnen geen / und den habern und leyn säen / [...] Sunder dir wider fertt glückes genug [...].*«

Längst schon hat man auf die gereimten »Klopfan«-Sprüche der Nürnberger Meistersinger Hans Rosenplüt und Hans Folz aus dem späten 15. Jahrhundert hingewiesen, die einen sehr deutlichen Adventscharakter tragen: »*Klopfan! Klopfan! / Der Himmel hat sich aufgetan*«, auch »*Got wol dir geben als viel ern / als der himel hat manig stern / [...] und darnach das ewig leben, / das muß dir got mit freuden geben. / Das wünsch ich dir zum neuen jar. / Sprich amen, daß es werde war*«.

Der innere Beweggrund für das bräuchliche »Anklöpfeln« wird schnell klar, wenn man bedenkt, daß die für ihn bevorzugten Donnerstage in christlicher Sicht schon ganz allgemein eine eucharistische Note tragen, und zwar durch ihre Beziehung zum Gründonnerstagsgeschehen, und diese Note wird für die Donnerstage der Adventszeit durch die Nähe zum Fest der Menschwerdung Jesu Christi noch deutlich verstärkt. Gerade an den letzten Donnerstagen des Advents auf die Ankunft des Gottessohnes zu verweisen, bestand also guter Grund. Obendrein nimmt dieser Brauch auf eine Schriftstelle Bezug, und zwar weniger auf das Wort der Bergpredigt, auf das man in diesem Zusammenhang stets verwiesen hat – »*Klopfet an, so wird euch aufgetan*« (Mt 7,7 f) –, als vielmehr auf jenes Wort Jesu, das die Alternative von Berufung und Verwerfung behandelt und dabei erwähnt, daß »*Ihr draußen steht und an die Pforte zu klopfen beginnt und ruft: ›Herr, mach uns auf!‹*« (Lk 13,25). Dabei ist die Rede von denen, die sagen können: »*Wir haben vor deinen Augen gegessen und getrunken*« (Lk 13,26). Aus dem Umstand, daß mit diesem Wort die Verworfenen angesprochen werden, könnte sich nebenbei erklären, warum die Träger des Klöpfelbrauches oft auf abenteuerliche Weise vermummt einhergingen. Es entsprach zumindest der Tradition der geistlichen Spiele des Spätmittelalters, die Wahrheit auch aus dem Munde der »Unwürdigen« hervorgehen zu lassen. Theologisch gesehen, wird gerade im Advent die rechte Entscheidung der Gläubigen verlangt, weil diese Zeit vom Inhalt der Liturgie her der zweifachen Ankunft Christi »*im Fleisch und im Gericht*« gewidmet ist, d. h. der Ankunft Christi als wirklicher Mensch an Weihnachten und der Wiederkunft Christi als göttlicher Richter, der sowohl im Augenblick des Todes über jeden einzelnen als auch im Jüngsten Gericht über alle Menschen das endgültige Urteil spricht. Der genannten Stelle des Lukas-Evangeliums geht die Mahnung Jesu zur rechten Entscheidung für das Gottesreich voraus: »*Müht euch, hineinzukommen durch die enge Pforte; denn ich sage euch: Viele werden hineinzukommen suchen und es nicht vermögen*« (Lk 13,24). Für einen Brauch, bei dem man an den erwähnten drei Donnerstagen durch Anklopfen (mit und ohne Hämmerchen) und durch entsprechende Verse auf die Ent-

Anton Bischof, Weißenhorn: Das Anklopfen der Kinder am »Klopferstag«, 1920.

Meister des 15. Jahrhunderts: Die Flucht nach Ägypten. Unter den Füßen der hl. Familie blühen Blumen auf, während die Häscher des Herodes den pflügenden Bauern nach den Verfolgten fragen. Sie bemerken nicht, daß die Saat im Acker des Gerechten bereits aufgegangen ist. Altartafel, Barcelona: Museum Montjuich.

scheidung zum christlichen Glauben und Leben dringen mochte, bestand insofern ebenso Anlaß wie für die »gut Heil«-Wünsche; nicht etwa um damit alte Sitten des Heidentums wiederzubeleben *(plurimas gentilismi reliquias)*, wie noch Anfang des 18. Jahrhunderts Johann Georg Keysler meinte, sondern um das Heil, das nach christlicher Auffassung mit der Geburt Jesu Christi in die Welt gekommen sei, jenen zuzuwenden, die im Gericht über ihre eigene Seele und damit im Endgericht über alle Menschen bestehen wollten. Keyslers Bericht bietet zudem einen guten Beleg für den Brauch selbst, bei dem, wie er sagt, das Volk zur Zeit des Advents über Straßen und Felder laufe, mit Hämmern an Türen und Fenster klopfe und dabei »unaufhörlich« *(indesinenter)* ausrufe: »Guthyl! Guthyl!«, was soviel wie »gut Heil« *(bona salus)* bedeute: »*tempore adventus Christi [...] (am Anklopferleinstag) vulgus per vias et pagos currit malleisque pulsat fores et fenestras indesinenter clamans:* >*Guthyl! Guthyl!*<, *[...] quasi gut heil, bona salus [...]*.« Daß sich diese Wünsche ebenso mit Hinweisen auf das bevorstehende Weihnachtsfest verbanden (»Klopfan, klopfan! / Der Himmel hat sich aufgetan...«) wie mit solchen für das »ewige Leben« (»Klopfan, klopfan! / Ein sälligs neus jar ge dich an! / Ich wünsch dir das ewig leben, das wolle got dir geben...«), ist im Hinblick auf die doppelte Sinngebung der Adventszeit leicht verständlich.

Barbarazweige, Luciaweizen und die Kornfeldlegende

Auch andere Bräuche geben der Vorbereitung auf Weihnachten eine sinnfällige Note. So ist es seit altersher üblich, am Tage der hl. Barbara, dem 4. Dezember, Zweige von Sauerkirschen oder anderen Bäumen oder Sträuchern in das Wasser und an einen

Brüder von Limburg: Randleiste aus dem Stundenbuch des Herzogs von Berry (»Les très riches heures« des Duc de Berry), um 1413-1416. Der Bauer mit dem Saattuch wird von den Häschern des Herodes nach der hl. Familie befragt. Das Wunder der zur Unzeit aufgesprossenen Saat erkennt der Anführer nicht. Chantilly: Musée Condé.

warmen Ort zu stellen, um zu sehen, wie an Weihnachten die Blüten aus ihnen hervorgebrochen sind. Oft verbinden sich damit allerlei Glücksvorstellungen, denn *»reiche Blüten der Barbarazweige deuten auf ein fruchtbares Jahr«* (Elard Hugo Meyer). Der Brauch, der mit der Legende der Heiligen nichts zu tun hat, wohl aber viel mit ihrem Festtag, ist im wesentlichen für die meisten katholischen Landschaften belegt. In volkskundlichen Handbüchern gern als *»weltlicher Brauch«* bezeichnet, ist dennoch sein geistlicher Sinn offensichtlich: Er dient dazu, das Aufblühen der Bäume in der Christnacht zu zeigen, das jenen Wundern nahesteht, die sich nach kirchlicher Tradition in der Nacht der Geburt Christi ereigneten. Weil mit Christus der Sohn Gottes Mensch geworden war, also die »Übernatur« *(supernaturalitas)* die »Natur« *(natura)* überwunden hatte, erschien es dem christlichen Denken nur folgerichtig, diesen Vorgang auch in entsprechenden Zeichen anzudeuten. So erfährt man aus einem Lied über die Nacht der Geburt Jesu Christi, daß es um Mitternacht tagt, daß in Rom aus einem Brunnen Öl statt Wasser fließt und daß ein Blitz die heidnischen Tempel und Götzenbilder zum Zusammensturz bringt, usw. ... Diese Wunder der Christnacht sind vielfach nacherzählt worden, zum Beispiel in dem Sternsingerlied *»Der Prophet Barlaam hat weisgesagt«* aus Kärnten: *»Gott ist für uns geboren zu Bethlehem im Stall, / Es geschahen große Wunder, man sah sie überall. / Die Weinberg so schön blühen, die längst schon abgedorrt, / Drei Sonnen wurden gesehen in Spanien alldort. / Es geschahen noch mehr Wunder zu dieser Weihnachtszeit, / Die Götzen fallen nieder, die Engel singen Heil.«* Ähnlich wissen auch andere Weihnachts- und Dreikönigslieder von den wunderbaren Ereignissen der Geburtsnacht des

ADVENT

Erlösers zu berichten: Weinstöcke tragen Blüten und gleich darauf reife Trauben; ein Tempel verliert seine Pracht und zerfällt in Staub, usw. Die Verfasser solcher Lieder übernahmen diese Wunderzeichen der spätmittelalterlichen literarischen Überlieferung, etwa der *Legenda Aurea* des Dominikaners Jacobus de Voragine.

Wenn die Barbara-Zweige bis zur heiligen Nacht aufgeblüht sind, bieten sie einen Anblick, den man »der Natur nach« in der Winterzeit nicht erwarten kann. Sie weisen deshalb auf das »Übernatürliche« der heiligen Nacht hin. Die Wahl des Barbara-Tages ergab sich aus der Erfahrung der Zeit, die es dauert, bis die Zweige zur Blüte gelangt sind, hat also mit einer direkten Anbindung des Brauches an die liturgische Ordnung der Kirche nichts zu tun. Man hat jedoch darauf hingewiesen, daß die Perikope des ersten Sonntages im Advent, Lk 21,25-36, das Gleichnis Jesu vom Feigenbaum betrifft: *»Betrachtet den Feigenbaum und alle anderen Bäume! Wenn sie bereits ausschlagen, erkennt ihr, wenn ihr hinseht, von selbst, daß der Sommer nahe ist.«* Auch wenn Jesus damit auf die nahe Ankunft des Gottesreiches hinzeigen wollte, mithin auf das Jüngste Gericht, konnte die Exegese im Hinblick auf den Advent damit auch die Ankunft des Gottessohnes in seiner Geburt angesprochen sehen. Der Brauch, Barbarazweige aufzustellen, mag insofern durch die liturgischen Vorgaben zumindest begünstigt worden sein.

Die weihnachtliche Tellersaat

Ähnlich wie man am 4. Dezember Barbarazweige abschneidet, um sie bis Weihnachten zum Blühen zu bringen, pflegt man in manchen Orten des österreichischen Burgenlandes am Tage der hl. Lucia, dem 13. Dezember, die weihnachtliche »Tellersaat« zu bereiten: Man streut Weizen- oder auch Gerstenkörner auf einen flachen Teller, begießt sie mit Wasser und stellt diese Saat an einen geschützten Platz hinter den Ofen. Zu Weihnachten ist sie dann aufgegangen: Sie bildet einen dichten grünen Bewuchs, in den man

als Hinweis auf das Licht, das mit Christus in die Welt gekommen ist, eine Kerze stellt. Dazu erzählt man sich die Geschichte von der Kornfeldlegende – was nebenbei belegt, daß man es hier weder mit einem »*Fruchtbarkeitsbrauch*« oder »*-symbol*« noch mit einem »*Adonisgärtlein*« zu tun hat: Als die heilige Familie auf der Flucht nach Ägypten vor den Schergen des Herodes einem Bauern bei der Feldarbeit begegnete, bittet sie ihn, sie den Verfolgern nicht zu verraten. Daraufhin versichert der Bauer den Schergen, er habe die Gesuchten gesehen, als er die Saat in die Erde brachte. Die Verfolger sehen das hochaufgeschossene Korn, wähnen eine lange Zeit vergangen und nehmen von weiterer Verfolgung Abstand.

Diese Legende aus dem Themenkreis der »Flucht nach Ägypten« ist seit dem Spätmittelalter vielfach verbreitet worden, auf Miniaturen ebenso wie in verschiedenen Text- und Liedfassungen. In ihr läßt sich gewiß ein »*seltsames Schweben zwischen Wahrheit und Unwahrheit*« beobachten (Leopold Schmidt), ein »*frommer Betrug*« an den verfolgenden Schergen. – Aber es ging doch auch um mehr und anderes. Denn diese Geschichte diente im Grunde nur der bildhaften Ausprägung des Gedankens, daß *»das Korn im Acker derer, die gerecht sind, aufgeht und an das Licht kommt«*, so daß man dann umgekehrt den Gedanken fassen konnte, die Gerechtigkeit des Säenden und der auf dem Acker Befindlichen durch das willentlich – analog durch die Tellersaat – bewirkte Kornwunder unter Beweis zu stellen. Es handelte sich also um eine Art *»Geheimnis des Glaubens«* mit Verweischarakter, das auf eine bestimmte Heilswahrheit aufmerksam machen sollte. Dem mittelalterlichen Betrachter gab die bildliche Darstellung des Geschehens nicht nur den Bericht von der Irreführung der Verfolger, sondern zugleich auch dessen heilsgeschichtliche Interpretation. Er verstand ohne weiteres, daß diese Verfolger »blind« waren und das wunderbare Zeichen, das ihnen durch das Kornfeldwunder vor Augen geführt wurde, nicht zu entschlüsseln vermochten – ein

Signum, das alle, die mit der christlichen Sinnbildsprache vertraut waren, auf Anhieb verstehen mußten. Daß hier zu falscher Zeit, also gegen alle Gesetze der Natur, Korn reift, ist an sich genau so wenig übersehbar wie etwa das Blühen der Bäume in der Winternacht der Geburt des Heilandes. Dennoch erkennen die Schergen des Herodes nicht, was sich vor ihren Augen an Wunderbarem ereignet. Wären sie nicht verstockt, müßten sie sofort begreifen, daß ihre Verfolgung den Falschen gilt. Sie stehen vor dem Acker der Gerechten – und merken es nicht. Es ist ein sinnfälliger Zug, daß sie an dieser Stelle haltmachen und umkehren müssen: Sie können, ja dürfen den Acker der Gerechten nicht betreten. Das Wunder richtet eine Grenzscheide auf zwischen den Gerechten, dem armen Bauern und der heiligen Familie, und ihnen, den Ungerechten, die dem Heil der Welt nachstellen. Darum kehren sie nach Bethlehem zurück, wo sie nun ihre Mordtat an den unschuldigen Kindern verüben können.

Der mittelalterliche Betrachter der Kornfeldlegende kannte das Wunder, das in ihrer Mitte steht, aus einer Erzählung der apokryphen Aposteltaten (wohl aus dem 6. Jahrhundert). Diese *Acta Petri et Andrae* schildern die Erlebnisse der Apostel Petrus, Andreas, Matthäus, Alexander und Rufus. Auf ihrem Weg in eine »Barbarenstadt« sehen sie einen Bauern bei der Feldarbeit. Petrus klagt ihm, daß sie Hunger litten. Sogleich erbarmt sich der Bauer ihrer und bricht auf, um ihnen Brot zu holen. Kaum ist er fort, erhebt sich Petrus, umgürtet sich mit dem Saattuch und ergreift den Pflug, während Andreas das Korn aussät und dazu spricht: *»Das Korn, das in die Erde strömt, gehe auf in dem Acker der Gerechten und komme ans Licht.«* Kaum hat er diese Worte gesprochen, geht die Saat auf; sie schießt in die Halme und trägt reichliche Frucht. Der Greis kommt mit dem Brot zurück und sieht das Wunder, das die Apostel vollbracht haben; er fällt ihnen bekehrt zu Füßen.

Die Legende liegt hier in einer Art Normfassung vor, zu der dann ihr späteres Gegenstück, die Kornfeldlegende im Episodenzyklus der Flucht nach Ägypten (mit ihren zahlreichen Parallelen) die spiegelbildliche Umkehrung bietet: Das Korn im Acker der Gerechten soll nach dem Wunsch des Apostels aufgehen, – und es geht auf, womit bewiesen wird, daß der Sämann gerecht ist, weil er Barmherzigkeit übt: *»Selig sind die Barmherzigen, denn sie werden Barmherzigkeit empfangen«* (Mt 5,7).

Von hier aus wird klar, wie es zum Brauch der weihnachtlichen Tellersaat kommen konnte, die das Augenmerk einerseits auf das Fest der Menschwerdung des Erlösers, andererseits auf das in dessen Inkarnation zum Ausdruck kommende übernatürliche Geschehen lenkt und diesem zugleich auch noch eine theologische Begründung liefert. Da das unzeitige Aufgehen des Korns zum Nachweis des Gerechtseins dient, konnte naives Analogiedenken dazu anregen, sich diese Qualität durch eine schlichte Praktik selbst zuzuwenden, jene Tellersaat, die gerade am Tage der Geburt des Erlösers aufgeht. Der Adventsbrauch gewinnt so eine zusätzliche Perspektive im Hinblick auf die Brauchträger selber. Diese sollten sich bis zur Ankunft des Erlösers von Ungerechten zu Gerechten wandeln, – ein Wunsch, der dem zugrundliegenden Missionsdenken wohl anstand, zumal er sich in der aufsprießenden Saat dinghaft manifest macht.

Herbergssuche in Bethlehem

Zu den Themen des Advents gehört auch die Herbergssuche der heiligen Familie in Bethlehem, ein Thema, das erst in spätmittelalterlichen Weihnachtsspielen auftritt und erst im 16. Jahrhundert allmählich in den Adventsbrauch übergeht. Der Grund für das späte Aufkommen dieses Motivs liegt sicherlich darin, daß es in der Bibel nicht breit ausgeführt, sondern mit den Worten *»Denn sie hatten sonst keinen Raum in der Herberge«* (Lk 2,7) nur knapp angedeutet wird. Dennoch hat es als ein bewegendes Detail der Heilsgeschichte immer wieder die Gemüter der Menschen bewegt, nicht zuletzt als Mahnung, der heiligen Familie – im wörtlichen wie im übertragenen Sinn – in ihren Herzen Raum zu geben. So etwa sieht Karl Heinrich Waggerl Advent und Herbergssuche in Bethlehem miteinander verbunden: »*Immer noch ist Maria unterwegs mit dem Zimmermann auf der Suche nach einer Heimstatt für das Kind, und das kalte Herz der Mitmenschen treibt sie umher auf der Flucht vor dem Hochmut der Mächtigen. Das ist die Mahnung des Advents: Seht euch vor, daß Ihr nicht an die Stelle des Wirtes geratet, der das Heil seiner Seele von der Tür gewiesen hat!*«. Noch heute kennt man mancherorts »*Ein bewegendes Spiel von der heyligsten Herberg*«. Da klopfen »*Unsere Liebe Frau und Sankt Joseph*« nacheinander an verschiedenen Haustüren an und bitten um Einlaß, werden aber von groben Bürgersleuten herzlos abgewiesen. Schließlich erscheint in Gottes Auftrag der Engel Gabriel und weist Maria und Joseph in einen Stall und zur Krippe. Formal gesehen, handelt es sich bei diesen (Sing-)Spielen um die szenische Ausdeutung eines an sich kunstvoll gestalteten Dialogliedes: »*Liebster Joseph, laß uns gehen / Thu mir um ein Herberg sehen, / Zum Gebären kommt die Zeit. / Freud und Leid trag ich im Herzen, / Aber weichen muß der Schmerzen, / Wann ich siech der Engel Freud.*«

Erst in der Barockzeit entstand und entwickelte sich ein eigener Kult um die »*Herbergssuche in Bethlehem*«. Da wurden Gebetbücher und Flugschriften in Umlauf gesetzt, die Titel trugen wie »*Verehrung der mitleidswürdigen Abweisung von der Herberge, welche Maria und Joseph zu Bethlehem widerfahren ist*« oder »*[Betrachtung] der erbarmungswürdigen Ausschließung des Kindes Jesu zu Bethlehem*« usw. ... Derartige Schriften belegen bis in den Wortlaut hinein das Nachwirken der jesuitischen Betrachtungsmethode einer Vergegenwärtigung des Vergangenen unter bewußter Einbeziehung des eigenen Lebensraumes und der eigenen Erfahrungswelt, wie sie zu dem von Ignatius verwendeten Begriff einer »*Zurichtung des Schauplatzes (composición viendo el lugar)*« gehörte. Das Ziel dieser Betrachtungsmethode lag darin, zu einer Entscheidung und damit zu einer Verhaltensänderung zu führen, etwa in dem Sinn, daß man am Eßtisch – wie aus Lothringen als Brauch berichtet – einen Platz für die Obdachlosen freihielt und damit selber gerade jene Barmherzigkeit übte, die den Anklopfenden in Bethlehem versagt worden war.

Im Antwerpener Museum der Schönen Künste befindet sich ein Gemälde von Jean Massys d. J. mit dem Titel »*L'hospitalité refusée à la Sainte-Vierge et à Saint-Joseph*« (1558). Das Bild stellt die (selten behandelte) Abweisung der hochschwangeren Maria und des um Herberge flehenden Joseph durch eine hartherzige Wirtin dar. Schützend legt die *Maria gravida* die Linke auf ihren Leib, ergeben weist die Rechte nach unten; Josephs linke Hand zeigt auf Maria, die rechte hält er zur bittenden Geste erhoben. Doch abwehrend streckt sich ihm die eine Hand der um Herberge angesprochenen Frau entgegen, während die andere die Bittenden in eine unbestimmte Ferne weist; sie werden im wahrsten Sinn des Wortes »abgewiesen«.

Das Thema der Herbergssuche wurde erst zur Zeit des Trienter Konzils in die Reihe der »verehrungswürdigen Lebensstationen« Jesu aufgenommen. Es erscheint 1566 im einflußreichen *Catechismus Romanus*: Gerade für denjenigen sei keine Herberge zu finden gewesen, der gesagt habe: »*Mein ist der Erdkreis und was ihn erfüllt*«. Darum müßten ihm die Gläubigen in ihren Herzen die Herberge bereiten. Da die Verbreitung des *Catechismus Romanus* dem Jesuitenorden übertragen worden war, ist es verständlich, daß zunächst vor allem die Jesuiten diesen Stoff aufgriffen und verbreiteten. Später wird die vergebliche Herbergssuche des hl. Paares auch zu den »Sieben Schmerzen Marias« gezählt.

Stoffgeschichtlich gesehen, hat diese »Herbergssuche in Bethlehem« jedoch noch eine weitere Wurzel in den spätmittelalterlichen Darstellungen des Lebens Jesu, und zwar im Umfeld der Episodenschilderungen zur »Flucht nach Ägypten«. In der *Kindheit Jesu* des Konrad von Fussesbrunnen (13. Jahrhundert) wird z. B. erzählt, wie die heilige

Jean Massys d. J.: Verweigerung der Herberge in Bethlehem, 1558. Antwerpen: Königliches Museum für Schöne Künste.

unter dem er dann später in verschiedenen Weihnachtsspielen und -liedern wiederbegegnet. In diesen Liedern wird der Räuberhausszene eine Herbergssuche vorgeschaltet, die dann das stoffliche Muster für die spätere »Herbergssuche in Bethlehem« abgibt.

Die weitere Entwicklung repräsentiert dann das bekannte Dialoglied *»Wer klopfet an? – O zwei gar arme Leut«*, das bis heute als fester Bestandteil des Spielbrauches um das Thema von der Herbergssuche lebendig geblieben ist.

Das Frau- und das Joseph[i]tragen

Zu den Brauchspielen um die »Herbergssuche« gehört auch das sogenannte »Frautragen«, zu dem sich in logischer Weiterführung des Grundgedankens, daß man dem heiligen Paar in der Adventszeit Herberge gewähren müsse, vereinzelt auch ein »Joseph[i]tragen« herausgebildet hat. Meist geschieht es in der Art einer Novene, daß sich nämlich neun Familien zusammenschließen, um an den letzten neun Tagen vor der Christnacht vor einem Bild der heiligen Familie, dem man Herberge bietet, die Hausandacht zu halten. Die letzte Familie »beherbergt« das Bild dann bis Mariä Lichtmeß, also bis zum Ende des Weihnachtskreises.

Handelt es sich bei dem »Frautragen« in aller Regel um einen allein oder doch überwiegend von Frauen geübten Brauch, so bedeutet das »Joseph[i]tragen« eine Angelegenheit der jungen Männer. Es setzte nicht nur die Neubewertung der Josephsgestalt als »heiliger Nährvater Jesu« voraus, sondern auch eine besondere Verehrung des hl. Josephs, wie sie etwa in Steiermark, Kärnten und im Land Salzburg gegeben war. Die große Bedeutung, die der »Herbergsuche in Bethlehem«, dem »Frautragen« und dem »Joseph[i]tragen« als Vorbereitung auf das Weihnachtsfest einst zukam, läßt sich an der Häufigkeit entsprechender Darstellungen in der Krippenkunst des 18. und 19. Jahrhunderts und deren Ausläufern ablesen. Hinter der Verbreitung des Motivs der »Herbergssuche« stand das Wissen um das Wort Jesu

Familie auf der Flucht von zwei Räubern überfallen wird, von denen der eine hartherzig bleibt, der andere aber im Jesuskind den verheißenen Messias erkennt, die Fremden schont und sie in sein Haus aufnimmt. In den mittelhochdeutschen Bearbeitungen dieses Stoffes wird dieser zweite Räuber als »Wirt« bezeichnet, das heißt als »Hausherr«, und er trägt hier den Namen »Titus«,

Adventskranz im Münchener Dom, 2000. Sein formales Vorbild hat er z. B. im Heziloleuchter des Hildesheimer Domes (1061), der sich als Sinnbild der Gottesstadt (Apoc 21,10 ff) versteht.

zur Frage des Endgerichts, an das (nach der liturgischen Ordnung) gerade im Advent gedacht werden sollte, daß nämlich »*der Menschensohn in seiner Herrlichkeit kommen*« und die Gerechten in seines Vaters Reich nehmen werde; sollte man dann nach dem Grund ihrer Rechtfertigung fragen, so werde er antworten: »*Wahrlich, ich sage euch: Was ihr dem Geringsten unter diesen meinen Brüder getan habt, das habt ihr mir getan*« (Mt 25).

Das evangelische Adventsspiel

Zu den katholischen Brauchspielen der Adventszeit treten im evangelischen Bereich eigene adventliche Umzugsspiele, in denen merkwürdigerweise ein erwachsenes Christkind auftritt. Der Grund für das Auftreten dieses »erwachsenen Christkindes« liegt in dessen Aufgabe, sich selber zu bestimmten theologischen Gegenständen zu äußern, und diese wiederum beruht auf der Vorstellung, daß der gläubige Christ keines Mittlers bedürfe, um mit Jesus Christus (als seinem personalen Gott) unmittelbar in Verbindung zu treten. Hervorgegangen ist dieses Adventsspiel aus der Lehrverkündigung der evangelischen Kirche, und zwar als katechetisches Spiel zur Nachprüfung der Katechismuskenntnisse der Kinder, gewissermaßen als Gegenstück zum katholischen Nikolaus-Brauch. Im Unterschied zu letzterem mit seinen bedrohlichen Teufelsfiguren treten im evangelischen Adventsspiel betont milde Gestalten auf, die in einem lehrhaft gehaltenen Examensspiel das Wissen um die evangelische Glaubenslehre erfragen und gute Kenntnisse belohnen. Der älteste Beleg für ein solches bräuchliches Adventsspiel stammt aus Altenburg (1582). Die Einbeziehung unerwünschter Maskengestalten begründete häufig Spielverbote.

Der Adventskranz

Als einen Brauch »*halbsakralen Charakters*« hat man das Aufstellen und Aufhängen von Adventskränzen bezeichnet, eine der wichtigsten »Bild-Gebärden« der Weihnachtszeit. Hervorgegangen ist dieser Brauch aus den Adventsandachten, die der Hamburger Pfarrer Johann Hinrich Wichern (1808-1881) am »*Rauhen Haus*« in Hamburg-Horn, einer 1833 von

ihm gegründeten Anstalt zur Betreuung gefährdeter Jugendlicher, eingeführt und später durch entsprechende Schriften, wie das »Beiblatt zu den Fliegenden Blättern aus dem Rauhen Hause zu Horn bei Hamburg« (1851) allgemein bekanntgemacht hat. Den Anlaß für den Gedanken, den einzelnen Tagen des Advents immer mehr Licht zu geben und dieses Licht im Weihnachtsfest selbst kulminieren zu lassen, bot die Perikope des ersten Weihnachtstages, das Wort vom »Licht, das in der Finsternis leuchtet« (Joh 1,1). Hier war die Rede von Christus als dem »wahren Licht«, das »Fleisch wurde und unter uns wohnte, und wir sahen seine Herrlichkeit, eine Herrlichkeit als des Eingeborenen Sohnes vom Vater, voller Gnade und Wahrheit«. Wichern konnte noch damit rechnen, daß seine Leser die »Schlüsselwörter« (Licht, Christ, Herrlichkeit) als solche richtig verstanden und von ihnen gedanklich auf das Heilsgeschehen überleiteten, das hier gemeint und angesprochen worden war. Die Ausbreitung des Adventskranzes, der zeitweise mit den um 1900 beliebten Adventsbäumchen konkurrierte, erfolgte erst im 20. Jahrhundert innerhalb einer Nord-Süd-Bewegung, bei der er auch konfessionelle Grenzen überwand. Dies konnte um so leichter geschehen, als sich die Lichtsymbolik des Adventskranzes

Nach der Andacht im Freien vor der Pfarrkirche und der Prozession in Eisenkappel im Kärntner Oberland werden die beleuchteten Kirchlein eines nach dem anderen auf das rasch dahinströmende Wasser der Vellach gesetzt, wo sie teils mitschwimmen, teils untergehen. Fotos: Lichtmeß 2001.

Dem Brauch des »Ante Pante Populore« hat man in Eisenkappel (Südkärnten) ein Denkmal gesetzt.

ohne weiteres mit den (im Grunde gleichen) liturgischen Vorgaben der katholischen Kirche vertrug. Im Advent 2000 konnte man im Chor des Münchener Liebfrauendomes einen leuchterähnlichen Adventskranz bewundern, während in anderen Kirchen noch mit Figuren die traditionelle Verkündigung an Maria gezeigt wurde.

Lichterschwemmen und Heilserwartung

Am Tag der hl. Luzia, dem 13. Dezember, wird in Fürstenfeldbruck (nahe München) ein Lichter- oder Luzienhäuschenschwemmen veranstaltet, dessen Wiederbelebung als Kinderbrauch im Jahre 1949 dem Rektor Georg Kachelriß zugeschrieben wird. Schon am 18. Februar 1706 schrieb der damalige Freisinger Bischof Johann Franziskus dem Dechanten Urban Widmann zu Ensbach, er habe gehört, *»daß am St. Lucia-Fest zu Bruck nächst Fürstenfeld sich der Mißbrauch eingeschlichen«* habe, *»daß papierene Häusl samt einem Licht auf der Amper gesetzt und dann herabgelassen werden«*. Der Dechant antwortete, daß der in Frage stehende Brauch *»ein altes Herkommen«* darstelle und seinen Ursprung *»von einem Austritt der Amper«*, also einer Überschwemmung, genommen habe.

Dem Fürstenfeldbrucker Brauch ähnelt stark das »Kirchleintragen« in Eisenkappel unterhalb Klagenfurts in Kärnten, das unter dem (verballhornten) Namen »Ante Pante Populore« in die Brauchgeschichte eingegangen ist. Anders als in Fürstenfeldbruck findet dieses »Kirchleintragen« nicht an St. Lucia, sondern am Vorabend von Maria Lichtmeß statt. Hier sprach früher ein Vorbeter den Lobgesang Simeons aus dem Evangelium des Lichtmeßtages: *»Nunc dimittis servum tuum, Domine, secundum verbum tuum in pace. Quia viderunt oculi mei salutare tuum, quod parasti ante faciem omnium populorum – Herr, nun läßt Du Deinen Diener in Frieden fahren, wie Du gesagt hast. Denn meine Augen haben Dein Heil gesehen«*, usw. Einer Lokalsage nach soll ein ortsansässiger Mann einmal die Kinder dazu verleitet haben, vor dem Hause Kozel auf den Vers »ante faciem populorum« statt mit dem üblichen »Gloria patri« mit den Worten »Kozlna vrate cvilelore – daß die Tür beim Kozel knarrte« zu antworten, woraus der heutige lautstarke Feldruf der umziehenden Kinder, »Ante pante populore / Kozeln vrate cvilelore« entstanden sei. Vom Lichterbrauch des Lucientages zum Lichtmeßtag mit der Lesung vom Glück des Simeon, der den neugeborenen Heiland gesehen und als solchen erkannt hatte, ist nur ein kleiner Weg: Heilserwartung und Heilserfüllung liegen hier in jedem Fall dicht beieinander.

Ein Licht leuchtet in der Finsternis

VON LICHTERBRÄUCHEN,
PARADEIS- UND KRIPPENSPIELEN
UND VOM WEIHNACHTSBAUM

Das heute so stark säkularisiert erscheinende Weihnachtsfest hat die Feier der Geburt Jesu Christi zum Gegenstand, der nach christlicher Grundauffassung sowohl wahrer Mensch als auch Gottes Sohn gewesen ist. Während man anfangs in der christlichen Kirche neben dem zentralen Auferstehungsfest Ostern nur das Fest der Erscheinung des Gottessohnes am 6. Januar gefeiert hatte, setzte sich spätestens in der ersten Hälfte des vierten Jahrhunderts – vielleicht unter Papst Julius I. (337-352) – die Meinung durch, daß man auch die Erinnerung an die Menschwerdung Jesu Christi feierlich begehen sollte. Schon die Glaubensbekenntnisse der Frühzeit wissen um die doppelte »Natur« des Gottessohnes, der »aus der Jungfrau Maria« geboren wurde (»natus ex Maria virgine«), und bald auch scheint man dieser Geburt in besonderer Weise gedacht zu haben. Einem Bericht über die Christenverfolgung unter Maximian in Mailand (um 310) kann man entnehmen, daß »am Geburtsfest des Erlösers« viele tausend Christen in einer Kirche zusammengekommen waren. Diese Gelegenheit nutzte der Herrscher, sich der Christen zu entledigen: Er ließ die Türen der Kirche verschließen und um sie herum Feuer legen. »Dann befahl er einem Herold, bekanntzugeben, daß jeder der Eingeschlossenen befreit werde, wenn er nur bereit sei, dem Jupiter ein Opfer darzubringen. Daraufhin antworteten die Eingeschlossenen, sie wollten aus Liebe zu ihrem kleinen Jesus (›amore Jesuli sui‹) lieber den Tod erleiden als diesem Ansinnen nachkommen, und so erlitten sie sämtlich bei lebendigem Leibe den Feuertod.« Der Kirchenhistoriker Nikephoros bemerkte dazu, diese Märtyrer hätten sich an dem Tag, da Christus für ihr Heil *auf Erden geboren* wurde, den Aufstieg in den Himmel verdient. Welch große Bedeutung man dem Geburtsfest in der Folgezeit beimaß, zeigt der Umstand, daß man es mehrere Tage lang festlich beging. Das Mainzer Konzil (848) legte die Dauer der Weihnachtsfeier auf vier Tage fest; das erste Konstanzer Konzil reduzierte sie auf drei Tage, und seit dem 19. Jahrhundert beschränkte man sie allenthalben auf zwei Tage. Bestehen blieben die Vorschriften zum Empfang der Kommunion (bzw. in den evangelischen Gebieten die Teilnahme am Abendmahl), das Verbot der Eheschließungen, die die Aufmerksamkeit der Gläubigen hätten ablenken können, und das Fastenverbot, das die festlichen Weihnachtsmahle hervorrief.

Der Name und die Feier des Weihnachtsfestes

Das Weihnachtsfest hieß zunächst »*Fest der Geburt des Heilandes*«, im Anschluß an den Gruß des Engels an die Hirten: »*Euch ist heute der Heiland (»Salvator«) geboren*« (Lk 2,11); dann wurde es das »*Fest der heiligen Geburt*« oder das »*Fest der Geburt Christi*« genannt, doch kam auch (nach Joh 1,9) der Name »*Lichtfest*« vor: »*Er war das wahre Licht, das jeden Menschen erleuchtet*«. Auf dieses Wort ging der lange geübte Brauch in den Gemeinden zurück, daß jeder Gläubige in die Christmette ein Licht mitbrachte. Das erste Kapitel des Johannesevangeliums stellt ohnehin den zentralen Leseabschnitt des Weihnachtsfestes dar, und es erklärt, warum zu Weihnachten Lichterbräuche eine zentrale Rolle spielen: die Kerzen auf dem Weihnachtsbaum ebenso wie beispielsweise das Aufstellen von Kerzen in Fenstern. Immer meint das Licht den menschgewordenen Erlöser Jesus Christus, auch wenn »*die Finsternis es nicht begreift*« (Joh 1,5).

Die nach 1150 aufgekommene Bezeichnung »Weihnachten« entstand aus der mittelhochdeutschen Zeitbestimmung »*ze wîhen nahten*«, d. h. in den heiligen Nächten. Zu ihr gibt es auch die Singularbildung »Weihnacht«, die auf die Nacht *vor* dem ersten Weihnachtstag, die heilige Nacht, bezogen wird. Daß man Weihnachten heute oft schon mit der Bescherung am Nachmittag oder am Abend des 24. Dezember beginnen läßt, beruht auf der liturgischen Regel, daß alle großen Feste eine Vigil haben müßten, in der man sich wachend und betend auf das zu feiernde Festereignis vorbereiten sollte. Diese

Vorige Seite: Oberbayerische Krippe aus dem Jexhof-Bauernhausmuseum des Landkreises Fürstenfeldbruck, Gemeinde Schöngeising, Dezember 2000.

In Berlin bestand jahrelang der von Ernst Reuter eingeführte Brauch, am Heiligen Abend zum Gedenken an die durch Grenzen getrennten Menschen Kerzen in die Fenster zu stellen. Hier der Regierende Bürgermeister Klaus Schütz mit Gattin und Sohn am 24. Dezember 1970.

Praxis des nächtlichen Wachens und Betens gehörte zunächst nur zum Osterfest, doch wurde in Parallele zur Ostervigil bald auch eine Weihnachtsvigil eingeführt, in deren Folge man das Fest mit der »*Matutin*« oder »*Mette*« zu feiern begann. Noch im 17. und 18. Jahrhundert fanden die Christmetten gewöhnlich zu sehr früher Morgenstunde statt.

Bekanntlich erfüllen die Stundengebete oder »Horen« der Mönche die Aufgabe, der Forderung nach »*immerwährendem Beten*« gerecht zu werden: die »*Matutin*« um Mitternacht, die »*Laudes*« um 3 Uhr und die weiterhin in dreistündigem Abstand folgenden Stundengebete »*Prim*«, »*Terz*«, »*Sext*«, »*Non*«, »*Vesper*« und »*Komplet*«, gaben auch für die liturgischen Feiern das Vorbild ab. Die Matutin und die Laudes wurden meist zusammengelegt, so daß man (zwischen 21 Uhr und 3 Uhr) eine hinreichende Zeitspanne für die Nachtruhe erhielt. Der Idee nach gehörte aber die Mette zur Mitternacht, so daß die Frage, um wieviel Uhr die Christmette (nicht die »Christmesse«!) zu feiern sei, unterschiedlich beantwortet werden konnte, z. B. noch um 6 Uhr früh. Nach der Mette fand dann zuhause, oft noch »*sub Galli cantu – vor Hahnenschrei*«, die Bescherung statt. Anschließend besuchte man den Festgottesdienst, das feierliche Hochamt, bei dem nun wieder das in der Adventszeit abgestellte »*Gloria in excelsis Deo*« erklang. In der Praxis aber rückte die Mette bald immer weiter auf den Abend oder sogar auf den Nachmittag des 24. Dezembers vor. Damit ergab sich zwangsläufig auch eine Verlegung der Bescherung auf den Vorabend. Vor allem in den Städten vermehrten sich die Feiern des Vorabends, die dann ihrerseits wieder mit der alten Stundengebetseinteilung abgestimmt wurden. Die Grenze bildete dabei immer der Gottesdienst um 15 Uhr, d. h. »*um die neunte Stunde*«, wohl in Analogie zur Sterbestunde Jesu Christi am Karfreitag, da ja immer der theologische Bezug zwischen Geburt und Opfertod des Heilandes im Auge behalten wurde.

Das Quempas-Singen

Es versteht sich, daß die Mette als eigentlicher Beginn des Weihnachtsfestes immer besonders festlich ausgestaltet wurde, sei es durch szenische Darstellungen aus dem Themenkreis des Weihnachtsgeschehens, sei es durch das »*Quempas-Singen*«. Dieses Quempassingen hat seinen Namen von dem dabei üblichen Wechselgesang erhalten, verteilt auf vier Chöre in den vier Ecken einer Kirche, zu dem Lied »*Quem Pastores laudavere – den die Hirten lobten sehre*« von Nikolaus Herman (1560) und Matthäus Ludecus (1589) und auf eine alte, von Valentin Triller (1555) überlieferte Melodie. Seit der Aufklärung wurde »*der Quempas*« weithin verdrängt. Das Wort selbst ist jedoch im Sprachgebrauch lebendig geblieben, vor allem durch das seit 1930 in mehr als drei Millionen Exemplaren vertriebene

»Quempas-Heft« des Bärenreiter-Verlages in Kassel, das in der Gegenwart zu einem regelrechten »Kanon« bekannter Weihnachtslieder geführt hat. Dem »Quempas-Buch« (1962) war es darum gegangen, »das Wertvollste aus dem reichen Erbe der christlichen Kirchen, eine Auswahl des Besten aus den unzähligen Hirten- und Wiegenliedern bäuerlicher Herkunft und eine Auslese neuer Lieder, die zumeist als ein Bekenntnis zu Christus entstanden« seien, denen in die Hand zu legen, »die bereit und willens sind, Jahr für Jahr zur Weihnachtszeit das Fest der Geburt des göttlichen Kindes mit der ganzen Christenheit singend zu begehen.«

Die Darstellung der »zwei Naturen« Jesu Christi

Die christliche Grundauffassung, daß sich in Jesus Christus zwei »Naturen« vereinigen, die menschliche und die göttliche, findet liturgisch ihren sichtbarsten Ausdruck in der Zusammengehörigkeit der beiden Kalenderfeste Weihnachten und Epiphanie, doch hat sie sich auch auf die innere Gestaltung des Weihnachtsfestes ausgewirkt. Die Darstellung des Weihnachtsgeschehens in Kunst, Dichtung und Musik hebt immer wieder auf diese doppelte Wesenheit ab, teils in Erwähnungen, wie in dem Lied *»Es ist ein Ros entsprungen«* durch die Zeile *»wahr Mensch und wahrer Gott«*, teils in der Beschreibung der menschlichen Bedürfnisse des Kindes Jesu einerseits und in der Hervorhebung der verschiedensten Zeichen göttlicher »Übernatur« andererseits.

»Heiliwog«-Holen in Endingen

Solche Zeichen der »Übernatur« bilden die Wunder der heiligen Nacht, die man im Brauch konkret nachzuahmen suchte. Beim *»Heiliwog«-Holen* in Endingen am Kaiserstuhl gehen die Gläubigen unter Anführung der Hausväter kurz vor Mitternacht mit allerlei Gefäßen zu den Brunnen der Stadt, um während der zwölf Glockenschläge, die das Weihnachtsfest einläuten, frisches Wasser zu schöpfen, das als »wunderbares«, nämlich als gesegnetes und heilkräftiges Wasser angesehen und entsprechend, z. B. im Heilbrauch, verwendet wird. Man hat gemeint, diesem Brauch *»jegliche offizielle Legitimation«* absprechen zu dürfen, und sich über das *»Einlenken der kirchlichen Institution«* gewundert, aber es ist ganz offensichtlich, daß hier eine Praktik geübt wird, die in der christlichen Offenbarunglehre ebenso verankert ist wie in der kirchlichen Benediktionspraxis. Denn in ihr kommt nur der Glaube zum Ausdruck, daß in der Nacht der Geburt des Erlösers das nach den Gesetzen der Natur Unmögliche Wirklichkeit geworden sei und daß die ganze Schöpfung an diesem Ereignis der »Übernatur« *(supernaturalitas)* Anteil nehme.

Das Weihnachtsbild des Isenheimer Altars

Das Bemühen, neben der göttlichen auch die menschliche Natur des Heilandes hervorzuheben, führte in der christlichen Kunst zu hochbedeutenden Darstellungen, die ihre Entstehung und Gestaltung meist weniger einem künstlerischen Streben nach Vergegenwärtigung des historischen Geschehens verdankten, als dem dogmatisch begründeten Anliegen, die zweifache Wesenheit Jesu Christi so anschaulich wie möglich in das Blickfeld zu rücken. Das Weihnachtsbild des Isenheimer Altars aus den Jahren 1515 bis 1517 macht das besonders deutlich: Auf der einen Seite erkennt man eine gebundene Architektur mit Vorhalle und dreischiffiger Kapelle, auf der anderen öffnet sich dem Blick der freie Raum mit dem umschlossenen Garten, der ein sehr altes Sinnbild der Jungfräulichkeit Marias darstellt, der *»hortus conclusus«*. In diesem Garten sitzt sie selbst, gekleidet in Purpur und Blau, der Farbkombination für die Übergeschlechtlichkeit. Sie trägt das offene, mit einem Heiligenschein umgebene Haar der Braut der Verkündigungsbilder; auf den Armen hält sie das Kind, das mit dem Rosenkranz der Mutter spielt; und gleich daneben, unübersehbar groß, blühen die *»drei Rosen aus einem Zweig«*. Sie tragen hier einen

Anklang an die Rosen von Jericho, weisen aber auch ebenso auf die Trinität hin wie auf die Passion Jesu Christi; Engel schweben in den Lüften; ein Feigenbaum, Sinnbild Christi, erwächst in der Mitte. Auf der linken Seite musizieren und singen die Engel das berühmte »*Engelskonzert*«. Ein Schwarm von Flügelwesen drängt aus dem Dunkel nach vorn: Es sind die Genien der Völker der Erde in der Erwartung des Erlösers, zu denen hier (als eine Art Vision) im Goldtempel die Perle des Rosenkranzes erscheint, die eine der sieben Freuden Mariens versinnbildlicht – das Glück ihrer Mutterschaft. Auf den goldenen Säulen finden sich zudem Statuen der Propheten.

Das ganze Bild erscheint wie eine Symphonie aus Farben, visionären Impressionen und Gedanken des Erhabenen, als eine Erhöhung gewissermaßen des dagegen fast nüchtern anmutenden evangelischen Berichtes bei Lukas. Und in diese Fülle setzt der Maler unübersehbar groß, neben die Jungfrau mit dem Kind und neben den Engel mit der Gambe, einen Zuber und einen Topf, als wollte er den Gedankenflug an Irdisches ketten, ja als wollte er das Geschehen ein wenig profanieren. Aber es ging ihm nicht um Profanierung, im Gegenteil: Der Maler

Mathis Gothart Grünewald: Isenheimer Altar, zweite Schauseite: Menschwerdung Jesu Christi, 1515-1517. Öl auf Lindenholz. Colmar: Musée d'Unterlinden.

gestaltet hier, von einem Theologen sichtbar gut beraten, die doppelte Wesenheit Jesu Christi. Er weist einerseits mit den Engeln, dem Heiligenschein, der Vision, den Propheten, dem Rot und dem Blau der Maria, mit den Jerichorosen, auch mit dem Feigenbaum und anderen Sinnbildern auf die *göttliche* Natur des Kindes hin, und er zeigt andererseits zugleich mit dem Zuber und mit dem Topf, aber auch mit den Windeln, die *menschliche* Natur an: Dieses göttliche Kind ist ein Kind wie jedes andere auch, das der Reinigung und der Pflege bedarf, das von seiner Mutter im wörtlichen wie im übertragenen Sinn »auf Händen getragen« wird, das spielt und lacht, obwohl oder gerade weil es auch Gottes Sohn ist.

Gewiß tragen diese profanen Elemente in dem Kontext, in dem sie stehen, weitere und zusätzliche Bedeutungen; den Topf ziert eine hebräische Inschrift, die Windel ist zerschlissen und verbraucht, der Zuber steht, wie die Wiege, unberührt: Da wird dann zugleich auf einer weiteren Bedeutungsebene auf den Alten Bund angespielt, auf die jüdischen Vorfahren, von denen gerade dieses Kind herkam, mit dem nun der Neue Bund beginnt. Auf der Stufe zu der Kapelle steht ein Venezianer-Glas, von der Sonne durchstrahlt, – ein altes Sinnbild der Jungfräulichkeit, denn *»so wie die Sonn' durchscheint das Glas mit ihrem klaren Scheine«* sei Maria schwanger geworden: Das Dogma von der Jungfräulichkeit der Gottesmutter wird hier mit dem Dogma von der zweifachen Wesenheit Jesu Christi verbunden.

Wie liebevoll und zugleich wie traditionsgebunden der Maler dabei verfuhr, zeigt das Korallenästchen, das an der Gebetsschnur hängt, mit der das Kind spielt. Es handelt sich um ein »Lithodendron«, ein Korallenamulett, das man den Neugeborenen um den Hals legte oder an ihrem Arm befestigte, um sie vor Schaden zu behüten. Man mag es eine naive Geste nennen, das Gotteskind, dessen Lebensgeschichte bis hin zur Kreuzigung man klar vor Augen hatte, mit einem solchen magischen Schutz zu versehen; aber es ging hier gerade darum, zu zeigen, daß dieses Gotteskind ein Kind wie jedes andere sei, zwar Gott, aber auch Mensch und also auch mit Verletzlichkeit versehen.

In der gleichen Tradition stehen noch andere Text- und Bildmotive, die man auf den ersten Blick vielleicht nur als skurril einschätzen würde, die aber auch ihren guten Sinn haben, wie die »Hosen des heiligen Joseph«, die man lange Zeit in Aachen als kostbare Reliquien zur Schau gestellt hat, weil man an ihnen die Fürsorge des »Nährvaters« für das bedürftige Jesuskind demonstrieren konnte. Man erfährt auch, wie der heilige Joseph aus seinem Mantel eine Wickelschnur und aus seinem Hemd eine Windel fertigte und Maria mit beidem das Kind bedeckte. Auch dieses Bildthema von Jesus als einem Wickelkind ist geläufig, wenn man etwa an Andrea Mantegnas Gemälde in der Gemälde-Galerie zu Berlin-Dahlem denkt oder sich der »Fatschenkinder« erinnert, die einst an vielen Orten zur Weihnachtszeit gezeigt wurden und übrigens auch als Muster für das »Gebildbrot« des Christstollens dienten. Das Jesuskind in Gedanken neu zu gebären, es zu wickeln, zu wiegen und in den Schlaf zu singen, gehörte zu der Franziskanermystik (unter anderem der Klarissen), die darauf abzielte, sich das Leben Jesu Christi so weit wie nur möglich zu vergegenwärtigen, ganz in Übereinstimmung mit der Forderung des heiligen Franziskus von Assisi, den *»Fußspuren des Herrn nachzufolgen«* (»*sequi vestigia eius*«); in den Weihnachtsbräuchen des »Kindelwiegens« fanden diese Vorstellungen ihren lange nachwirkenden Ausdruck.

Die Darstellung des Kindes in der Krippe

Daß es einen besonderen Akt der Devotion bedeuten könne, sich dem armen Kind in der Krippe zuzuwenden, wurde im Spätmittelalter gerade von den Bettelorden betont, die ihr Armutsideal ohnehin mit dem Hinweis auf die Bibel begründeten. Sie fanden für das Weihnachtsgeschehen in der Liturgie selbst den entscheidenden Hinweis des Evangelisten Lukas (2,12), daß der Engel zu den Hirten gesprochen habe: »*Invenietis infantem pannis involutum, et*

Andrea Mantegna (1431-1506): Maria mit dem schlafenden Jesuskind, um 1455. Berlin: Gemäldegalerie SPK.
Die in Binden gewickelten Kinder nannte man nach dem lat. *fasciare* (umwickeln, umbinden) »Fatschenkinder«.

positum in praesepio – Ihr werdet finden das Kind in Windeln gewickelt und in einer Krippe liegen.« Auf diese Bibelstelle ging auch schon die Verehrung der Krippe und des Stalls von Bethlehem in der Kirche des Früh- und Hochmittelalters zurück.

Schon Origenes, der 254 starb, vertrat die Meinung, daß in Bethlehem jeder Mensch die Höhle zeigen könne, in der Christus geboren sei, und die Krippe, in der er gelegen habe. 335 ließ Kaiserin Helena, die Mutter Kaiser Konstantins, über dieser Höhle eine Kirche errichten. Im Jahre 386 gab dann der hl. Hieronymus den Auftrag zur Darstellung der Geburtsgeschichte in der Kuppel über der Grotte. Die dadurch begünstigte Krippenverehrung griff auf Rom über, wo Papst Liberius um die Mitte des 4. Jahrhunderts eine Basilika mit eigener Krippenkapelle errichten ließ. Von da an wurde es üblich, auf bildlichen Darstellungen der Geburt die Krippe mit dem in Windeln gewickelten Kind in einem Stall zu zeigen.

Die Einbeziehung der beiden »unvernünftigen Tiere« Ochs und Esel geht auf das Pseudo-Matthäus-Evangelium des 8. Jahrhunderts zurück, in dem zum ersten Mal erwähnt wird, daß Ochs und Esel den Knaben in der Krippe anbeteten: *»Da erfüllte sich, was durch den Propheten Jesaja verkündet ist, der da sagt: ›Der Ochse kennt seinen Besitzer und der Esel die Krippe seines Herrn‹«* (Joh 3,17).

Der Bildtypus, der Maria auf dem Ruhebett in einem Stall mit Trog und Tieren usw. zeigt, blieb noch bis etwa 1400 üblich. Kreuzkrippen tauchten erst später auf, als die Praxis aufgekommen war, die biblische Weihnachtsgeschichte in der Kirche szenisch aufzuführen. Das geschah relativ spät, wahrscheinlich zuerst im 12. Jahrhundert in Rouen, wo, in Parallele zum Introitus-Tropus der Frühmesse des ersten Ostertages, ein entsprechender Tropus zur Mette des ersten Weihnachtstages belegt ist: *»Quem queritis in praesepe, pastores, dicite – Wen sucht ihr in der Krippe, ihr Hirten, sprecht?«* Darauf folgt die Antwort: *»Salvatorem Christum Dominum, infantem pannis involutum, secundum sermonem angelicum – den Heiland Christus den Herrn, das in Windeln gewickelte Kind, wie es der Engel gesagt hat.«* Und weiter: *»Adest hic parvulus cum Maria matre sua – Er ist hier, der Kleine, mit seiner Mutter«*, usw. Bei diesem Satz wird ein Vorhang geöffnet, hinter dem die Gottesmutter mit dem Christuskind sichtbar wird. Nach dieser dramatischen Darstellung beginnt sofort die Messe. Das Drama entsteht also im engsten Zusammenhang mit der Liturgie, d. h. der Perikope Lk 2,1 ff. So erklärt es sich, warum die Krippenfeier in der Christmette immer am Anfang und im Zentrum der katholischen Weihnachtsfeier stand.

Die Krippenfeier zu Greccio

Daß dieses Krippenspiel nun über den Kirchenraum hinauswuchs, in den freien Raum und dann in die Häuser der Gläubigen drang, geht auf Franziskus von Assisi und die Krippenfeier zu Greccio im Jahre 1223 zurück. Folgt man seinem Biographen Thomas von Celano, so hat der hl. Franziskus von Assisi in der Nacht zum 25. Dezember 1223 – d. h. zur Zeit der Christmette, bei der anderenorts in der Kirche die dramatische Repräsentation der entsprechenden Szene stattfand – jene Krippenfeier inszeniert, für die er sich von einem Adeligen an einen bestimmten Ort Krippe, Heu, Ochs und Esel bringen ließ. Zu dieser Feier äußerte er sich gegenüber seinem Mitbruder Johannes: *»Ich möchte [...] das Gedächtnis an jenes Kind begehen, das in Bethlehem geboren wurde, und ich möchte die bittere Not, die es schon als kleines Kind zu leiden hatte, wie es in eine Krippe gelegt, an der Ochs und Esel standen, und wie es in Heu gebettet wurde, so greifbar wie möglich mit leiblichen Augen anschauen.«* Aus unbekannten Gründen hat der große Franziskanermaler Giotto zwei Generationen später in San Francesco in Assisi die Krippenfeier von Greccio aus dem Wald wieder in eine Kirche verlegt, und zwar in deren Chor, so daß sich die gleiche liturgische Situation wie beim Krippenspiel von Rouen ergibt: Der Betrachter sieht das große Kreuz auf der Schranke von der Rückseite, so daß

Niederländischer Meister: Geburt Jesu Christi, um 1400. Maria im Wochenbett, davor der hl. Joseph, der aus seinem Beinkleid Windeln für das Jesuskind zuschneidet. Antwerpen: Museum Mayer van den Bergh.

eine einleuchtende Verbindung von Krippe und Kreuz (Menschwerdung und Erlösung) entsteht, und er erkennt ebenso die Gegenstände im Chor, den Altar und das Lesepult; die Teilnehmer haben sich im Halbkreis versammelt, um den Altar stehen Mönche, Brüder und Bürger, auch Frauen dringen herein; Franziskus kniet vor der Krippe, die als solche durch die (recht klein geratenen) Tiere Ochs und Esel bezeichnet ist, und hebt als Diakon den mit dem Kreuznimbus gekennzeichneten Christusknaben empor; dazu wird von den Geistlichen laut gesungen. Thomas von Celano berichtet, wie ernst man diese »repraesentatio« genommen habe; das verwendete Heu sei sogar als Heilmittel empfohlen und von den Gläubigen gebraucht worden.

Der Sinn der Krippenfeier zu Greccio lag einerseits in der Hervorhebung der armseligen Menschheit des Erlösers, andererseits in der Absicht, die Transsubstantiationslehre neu einzuschärfen, daß im Sakrament des Altares Brot und Wein wirklich in Fleisch und Blut Christi verwandelt würden; das Geheimnis der Inkarnation des Heilandes, also das Weihnachtsgeschehen, wurde dem Mysterium der Transsubstantiation gleichgestellt und in der anschließenden Messe in das Bewußtsein gehoben.

Ubertino da Casale bringt in seiner Schrift »Arbor vitae crucifixae Jesu« Verse, die »das Gedächtnis an das Leben Jesu erleichtern« sollten. Wer das Jesuskind in sich hegen und pflegen wolle, müsse den Jesusknaben wickeln, behüten, waschen und sogar essen. Das klingt wie eine Anweisung zu einem Mysterienspiel, ist aber sakramental gemeint: Menschwerdung und Opfer verdichten sich auf die Mette des Christtages, auf die Weihnacht.

»Kindelwiegen« und Krippenspiele

Mit diesen letztlich theologischen Vorgaben ist für alles Weitere der Rahmen abgesteckt. In den Klöstern, zumal den Frauenklöstern, wird das Krippenspiel zum »Kindelwiegen« ausgeweitet, jenem Brauch, der die Forderungen Ubertinos da Casale ganz wörtlich nimmt. Im Zuge der Gegenreformation werden dann (vornehmlich von Jesuiten, Franziskanern und Kapuzinern) die textierten oder liedhaften Spielszenen zu festen, gebauten Szenarien umgeformt, die ihren Platz in der Kirche oder in den Wohnhäusern unter dem Herrgottswinkel erhalten und die sowohl der Betrachtung (und Andacht) als auch der Belehrung dienen; die Kirchenkrippen sind zudem der Ort, an dem die Gläubigen ihre Opfergaben niederlegen, die den Bedürftigen als Geschenke weitergegeben werden, – und darin liegt dann eine der Wurzeln des modernen Geschenkbrauches. Bald entstehen ganze Szenenfolgen, die dem liturgischen Ablauf entsprechend gegliedert werden und die von der Verkündigung bis zur Anbetung der Könige alle

Giotto di Bondone (1266-1337): Die Krippenfeier in Greccio. Assisi: San Francesco, Oberkirche, um 1300. Zur Krippe tritt hier sinnvoll das Kreuz.

hierher passenden Themen aufnehmen. Erst im Zeitalter der Aufklärung wird 1782 das Aufstellen von Krippen in den Kirchen allgemein untersagt und damit einer der wichtigsten Frömmigkeitsformen des Barocks der Kampf angesagt. Erst sehr allmählich gelingt es den Gegenströmungen, die alten Gepflogenheiten wenigstens zum Teil zu restaurieren.

Figurenkrippen im Weihnachtsbrauch

Bei katholischen Familien, zumal auf dem Lande, wird das Aufstellen von Krippenfiguren auch heute noch gepflegt, wobei die Darstellungen, dem Sinn des jeweiligen Festtages entsprechend, wechseln oder auch mehrere Szenen miteinander vereinen, während sie sich sonst auf die Wiedergabe der Geburts- bzw. Anbetungsszene beschränken. Thematisch beginnen die Darstellungen stets mit dem Ruf des Engels an die Hirten, der Anlaß bietet, die Engelsfigur auf einem Felsen zu zeigen, umgeben von Hirten und einer großen Anzahl von Schafen; in der Mitte folgt dann die heilige Familie, umgeben von anbetenden Hirten, wobei die Anordnung und Gestaltung der Figuren gern an die ikonographische Tradition anknüpfen. Die Krippenkunst, durch eigene »Krippenvereine« vielerorts gefördert, spielt vor allem dort noch eine Rolle, wo die Schnitzkunst einen eigenen Erwerbszweig bildet, wie in Oberammergau. Die Gestaltung der Landschaften und der apokryphen Einzelszenen lassen der individuellen Gestaltung Spielraum: Beliebt sind sogenannte Simultankrippen, bei denen – ähnlich wie im mittelalterlichen Drama – alle wesentlichen Szenen nebeneinander aufgebaut werden: Verkündigung, Geburt, Anbetung der Hirten, Anbetung der Könige, Bethlehemitischer Kindermord, Flucht nach Ägypten, das Leben der hl. Familien in Ägypten und Nazareth usw.

Schon Goethe begeisterte sich 1787 über diese »*entschiedene Liebhaberei der Neapolitaner: Es sind die Krippchen (praesepe), die man zu Weihnachten in allen Kirchen sieht, eigentlich die Anbetung der Hirten, Engel und Könige vorstellend, mehr oder weniger vollständig, reich und kostbar zusammengruppiert. [...] Was aber das ganze unnachahmlich verherrlicht, ist der Hintergrund, welcher den Vesuv mit seinen Umgebungen einfaßt.*« Aber Goethe äußerte auch Kritik an dem »*geistlosen Wesen*« der »*starren Bilder*«, denen gegenüber er sich fremd fühlte – er registrierte und bestaunte, was er sah, behielt dazu aber eine kühle, um nicht zu sagen protestantische Distanz. Dabei gaben diese neapolitanischen Figuren in ihrer Lebendigkeit sicher ein recht getreues Abbild des täglichen Lebens ihrer Zeit wieder, das mit den Ereignissen der biblischen Geschichte genau so verbunden wurde, wie es die ignatianische Betrachtungsmethode mit ihrer »*compositio loci*«, der »*Zurichtung des Schauplatzes*«, verlangte.

Ganz ähnlich, wenngleich meist sehr viel einfacher, werden die Krippenthemen auch sonst gestaltet, beispielsweise der Hirtenschlaf oder das Leben der heiligen Familie in Nazareth – ein sehr beliebter Stoff, der seine Verbreitung dem Umstand verdankt, daß in den biblischen Erzählungen zwischen der

Figurenkrippen: Neapolitanische Krippe aus dem Diözesanmuseum Freising (18. Jahrhundert), darunter Figurenkrippen aus München (Stadtkrippe von Zellner, 1954, und vom Weihnachtsmarkt 1999) sowie aus Oberammergau.

Aufforderung des Engels zur Rückkehr aus Ägypten und dem Aufenthalt des zwölfjährigen Jesus im Tempel eine Lücke klafft, die nach Ausfüllung drängte. So sieht man manchmal den Zimmermann Joseph in seiner Werkstatt, ganz in Anlehnung an die Schriftstellen »Ist er nicht eines Zimmermanns Sohn?« (Mt 13,55). Liturgisch gehören solche Darstellungen des Lebens in Nazareth zum Sonntag in der Oktav des Epiphaniasfestes, dem Fest der heiligen Familie, für das es im Missale Romanum ein eigenes Meßformular gab, das gerade die Verbindung zwischen der Rückkehr der heiligen Familie aus Ägypten und dem Aufenthalt Jesu im Tempel herstellte.

Katholische Hirten- und Krippenspiele

Der großen Reformbewegung am Ende des 16. und am Anfang des 17. Jahrhunderts verdanken ihre Entstehung auch die zunächst sehr zahlreichen, dann von der Aufklärung zurückgedrängten und nur vereinzelt in lebendiger Tradition erhalten gebliebenen Hirten- und Krippenspiele, die vor allem zu einer sinnvollen, d. h. vor allem opferfreudigen Begehung des Weihnachtsfestes hinführen sollten. Sie entstanden parallel zu den vielen, von der gleichen Absicht getragenen Weihnachtsliedern, die oft die Grundlage entsprechender Spielszenen abgaben. Diese Szenen wurden geschrieben und verbreitet, um in den Gestalten der Hirten und Könige Muster einer wahren Gottesverehrung vorzuführen. Die barocken Hirtenspiele umfassen dabei wesentlich mehr als nur die wenigen Einzelheiten, die von den Evangelisten berichtet werden, ja sie beziehen gelegentlich sogar ein Paradeisspiel mit ein, um den Sündenfall als Voraussetzung des Erlösungsgeschehens zu beschreiben. Die Kernszene des »Hirtenschlafs« ist in zahlreichen Beispielen aus dem Alpenvorland überliefert. Sie alle gehen letztlich auf die spanischen Hirtenekglogen des Juan del Encina (gestorben 1534) zurück, die im wesentlichen durch die Jesuiten in das deutsche Sprachgebiet verpflanzt wurden. Sie erschienen hier zuerst in der Form von »Dialogen«, d. h. von Gesprächsspielen, die eine typische Eigenart der romanischen Vorlagen darstellten. Im Jahre 1566 läßt sich eine solche »*Ecloga pastoralis*« über die Geburt des Heilandes für die Jesuitenkirche in Prag nachweisen. Solche Dialoge gab es aber vermutlich überall dort, wo die Jesuiten Kollegien und Gymnasien unterhielten. Für diese Annahme spricht, daß sich schon für das Jahr 1586 eine bemerkenswerte Gegenströmung innerhalb des Jesuitenordens selbst feststellen läßt. Der österreichische Ordensprovinzial P. Georg Bader wandte sich damals in einem Beschwerdebrief unmittelbar an den Ordensgeneral in Rom, um gegen das Überhandnehmen der *Dialogi* in der Kirche zu protestieren: »*Diese Dialoge bringen in dieser heiligen Zeit zu viel Zerstreuung. [...] Am Tage der Aufführung ist soviel Lärm, daß es im ganzen Kolleg kein ruhiges Plätzchen mehr gibt.*« Baders Wunsch, die Dialogi verbieten zu lassen, zeitigte jedoch keinen Erfolg.

Das Illertisser Krippenspiel

Eines der Spiele aus dieser Tradition betrifft das »*Illertisser Krippen-Spiel oder Gori-Lied*«, die Variante eines ganz ähnlichen Krippenspieles aus dem Bayerischen Wald. Drei Personen treten auf: die Hirten Gori [= Georg] und Bastel [= Sebastian] sowie der Verkündigungsengel. Das Spiel selbst ist in einfachem bäuerlichen Dialekt gehalten, ohne jedoch dadurch seine oberschichtliche Abkunft verhüllen zu können. Denn alle Schlichtheit der Darbietung mit Versen wie »*Aho, aho, ahopsasa, / Lustig ist das Hiataleaba / 's ist mit lauter Fraid omgeaba*« führt nicht an der Tatsache vorbei, daß hier nachdrücklich katechisiert wird, wenn vom »römischen Reich«, von der Messias-Erwartung, von den Prophezeiungen und von den Zeichen am Firmament die Rede ist und

schließlich der Gloria-Engel selbst das Wort ergreift, um in klarem Hochdeutsch das Inkarnationsgeschehen zu erläutern: »*Es sei dem Himmel Lob und Ehr, / Den Menschen Fried auf Erden, / Weil heut der große Gott und Herr / Selbst Mensch hat wollen werden.*« Das Weihnachtsgeschehen wird theologisch einwandfrei begründet; so fehlen auch nicht der Hinweis des Engels, daß das Kind im Stall die Sünde Adams ersetzen wolle, und die Versicherung, daß dieses Kind der wahre Gott sei, den der Christ bis in den Tod liebe. Auch dieses Spiel folgt ganz der Methode des heiligen Ignatius von Loyola in den »*Exercitia Spiritualia*« von 1548. Mit Hilfe der Erinnerung *(memoria)* wird das Heilsgeschehen so vergegenwärtigt, als hätte es sich in der eigenen Umwelt derer ereignet, an die es sich wendet. Der Gläubige sollte das Gesehene mit dem Verstand *(intellectus)* prüfen und schließlich zu dem willentlichen Entschluß *(voluntas)* kommen, sich das Dargestellte ganz zu eigen zu machen und dementsprechend auch zu handeln.

Das Ischler Krippenspiel

Einer jüngeren Schicht des Jesuitentheaters, die aus den kleinen »Dialogi« vergleichsweise groß angelegte Bühnenstücke werden ließ, entstammt die »*Theatralische Vorstellung der Geburt Jesu Christi*«, die als »*Ischler Krippenspiel*« noch immer in Abständen von drei bis vier Jahren gespielt zu werden pflegt. Es besteht aus einem Prolog und 27 Szenen in 7 Abteilungen, und es umfaßt ein Paradeisspiel, eine »*Vorstellung von der Geburt Christi*«, eine »*Vorstellung von der Beschneidung*« und sogar noch ein Dreikönigsspiel. Den Kern bildet auch hier das Hirtenspiel an der Krippe. Bemerkenswert erscheint, wie sehr auch dieses Spiel den Akteuren auf den Leib geschrieben worden war. Sein Verfasser »*muß sich förmlich ausgeschwelgt haben im Hineinnehmen kerniger Ausdrücke und volkstümlicher Redewendungen, wie ›hehucka‹, ›vakrauka‹, ›Tramhap‹ ›blazerei‹, ›napfözn‹*« usw., wobei aber wiederum

gilt, daß sich hinter der mit deutlichem Behagen verwendeten Mundart viel theologisches Gut verbirgt. Den Hauptanteil an dem Spiel haben die Hirten, die Musterbeispiele nachahmenswerter Frömmigkeit abgeben, wenn sie im Stall an die Krippe treten, das Jesuskind auf den Arm nehmen, es küssen und zugleich um seinen Segen oder um seinen Beistand im Leben und im Sterben ersuchen. Es mag sein, daß das Spiel ursprünglich durchgereimt war, worauf noch Reimspuren im heutigen Prosatext verweisen; jedenfalls bildet es ein sehr eindringliches Spiel um die Verehrung des neugeborenen Kindes, das die überlieferten Kernmotive der Weihnachtsdarstellung souverän zu nutzen wußte.

Die evangelischen Weihnachtsspiele

Auch auf reformatorisch-protestantischer Seite gab es entsprechende Darbietungen, die sich in der Regel nur weit strenger an den Bibeltext hielten und zudem ihren lehrhaft-erzieherischen Charakter noch sehr viel stärker betonten. Luther hatte gesehen, daß sich das Spielen sehr gut dazu eignete, auch die neue evangelische Glaubenslehre zu vermitteln, und ließ sich dadurch bewegen, seine anfangs eher ablehnende Haltung zu mildern. Schließlich empfahl er sogar die Aufführung biblischer Geschichten durch die Schuljugend, der er auf diese Weise das Wort Gottes nahezu-

Ortsvorsteher Werner Schwenk inszenierte Ende der siebziger Jahre mehrfach das »Ehlenbogener Krippenspiel« von Ernst August Zeuner in Ehlenbogen im Kinzigtal. – Das aus evangelischer Meistersinger-Tradition stammende Oberuferer Weihnachtsspiel in einer Aufführung der Falkenrealschule Freudenstadt am 23.12.2000.

bringen suchte. Frühe Stücke dieser Art stammen u. a. von Hans Sachs Nürnberg, dessen Spiele durch den Buchdruck rasch über den ganzen Sprachraum verbreitet und vielfach nachgespielt wurden, nicht selten sogar in katholischen Bearbeitungen. Ausgeschrieben wurde vor allem seine »Comedia mit 24 personen, die entpfengnuss und geburt Johannis und Christi, und hat IX actus« vom 16. Juni 1557, die selbst Weihnachts- und Christgeburtsspielen im fernen Ungarn zur Vorlage diente. Evangelischer Herkunft sind beispielsweise das Oberuferer Weihnachtsspiel, das Steinheimer Weihnachtsspiel, das Böhmerwaldspiel und das Ehlenbogener Krippenspiel von Ernst August Zeuner mit seinem liebenswürdigen schwäbischen Humor.

Der Weihnachtsbaum

Der Weihnachtsbaum ist zuerst um 1600 im evangelischen Straßburg und seiner Nachbarschaft nachgewiesen, und er blieb der evangelischen Konfession zunächst so sehr verbunden, daß diese noch um 1900 in polemischer Weise als »Tannenbaumreligion« verspottet werden konnte. Tatsächlich setzte sich der Weihnachtsbaum bei den evangelischen Christen leichter durch als bei den katholischen; die Entwicklung verlief hier ähnlich wie beim Adventskranz. Der Grund für das Zögern der katholischen beruhte auf dem Umstand, daß man die »katholische Krippenfeier« der »evangelischen Weihnachtsfeier« vorzog.

Eine der Wurzeln des Weihnachtsbaumes liegt in den Paradeisspielen, die am Adam-und Eva-Tag (24. Dezember) aufgeführt wurden, um den Zusammenhang zwischen Sündenfall und Erlösung (Christgeburt am 25. Dezember) hervorzuheben. Bei ihnen wurde gerne ein Tannenbäumchen mitgeführt, das einerseits mit den »Zeichen« des Sündenfalles (Äpfeln), andererseits mit den Zeichen der Passion (arma Christi) geschmückt war. An diesem Baum ließ sich die Adam-Christus-Parallele des Paulus (Röm 5,12 ff) besonders gut verdeutlichen, die sich im Kalender spiegelt. Denn »wie durch einen einzigen Menschen [= Adam] die Sünde in die Welt kam und durch die Sünde der Tod, und so auf alle Menschen der Tod überging, weil alle sündigten –, so kam durch die rechte Tat des anderen [= Christus] Rechtfertigung und Leben.« Auch in seinen säkularisierten Erscheinungsformen dient der Weihnachtsbaum insofern noch immer der Veranschaulichung von Sündenfall und Erlösung.

Lucas Cranach d. Ä. (1472-1553): Gesetz und Gnade, 1529. Durch den teils dürren, teils belaubten Baum in der Mitte wird der Trennstrich gezogen zwischen Altem und Neuem Bund.

Franz Streußenberger (1806-1879): Die Kaufmannsfamilie Rapolter in Ried im Innkreis, 1840.

WEIHNACHTEN

6
....

Da sie den Stern sahen, wurden sie hoch erfreut

VON STERNSINGERUMZÜGEN,
DREIKÖNIGSSPIELEN
UND ANDEREN BRÄUCHEN
AM FEST DER ERSCHEINUNG DES HERRN

Am Fest der Erscheinung, dem 6. Januar, wird in der Kirche das Evangelium von den drei Weisen gelesen, die kamen, um das Kind anzubeten, und die, da sie es fanden, darüber »sehr froh« waren. Schon die Evangelienverzeichnisse Gregors des Großen und der Pfalzkapelle zu Aachen verzeichnen als Lesestück das zweite Kapitel des Matthäus-Evangeliums, das von der Ankunft dieser Weisen aus dem Morgenlande berichtet (Mt 2, 1-12). Auch die evangelische Kirche ist bei dieser Tradition geblieben. So versteht sich, warum dieses Fest immer als »Dreikönigstag« begangen wurde und die anderen Sinngebungen des Festes dahinter zurücktraten: die Jordantaufe, die Verwandlung von Wasser in Wein auf der Hochzeit zu Kana und die Speisung der fünftausend Menschen mit fünf Broten. Gefeiert wird die Erscheinung der *Gottheit* des Herrn, die sich den Weisen durch den Stern kundtat. Im Mittelpunkt der Festgestaltung aber steht die Anbetung des Gotteskindes durch die Weisen, die durch ihr Tun ein Beispiel der rechten Gottesverehrung geben.

Perchtenbräuche und Epiphanie

Dennoch scheint man früher auch den Aspekt der Erscheinung selbst stärker in das Blickfeld gezogen zu haben. Diese Überlegung ergibt sich aus dem Phänomen der Perchtenbräuche, die man bis zur Gegenwart im Salzburger Land, in St. Johann im Pongau, in Bischofshofen, Altenmarkt, im Gasteiner Tal und in Rauris antrifft, und zwar in unterschiedlichen Formen, als Schnabelperchten oder als schöne und »schiache« [= häßliche] Perchten, die sich im Aussehen nur wenig von entsprechenden Faschingsfiguren unterscheiden: die Schönperchten im Gasteiner Tal zum Beispiel tragen hoch aufragende bunte Kopfbedeckungen mit eingelassenen Spiegeln, ähnlich wie »Roller« und »Scheller« im Imster Schemenlauf. Die Rauriser Schnabelperchten dagegen erinnern mit ihren Hörnern und der lang herausgestreckten Zunge sehr an die Teufelsgestalten der Fastnacht. Das dämonische Element, das diesen Brauchfiguren anhaftet, hat man in der Forschung oft mit vorchristlichen, »heidnischen« Riten in Verbindung gebracht, mit denen der Perchtenbrauch aber nichts zu tun hat. Die Perchten treten traditionell in den »Zwölften« auf, das heißt in den zwölf Nächten, die das Fest der Menschwerdung Jesu Christi am 25. Dezember und das Fest der Erscheinung am 6. Januar miteinander verbinden. Der Zeitraum zwischen diesen Festen gilt in der christlichen Überlieferung als eine heilige Zeit, die durch Arbeits- und Gerichtsruhe gekennzeichnet ist und in der darum bestimmte Tätigkeiten verboten sind. Bereits der Syrer Ephraim nannte im vierten Jahrhundert diesen Zeitraum eine »heilige Zeit«, und die Synode von Tours anerkannte im Jahre 567 die Verehrung dieses »Dodekahemeron« als »die Zwölften«. Daß in dieser »heiligen« Zeit »unheilige« Brauchfiguren auftreten, hat von daher gesehen seinen guten Sinn: Ihre Funktion liegt darin, auf die Verfallenheit des Menschen an das Böse hinzuweisen, die letztlich – d. h. heilsgeschichtlich – die Erscheinung der Gottheit in der Welt erst notwendig machte. Im Jahre 1973 hat Marianne Rumpf aus den Mondseer Glossen und anderen Schriften schlüssig nachweisen können, daß die »Perchten«, der »Perchttag« und die »Perchtnacht« ihre Namen einer Lehnübersetzung der

Vorige Seite: Sternsingen in Haslach im badischen Kinzigtal, 1972.

Schnabelperchten in Rauris im Salzburger Land, 1989.

DREIKÖNIGE

80

griechisch-lateinischen Wörter »Theophanie« bzw. »Epiphanie« verdanken, die über das Wort »Giperchten« zu »Percht« geführt hat. In Quellen wie dem Oberaltaicher Evangelienbuch oder der Reimchronik des Ottokar von Hameck wird dies ausdrücklich bestätigt, im letzteren Fall sogar mit dem Hinweis, daß der Perchttag »Obrist-Tag« sei, und das meint: das Fest der Erscheinung.

Die Hauptfigur stellt die »Domina Perchta« dar, eine Lastergestalt, die mit »Luxuria« und »Frau Welt« eng verwandt ist. Ein Oberaltaicher Laster-»*Tractatus de septem vitiis*« führt dies mit vielen Beispielen (zumeist nach Jacob de Vitry) weiter aus: Die verkommene Jugend wende sich der »Domina Perchta« zu, statt der Jungfrau Maria; die »Domina Perchta« werfe ihre Fallstricke aus, um die Seelen junger Menschen zu fangen; usw. Es handelt sich bei der Perchta sowohl um eine Personifizierung des Epiphaniasfestes als auch um die Personifikation einer Sünde. Daß dieser »Percht«, der im italienischen Raum die »Befana« entspricht, in der Brauchpraxis weitere »Perchten« nachgebildet werden konnten, versteht sich bei dieser Sachlage von selbst. Vergleicht man das Erscheinungsbild der verschiedenen Perchten mit zeitgenössischen Lasterdarstellungen, wird deutlich, daß man etwa die Schönperchten als Darstellungen des Lasters der Hoffart (superbia), die Schnabelperchten mit ihren langen Zungen als Hinweis auf das »Zungenlaster« der üblen Nachrede zu interpretieren hat, so wie etwa die Spiegel oder den Schmuck als Zeichen der Hoffart. Auf solche menschlichen Untugenden hinzuweisen, bot sich an, wenn man im Brauch deutlich machen wollte, warum die Erscheinung des Gottessohnes in der Welt nötig sei: Es ging darum, die Sündhaftigkeit zu demonstrieren, die den Fall des Menschen bewirkt und

Perchtenlauf in St. Johann im Pongau, 1989. Den vielen »schönen« und »schiachen« Perchten geht eine bildliche Darstellung des Täufers Johannes voraus. Denn mit diesem Brauch wird auf die Erscheinung des Erlösers Jesus Christus vorausgewiesen. Das Lamm mit der Osterfahne erinnert daran, daß Jesus mit der Taufe zum Lamm Gottes geweiht wurde.

Brüder von Limburg: Der Zug der hl. drei Könige, aus dem Stundenbuch des Herzogs von Berry, 1412-1416, Chantilly: Musée Condé.

dessen »reparatio« erforderlich gemacht habe. Insofern erklärt sich ohne weiteres die Ähnlichkeit der Perchten mit den traditionellen Fastnachtsfiguren, die eine »verkehrte Welt« repräsentieren sollen, in der nicht das Vernünftige, sondern die Narrheit zur Norm erhoben wird, die, theologisch gesehen, im Abfall von Gott ihren kennzeichnendsten Ausdruck findet.

Die Dreikönigslegende des Johannes von Hildesheim

»Die ganze Welt vom Morgenland bis zum Abendland lobt und ehrt die heiligen drei Könige. Hellen Sonnenstrahlen gleich leuchtet ihr Ruhm im Morgenland. Dort, im Lande des Sonnenaufgangs, haben sie leiblich gelebt, dort haben sie den wahren Gott und Menschen gesucht und angebetet und ihm ihre Gaben dargebracht, die solch bedeutsamen Sinn hatten. Sie waren die ersten Gläubigen aus der Heidenschar.« Mit diesen Worten begann der Karmeliterprior Johannes von Hildesheim die Niederschrift eines lateinischen Buches über die Geschichte der heiligen drei Könige, das – in die Landessprachen übersetzt – für die Folgezeit zum wichtigsten Quellenwerk der Dreikönigsverehrung werden sollte. Ihre Niederschrift geschah aus aktuellem Anlaß: Denn 1364 jährte sich zum 200. Mal das Ereignis der Überführung der Gebeine der heiligen drei Könige von Mailand nach Köln. Im Jahre 1477 wurde die Dreikönigslegende in Köln zum ersten Mal gedruckt. Später, 1818, entdeckte sie Johann Wolfgang von Goethe, erkannte ihren dichterischen Rang und besorgte zusammen mit Sulpiz Boisserée und Gustav Schwab eine Neuausgabe, die 1822 bei Cotta im Druck erschien. Goethe nannte in einer Rezension die Einzelheiten des kleinen Werkes »durchaus allerliebst und mit heiterem Pinsel ausgemalt«.

Johannes von Hildesheim selber hob hervor, die drei Könige seien die ersten Heiden gewesen, die den menschgewordenen Gottessohn suchten und anbeteten; sie hätten ihm auch als erste Gaben ihrer Verehrung dargebracht, und zudem hätten sie offenbar auch das Gelöbnis der Keuschheit und Reinheit abgelegt, denn sie seien ja ohne Frauen gekommen. Insofern eigneten sie sich besonders gut als Leit- und Vorbilder des Priesterstandes. Er begann ihre Lebensbeschreibung mit dem Satz: »Die Geschichte der drei Könige hat ihren Anfang bei den Propheten.« Damit griff er zurück auf die Weissagung des Alten Testamentes (Num 24, 17): »Aufgeht ein Stern aus Jakob, aus Israel wird eine Rute entspringen, und sie wird die Kinder Moabs zerschmettern.« Johannes erzählte hierzu, daß es im Orient den Mons Victorialis oder Siegesberg gegeben habe, auf den man Wächter gestellt habe, die darauf achten sollten, ob sie bei Tag oder Nacht, nah oder fern, am Himmel einen Stern oder ein ungewohntes Licht sähen; dann sollten sie unverzüglich Bericht geben. Ein Kärntner Sternsingerlied erinnert an diese Prophezeiung bis heute: »Es hat der Prophet Salomon weisgesagt, / Ein Stern soll aufgehen aus Jakobs klar, / Eine Rute wird entsprin-

DREIKÖNIGE 82

Aufzug der hl. drei Könige zu Pferde und mit dem Stern von Bethlehem beim Perchtenumzug in St. Johann im Pongau am 6. Januar 1989.

gen aus Israel, / Die schlagen wird die Kinder Moabel. // Viele hundert Jahre haben wir auf den Stern schon gewartet, / Wohl auf dem Berg Victoria, so lang schon bei der Nacht, / Und weil wohl an ist kommen die gnadenreiche Zeit, / Die Himmel und Erde und alles Volk erfreut...« Das Lied schließt mit dem in »Wir«-Form ausgesprochenen Wunsch, zusammen mit den Hirten nach Bethlehem zu gehen, mit ihnen das Kind anzubeten, mit ihnen zu grüßen und wie sie Mitleid zu haben, ja schließlich auch Gott um die Vergebung aller Sünden zu bitten.

Das Sternsingen

Als »Sternsingen« bezeichnet man den Umgang, der am 6. Januar oder dessen Vorabenden von drei als Kaspar, Melchior und Balthasar verkleideten Burschen oder Mädchen unternommen wird. Sie tragen einen Stern mit sich, singen vor oder in den Häusern verschiedene Dreikönigslieder, bringen an der Haus- oder Stubentür mit geweihter Kreide Segenszeichen und die Zahl des neu angefangenen Jahres an und empfangen als Lohn für ihre Mühen kleine Gaben. Es handelt sich um einen katholischen Brauch, der von der evangelischen Bevölkerung traditionell nicht mitvollzogen wird.

Der Sternsingerbrauch kam erst in nachmittelalterlicher Zeit im Umkreis von Bischofssitzen und Stiften auf, wo er zunächst von Kloster- und Chor-Schülern geübt wurde – die älteste zuverlässige Nachricht stammt aus dem Benediktinerstift St. Peter zu Salzburg, wo 1541 die »Singer mit dem Stern« am Fest »Trium Regum« eine Geldsumme erhalten. Veranlaßt wurde der Brauch offenkundig

Alois Gabl: Sternsinger in einem Tiroler Bauernhaus, um 1880. Innsbruck: Tiroler Landesmuseum Ferdinandeum.

durch die Legende des Johannes von Hildesheim, die in einem ihrer letzten Kapitel, *»Von der Feier des Erscheinungsfestes im Morgenlande«*, berichtet, daß es im Bereich der Ostkirche üblich sei, am Vorabend des Festes der Erscheinung des Herrn *»festlich und fröhlich mit Lichtern von Haus zu Haus zu gehen und den Gruß zu sprechen – alles zur Erinnerung an den Stern, der mit seinem strahlenden Licht die drei Könige in 13 Tagen nach Bethlehem führte.«* Bei dieser Gelegenheit, berichtete Johannes, höre man auch Lieder in allen Sprachen und Melodien singen. Er teilte sogar ein solches lateinisches Dreikönigslied mit, von dem er sagte, daß es *»überall im Morgenland, in allen Kirchen, Oratorien und Kapellen [...] in verschiedenen Schriften und Sprachen verkündet«* werde. Es lag nahe, die hier beschriebene Verbindung von Umgang, Gruß, Stern und Lied aufzugreifen und nachzugestalten, zumal es im Schülerbrauch längst üblich war, an den Festtagen des Jahres »anzusingen« und dabei den Sinn des jeweiligen Festes zu erklären. Allgemein breitete sich das Sternsingen jedoch erst nach 1560 aus, also nach dem Tridentinum. Die Liedtexte, die für den Brauch benötigt wurden, kamen in den Jahren zwischen 1560/1565 auf den Markt, zuerst in Nürnberg, Augsburg, Regensburg, Straubing usw., und zwar immer auf Flugschriften, die drei bis vier entsprechende Gesänge mitteilten und die zugleich erklärten, wie diese Lieder zu verwenden seien.

Reformatorische Kritik am Dreikönigsfest

Mit den mittelalterlichen Dreikönigsspielen und Dreikönigsszenen hat das Sternsingen nur die stoffliche Basis gemeinsam. Es entstand als Antwort der katholischen Seite auf die Kritik der Reformatoren an der Feier des Epiphaniasfestes. Am 5. Januar 1531 hatte Martin Luther in Wittenberg über die mißliebige Entwicklung dieses Festes gepredigt. Von den vier Themen, deren man am Fest der Erscheinung gedenke – der Jordan-Taufe, der Hochzeit zu Kana, der Erscheinung des Gottessohnes und der Ankunft der Weisen –, habe das Hauptstück, die Taufe Christi, zugunsten der Darstellung der drei Könige an Würde und Bedeutung verloren. Luther meinte, man solle das Fest »wie die Alten« lieber »unsers Herren Tauffstag« nennen. Der 6. Januar sei der rechte Neujahrstag. »*Da kricht unser furst erfuhr und macht ein new volk und lehr.*« Die Verehrung der heiligen drei Könige lehnt Luther strikt ab; ihre Legende sei eine Erfindung des römischen Klerus: »*Ego miror, quomodo isti tres reges ex Arabia in Germaniam venire debuissent.*« Schließlich spottet er: »*Das sol eyn solch schon Fest seyn zu bedencken die Tauff des hern und sol auch heyssen festum trium regum vel Rusticorum zu schanden der lugener, qui sine fundamento pecuniae causa tantum festum, tanta nugas effinxerunt. Es hats yrgendt eine alte hur odder kuster geticht.*« Auf den Heiligenstatus der drei Könige gibt der Reformator nichts: »*Ich habe sie ouch gesehen, weyß nicht, obs pawern odder koningen sein.*« Das waren deutliche Worte, die die Einstellung der evangelischen Bevölkerung für lange Zeit festlegten.

Gegenreformatorische Brauchförderung

Bei der Einführung des Sternsingerbrauches wurden einige der kritisierten Punkte in Rechnung gestellt. Daß erst mit dem Fest der Erscheinung das neue Jahr beginnen sollte, akzeptierte man gern, denn das war alte Tradition gewesen. Entsprechend erhielten die Flugblatttexte die Überschrift und Empfehlung, »*das recht neu jahr*« anzusingen, nicht das falsche am 1. Januar. Auch an der mehrfachen Sinngebung des Festtages gemäß den Perikopen wollte man keine Abstriche machen. Die Lieder, die im 16. Jahrhundert für den Sternsingerbrauch geschaffen wurden, griffen alle vier Themen auf, die überdies mit bestimmten kirchlichen Riten korrespondieren: der Wasserweihe, der Segnung der Häuser und der Räucherung, die mit Taufe, Kana und dem Rauchopfer der Magier in Verbindung gebracht wird. In der Brauchpraxis verteilte man die Lieder zu den einzelnen Themen auf die anzusingenden Familien: Wohnte in einem Haus nur eine Familie, sang man gewöhnlich nur ein Dreikönigslied, lebten mehrere dort, bekam jede Familie ein anderes Lied zu hören. Das hatte also den Sinn, die »Hauptstücke« und damit die mehrfache Bedeutung des Festtages zu erklären. In Rückzugsgebieten hat sich diese Art des Sternsingens noch bis zur Gegenwart erhalten.

Der Umgang mit dem Stern

Nachdem die Brauchform einmal erfunden war, erfuhr sie kaum noch wesentliche Veränderungen. Wie Bildbelege bestätigen, gehörte zum »Sternsingen« stets ein dreh- und beleuchtbarer Stern. Dieser Stern ist nach der Legende nicht immer gegenwärtig, sondern er vergeht und kehrt nach einiger Zeit wieder, und dieser Wandel wird im Brauch immer auch szenisch angedeutet. Ein Bild des Darmstädter Hofmalers Johann Conrad Seekatz läßt die Entfaltung des Brauches um 1750 erkennen. Die Knaben, die bei ihm die heiligen drei Könige spielen, sind genau voneinander abgesetzt; ihre Verkleidung mit Turban und anderen Requisiten nimmt auf die unterschiedliche Herkunft der drei Könige Rücksicht. Johannes von Hildesheim berichtet: »*König Melchior, der dem Herrn das Gold geschenkt hat, kam aus dem Königreich Nubien [...]. König Balthasar, der dem Herrn den Weihrauch geschenkt hat, kam aus dem Königreich Godolien [...]. König Caspar, der dem Herrn die Myrrhe geschenkt hat, kam aus Tharsis.*« Sie rüsteten sich – jeder in seinem Reich – und machten sich auf den Weg: »*Keiner wußte von dem anderen, doch jeder wurde auf seinem Weg von dem Stern geführt: er wanderte mit ihnen weiter, wenn sie ritten; er stand mit ihnen still, wenn sie anhielten [...]. Von Gott und dem Stern geführt, gelangten sie am 13. Tage nach der Geburt des Herrn bei Sonnenaufgang vor Jerusalem an.«*

In seinen »barocken« Formen wurde das Sternsingen im Zeitalter der Aufklärung als »Mißbrauch« fast überall beseitigt. Doch Neueinführungen unter stärkerer Kontrolle lösten auch diese brauchfeindliche Strömung wieder ab, zum Teil schon während der katholischen Restauration des 19. Jahrhunderts, zum Teil erst unter den Nationalsozialisten. So meldete am 5. Januar 1934 die *Freiburger Zeitung*, daß sich eine neue Sternsingergruppe gebildet habe, die bei geistlichen und weltlichen Behörden sowie in der Öffentlichkeit auftrete. Die alte Sitte werde »in schöner Weise« dadurch gewandelt, daß der Lohn, den sich die drei Könige zu ersingen pflegten, dem nationalsozialistischen »Winterhilfswerk« zugute komme. Seit 1935 wurde das Sternsingen dann vom Erzbischöflichen Ordinariat, vom Caritas-Verband und anderen Organisationen unterstützt. Nach dem Krieg übernahm in Freiburg der Männergesangvereins *Concordia* die Fortführung des Brauches, den seit 1950 auch die »Werkbriefe für die Landjugend« aus Eichstätt allgemein förderten, und seit 1959 trat dann die zentrale Lenkung durch das Päpstliche Missionswerk der Kinder in Aachen hinzu.

Sternsingen in Haslach im Kinzigtal

Im allgemeinen handelt es sich beim Sternsingen um einen Schülerbrauch, wie ihn um 1850 der katholische Pfarrer Heinrich Hansjakob aus Haslach im Kinzigtal beschrieben: »Am Vorabend vor Dreikönigstag erschienen die ›heiligen drei Könige mit ihrem Stern‹. Und wer waren die drei Weisen? Drei Singknaben vom Kirchenchor, angetan mit Kronen und einem schneeweißen Hemdlein über ihrem ›Sonntagshäs‹. Der Stern aber war gebildet aus in Öl getränktem weißem Papier, [...], ward von einem Nachtwächter getragen an einer großen Stange und mit einer Schnur in planetenmäßige Bewegung gesetzt.« Dann fingen die heiligen drei Könige an zu singen, »und was sie sangen, klang so wunderbar aus Kindermund zu Kinderherzen, daß wir nicht genug horchen konnten.« Heinrich Hansjakob nennt auch die alten Dreikönigslieder mit Namen, wie »Singet, preiset Gott mit Freuden« oder »Hört Menschen, die ihr diese Erd' / bewohnet und besitzet«. Das lieblichste dieser Lieder schien ihm »O Jesulein!« zu sein: »Fürwahr, Friedrich von Spee, der fromme Dichter, hat in seiner ›Trutznachtigall‹ kaum ein lieblicheres und naiveres Lied, als dieses Dreikönigslied meiner Jugendzeit!« Aber man sang auch das alte Dreikönigslied »Ich lag in einer Nacht und schlief«. Die von Heinrich Hansjakob mitgeteilten Lieder stammten, wie man in Haslach erzählt, aus einem Krippenspiel, das im dortigen Kapuzinerkloster von den Chorknaben während der Mitternachtsmette aufgeführt zu werden pflegte.

Der Haslacher Sternsingerbrauch hat sich lange gehalten, allerdings in bezeichnender Veränderung. Zwar verhielt es sich am Epiphaniastag 1972 nicht viel anders als zu Hansjakobs Zeiten: Man sang noch vor den Häusern und für jede Familie, und man bekam dafür auch Geld. Aber von den vielen Strophen der Lieder war meist nur noch eine einzige Strophe übriggeblieben, und auch diese wurde eher pflichtschuldig »abgesungen« als sorgsam vorgetragen. Der Grund lag auf der Hand: Man sang nicht mehr, wie früher, für den Lohn, den man behalten durfte, sondern – auf Geheiß des Pfarrers – zugunsten der Mission, und das schien den Antrieb merklich verringert zu haben. Die Lieder selbst hatte der Haslacher Fabrikant Heinrich August Schättgen um die Jahrhundertwende mit Hilfe eines Freiburger Domkantors aufgezeichnet und veröffentlicht, so daß man sie nach einer mehr oder minder authentischen Vorlage Jahr für Jahr neu einstudieren konnte.

Sternsingen in Heiligenblut

Das Lied »Ich lag in einer Nacht und schlief« kann man heute noch jedes Jahr von den Sternsingerrotten der erwachsenen Männer in Heiligenblut im Kärntner Mölltal hören, wo sich eine sehr alte Sternsingertradition erhalten hat. Hier sind es die Kirchensänger, die in der Zeit von Neujahr bis Dreikönig als Sternsinger herumziehen. Natürlich fehlt ihnen der transparente Stern auf langer Stange nicht, den der »Sterntreiber« durch ein Schnürchen in rotierende Bewegung zu versetzen weiß, und es fehlt auch nicht der »Sackträger«, der die verschiedenen Gaben (Würste, Selchfleisch, Getreide, Brotlaibe und Geld) einzunehmen hat. »*So wandern sie in der Pfarre von einer Ortschaft zu andern, von Haus zu Haus, oft bei Sturm und Schneegestöber, auf schmalen Pfaden, mitunter in Nacht und Nebel, mit dem helleuchtenden Stern, über Schnee und Eis, bis hinaus zu den höchst gelegenen Gehöften; kein katholisches Haus darf übersehen werden. Überall werden sie freundlich aufgenommen.*« Nie tragen die Mitglieder der (meist sieben) Sternsingerrotten ein Dreikönigsgewand oder Dreikönigskronen, sondern immer nur ihre gewöhnliche Festtagskleidung, meist das – heute leicht folkloristisch anmutende – dunkle Lodengewand. So war es schon im 19. Jahrhundert: »*Wenn die Sternsinger zu einem Gehöft kamen, mußten sie erst draußen ein Lied singen, dann fest an das Tor pumpern und in Versen um Einlaß begehren. Die Hausmutter öffnete ihnen. Die Sternsinger brachten dann ihre Neujahrswünsche in Versen dar. In die warme Stube geführt, sangen sie wieder ein Dreikönigslied, dann wurden sie zum Festessen eingeladen. [...] Wenn die Sternsinger nicht mehr weite Wege vor sich hatten, wurde auch getanzt.*« Bedenkt man die

Johann Conrad Seekatz: Sternsinger (um 1750). Hessisches Landesmuseum Darmstadt.

DREIKÖNIGE

weiten Wege und die oft bittere Kälte der Nacht vor dem 6. Januar, kann man wohl verstehen, daß solche mehrfachen Festmahlzeiten hintereinander nicht überflüssig waren.

Bemerkenswerterweise wird der alte Sternsingerbrauch in Heiligenblut heute als so archaisch und kirchenfern empfunden, daß der örtliche Pfarrer keine Veranlassung dazu sah, sich dem vom Päpstlichen Missionswerk der Kinder ausgehenden neuen Anstoß zur Einführung des Sternsingens durch Kindergruppen in Dreikönigskleidung zu verschließen. So kommt es, daß sich in Heiligenblut zwei Sternsingertraditionen überlagern: die Tradition des Männerumzuges mit den alten Sternsingerliedern und mit dem Recht der Brauchträger, die eingenommenen Gaben behalten zu dürfen, und die Tradition des neu gestalteten, mit modernen Sternsingerliedern versehenen Kinderumzuges, meist ausgeübt von Mädchen, die für die Mission sammeln.

Besondere Sorgfalt wird stets auf die Gestaltung des mitgeführten Sterns gelegt. Der 1962 verfertigte Stern der ersten Heiligenbluter Rotte stand noch 1979 in Gebrauch, ein Drehstern mit den Buchstaben C – M – B für die Namen der drei König oder für die Weiheformel »Christus Mansionem Benedicat« und mit dem seit dem Barock besonders von den Jesuiten genutzten IHS-Zeichen, das auf Bernhardin von Siena zurückgeht. Häufig zeigt der jeweilige Stern auch Bilder von den drei Königen auf ihrer Reise.

Das Liederrepertoire der Heiligenbluter Sternsinger war und ist groß; manche Männer verfügen über die Kenntnis von mehr als 200 Sternsingerliedern. 37 Lieder umfaßt der heute gemeinsam verwendete Brauchliederschatz, aber nur zwei Lieder werden vor jedem Haus, in das die Sternsinger einkehren, gesungen: das alte Sternlied »Ich lag in einer Nacht und schlief« – hier mit dem Eingang »Wir lagen im eigenen Land und jeder schluf« – und das Danklied, mit dem sie sich nach genossenem Mahl verabschieden. Die Lieder erklingen stehend, der »Dank« mit dem Blick auf den Herrgottswinkel, in dem von Weihnachten an die Krippen mit ihren thematisch wechselnden Darstellungen zu sehen sind. Alle anderen Gesänge werden zwischen den Gängen der Mahlzeiten vorgetragen, immer in der vom Hausherrn oder der Hausmutter erbetenen Auswahl. Die meisten Lieder erklingen in mehrstimmigen Sätzen und im Wechsel der beiden Halbchöre.

Die meisten der Heiligenbluter Sternsingerlieder dürften spätestens um die Mitte des 18. Jahrhunderts entstanden sein. Das gilt auch für den »Dank«, der mit dem Neujahrswunsch schließt: »*Wir euch alle vom Herzen wünschen / Ein glückseliges neues Jahr. Der liebe Gott soll euch beschützen / Vor Schauer und Wassersg'fahr! / Gott gib euch viel Glück und Segen, / Nach dem Tod das ewige Leben. / Gott bewahre dieses Haus, / Wir gehen zu der Tür hinaus.*« Der Text dieses Abschiedsliedes enthält einen der üblichen Haus- und Jahressegen, wie sie seit dem 17. Jahrhundert auch als Amulette genutzt wurden.

Neujahrswünsche

Dem Umzug der Sternsinger verbanden sich von Anfang an solche Glück- und Segenswünsche zum Neuen Jahr. Ein für 1698 aus Bamberg belegter »Glücksstern« zeigt die Buchstaben CMB für die Namen der drei Könige Caspar, Melchior und Baltha-

sar mit den Monogrammen der heiligen Familie (Jesus, Maria und Joseph), wie sie in der Gegenreformation, gefördert durch die Jesuiten, aufgekommen waren. In den Monogrammkästchen befanden sich entsprechende Gebetsformeln: »(IHS) Gelobt sey die allerhochheiligste Dreifaltigkeit / Und Jesus Christus der Gekreuzigte im Allerheiligsten Sacrament des Altars« usw. Im Zentrum des Sterns waren die Namen der vier Evangelisten angebracht, verbunden mit denen der Heiligen Heinrich und Kunigunde, des vorbildhaften Kaiserpaares, das im gegenseitigen Einvernehmen eheliche Keuschheit übte. Den Stern selbst füllt ein typischer Neujahrssegenswunsch aus, dessen prunkende Gelehrsamkeit jedenfalls auf einen gebildeten Verfasser schließen läßt: »Wohlan! Der Glück-Stern will mit neuer Zier jetzt prangen / Nachdem die Sonn vollend den jahrgewohnten Lauff / Es kombt ein neuer Stern ins Blaue Feld gegangen / Der leget neue Pfeil / auf seinen Bogen auff. [...]« Es gab einfachere Dreikönigszettel als diesen, oft nur mit den Buchstaben CMB oder einer schlichten Wiedergabe der Anbetungsszene geschmückt, doch blieb die Funktion dieser Zettel als Talisman oder Amulett immer erhalten.

»Die Weisen« – ein Dreikönigsspiel aus Heiligenzell bei Lahr, 5. Januar 1971.

Von Haus zu Haus ziehen in Heiligenblut im Kärntner Mölltal die Sternsingerrotten, meist unter Begleitung einer Musikkapelle. 5. Januar 1979.

Dreikönigsheilsegen

Auf der apotropäischen Funktion beruhten auch verschiedene »Dreikönigsheilsegen«, die zumeist aus den Klöstern stammten: »*Caspar fert myrrham, tus Melchior, Balthasar aurum, / Haec tria qui secum portabit nomina regum, / Solvitur a morbo Christi pietate caduco* – Caspar trägt Myrrhe, Melchior Weihrauch, Balthasar Gold, / Wer diese drei Königsnamen mit sich trägt, / Wird aus Frömmigkeit zu Christus von der fallenden Krankheit geheilt.« Belege für solche Heilsegen gegen Epilepsie sind seit dem

Stefan Lochner (1400 bis 1451): Anbetung der Könige, Öl auf Holz. Köln: Dom.

11. Jahrhundert in großer Zahl überliefert; einen der letzten druckte Johann Scheible im Jahre 1846: »Wider die fallende Sucht oder schwere Not hilft ein Zettel angehenkt am heil. Dreikönigstag, darauf geschrieben steht: ›Caspar fert myrrham, Melchior thus‹«, usw. Entsprechende Formeln gab es auch als Reisesegen, wohl weil den heiligen drei Königen das Patronat für die Reisenden zuerkannt worden war.

Traditionelle Dreikönigsspiele

Johannes von Hildesheim schilderte neben den wunderbaren Ereignissen auf der »Translatio« der heiligen Gebeine von Mailand nach Köln auch den Ruhm, den diese Stadt durch die heiligen drei Könige erhalten habe. Durch sie hatte man gerade in Deutschland glaubwürdige Zeugen für den wahren katholischen Glauben, den es nach der Reformation erneut zu verteidigen galt.

Die Dreikönigsverehrung fand ihren Ausdruck auch in bräuchlich geübten Dreikönigsspielen, von denen sich eines in Heiligenzell bei Lahr in Baden erhalten hat. Dieses Heiligenzeller Spiel wird – wie man sagt: »seit altersher« – von den »Entlaßschülern« der kleinen Ortschaft getragen, und es führt im Ort selbst die Bezeichnung »Die Weisen«. Diese »Weisen« (aus dem Morgenlande) ziehen an den Abenden zwischen Weihnachten und Dreikönig von Haus zu Haus, bitten um Einlaß und stellen sich, wie in den spätmittelalterlichen »Revuespielen«, jeweils selbst mit dem Namen vor. Die handelnden Personen sind (neben dem heiligen Joseph) die drei Könige Caspar, Melchior und Balthasar, die durch Buchstaben in unterschiedlichen Farben auf ihren mitraähnlichen Kronen gekennzeichnet sind. Zu ihnen, die als wichtiges Requisit an einer Stange den »Stern von Bethlehem« mit sich führen, tritt als weiterer Darsteller der König Herodes. Das (schon etwas zerrüttete) Spiel beginnt damit, daß Herodes hereinstürzt, sein Schwert aus der Scheide zieht und mit wilden Worten zu drohen beginnt, bis er von Joseph beruhigt wird. Anschließend weckt er die drei Könige aus dem Schlaf und weist sie auf den wunderbaren Stern hin. Die Könige fragen, wo denn der neugeborene Judenkönig wohne. Darauf antwortet Herodes (völlig sinnlos) mit der Meldung »hier«,

Pieter Brueghel d. Ä. (um 1525/30-1569): Anbetung der Könige, Öl auf Holz. London: National Gallery.

DREIKÖNIGE

statt mit der Gegenfrage: »*Wie, was sagt ihr da von einem neugeborenen König der Juden?*«, die schon vorher zu hören gewesen war. Das Spiel mündet dann in das Lied: »*Inmitten der Nacht*«.

In Heiligenzell heißt es, daß das Spiel in seiner ursprüngliche Gestalt aus dem nahegelegenen Benediktinerkloster Schuttern gekommen sei, wofür die Tatsache spricht, daß es in der Nachbarschaft dieses Klosters auch sonst bezeugt ist: in Kappelrodeck bei Achern, Varnhalt bei Bühl, im Oberbühler Tal, in Zell am Harmersbach usw.

Die heiligen drei Könige in der Krippenkunst

Die Erinnerung an die Weisen, die aus dem Morgenlande kamen, um das neugeborene Jesuskind anzubeten bleibt heute weniger durch die Dreikönigsspiele als durch die Krippenkunst erhalten, in der die heiligen drei Könige ihren festen Platz einnehmen. Sie werden immer prunkvoll und nicht selten phantastisch ausgeschmückt, gewöhnlich unter Übernahme traditioneller Darstellungen von Kirchenfenstern, Altarbildern oder Buchillustrationen. Die wichtigsten davon gehen letztlich auf Beda Venerabilis (um 700) zurück, der die Angaben bei Matthäus zu einer verbindlichen Vorstellung erweiterte. In seiner Schrift »*Magi sunt, qui munera Domino dederunt*« beschrieb er Melchior als einen Greis mit langen, grauen Bart- und Haupthaaren, Caspar als bartlosen Jüngling, Balthasar als dunkelhaarig und vollbärtig, und er unterschied auch die Art und die Farben ihrer Gewänder sowie diejenigen ihrer Gaben. Schon bei Beda sind zwei Grundsätze der Darstellung festgelegt: die Auffassung, daß die drei Könige drei Lebensalter repräsentierten, und der Gedanke, daß sie als Vertreter der drei Erdteile Europa, Asien und Afrika zu gelten hätten, also als Verkörperungen der ganzen damals bekannten Welt.

Beeinflußt wurde die populäre Dreikönigsikonographie auch durch das berühmte Kölner Dombild Stephan Lochners aus der Zeit um 1420, das eine Zeremonie darstellt: Die Madonna empfängt die

Könige aus dem Morgenland. Der greise Balthasar hat seine Gabe, ein edelsteinbesetztes Kästchen, abgesetzt; ihm gegenüber kniet Melchior mit einem hohen Stengelpokal; hinter diesem, mit einem weiteren Goldpokal, der jüngste, Caspar. Mit den Gruppen links und rechts sowie

Während auf den Bergen rund um Pottenstein tausend Feuer brennen, wird die Stadt selbst von Lichtern auf Brunnen, an Statuen und Häusern erhellt. Die Prozession mit dem Allerheiligsten führt durch Triumphbögen barocker Prägung. 6. Januar 1996.

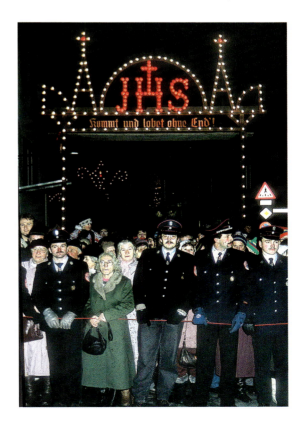

deren Standarten wird auf die verschiedenen Herkunftsländer und Erdteile hingewiesen. Auf Pieter Brueghels Dreikönigsbild sieht man neben den üblichen Gaben in den Händen des Schwarzen im Vordergrund ein Glücksschiff, in dem sich ein Schneckenhaus befindet – eine typische Neujahrsgabe, die den Beschenkten als Füllhorn des Glücks auf seiner Fahrt durch das Jahr begleiten soll. Der Neujahrsgedanke wird hier mit Epiphanie verbunden.

Das Pottensteiner Lichterfest

Das Hochfest der Erscheinung des Herrn hat vereinzelt auch lokale Brauchformen an sich gezogen, wie den »Beschluß der Ewigen Anbetung« im fränkischen Pottenstein, der seit 1905 jährlich am 6. Januar als »Lichterfest« begangen wird. Die Einführung dieser »Ewigen Anbetung« geht vermutlich auf eine Anordnung des Bamberger Bischofs Adam Friedrich aus dem Jahre 1759 zurück. Auf den Bergen rund um Pottenstein brennen bei diesem Fest tausend Feuer ab, während die Prozession mit dem Allerheiligsten, mit Statuen, Reliquien usw. durch die lichtergeschmückte Innenstadt führt. Triumphbögen im barocken Stil, mit christlichen Symbolen geschmückt, dienen dem Lobpreis der Eucharistie.

Die Janusköpfigkeit des Epiphaniastages

Zum Brauchwesen des Festes der Erscheinung des Herrn gehören traditionell auch die Wahl des »Bohnenkönigs« und die damit verbundene Errichtung von Narrenreichen, die dann bis zum Ende der Fastnacht bestehen bleiben. Die Wahl des »Bohnenkönigs« und das Ausschwärmen der Perchten haben etwas mit der Janusköpfigkeit des Epiphaniastages zu tun, der den engeren Weihnachtskreis beschließt und der zugleich das Tor in die Vorfastenzeit hinein öffnet. Sie besitzt einen theologischen Hintergrund; denn wie nach christlichem Glauben an diesem Tag die Gottheit Jesu Christi in der Welt erscheint, weil die Sündhaftigkeit der Welt dies erfordert hat, so treten an und um ihn auch die Teufel in ihren mancherlei Gestalten auf, die den Menschen zum Abfall von Gott und den göttlichen Geboten verführen; sie bieten ihm jetzt die Gelegenheit, sich im Kampf zwischen dem Guten und dem Bösen zu bewähren. Zwischen Weihnachten, Epiphanie, Vorfastenzeit, Fastnacht, Fastenzeit und Ostern besteht insofern ein institutioneller Zusammenhang. Die verbreitete Auffassung, daß Kalenderfeste, an denen Teufelsgestalten (wie Perchten oder Narren) auftreten, allein schon aus diesem Grund nicht christlich sein könnten, beruht auf einem Mißverständnis: Denn die Teufelswelt mit ihren Hierarchien, Eigenschaften und Spielräumen wird im Christentum sogar vom ordentlichen Lehramt der Kirche verkündet; sie ist in der Lehre von den Engeln (Angelologie) dogmatisch verankert, und diese wiederum gehört zur Lehre von der Schöpfung und dem Sündenfall, auf die mit der Lehre von der Menschwerdung und Erlösung Bezug genommen wird; mancherlei Bräuche gehen auf diese Zusammenhänge zurück.

Die kurzlebigen, vergänglichen Narrenkönigreiche, die ein konstitutives Element der nachfolgenden Fastnacht darstellen, werden oft schon am Dreikönigstag konstituiert, und zwar mit Hilfe eines »Königskuchens«, in den eine Bohne (oder eine Königsfigur) eingebacken wird. Wer das Stück mit der Bohne findet, ist »Bohnenkönig«, d. h. kein König von Gottes Gnaden: »Der Spaß am Bohnenkuchen besteht darin, daß König und Königin, oft ein ganzer Hofstaat, bestimmt werden und den ganzen Tag über ihre Rollen zu spielen haben. Steckt in einem Kuchen nur eine einzige Bohne oder Mandel, so wird der Finder der ›Bohnenkönig‹, der sich seine ›Bohnenkönigin‹ erwählt.« In Frankreich bezeichnet man den »Königskuchen« als »Galette du Roi«; auch in ihn wird eine Bohne für den »Bohnenkönig« eingebacken, und diesen schmückt man zum Zeichen seines Amtes sogar mit einer Krone. Historische Zeugnisse für diesen (Narren-) Brauch liegen seit dem 16. Jahrhundert vor.

7
....

Wir sind Narren um Christi willen

VOM NARRENTUM
UND DEM SECHS-TAGE-FEST
DER FASTNACHT,
DES FASCHINGS UND DES KARNEVALS

Das Fest der »verkehrten Welt«

Das Errichten närrischer Reiche, teils mit närrischen Königen, teils mit Narrenprinzen an der Spitze, bildet ein zentrales Element der Fastnachtsbräuche, das man leichter versteht, wenn man sich die prinzipielle Aufgabe der Fastnacht vor Augen führt, für eine kurze, vergängliche Zeitspanne eine Gegenwelt zu dem aufzubauen, was man für richtig und normal hält. Es handelt sich bei der Fastnacht in erster Linie um ein liturgisches Fest, das von anthropologischen oder sozialgeschichtlichen Voraussetzungen allein her nicht zu erklären wäre. Zentrale Bedeutung hat zunächst die Einbindung der Fastnacht (als eines beweglichen Festes) in den christlichen Kalender: Ihr Termin richtet sich nach der Fastenzeit, die Fastenzeit folgt dem Ostertermin, und dieser wurde auf dem Konzil von Nicäa (325) auf den ersten Sonntag nach Frühlingsvollmond festgelegt. Das aber bedeutet, daß zwischen Fastnacht und Ostern ein innerer Zusammenhang besteht, wie ihn beispielsweise noch der Münchener Erzbischof Michael Kardinal Faulhaber 1934/35 dadurch bestätigte, daß er das Fest selbst eine »*Vorfeier der kirchlichen Fastenzeit*« nannte, eine »*Verabschiedung der Fleischkost, die eigentlich als Irrläufer und ohne inneres Recht auch von jenen heute gefeiert*« werde, »*die die fleischlosen Fasttage der Kirche nicht mitmachen.*« Auch die verschiedenen Namen des Festes weisen auf seine Abhängigkeit von der Fastenzeit hin, denn sie alle beziehen sich auf die »Wegnahme« oder die »Aufhebung« des Fleisches, also auf das Ende des Fleischgenusses. Das lateinische Stammwort für Karneval lautet »*caro*« (= Fleisch), aus dessen Ableitungen »*carnislevamen*«, »*carnisprivium*«, »*carnetollendas*« und »*carnelevale*« sich im Spätmittelalter das Wort »Carneval« entwickelt hat, das dann seit 1699 in Deutschland als Festbezeichnung greifbar wird. Dem Begriff »Fasching« liegt die mittelhochdeutsche Prägung »vastschanc« zugrunde, die den Ausschank und Trunk vor der Fastenzeit bedeutet. Wo immer die katholische Kirche Fuß faßte, wurde das Fest eingeführt; selbst in den katholischen Missionsgebieten Japans fehlt es nicht, wo es »*shanikusai*« heißt, was soviel wie »*Fest der Absage an das Fleisch*« bedeutet.

Vorige Seite: Prinzenpaar Nicole und Peter der Dieburger »Karnevalgesellschaft von 1838« in der »Kampagne 2001«.

Fastnacht in der Bewertung der Konfessionen

Daß die oft irrtümlich als »weltlich« angesehene Fastnacht gewichtige »geistliche« Aspekte besitzt, ergibt sich allein schon aus der Tatsache ihrer unterschiedlichen Beurteilung durch die beiden großen christlichen Konfessionen. Während das Fest auf katholischer Seite mit einem gewissen Eifer gepflegt wird, schlägt ihm auf evangelischer Seite Ablehnung entgegen, und zwar seit langer Zeit und über alle kulturellen Umbrüche hinweg. So meinte der Aachener Evangelische Kirchenrat, daß mit der Fastnacht »*der Zersetzung aller sittlichen Zucht und Ordnung aufs stärkste Vorschub geleistet*« werde. Der Evangelische Pressedienst in Frankfurt am Main nannte die Fastnacht »*geschmacklos – taktlos – gottlos*«. Ein evangelischer Bonner Pfarrer formulierte: »*Unser Herr ist nicht Prinz Karneval, sondern Jesus Christus*«, und ein Pfarrer aus Ahlden argumentierte sogar mit einem biblischen Exempel gegen die Fastnachtswelt: »*Der größte Zeuge vor Christus, Johannes der Täufer, verlor an den Folgen einer Tanznacht den Kopf*«. Noch im Jahre 1983 ließ die Evangelische Volks- und Schriftenmission Lemgo in Freiburg im Breisgau einen in 200.000 Exemplaren gedruckten Handzettel mit der Devise »*Karneval – nein danke!*« in die Briefkästen werfen.

Die Kritik der evangelischen Seite an der Fastnacht reicht bis zu Martin Luther selbst zurück. Als 1539 in Nürnberg von kritischen Bürgern, die mit der religiösen Entwicklung nicht einverstanden waren, erneut der an sich schon 1524 im Zuge des Überganges zur Reformation offiziell beseitigte »Schembartlauf« inszeniert wurde, nannte Luther das in Wittenberg eine »*malitia Norimbergensium*«, die nur »*zur Verachtung des Evangeliums und aus Haß gegen die*

Jakob Jordaens (1593-1678): »Der König trinkt«. Das Bohnenfest, um 1650. Öl auf Leinwand. Brüssel: Musée Royaux des Beaux Arts.

Prediger« geschehen sei. Durch die evangelischen Kirchenordnungen seit dem 16. Jahrhundert wurde die als »*papistisch*« bewertete Fastnacht unterdrückt, während man sie auf katholischer Seite verteidigte und in den rekatholisierten Gebieten neu installierte. Selbst ein der Fastnacht skeptisch gegenüberstehender Papst wie Benedikt XIV. lehnte es 1748 ausdrücklich ab, sie zu verbieten, und erklärte, er habe nicht die mindeste Absicht, gegen die Fastnachtsfeiern anzugehen: *»Minime Nobis statutum Animo esse, in Bacchanalia invehi«*. Der Papst hielt fest, daß die Fastnachtsgebräuche zwar den heiligsten Sitten der Christen widerstritten, aber dennoch von der Kirche mit gutem Grund gestattet würden. Tatsächlich hatte es schon lange vor ihm Päpste gegeben, die das Fastnachtfeiern erlaubten und förderten, zum Beispiel Paul II., Clemens IV., Sixtus IV. und Clemens XI., der 1701 die Erlaubnis erteilte, daß sich auch Frauen in Masken am Fastnachtstreiben beteiligten.

Wie der Jesuit Jacob Gretser meinte, sei die Fastnacht gewissermaßen ein *»katholisches Gewächs«*. Konsequenterweise warf daraufhin der evangelische Jurist Christian Wildvogel in Jena die Frage auf, welcher Papst denn die Fastnacht *»eingeführt«* habe; seine Antwort, es sei Papst Telesphorus gewesen, ließ sich zwar nicht halten, aber an der Katholizität der Fastnacht haben die führenden Vertreter der katholischen Kirche nie gezweifelt. »*Sapientissime*«, äußert weise, hätten alle seine Vorgänger auf dem römischen Bischofsstuhl die Fastnacht erlaubt, meinte Papst Benedikt, und tatsächlich hat sie in den Zentren der katholischen Welt immer eine große Rolle gespielt, in Rom, Venedig, Mainz, München oder Rio de Janeiro, und zwar in einander so ähnlichen Formen, daß an einem gemeinsamen, im katholischen Weltbild verwurzelten Programm nicht gezweifelt werden kann.

Das augustinische Modell

Der formalen Bindung der Fastnacht an die Fastenzeit steht die innere Ausrichtung dieser beiden liturgischen Zeiten entgegen, die durch äußerste Gegensätzlichkeit charakterisiert ist: Dem christlichen Leben in der Fastenzeit geht die Darstellung des Unchristlichen in allen seinen Erscheinungsformen in der Fastnacht voraus. Diese Paradoxie der Zusammengehörigkeit einerseits und der Gegensätzlichkeit andererseits erklärt sich aus der Übertragung des Zwei-Staaten-Modells des heiligen Augustinus auf den christlichen Kalender, das die feste Bindung der beiden konträren Gemeinschaften von Gottlosen und von gläubigen Menschen (»civitas Diaboli« und »civitas Dei«) als Grundlage des geschichtlichen Weges vom Sündenfall bis zum Tage des Jüngsten Gerichtes ansieht. Wer heute am Collegium Germanicum in Rom studiert, wird dort mit der Einrichtung des *»Muftik-Rex«* konfrontiert, der in der Fastnacht regiert und darüber hinaus alle Lustbarkeiten an dieser Jesuiten-Hochschule verantwortet. Diese Einrichtung eines Narrenkönigs (mit Prinzen) an der Musterlehranstalt der Jesuiten geht bis in das 16. Jahrhundert zurück, wo man schon jedes Jahr einen *»König des Karnevals«* mit souveräner Gewalt für die Fastnachtstage wählte. Die Herrschaft dieses Königs umfaßte die Loswahl, die Huldigung, die Inthronisation und verschiedene Bankette, ferner Rügegerichte, Ausfahrten und dramatische Fastnachtsspiele. In einer Abschiedsrede wurde dann den Kollegiaten der Sinn des Ganzen erklärt: Der Fastnachtskönig hielt eine Ansprache, in der er darauf hinwies, daß das von ihm vertretene Reich *»dieser Welt«* nur kurz und vergänglich sei. Dann legte er die königlichen Insignien unter Bemerkungen über die Nichtigkeit aller irdischen Herrlichkeit ab und trat wieder in den Kreis seiner Gefährten zurück.

Der Errichtung dieses vergänglichen Fastnachtskönigreiches lag das Zwei-Staaten-Modell des hl. Augustinus zugrunde: Dem überzeitlichen Reich der

Der hl. Aurelius Augustinus verfaßt sein Buch *»De civitate Dei«*. Kolorierter Holzschnitt aus dem Kapuzinerkloster Appenzell, vor 1500.

»Königsherrschaft Gottes«, dessen Lebensformen innerhalb des Jahreszyklus am Aschermittwoch aufgegriffen werden, um die Gläubigen sicher auf Ostern zuzuführen, stand hier an Fastnacht ein vergängliches Reich irdischer Pracht gegenüber, das wie alle irdischen Reiche nichtig war und rasch verging. Die Darstellung dieser Pracht erfüllte also nicht allein den Zweck der Unterhaltung, sondern sie geschah unter dem Gesichtspunkt, die Lebensalternative zwischen einer Diesseits- und einer Jenseitsorientierung aufzuzeigen. Die zeitlichen Reiche dieser Welt, die er in der Nachfolge des antiken Babylons sah, hatte Augustinus in seinem

Buch *»De civitate Dei«* als die *abgelehnte* Alternative dem von ihm verfochtenen einen Reich der Königsherrschaft Gottes gegenübergestellt, das ohne Ende sei, dem Gottesstaat Jerusalem. Babylon war, wie Ninive, für Augustinus das Sinnbild des irdisch gesinnten Staates gewesen, der des Teufels war – ein Teufelsstaat –, und damit zugleich ein Sinnbild des heidnischen Roms: »*Babylon quasi prima Roma, Roma quasi secunda Babylon est*«, lautete sein Urteil.

Sein Buch über den »Gottesstaat« hatte Augustinus nach der Einnahme Roms durch die Goten unter Alarich im Jahre 410 zu schreiben begonnen, als diese Katastrophe von den Römern zur Götterstrafe für den Abfall zum Christentum erklärt und zum Anlaß einer neuen Christenverfolgung gemacht worden war. In seiner Verteidigungsschrift stellte er der angreifenden römischen Bürgerschaft das Idealbild der christlichen Gemeinde Jerusalems entgegen, die für ihn immer sowohl eine empirische als auch eine eschatologische, eine diesseitige und jenseitige Größe, bedeutete. Als ihr Gegenbild sah er das lästernde, lasterhafte Rom mit seinen vielen Göttern, die *»Hure Babylon«*. Beide Staaten oder Gemeinschaften gingen, wie er sagt, auf das Urmenschenpaar Adam und Eva zurück, das mit gutem Wollen geschaffen war, dessen Sohn Kain aber – nach Genesis 4,17 der erste Städtegründer – seinen Bruder Abel, den Stifter der Kirche, erschlagen hatte. Leitete sich von Kain über den Riesen Nimrod das gottlose Babylon her, so von Seth, dem Bruder des Ermordeten, über die Patriarchen, Noah und Abraham der Gottesstaat Jerusalem, beide bis zum Tage des Gerichtes miteinander vergesellschaftet, an dem der eine Staat in der Hölle, der andere im Himmel aufginge, und beide trotz ihrer Verbundenheit durch äußerste Gegensätzlichkeit voneinander geschieden. Augustinus

Pieter Brueghel d. Ä.: Der Kampf zwischen Fastnacht und Fastenzeit, 1559. – Wien: Kunsthistorisches Museum.

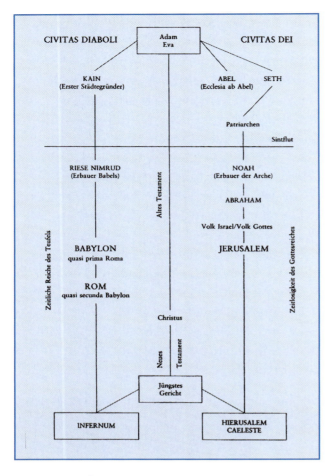

Im Geschichtsmodell des hl. Augustinus sind Teufelsstaat (civitas diaboli) und Gottesstaat (civitas Dei) bis zum Ende der Zeiten unlösbar miteinander verbunden.

sah den Menschen vor der Wahl zwischen Babylon und Jerusalem, das heißt vor der Entscheidung für eine der beiden miteinander unvereinbaren Gemeinschaften: der »cupido«-Gemeinschaft der Narren, die nach ihren eigenen Vorstellungen leben, oder der »caritas«-Gemeinschaft der Gläubigen. Nach Augustins Auffassung setzt sich das Wesen der antiken Stadtstaaten in den Sünden beziehungsweise Tugenden der Menschen bis in Gegenwart und Zukunft fort; unter dieser Voraussetzung ließ sich das Modell auf jede Phase der Menschheitsgeschichte übertragen. Für das Jahr 1529 läßt sich in Gent ein Fastnachtskönig mit dem Namen Nebukadnezar nachweisen. Dies aber war der Name des Königs von Babylon gewesen, der den Staat Juda zerstört und dessen Volk in die Babylonische Gefangenschaft geführt hatte, im Mittelalter ein verbreitetes Sinnbild des Teufels. Über seine Figur wurde der Blick des Publikums in der Fastnacht auf Babylon gelenkt, den Teufelsstaat, das Gegenbild zum Gottesstaat der Gläubigen, Jerusalem.

Schon im Jahre 1918 hat Ernst Bernheim auf die ungemeine Bedeutung des augustinischen Zweistaatenmodells für das Denken des Mittelalters und der frühen Neuzeit hingewiesen, wie sie durch die »Historia de duabus civitatibus« Ottos von Freising, durch die Weltchronik Rudolfs von Ems, durch das spätere Werk des Franziskaners Ludwig Boroius über die Gottes- und die Teufelsbürgerschaft (Druck von 1612) oder durch das »Luziferanische Königreich« des Aegidius Albertinus unter dem Titel »Narrenhatz« von 1616 belegt wird.

Vom Ende des 15. Jahrhunderts ist ein Holzschnitt überliefert, der Augustinus bei der Niederschrift des Zwei-Staaten-Modells zeigt: Auf der einen Seite ist der Kains-Staat dargestellt, der dem Teufel zugehört und auf dessen Mauern Teufel gegen den Gottesstaat ankämpfen. Auf der anderen Seite befindet sich die »Engelsburg« des Gottesstaates, die den Angriffen der Teufel ohne weiteres widersteht. Die Gläubigen, hatte Augustinus gemeint, seien Fremdlinge in der Welt, die neben den Bösen lebten, ohne wie diese in ihr ihre Heimat zu finden. Als Fremdlinge schritten sie durch die Narrheit der Gottlosen und Götzendiener auf ihrem Weg zur himmlischen Heimat fort. So hat sie noch Pieter Brueghel d. Ä. auf seinem Gemälde vom Streit zwischen Fastnacht und Fastenzeit im Wiener Kunsthistorischen Museum dargestellt: als Pilgerpaar, das ungeachtet des Narrentreibens rund um die »Blaue Schute«, das Narrenschiff, dem Kirchenschiff zuwandert, um in ihm über das »bittere Meer« der Welt dem »himmlischen Jerusalem« zuzufahren. Nach Augustins Auffassung soll der Mensch zwischen den zwei Arten von Liebe wählen und damit selber über das fernere Geschick seiner Seele entscheiden. Prototyp des Bösen aber ist (nach Psalm 52,1 der Vulgata) der Narr, weil er Gott verleugnete: »Dixit insipiens in corde suo: Non est

Deus«. Die babylonische Welt erscheint deshalb mit dem Narrenstaat einer *»verkehrten Welt«* identisch. *»Babylonem mundi perversi typum esse scimus«*, wie der Jesuit Matthias Faber festhielt, die Tradition des augustinischen Gedankens noch für das 17. Jahrhundert bestätigend.

Fastnacht und liturgische Ordnung

Die Herleitung der liturgischen Zeitabschnitte der Fastnacht und der Fastenzeit aus dem Zwei-Staaten-Modell des hl. Augustinus ergibt sich als historische Tatsache zwingend aus der bis zum Zweiten Vatikanum gültigen Perikopenordnung für den Fastnachtssonntag, die bereits unter Papst Gregor dem Großen (vor 600) eingeführt wurde, vor allem aus der Schriftstelle Lukas 18,31 ff *(»Seht, wir gehen hinauf nach Jerusalem«)*, die jahrhundertelang unter Rückgriff auf das Zwei-Staaten-Modell des heiligen Augustinus interpretiert zu werden pflegte. Gerade am Fastnachtssonntag stellten die Prediger den Gläubigen im gesamten Einflußbereich der katholischen Kirche dem Negativbild Babylons das hochbewertete Bild Jerusalems gegenüber und erläuterten ihnen am Beispiel des »Blinden am Weg« die Sündhaftigkeit der Welt. So bemerkte der Bischof von Cadiz in einem 1744 zu Augsburg gedruckten Predigttext: *»Fastnachtszeit hat zwei Weeg«*, und erklärte: *»Welch unterschiedliche Wege gehen heute die Kinder Gottes und die Kinder der Welt! Jene folgen Christus nach, diese der Welt. Und wo geht heute Christus hin, wohin die Welt? Christus gehet nach Jerusalem! die Welt aber gehet nach Babylon.«* Den Gegensatz zwischen den beiden Staaten Babylon und Jerusalem bezog der Bischof auf die beiden Welten, die durch Fastnacht und Fastenzeit repräsentiert werden und auf deren klare Scheidung etwa gleichzeitig Papst Benedikt XIV. nachdrücklich drang. Bis in das 13. Jahrhundert zurück führen ganz ähnliche Fastnachtspredigten, die auf das Zwei-Staaten-Modell Bezug nehmen und dabei selten auf die Nennung des babylonischen Königs Nebukadnezar verzichten.

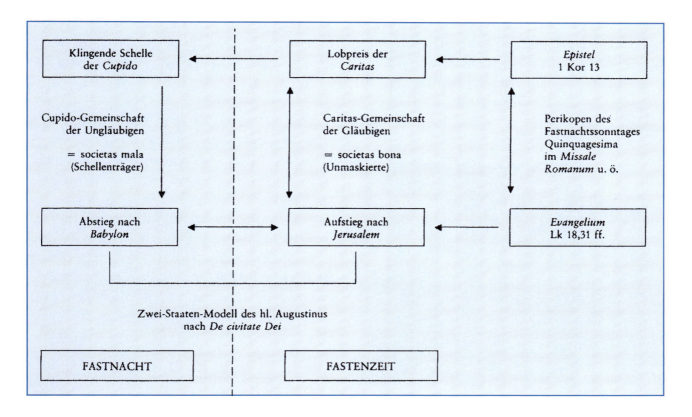

Das Geschichtsmodell des hl. Augustinus spiegelt sich in der überlieferten Leseordnung für den Fastnachtssonntag.

Doch ging die Bindung der Fastnacht an die Perikopenordnung noch einen entscheidenden Schritt weiter: Die Epistel des Fastnachtssonntages Quinquagesima, 1 Kor 13, führte aus: »Wenn ich mit Menschen- und mit Engelszungen redete, ohne Liebe zu haben, so wäre ich ein tönendes Erz oder eine klingende Schelle«. Durch die Schlußworte dieses Paulus-Briefes: »Jetzt bleiben Glaube, Hoffnung, Liebe, diese drei; das größte von ihnen aber ist die Liebe« wurde hier dem Weg nach Jerusalem, den Christus und alle Gläubigen, dem Evangeliumstext zufolge, beschreiten, die »caritas« zugeordnet, die nach Augustinus das Wesen ihrer Gemeinschaft ausmacht: »Major autem horum est caritas«. Zugleich beschrieb der Text als kennzeichnendes Merkmal jener, die sich zu dieser Liebe nicht bekennen, die klingende Schelle. Damit waren die Mitglieder der »cupido«-Gemeinschaft als Schellenträger benannt, und zwar an jenem Fastnachtssonntag, um den herum die Narren bis heute mit ihren Schellen landauf, landab auf die Straße gehen. Für die Frage nach der Priorität von liturgischer Ordnung oder Brauch ist dabei entscheidend, daß die Perikopen um viele Jahrhunderte älter sind als jede Nachricht über eine bräuchlich geübte Fastnachtsfeier. Die Evangeliums-Perikope findet sich in der Bindung an den Fastnachtssonntag bereits im Homilien-Verzeichnis Gregors des Großen (gestorben 604), dessen Anlage ohnehin auf Augustins »De civitate Dei« (Bücher 18 und 22) zurückgeht, in der Perikopenliste des heiligen Burckhardt von Würzburg (gestorben 753), im Evangelien-Verzeichnis der Pfalzkapelle zu Aachen, und öfter. Man muß deshalb folgern, daß das Institut der Fastnachtsfeier entstand, um den Gläubigen vor Eintritt in die Fastenzeit die abgelehnte Alternative eines Lebens in der »cupido«-Gemeinschaft Babylons anschaulich vorzuführen. Auf diese Weise sollte offenbar die Bereitschaft der Angesprochenen zur Hinwendung nach »Jerusalem« um so leichter bewirkt werden.

Die Ruinen des Kolosseums erinnern an das heidnische Rom, das »zweite Babylon«. Foto: 2001.

Pieter Brueghel d. Ä.: Der Turmbau zu Babel, 1563, Wien: Kunsthistorisches Museum. Der Bau wurde unverkennbar dem römischen Kolosseum nachgebildet.

Das System der Fastnacht

Das Institut des Fastnachtsfestes entwickelte sich, historisch gesehen, aus der Absicht, die Bevölkerung in den aufblühenden Städten zum kollektiven Beginn der Fastenzeit zu bewegen. Die Schauspiele der Fastnacht sollten dem Gläubigen vor dem Eintritt in die Fastenzeit ein Leben nach dem »eigenen Willen«, nicht nach dem »Willen Gottes«, vor Augen stellen, um so seine Bereitschaft zur »Umkehr« *(metanoia, conversio)* nachdrücklich zu fördern. Für die Inszenierung des teuflischen Weltreiches einer »pervertierten Gottesherrschaft« waren wesentliche Aspekte bereits durch Augustinus vorgegeben. So erschien als Vorbild vor allem das heidnische Rom,

Teufel der Fastnacht zu Hornberg mit den typischen, liturgisch begründeten Schellen, 1985.

Saturnalien, über die man durch Macrobius gut unterrichtet war, ohne weiteres darstellen ließ. Der Zusammenhang zwischen den Fastnachtsbräuchen und den antiken Winterfesten, auf den die Humanisten immer wieder hingewiesen haben, besaß insofern eine reale Grundlage, nur ergab er sich nicht auf dem Weg über eine ununterbrochene Brauchtradition, sondern als Folge eines absichtsvollen Rückgriffes nach vielen Jahrhunderten ihrer Unterdrückung. Noch Pieter Brueghel der Ältere war sich des Zusammenhanges zwischen Rom und Babylon bewußt, wenn er seine Darstellung des babylonischen Turmes unmittelbar am römischen Kolosseum orientierte: Das heidnische Rom und das antike Babylon bildeten für ihn, ganz im Sinne Augustins, eine Einheit.

Als Vorbild der Brauchgestaltung erschien ferner die Lasterhaftigkeit, die Anhänglichkeit an die Todsünden, die man mithilfe allegorischer Bilder vergleichsweise einfach verdeutlichen konnte. Dazu traten als Wesensmerkmal die »Konfusion« Babylons hinzu, im Gegensatz zur »Unitas« der katholischen Kirche, und die Vergegenwär-

»secunda Babylon«, dessen Dekadenz sich an den Unsitten der altrömischen

Der Teufel zieht die Narren in die »Hölle«. Nürnberger Schembartbuch der Berliner Staatsbibliothek, Ms. germ. fol. 491, 142ʳ.

101   FASTNACHT, FASCHING, KARNEVAL

Hexen beim Bayerisch-Schwäbischen Narrentreffen am 19. Januar 1997 in Dillingen a. D. Donau.

tigung der »*vita carnalis*« all derer, die durch ihre Triebhaftigkeit dem Untergang verfallen sind. Den Schluß bildeten dann noch die Hinweise auf die Verfallenheit des Weltmenschen an Tod und Teufel. Es ergab sich so ein festes System, bei dessen Inszenierung als Teufelsstaat das alternative System des Gottesstaates immer mitgedacht und im Auge behalten wurde.

Zu diesem System gehörten stets typische Figuren und Handlungsmuster. Die Fastnachtsfiguren betreffen zunächst die Verführer der Welt (Teufel, Hexen, Riesen und den Antichristen), die Beherrscher der Welt (Narrenkönige und -prinzen mit ihren Begleitern) und die Bürger der Welt, das heißt die Narren, Sünder, Heiden und Gegner der christlichen Kirche. An der Spitze der Weltverführer steht traditionell der Teufel, dem man mit der Hölle, in die er die Narren zieht, schon im Nürnberger Fastnachtsbrauch des Spätmittelalters begegnet. Er findet sich heute etwa in der Fastnacht von Hornberg, Obernheim, Einsiedeln, aber auch in Venedig und Luzern oder im lateinamerikanischen Karneval von Oruro in Bolivien und vielfach sonst. Ihm, dem Hexenmeister, wurden in einer jüngeren Entwicklung die Hexen zugeordnet, so in Löffingen und Fischerbach oder in Offenburg, in Aulendorf und Gengenbach. Das Vorkommen der Riesen als Weltverführer erklärten kirchliche Schriften aus Genesis 6,5: Es seien anfangs berühmte Männer gewesen, die sich jedoch nicht um Gott kümmerten, vielmehr frech seine Gebote übertraten und die Kinder Gottes zum Abfall von ihm verführten. Solche Fastnachtsriesen begegnen heute unter anderem in Riedlingen als »*Gole*« (= Goliath), aber auch früher schon an vielen Orten.

Zu den Weltherrschern gehören vor allem die Fastnachts- und Karnevalsprinzen mit ihrem Hofstaat, ihren Garden und Herolden, Proklamationen, Ordensverleihungen usw., die in der Tradition der erwähnten »Bohnenkönige« und anderer Narrenherrscher stehen. Daß die Institutionalisierung solcher Narrenreiche unter anderem durch die Jesuiten gefördert wurde, belegen Fastnachtsspiele wie das Augsburger von 1689, »*in welchem Con-*

scientia, das Gewissen, von dem Hof des neu erwählten Fastnachtskönigs verstoßen / und Pecunia, das Geld, auf- und angenommen wird«, oder das Spiel vom »*König für einen Tag*«, ebendort 1698. Heute finden sich Karnevalskönige unter anderem in Nizza, Trinidad (»Alter König«), in Köln oder auch in Ebensee, wo sich die Herrscherin 1982 – vielleicht zufällig, aber jedenfalls systemkonform – »*Prinzessin Regina von Höllerina*« nannte. Viele dieser Herrscher tragen Namen, die sie aus christlicher Sicht als Negativfiguren ausweisen, oder sie sind Gestalten einer anderen Glaubenswelt, wie der islamische König »Rabadan« in Bellinzona oder die »Japanesengesellschaft« in Schwyz. Der König mit den »Burlamacos« in Viareggio wiederum gleicht dem »Rey Momo« in Rio de Janeiro, der seinerseits an den antiken Tadler Momus erinnert, der aus Ärger darüber geplatzt war, an Aphrodite nichts aussetzen zu können. Häufig werden einfach »Nichtchristen« in die Fastnacht integriert, wie Türken, Japaner (in der »*Japanesengesellschaft*« zu Schwyz) oder Chinesen, z. B. beim traditionellen (und aufwendig begangenen) Chinesenfasching in Dietfurt im Altmühltal.

Der Narr als Bürger des Teufelsstaates wird durch den 52. Psalm der Vulgata mit seinem verhängnisvollen Wort »*Dixit insipiens in corde suo: Non est Deus*« zum Gottesleugner schlechthin erklärt. Die Illustrationen zu diesem Psalm zeigen den Narren häufig als Gegenbild zum frommen König David oder zum König Salomon. Seine Bedeutung als Gottesleugner erklärt, warum diese Figur im Fastnachtsbrauch, etwa von Kirchzarten im Breisgau, dem Zug der Teufel und Hexen vorangeht: Wer in seinem Herzen Gott verleugnet, ist dem Teufel rettungslos verfallen. Die Marotte des Narren, der Narrenstab mit dem Kopf seines Trägers, bezeichnet den Menschen, der nur sich selber sieht, dem also wieder die »caritas« fehlt. Auch hierbei handelt es sich um einen alten, zum Beispiel bei Sebald Beham belegten Typus; Pieter Brueghel zufolge handelt es sich um den Menschen, der sich – mit Verlaub – selbst »bescheißt«. Dieser Narr kommt in mancherlei Ausprägungen vor, als

»Bajazzo« in Einsiedeln, als »*Jokili*« in Endingen am Kaiserstuhl und in anderen Ausprägungen, ausgestattet mit theologisch genau begründeten Attributen, wie sie etwa auf seiner bekannten Narrenallegorie Quinten Massys beschreibt: mit dem Narrenmal auf der Stirn, dem dann das Malzeichen der Auserwählten entspricht, wie es der Priester am Aschermittwoch auf die Stirn der Gläubigen zeichnet, oder dem Narrenseil, an dem der Teufel die

Faschingsprinzenpaar mit »Prinzessin Regina von Höllerina« in Ebensee, 1982.

Drache und Chinesin beim Chinesenfasching in Dietfurt im Altmühltal, 2002.

deren reines Taufgewand durch die Flecken der Sünde verunziert wurde. Die immer wieder begegnenden »Fleckles-Häs« weisen jedenfalls durch ihr Erscheinungsbild unmittelbar auf »Flecken« (*maculae*) hin. Schon die ältesten Harlekins-Kleider, die – wie der Name »Harlequin« (= Hellequin, Teufelchen) belegt – zur Charakterisierung des Bösen zu dienen hatten, zeigten solche Befleckung, und man findet sie auch auf alten Narrenkleidern, etwa aus Lupburg bei Parsberg, zu der es im Germanischen Nationalmuseum in Nürnberg alte Parallelen gibt. Vom kirchlichen Sprachgebrauch der »Befleckung« her, vor allem in Bezug auf den Geschlechtsakt, der nach dem Konzilsbeschluß von Vienne als solcher Sünde ist, wird man auch die Nachtgewänder zu verstehen haben, die in der Fastnacht verbreitet sind. Mit ihren »Hemdglonkern« erinnern etwa die Endinger Narren zudem deutlich an die Narrenschellen der »Lieblosen«, die nach Abraham a Sancta Clara *»vorn und hinten mit Schellen«* geziert sind, weil ihnen die Liebe fehlt, die niemals aufhört, also wiederum die *»caritas«*. Schellenbänder sind in der Fastnacht ebenfalls verbreitet: in Rothenturm, in Villingen, in Schömberg; und Bräuche wie der Rottweiler *»Narrensprung«* dienen im wesentlichen dazu, diese Schellen auch wirklich zum Klingen zu bringen.

Anhänger des Weltstaates in das Infernum hinabzieht. Die Pflugumzüge in der Fastnacht verweisen insofern deutlich auf den biblischen Adam, der im Schweiße seines Angesichtes sein Brot verdienen mußte, weil er sich verführen ließ. Für das Fridinger *»Narrensamensäen«* oder für den fröhlichen Narrensämann einer Zeichnung des 16. Jahrhunderts gibt es eine systemkonforme Begründung in der Schrift: *»Du Narr, was du säst, wird nicht lebendig, wenn es nicht zuvor starb. [...] Gesät wird ein sinnenhafter Leib, auferweckt ein geistiger Leib.«* Da erscheint das ganze »Programm« von Fastnacht und Fastenzeit schon vorweggenommen.

Zu den in der Fastnacht immer wieder begegnenden »Weltbürgern« gehören dann die »Befleckten«,

Zu den wiederkehrenden Handlungsmustern zählen unter anderem das Aufzeigen närrischer

Weißnarren mit Schellenbändern und Malerei auf Narrenkleidern, Villingen, 1986.

FASTNACHT, FASCHING, KARNEVAL

104

Verhaltensweisen, zum Beispiel das Gegeneinander-
kämpfen in närrischen Turnieren – so der »Wampe-
ler« in Axams –, und die Entfaltung des »fleischlichen« Lebens in jeder Form, zu der in erster Linie die
Unmäßigkeit im Essen und Trinken zählt (»*Risotto-
König*« von Lorcarno). Daß man im Karneval auch
der Sexualität breiten Raum gewährt und sogar
öffentliches Beilager hält, versteht sich von selbst;
der Karneval war früher bevorzugter, weil kirchlich
begünstigter Hochzeitstermin, ein Freiraum für die
Geschlechtlichkeit, die dann demonstrativ in ihr
Gegenteil, die geforderte geschlechtliche Enthaltsamkeit in der Fastenzeit, überführt werden konnte.
Die Entfaltung des Geschlechtlichen in der Fastnacht
wird vom System gefordert.

Lasterdarstellungen als Allegorien

Die Absicht, den Gläubigen im Rahmen der Fastnacht eine Welt des Lasters vorzuführen, in der man
sich wie in einem Spiegel selbst erkennen könne,
veranlaßte auch die Einbeziehung von Allegorien in
den Brauch, deren Vorbilder in der Lasterliteratur
ohne Mühe vorgefunden werden können. Lucian
Reich zufolge war es noch 1853 auf der Baar üblich,
an Fastnacht dem Volk allegorische Aufzüge zur
Erbauung vorzuführen, beispielsweise mit Tiersinn-
bildern. Ein gedrucktes Programm mit dem Titel
»*Ludendo corrigo mores*« habe den Zuschauern den
Sinn des Dargestellten im einzelnen erläutert. Solche
Programme allegorischer Fastnachtsaufzüge, meist studentischer Schlittenfahrten, haben sich für das 18. Jahrhundert in größerer Zahl nachweisen lassen; sie sind aber auch schon für das Spätmittelalter bezeugt. Auch Bilder und Bilderfolgen dienten dazu, den Gläubigen den Weg zum Verständnis allegorischer Bilder im Fastnachtsbrauch zu
weisen. Joachim Sandrart zeigt 1675 auf einem Bild
den Pelikan, der mit dem eigenen Blut seine Jungen
ernährt, ein verbreitetes Sinnbild Christi. Dieser
Pelikan wird von der Fastnachtsmeute angegriffen,
von »*Porcius*« auf dem Schwein, »*Asinus*« auf dem
Esel und von weiteren Tieren als Personifikationen
der einzelnen Todsünden, die der Tod bereits gepackt

Altweibermühle in Thaur/ Tirol, 6. Februar 2000.

*Der »Butzesel« mit den Fleischwürsten und seinen mondänen Begleitern in Villingen hat seine literari-
schen Vorbilder im »fleischlich gesinnten Menschen« (homo carna-
lis) und im »Fleisch« (caro).*

FASTNACHT, FASCHING, KARNEVAL

Uhr mit dem Zeiger auf der letzten Stunde auf dem Narrengewand in Fridingen, 1985

hat und über die sich der Pelikan unangreifbar erhebt. Tierbilder dieser Art zeigen in der Fastnacht bis heute die Bedrohung derer an, die mit Christus in der Fastenzeit nach »Jerusalem« hinaufsteigen; sie bilden insgesamt ein ganzes »Speculum Bestialitatis«. Vor allem aber wird im Fastnachtsbrauch die Hybris des Menschen angeprangert, der von der Machbarkeit aller Dinge überzeugt ist, so im Spiel von der Altweibermühle, das die Torheit des Menschen anprangert, der meint, die Naturgesetze außer Kraft setzen zu können.

Elfzahl, Narrengesetz und Tod

Von hier aus erklärt sich auch, was es mit der Narrenzahl Elf auf sich hat, die im Fastnachtsbrauch immer so markant hervorgehoben zu werden pflegt: Elf ist nach der christlichen Allegorese diejenige Zahl, die als erste den Dekalog übersteigt, das heißt die Zehnzahl der Gebote: »Undenarius numerus, primus transgreditur denarium, significans illos, qui trans-grediuntur decalogum mandatorum« (Petrus Bongus). Schon bei Hildegard von Bingen verband sich diese Vorstellung mit dem Gedanken an die letzte Stunde, so daß sie die elfte ihrer Visionen der Endzeit, die zwölfte aber dem Letzten Gericht widmen konnte. So wird verständlich, warum manche Narrengewänder auf der Kehrseite eine Uhr tragen, deren Zeiger die letzte Stunde andeutet. Sie mahnt, die Zeit zur Umkehr nicht zu vergessen.

Auf die Endlichkeit des Lebens weist in der Fastnacht immer wieder die Gestalt des Todes hin, dem die Narren genauso wie dem Teufel ausgeliefert sind. Laster, Narrentum und Tod liegen auf derselben Ebene. Ähnlich wie auf Francisco Goyas Gemälde *»Das Begräbnis der Sardine«* die Fastnachtsnarren unter Anleitung des Todes dem Untergang entgegentanzen, erscheint der Narr auch sonst in der Maske des Narren. Damit aber macht er einsichtig, daß auch er nur Narrheit sei, weil demjenigen, der sich als Christ von der Narrheit abwendet, das ewige Leben verheißen ist.

Francisco Goya: Das Begräbnis der Sardine, 1812-1814, Madrid.

FASTNACHT, FASCHING, KARNEVAL

106

8
....

Ihr müßt von neuem geboren werden

VOM SCHEIBENSCHLAGEN
IN DER »ALTEN FASTNACHT«,
VOM FISCHESSEN AM ASCHERMITTWOCH
UND VON ANDEREN FASTENBRÄUCHEN

Seit alter Zeit findet am Sonntag Invocavit oder dessen Umfeld in vielen Landschaften, zumal im Rheinland und in Süd- und Südwestdeutschland, ein Feuerbrauch statt: das »Scheibenschlagen«, bei dem im Feuer geglühte kleine Holzscheiben auf einer Anhöhe mittels langer Stangen über einem Brett abgeschlagen werden, so daß sie wie Sternschnuppen durch die Nacht in das Tal fliegen. Von den Feuerfunken, die bei diesem Brauch eine Rolle spielen, hat dieser Sonntag auch seine volkstümliche Bezeichnung als »Funkensonntag« erhalten.

Scheibenflug und Lorscher Klosterbrand

Die Angabe, daß dieser Brauch »seit alter Zeit« geübt wird, stützt sich auf den historischen Beleg, daß am 21. März 1090 durch eine Holzscheibe, die sich beim Scheibenschlagen verirrt hatte, das Benediktinerkloster Lorsch in Brand geriet und in kürzester Zeit niederbrannte. Das »Chronicon Lauresheamense« berichtet: »*Im Jahre der Menschwerdung des Herrn 1090, rund 326 Jahre nach der Entstehung des Klosters selbst, ging am 12. Tag vor dem Kalenden des April [= 21. März] die ganze Lorscher Kirche durch einen plötzlichen und beklagenswerten Brand in Flammen auf*«, wobei die vielen kostbaren Gewänder, die schönen Mosaike und überhaupt »*alles, was schön anzusehen war (omne quod pulchrum erat visu)*«, zusammen mit den umliegenden Gebäuden verlorenging. Ursache sei ein unglücklich verlaufenes Scheibenschlagen gewesen: »*Als sich der genannte Tag schon der Vesper zuneigte und das Volk dem Beispiel des fleischlichen Israel gemäß gesessen hatte, um zu schmausen und zu trinken, und man sich nun erhob, um zu spielen (Ex 32,6), da wurde unter den sonstigen Spielübungen in der letzten Stunde, wie gewöhnlich, eine Scheibe am Rand angezündet (discus [...] marginis [...] ut solet accensus) und kraftvoll, mit kriegerischer Hand durch die Luft geschwungen (forte [...] militari manu per aera vibrabatur). Diese Scheibe, mit scharfem Stoß herumbewegt, bot den Anblick einer Flammenscheibe (orbicularem flammae speciem reddens), vorgeführt ebenso zugunsten einer Schaustellung der Kraft wie zum Schauspiel vor den Augen der Bewunderer (tam ostentui virium quam oculis mirantium spectaculi gratiam exhibet). Zuletzt wurde diese Scheibe von irgend einem – nicht so sehr aus böser Absicht wie unglücklicherweise – gedreht, so daß sie nach einem unklugen Schlag auf den höchsten Giebel der Kirche hinaufwirbelte (ad summum ecclesiae fastigium imprudenti iactu evolavit), wo sie sich zwischen den Ziegeln und morschen Balken niederließ und bei bewegtem Wind dem Feuer als Zunder darbot (inter tegulas et cariosos asseres artius insidens, animante vento fomitem incendio prebuit).*« Schon war das Unglück geschehen: Nacheinander

Carl Spitzweg: Aschermittwoch, 1855 bis 1860, Öl auf Leinwand, Stuttgart: Staatsgalerie.

Vorige Seite: Aufzug der »Schiibe-Bube« zum Scheibenschlagen in Kirchzarten, 27. Februar 1983.

Geldbeutelwäsche Bräunlingen, 1978. »Wer am Geld hängt, kann das Gottesreich nicht erwerben«.

brannten die Kirche und die meisten der Klostergebäude nieder. Das tragische Ereignis, dessen der Chronist gedenkt, liefert einen sehr frühen Beleg für den Brauch des Scheibenschlagens, der bis heute in ganz ähnlichen Formen geübt wird, wie sie hier geschildert werden. Es gibt kaum einen anderen Brauch, der sich ähnlich weit in die Vergangenheit zurückverfolgen ließe. Und bemerkenswert erscheint, in welchen liturgischen Zusammenhang er durch den Berichterstatter gerückt wird: Es handelt sich ziemlich deutlich um einen Fastnachtsbrauch, wie man der Formulierung entnehmen kann, daß das Volk »nach dem Beispiel des fleischlichen Israels« beieinander gesessen und geschmaust habe, bevor es sich auf das Spielen einließ, das dann in das Scheibenschlagen mündete. Der Chronist übergeht die (für ihn wohl selbstverständliche) Tatsache, daß es sich bei dem Termin um den Festtag des Ordensgründers Benedikt von Nursia handelte, den man in jedem Benediktinerkloster bis heute festlich zu begehen pflegt. Offenbar hatte man im Hinblick auf diesen Festtag, der in dem genannten Jahr auf den zweiten Donnerstag nach Invocavit fiel, die üblichen Bräuche des »Funkensonntags« auf diesen Tag verschoben. Die Begriffe »carnalis« und »Israel«, die der Schreiber benutzt, weisen jedenfalls zum einen auf jene liturgische Zeit hin, in der sich das »Karnale«, die Fleischlichkeit, vor der Fastenzeit noch einmal frei entfalten darf, vor allem durch freizügiges Essen und Trinken und durch öffentliches Spielen; zum anderen auf den typologischen Zusammenhang, daß dieses »alte« Tun gewissermaßen auf ein »neues, künftiges Tun« hin geschieht, in ähnlicher Weise wie nach dem gleichen typologischen Denken der »alte

Beim Scheibenschlagen werden die Scheiben im Feuer geglüht und dann über ein Brett abgeschlagen, daß sie weit in das Tal fliegen. Kirchzarten, 27. Februar 1983.

FASTENZEIT

Ad am« auf den »neuen Adam«, Christus, vorausweist oder wie überhaupt im Alten Bund als Verheißung dasjenige präfiguriert wird, was sich im Neu en Bund als Erfüllung des Präfigurierten herausstellt. Es ist danach ohne weiteres nachzuvollziehen, warum der Lorscher Benediktinerchronist hier vom »*fleischlichen Israel*« spricht, weil dessen Handeln, das er unter Rückgriff auf die Geschichte vom goldenen Kalb (Ex 32) näher charakterisiert, als vorausbedeutend für die – vom System her höher bewertete – Fastenzeit begriffen wird.

Das Scheibenschlagen selbst wird hier als ein abschließendes Spiel angesehen, ein Spiel »*in extrema hora*«, wie der Chronist sagt, wohl nicht zufällig, und auch nicht zur Angabe des bestimmten Zeitpunktes, an dem dieser Brauch geübt wurde, sondern eher in Anspielung auf die »letzte Stunde« zur Bekehrung, von der der Apostel Johannes spricht, wenn er sagt (1 Joh 2,18): »*Fideli, novissima hora est.*« Gemeint ist da die Stunde des Antichristen, dessen Kommen nach der Lehre von den Letzten Dingen des Menschen der Wiederkunft Christi zum Gericht vorausgeht. In der volkskundlichen Literatur findet man für das Scheibenschlagen eher unspezifische Erklärungen, etwa derart, daß »Funken-« und »Scheibenschlagen« mit der Kirche nichts zu tun; sie seien viel älter. Aber so einfach liegen die Verhältnisse nicht.

Schibi, Schibo, wem soll die Schibe go?

In Buchenbach, Kirchzarten oder Dietenbach im Breisgau wird der Brauch in der Form geübt, daß die jungen Burschen in der Zeit vor Invocavit zunächst die kleinen Holzscheiben herrichten, die in der Mitte ein kreisrundes Loch erhalten, damit sie an die Spitze der langen Stangen gesteckt werden können. Am Vortage der eigentlichen Brauchübung setzt man sich zusammen, um die Verse zu dichten, die beim Scheibenschlagen selbst gesprochen werden. Denn das Kernstück des Brauches besteht darin, daß jede Scheibe für eine bestimmte Person im Feuer geglüht und dann geschlagen wird, wozu es gehört, daß diese Person benannt und mit einem eigenen Spruch versehen wird. Zu diesen Sprüchen gehören ebenso ehrende Verse wie Spottverse, so daß sich erklärt, warum man mancherorts »Ehrenscheiben« und »Schimpfscheiben« voneinander unterscheidet. Am Abend des Sonntags Invocavit, häufig auch an dessen Vorabend, trifft man sich in Kirchzarten auf dem Giersberg, wo zunächst in der dortigen Kapelle eine Abendandacht gehalten wird. Dann ziehen die jungen Burschen, meist des jüngsten Rekrutenjahrganges, zu dem zuvor von ihnen aufgeschichteten Holzstoß, der gleich nach dem Abendläuten entzündet wird. Dreimal umschreiten sie den brennenden Stoß, wobei sie Gebete sprechen. Danach werden in einem kleinen Nebenfeuer die Scheiben, jede für sich, im

Barocke Fastenscheibe mit 40 Fischen, deren jeder auf das Leben und Wirken Jesu Bezug nimmt, im Zentrum die Versuchung Jesu, in den Zwickeln die vier Evangelisten. Gewissermaßen als »Ziel« gilt das Lamm mit der Osterfahne, unten in der Mitte.

FASTENZEIT

Feuer geglüht und, wenn sie an den Rändern richtig brennen, über das daneben aufgestellte Brett abgeschlagen. Beim Scheibenschlagen am 6. März 1971 schlug der Anführer zunächst verschiedene Ehrenscheiben »*für die heilige Dreifaltigkeit*«, für den Ortsgeistlichen und den Bürgermeister, dann für »*die Herren Gemeinderäte*« usw., die ganze örtliche Hierarchie hinab. Danach traten die übrigen Burschen nacheinander an und schlugen mit den entsprechenden Versen die Scheiben für die vielen Einzelpersonen, deren an diesem Abend gedacht wurde, insgesamt etwa 150 Scheiben für ebensoviele Persönlichkeiten. Bedacht wurden mit einer Scheibe auch diejenigen, »*die ebbes Geils hören welle*«. Die Mädchen, auf die entsprechende Verse gemünzt waren, standen etwas weiter unterhalb des »Scheibenbucks«, von wo aus sie die Rufe der jungen Burschen deutlich hören konnten. Zum Abschluß des Scheibenschlagens wurde dann ein großes Feuerrad – ein alter Autoreifen, mit Stroh gefüllt und mit Benzin übergossen – entzündet und aus seiner Halterung gelöst, so daß er wie ein heller Feuerball zu Tal rollte. Sebastian Franck meinte schon 1530, das sei anzusehen, »*als ob die Sunn von dem himmel lieff*«.

»Ihr müßt von neuem geboren werden«

Zum Verständnis des Scheibenschlagens muß man sich zunächst vergegenwärtigen, daß es sich um Brauch am Termin der »alten« Fastnacht« handelt, schärfer formuliert: um alten Fastnachtsbrauch. Heute liegt der »Funkensonntag« zwar als erster Sonntag innerhalb der Fastenzeit, doch handelt es sich dabei um eine jüngere Entwicklung. Ursprünglich lag er unmittelbar *vor* dem Beginn der Fastenzeit, als nämlich die Fastenzeit erst am Montag nach Invocavit begann. Das war seit dem 5. Jahrhundert der Fall, als man die Fastenzeit analog zum Aufenthalt Jesu in der Wüste (Mt 4,3) auf vierzig Tage und Nächte festlegte und diese Zeitspanne von Ostern her Tag für Tag zurückzählte. Erst die Überlegung, daß es (auch zur Entlastung der Gläubigen) besser sei, die Sonntage als Gedächtnistage der Auferstehung Jesu Christi aus der Berechnung der Fastenzeit auszulassen, führte dazu, daß man (allgemein seit dem Konzil von Benevent, 1091) den Beginn der Fastenperiode auf den Mittwoch vor Invocavit vorrückte, also auf den heutigen Aschermittwoch. An diesem Tag erhielten (und erhalten noch heute) die Büßer das Aschenkreuz auf die Stirn gezeichnet, und zwar im Anschluß an den biblischen Bericht vom nächtlichen Gespräch Jesu mit Nikodemus (Joh 3), demzufolge der Mensch, der das Gottesreich schauen wolle, »*von neuem geboren*« werden müsse: »*oportet vos nasci denuo*« (Joh 3,7); die Asche des Aschermittwochs, die gerne von den geweihten Ölzweigen des zurückliegenden Jahres genommen wird, gilt als Zeichen für den verbrannten Menschen, so wie das Kreuz als Zeichen für den in Christus wiedergeborenen neuen Menschen. Die »alte« oder »Buure-Fasnet« (im Gegensatz zur neuen oder »Herrenfasnet«) hat sich, weil gut begründet, in Basel und im Markgräflerland bis heute erhalten, und dort ist auch das Scheibenschlagen am »Funkensonntag« allgemein verbreitet.

Durch das Feuer zu einem neuen Leben

Wenn nun aber schon das Aschenkreuz des Aschermittwochs deutlich gemacht hat, worum es für den einzelnen Menschen beim Übergang von der Fastnacht zur Fastenzeit geht, nämlich um das Wiedererstehen zu einem neuen Leben »aus Christus«, gewinnt auch das Scheibenschlagen eine sehr deutliche Perspektive: Jede einzelne Scheibe, die bei diesem Brauch im Feuer geglüht und dann unter Hinzufügung eines bestimmten Spruches geschlagen wird, so daß sie wie auf einer Bahn durch den Äther fliegt, steht ja im Prinzip für einen individuellen Menschen, der damit angesprochen und gemeint ist. Michael Belgrader hat auf einen Beleg für das Scheibenschlagen aus der Zeit um 1200 hingewiesen, der sich im »Tristan« Gottfrieds von Straßburg findet: »*Diu schîbe, diu sîn êre truoc, / die Môrolt frîliche sluoc / in den bîlanden allen, / diu was dô nîder gevallen*«

(V. 7165). Schon hier stimmen Begriff und Brauch zusammen, nämlich das, was in dem Beleg über den Lorscher Klosterbrand als »discus marginis accensus« genannt wurde, was zu deutsch »schîbe« heißt und im mittelhochdeutschen Sprachgebrauch ebenso mit dem Rade des Glücks (»der Saelden schîbe«) wie mit der Schicksalsbahn (»îre schîben«) in Zusammenhang gebracht wurde. Das deutet daraufhin, daß die Scheibe tatsächlich als Sinnbild für das menschliche Leben verstanden wurde, das ebenso »nîder vallen« konnte, wie es hoch aufgestiegen war. Die Vorstellung, daß der Baum ein Zeichen für den Menschen sei, ist alt, und sie begegnet nicht nur in der Bibel, wo beispielsweise Johannes der Täufer mit ihm an das Gericht über den Menschen erinnert, wenn er sagt: »Schon ist die Axt an die Wurzel der Bäume gesetzt; jeder Baum nun, der nicht gute Frucht bringt, wird herausgehauen und ins Feuer geworfen« (Mt 3,10), sondern sie spiegelt sich beispielsweise auch in dem überlieferten Brauch, bei der Geburt eines Menschen einen Baum zu pflanzen, der mit ihm wächst und vielleicht auch »abgehauen« wird. Die Meinung, den Menschen – gewissermaßen »pars pro toto« – durch ein Stück Holz vertreten zu lassen, kann insofern keineswegs ungewöhnlich erscheinen. Jedenfalls ließe sich am Übergang von der Fastnacht zur Fastenzeit, bei der Verwandlung des »alten Adams« in den neuen Menschen »aus Christus«, kaum ein sinnreicherer Brauch denken als jener der »Bewährung durch das [oder: im] Feuer«, der übrigens durch die beigefügten Sprüche ganz deutlich auch an ein Wort des Paulus erinnert: »Der Tag des Herrn wird es erweisen, er offenbart sich ja im Feuer, und wie beschaffen das Werk des einzelnen ist, – das Feuer wird es erproben. Hält das Werk stand, das einer baute, wird er Lohn empfangen; wessen Werk aber niederbrannte, der wird Schaden erleiden, er selbst aber wird gerettet werden, doch so wie durch Feuer hindurch« (1 Kor 3,13-15). Es handelt sich um eine der klassischen Stellen für die biblische Begründung der Fegfeuerlehre, die ja besagt, daß der Mensch, der schließlich in die unverlierbare Anschauung Gottes gelange, durch das Feuer von den verbleibenden Makeln der Sünde gereinigt werden müsse. In diesem Sinn argumentiert schon Gregor von Nyssa (gestorben um 394), daß ein schwerer Sünder, der sich bekehre, nach seinem Tode nicht gleich an der Gottheit Anteil haben könne, »wenn nicht zuvor das Feuer der Reinigung die seiner Seele anhaftenden Makel gereinigt hat«. Hier entsteht jedenfalls das gleiche Bild des Gegensatzes von Ferne und Nähe zu Gott, wie es durch Fastnacht und Fastenzeit liturgisch repräsentiert wird, wobei entscheidend bleibt, daß man auf die höhere Ebene der Fastenzeit »wie durch Feuer hindurch« gelangen muß; und gerade dies wird durch das Scheibenschlagen auf eindrucksvolle Weise sichtbar veranschaulicht. Man darf dabei nicht übersehen, daß die Fastenzeit, liturgisch gesehen, tatsächlich auf die unverlierbare Anschauung Gottes, das Ziel allen christlichen Strebens, zuführt. Ganz klar sagt dies die sechste Lektion, die das Römische Brevier für den Sonntag Invocavit vorschrieb: »Paradisi portas aperuit nobis jejunii tempus – die Zeit des Fastens hat uns die Pforten des Paradieses eröffnet.« Es bedarf von diesem Kontext her auch keiner besonderen Begründung dafür, warum die Brauchübung des Scheibenschlagens mit Abendandacht und Gebeten eingeleitet wird, insbesondere mit der Bitte an die Gottesmutter um den Beistand im Tode, der ja nach christlicher Auffassung das »besondere« Gericht über jeden einzelnen Menschen herbeiführt. Das christlich-missionarische Anliegen des Brauches erscheint derart evident, daß für das Postulat seiner vorchristlichen Herkunft wenig Wahrscheinlichkeit übrigbleibt.

Wiedergeburt aus der Asche

Zwischen dem Scheibenschlagen und dem Aschermittwochsbrauch der Auflegung des Aschenkreuzes besteht also ein enger Zusammenhang; beide bezeichnen Ende und Neuanfang. Der Ritus des »äscherigen Mittwochs« selbst, wie ihn Sebastian Franck

1534 nennt, wird gewöhnlich auf Gen 3,19 bezogen, den Satz, daß der Mensch vom Staube gekommen sei und wieder zu Staube werde; aber Name des Tages und Brauch weisen auch ganz deutlich auf die Vorstellung von der Wiedergeburt aus der Asche hin.

Die Fastenzeit selbst bedeutet für den gläubigen Christen die Hinwendung zu einem neuen Leben, nachdem er mit dem alten gebrochen hat. Der Übergang von der einen zu der anderen Lebensform wird traditionell auf die verschiedenste Weise in das Bewußtsein gehoben: durch das Begraben, Verbrennen oder Ertränken der Fastnachtsfigur, durch die Geldbeutelwäsche, einen öffentlichen Kehraus oder ähnliches einerseits, und durch den Neuanfang mit Fisch- oder Stockfischessen andererseits. Sebastian Francks »Weltbuoch« von 1534 tadelt aus der Sicht des Gegners die Aschermittwochsbräuche, wenn er den katholischen Christen vorhält, daß sie »*die fasten […] mit grosser mummerey*« einleiteten, Bankett hielten und sich »*in ein sunder manier*« verkleideten, »*vnd treiben der fantasei onzälich vil.*« Es mag dabei offenbleiben, ob zu Sebastian Francks Zeiten die Grenze zwischen Fastnacht und Fastenzeit nicht so strikt gezogen war, wie es später durch Papst Benedikt XIV. als unerläßlich erklärt wurde, oder ob es sich hier um Aschermittwochsbräuche im engeren Sinne handelte, die später in Abgang gerieten. Daß man sich jedenfalls in den »Hochburgen« der Fastnachtsfeierei am Aschermittwoch wiedertrifft, um mit einer Fischmahlzeit die neue Fastengemeinschaft zu konstituieren, ist offenkundig. Man verzehrt jetzt Fisch (und nicht Fleisch), um damit auch nach außen hin seine Zugehörigkeit zur Schar der Christen, die jetzt Buße tun, zu bekunden.

Denn der Fisch verweist in einer breiten christlichen Tradition auf Christus, der »*im Abgrund dieser Sterblichkeit wie in der Tiefe des Meeres lebendig*« blieb (Augustinus). Am verbreitetsten ist das Stockfischessen, nicht nur weil sich getrockneter Fisch leichter konservieren läßt als anderer, sondern weil es heißt: »*piscis assus, piscis passus*«; der trockene Fisch steht für den leidenden Christus, der durch sein

Opfer die Menschheit befreit hat. Daß bei diesem Fischessen das eucharistische Denken Pate gestanden hat, versteht sich von selbst. Jedenfalls wußte schon Sebastian Franck, daß die »römischen Christen« in der 40tägigen Fastenzeit »*kein flysch / auch nit milch / käß / eyer / schmaltz*« essen, es sei denn, sie hätten sich die Freiheit dazu »*vom Rhömischen stuol*« erkauft, und zwar durch eigene »Butterbriefe«, wie dies etwa im Falle von Krankheit zulässig waren. Im übrigen gehe man jetzt allgemein zur Beichte, verhülle die Altäre und lasse ein »Hungertuch« (mit Darstellungen zur Passionsgeschichte) herab. Den »Sabbata« des Johannes Kessler (1533) zufolge sollte das »Hungertuch« den Tempelvorhang bedeuten, der beim Tod Jesu Christi zerriß. Christliche Autoren

Pieter Brueghel d. A.: Auflegen und Empfang des Aschenkreuzes am Aschermittwoch in der Kirche. Detail aus dem »Kampf zwischen Fastnacht und Fastenzeit«, 1559.

betonten stets den doppelten Charakter der am Aschermittwoch einsetzenden liturgischen Zeit aus Büßen und Fasten. Beides lasse den Menschen wie zwischen den Mühlsteinen von Furcht und Hoffnung zermahlen und so schließlich zu jenem Brot werden, das Gott gefalle. Auch hier ist im Grunde die Wiedergeburt des Menschen angesprochen, auf die im Zusammenhang der Fastenzeit noch mehrfach Bezug genommen wird, etwa durch die Vierzig-Tage-Frist. Denn »ob in Tagen, Wochen, Monaten oder Jahren gezählt« wird, immer steht diese Zahl »als Abbild, Hinweis oder Abbreviatur für die vierzig Wochen der Konzeptionsdauer zwischen und Zeugung und Geburt. Vierzig Tage oder Wochen an einer heiligen Stätte, in einer notvollen, aber heilsam endenden Situation, vierzig Tage einer heiligen Erscheinung meinen im Grund immer den Durchgang, der zutiefst neues Leben gewinnt, vom Tod zum Leben führt« (Georg von Gynz-Rekowski).

Im Mittelalter, belegt seit dem siebenten Jahrhundert, gehörte zum Aschermittwoch auch die rituelle Austreibung der Büßer aus der Kirche, die später, im 15. und frühen 16. Jahrhundert, in einen symbolischen Akt umgewandelt wurde. So wurde etwa im Halberstädter Adamsspiel der »Ursünder« Adam hinausgejagt, nicht anders wie nach biblischem Verständnis der erste Mensch aus dem Paradies, um erst wieder am Tag der »Wiederaufnahme der Gefallenen«, dem Gründonnerstag, in die Glaubensgemeinschaft zurückzukehren.

Zu Mittfasten ist der Rosensonntag

»Zuo mitterfasten ist der rosen Suntag / daran segnet der Bapst alle gebeichten zuo Rom und bestettigt auch den Juden yhr gesatz.« Mit diesen Worten leitet Sebastian Franck im »Weltbuoch« 1534 den Abschnitt über die Bräuche am Sonntag Laetare ein, dem Mittfastensonntag, dessen lateinische Bezeichnung dem Introitus der Messe dieses Sonntages entnommen ist. Daß dieser Sonntag durch bestimmte Bräuche ausgezeichnet ist, hat seinen Grund in der Freude, von der dieser Introitus singt: »*Freue dich, Jerusalem! Kommt alle zusammen, die ihr es liebt! Jauchzet, die ihr in Trauer gewesen seid! Jubelt und stillt euren Trost (Laetare Jerusalem et conventum faciete omnes qui diligitis eam; gaudete cum laetitia, qui in tristitia fuistis: ut exultetis, et satiemini ab uberibus consolationis vestrae)!*« Und diese Freude wiederum wird von der Verheißung des Erlösungsgeschehens getragen, wie sie der Prophet Zacharias ausspricht, wenn er sagt: »*Tochter Sion, juble laut! Jauchze, Tochter Jerusalem! Siehe, dein König kommt zu dir; gerecht und heilbringend ist er, demütig und reitet auf einem Esel, auf dem Füllen einer Eselin*« (Zach 9,9). Der Mittfastensonntag bildet gewissermaßen den Wendepunkt, von dem aus der Christ zurückblickt auf die erste Hälfte der Fastenzeit, die ganz der Eingezogenheit und Trauer zugedacht war, und zugleich froh vorausschaut auf den Palmsonntag mit dem Einzug Jesu in Jerusalem«, an dem dessen Opfergang und damit die Erlösung des Menschengeschlechts beginnt. An diesem Sonntag wurden, um dieser Freude Ausdruck zu geben, alter Tradition nach die Orgeln geschlagen (»organa pulsantur«) und die Kirchendiener zum Zeichen erhöhter Feierlichkeit in Dalmatiken gekleidet. Das Hauptereignis bestand jedoch darin, daß der Papst in Rom mit einer goldenen Rose in der Hand vor die Gläubigen trat und sie mit diesem Zeichen auf die nahende Passionszeit hinwies, wie dies noch im 19. Jahrhundert der Fall war. Zum ersten Mal erwähnt wird die goldene Rose im Jahre 1049 unter Papst Leo IX.; sie diente stets dazu, den Gläubigen zur Minderung der Trauer über das Leiden des Herrn den Ruhm der künftigen Auferstehung anzuzeigen: »*Summus Pontifex [...], ut minus passio contristet, rosam auream gestans in manu, fidelibus gloriam futurae resurrectionis praemonstrat*« (Petrus da Capua). Schon Papst Innozenz III. (gestorben 1216) beantwortete in einer Predigtauslegung zum Sonntag Laetare »*sive de Rosa*« ausführlich die Frage, warum er an diesem Tag den gläubigen Völkern eine goldene Blume zeige (»*cur in Dominica Laetare florem*

Sommer- und Winter-Kampf am Laetare-Sonntag in Forst an der Weinstraße, 21. März 1982. Nach dem Kampf »bis aufs Messer« folgt eine Versöhnung, doch der Winter bleibt besiegt.

aureum fidelibus populis praesentet«). Die Rose bezeichne jene Blume, von der es im Hohenliede heiße: *»Ich bin eine Blume auf dem Felde und eine Lilie im Tal«*; damit weist er, das typologische Denken nutzend, auf Christus hin. Die Rose, ergänzt Petrus da Capua, bestehe aus drei Substanzen: Gold, Moschus und Balsam; und so, wie sich durch den Balsam der Moschus mit dem Gold vermähle, so verbinde die Seele den Körper mit der Gottheit. Jedenfalls steht fest, daß die öffentliche Präsentation der goldenen Rose durch den Papst fest in den Kult des Laetare-Sonntages eingebunden war. Berühmt wurde die feierliche Rosendarreichung durch Papst Johannes XXIIII. auf dem Konzil von Konstanz am Laetare-Sonntag 1415: *»Darnach ze mittervasten, als man singt in der hailgen mess Laetare, do hett unsser hailger vatter, baupst Johannes, mess uff dem fron altar in unser frowen münster und segnot da ain ital guldin rosen, der was vast* [= sehr] *kostlich. Und gab den guldin rosen da mit siner hand in unssers herren küngs* [= Kaiser Sigismunds] *hand, den empfieng er vast wirdiklich vor dem fronaltar in dem münster zuo dem thuomb* [= Dom] *zu Costenz* [= Konstanz]. [...] *Und nach dem segen der mess, do gieng unsser hailger vatter, der baupst usser dem münster in die pfaltz uff den äger* [= Erker], *der da sicht uff den obern hof und gieng mit im derselb unsser herr der küng, und truog den rosen in siner hand, und bot den vor dem äger heruss* [= bot ihn von dem Erker aus dar], *das in aller menglich wol sehen mocht.* [...] *Und nach derselben mess und nach dem segen, do nam unsser herr der küng denselben rosen in sin hand mit ainem guldin tuoch und rait damit durch die statt, das in aller menglich wol sehen mocht.«* Ähnlich überliefert das Ceremoniale Basiliensis Episcopatus« von Brilinger, daß am Laetare-Sonntag 1513 wegen dessen freudiger Stimmung *»die goldene Rose, nicht ohne ergreifenden*

Eindruck zu machen, in Prozession über den [Baseler] Münsterplatz getragen« worden sei.

Sommer-Winter-Kampf in Forst an der Weinstraße

»Verschiedene Volksbräuche (ritus populares) werden heute, zum Zeugnis der allgemeinen Freude, als unsträflich zugelassen.« Mit diesen Worten weist der Jesuit Nicolaus Nilles auf die Bedeutung des Mittfastensonntags als Brauchtermin hin. Dann schildert er die Gewohnheit, an diesem Sonntag *»den beschwerlichen Winter, jenes häßliche Bild des Todes, in einem Kampf mit dem herbeigesehnten lieblichen Sommer besiegen«* zu lassen (*»molestam hymem, tetram illam mortis imaginem, ab amoena aestate jam appetente in pugna devictam«*) sowie ihn aus Städten und Dörfern hinauszutreiben und in das Wasser zu werfen. Von der Gestalt des besiegten Winters her, des Todes, habe der Tag bei den slavischen Völkern den Namen »Totensonntag« erhalten. Bei den Deutschen hingegen habe er den Namen des Siegers bekommen, des Sommers, und werde demzufolge »Sommertag« genannt. Den Brauch, den Nilles beschreibt, kennt in ganz ähnlicher Weise schon Sebastian Franck 1534: *»An disem tag hat man an ettlichen orten ein spil / das die buoben an langen ruotten bretzeln herumb tragen, in der statt / vnd zwen angethone [= verkleidete] mann / einer in Syngrün oder Epheu / der heyßt der Summer. Der ander mit gemäss angelegt / der heyßt der Winter / dise streiten miteinander / da ligt der Summer ob [= er obsiegt] vnd erschlecht den Winter / darnach gehet man darauff zum wein.«* An einzelnen Orten, vornehmlich in der Gegend von Heidelberg, hat sich das Sommer-Winter-Kampfspiel bis zur Gegenwart erhalten. Zwei Kinder, als »Winter« und als »Sommer« verkleidet, treten zum Kampf gegeneinander an; die übrigen Teilnehmer tragen geschmückte Stäbe, singen Lieder, erbetteln Gaben oder unterhalten

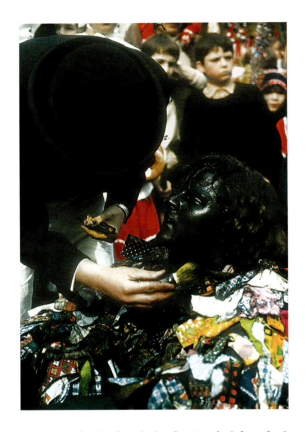

»Nudelgret« und »Hansel Fingerhut« beim Sommer-Winter-Kampf in Forst an der Weinstraße, 21. März 1982. Die Brezel mit ihren verschränkten Armen ist als Gebildbrot ein altes Devotionalgebäck.

FASTENZEIT

116

die Zuschauer durch lustige Einlagen. Ein solches Laetare-Lied erwähnt bereits Lieselotte von der Pfalz 1696: *»Nun sind wir in den fasten / da leeren die Bauern die Kasten.«* In den Liedern und als Bezeichnung für den gesamten Brauch wird auch der Ausdruck »Stabaus« gebraucht, der aus der mittelalterlichen Rechtspflege stammt und sich auf das Ausstäupen bezieht; – es ging stets um das Bestrafen und Wegjagen des Winters. Nachdem der Brauch des Sommertagsumzuges fast ganz zum Erliegen gekommen war, organisierte der Heidelberger »Gemeinnützige Verein« ihn im Jahre 1893 wieder neu, mit dem Erfolg, daß man die Anregung dazu auch an anderen Orten aufgriff: 1898 in Neckargemünd und Schwetzingen, 1902 in Weinheim und Bruchsal, 1903 in Mannheim, Wiesloch und später in Ludwigshafen und Speyer. Noch 1969 führte die Stadt Neckarbischofsheim einen eigenen Sommertagsumzug ein.

Besonders gut hat sich das Winter-Sommer-Kampfspiel in Forst an der Weinstraße erhalten, wo es unter der Bezeichnung »Hansel-Fingerhut-Spiel« am Sonntag Laetare aufgeführt wird. Es umfaßt sechs Rollen (»Sommer«, »Winter«, »Henrich-Fähnrich«, »Hansel-Fingerhut«, »Scherer« und »Nudelgret«) und gliedert sich in vier Auftritte. Das Spiel beginnt mittags mit dem Aufzug der Kapelle durch das Dorf. Die Kinder versammeln sich am Ortseingang, wo schon zwei kegelförmige, aus Latten und Stangen gefertigte Gestelle auf sie warten, die hier »Häusel« heißen und in Kopfhöhe mit einem Guckloch versehen sind: der »Winter« und der »Sommer«; in sie steigt jeweils einer der Mitspieler, der dann sein Gestell tragend fortbewegt. Das »Winter«-Häusel ist mit Stroh verkleidet und mit einem Strohkreuz geschmückt, während das »Sommer«-Häusel mit Efeu bedeckt ist und an der Spitze ein blauweißes Fähnchen trägt. Die beiden Streiter tragen Holzsäbel für den Kampf. Das Spiel selbst wird mehrfach aufgeführt. Die Spieler bewegen sich die Dorfstraße entlang, halten unterwegs mehrmals an und beginnen jeweils ihr szenisches Spiel neu – das Vorbild mittelalterlicher Streitgespräche ist offenkundig. Der »Sommer« sagt: *»Ich tret herein also frisch / Grüß Herren und Damen hinterm Tisch«* usw., darauf antwortet der »Winter«: *»Ich tret herein also stolz / Komm aus einem frischen Holz [...].«* Dann schließt sich als zweiter Auftritt der tätliche Kampf mit den hölzernen Säbeln an, der nach einem vergeblichen Versöhnungsversuch mit dem Sieg des Sommers endet. Im dritten Auftritt erscheint die lustige Figur des »Hansel-Fingerhut«. Die Hauptbeschäftigung dieses »Hansels« besteht darin, Frauen und Mädchen hinterherzulaufen und ihnen schwarze Küsse auf das Gesicht zu drücken, d. h. sie »anzuschwärzen«. Wenn »Sommer« und »Winter« sich versöhnt haben, beginnt der »Hansel-Fingerhut«, um beide herumzulaufen und in einem längeren Sprechgesang seine Lebensgeschichte zu erzählen; es ist die Geschichte eines Tunichtguts, die den Bettelmannsbeichten der Jedermann-Spiele gleicht. Dann zieht der Zug weiter, und das Spiel wiederholt sich; es endet jedesmal mit der Niederlage des »Winters«, der

Nach dem Sieg des Sommers wird der Winter verbrannt.

zuletzt unter Absingen des Liedes »Winter ade, scheiden tut weh« verbrannt wird.

An anderen Orten haben sich reine Winter-Sommer-Auftritte ohne (oder nur mit reduziertem) Kampf erhalten, so in Boxbrunn im Landkreis Miltenberg, wo das Spiel am Sonntag Oculi, der hier als Mittfastensonntag verstanden wird, stattfindet. Der »Sommer« und der »Winter« ziehen von Haus zu Haus, von Hof zu Hof. Sind sie angekommen, so singt die Begleitschar: »*Midde in de Faschde / Da leern die Bauern die Kaschte / Und wenn die Bauern die Kaschte leern / So gait's ä gudi Äern [= Ernte] / He, he, Äern raus! / De Summer und de Winter sinn daus.*« – Wieder anders präsentiert sich der Winter-Sommer-Auftritt in Buch bei Amorbach. Hier eilen der mit Stroh umkleidete »Winter« und der in Efeu gehüllte »Sommer«, wenn sie vor das jeweilige Haus gekommen sind, in die Stube. Der »Sommer« öffnet ein Fenster und lehnt sich weit hinaus, während der »Winter«, frierend und vor Kälte zitternd, hinter dem Ofen verharrt. Plötzlich stürzt der »Winter« auf das offene Fenster zu und schlägt es zu, um sogleich wieder hinter den Ofen zu eilen. Das wiederholt sich mehrfach, bis der »Winter« aufgibt und die Stube verläßt. In Watterbach bei Miltenberg reißt der »Sommer« das Fenster auf, der »Winter« schlägt es wieder zu, schließlich ringen beide miteinander, bis der »Sommer« Sieger bleibt, den »Winter« hinausschiebt und alle Fenster öffnet. Offensichtlich handelt es sich um Restformen eines einst weitverbreiteten Spiels.

Tod und Winteraustreiben

Bei einem anderen Laetare-Brauch verschiedener Orte am Untermain und im Odenwald trägt man »den Tod hinaus«. Das geschieht etwa in Hollerbach im Landkreis Buchen in der Form, daß der älteste Schulbub des siebenten Schuljahres den selbstgefertigten »Booz«, umringt und begleitet von den übrigen Schulkindern, die ganze Dorfstraße entlang trägt, wobei die Kinder immer wieder singen: »*Schaut heraus! / Der Tod ist draus. / Wir tragen ihn zum Dorf hinaus.*« Schließlich wird der »Booz« entkleidet und das Stroh verbrannt; seine Kleider, und was sonst zu seiner Ausstattung gehört, gehen dann an den Buben über, der den Brauch im folgenden Jahr auszuführen hat. – Man übt das Todaustragen bis heute im allgemeinen so, wie man das »bei den Franken« schon Anfang des 16. Jahrhunderts zu tun pflegte. Sebastian Franck bemerkt dazu: »*Zuo miterfasten machen sy an etlichen orten ein stroinen man / oder butzen / angehton vnd zuogericht wie ein todt / den tragen die versamleten jungen in die nahend gelegenen dörffer.*« Franck weiß, daß die Bewertung dieses Tuns unterschiedlich ausfällt, weil einige es belohnen, während sich andere – aus Angst, daß die »Imago mortis« den Tod anlocken könne –, strikt dagegen wenden. Diese unterschiedliche Bewertung läßt sich auch für die Folgezeit belegen, in der sie ihre konfessionelle Dimension erhält; denn während der Brauch in den katholischen Landschaften (zumindest hier und da) erhalten bleibt, wird er in den evangelischen ganz unterdrückt.

Für diesen Brauch, am Laetare-Sonntag eine Strohpuppe hinauszutragen, gibt es verschiedene Erklärungen. Der polnische Priester und Humanist Jan Długosz (1415–1480) führt in seiner »Historia Polonorum« eine geschichtliche Begründung dafür an: Im Zuge der Christianisierung habe Herzog Myeczslaus (Mieszkos I.) am 7. März 965 in allen Städten und Dörfern die heidnischen Götzenbilder zerstören und deren Trümmer in Seen und Teichen versenken lassen. »*Die damals durchgeführte Zerbrechung und Versenkung der falschen Gottheiten wird noch heutzutage in einigen polnischen Dörfern dargestellt und erneuert, indem von den Ausübenden am Sonntag Laetare das Abbild der Dzyewana [= Diana] und Marzyana [= Ceres], an einer langen Stange befestigt, aufgehoben, in die Sümpfe geworfen und versenkt wird. Bis heute hat die Ausübung dieses uralten Brauches (»consuetudinis vetustissimae«) bei den Polen nicht aufgehört.*« Tatsächlich läßt sich zumindest der Name »Marzana« für die hinausgetragene, manchmal auch schön gekleidete Figur häufig belegen, wobei nicht unwichtig erscheint, daß diese Figur vor ihrer Vernichtung von den Brauchträgern noch beschimpft und entehrt wird. Friedrich Sieber weist die Erklärung des Historikers Jan Dugosz als reine Fiktion zurück und will im Todaustragen eine magisch-sinnbildliche Vernichtung der Pest sehen. Zu dem »kühnen Schritt«, das Todaustragen am Sonntag Laetare als Erinnerung an jenen Götzensturz zu interpretieren, habe diesen, argumentiert Sieber, die Lesung aus Ezechiel ermutigt, die traditionell zur vierten Ferie der Laetare-Woche – dem eigentlichen Mittfastentag – gehöre. Dort spricht Jehova: »Dann sprenge ich über euch reines Wasser, damit ihr gereinigt werdet; von all euren Unreinheiten und von all euren Götzen will ich euch reinigen – Et effundam super vos aquam mundam, et mundabimini ab omnibus inquinamentis vestris, et ab universis idolis mundabo vos« (Ez 36,25). Diese göttliche Ankündigung der Reinigung aus der Unreinheit des Götzendienstes habe der humanistische Kleriker und Historiker aus der Liturgie in den geschichtlichen Raum transportiert: »Es ist nicht zu verwundern, daß dieser Deutungsversuch des Todaustragens – liturgisch gestützt, historisch verankert, brauchhandelnd vor Augen geführt – Jahrhunderte hindurch in Geltung blieb.« Der Gedanke, daß die liturgischen Vorgaben das Brauchhandeln selbst hervorgerufen haben könnten, wie es in der christlichen Tradition die Regel war, und daß dieses Brauchhandeln später, in Zeiten der Pest, magisch gewendet und nur deshalb von verschiedenen Synoden (Prag 1366, 1374, 1384) verboten worden sei, wird nicht diskutiert. Sieber bezeichnet vielmehr den Bericht des Jan Dugosz als ein »gentiles Bekehrungsfabulat« und ordnet ihm alle gleichlautenden späteren Zeugnisse zu. So verwirft Sieber auch die Erläuterung des evangelischen Hofer Gymnasialrektors Enoch Widmann in dessen »Chronik der Stadt Hof« (um 1596), »wie es im Bapstthumb [d. h. in vorreformatorischer Zeit] mit diesen und anderen ceremonien für eine gelegenheit gehabt und wie sie allgemachsam gefallen [d. h. allmählich abgekommen] sind.« Zum Todaustragen schreibt Widmann: »Am sontag laetare oder mitfasten trugen die kinder den todten aus und sungen dazu. Welches daher seinen ursprung genomen, daß die Deudschen, die Sachsen und was gegen mitternacht liegt, gemeiniglich in der fasten vom heidnischen wesen zum christlichen glauben bekert und die heidnischen, abgottischen bilder, als ein tödtlicher grewel und seelengift, hinaus fur die stadt getragen und entweder zu aschen verbrent oder in die furfliesenden [= vorüberfließenden] wasser sind geworfen worden.« Welche Verse oder Lieder die Kinder bei diesem Brauch gesungen hatten, teilte Widmann nicht mit. Man kann sie indes aus den Kontrafakturen der Luther-Zeit erschließen, so wenn der evangelische Pfarrer Johann Mathesius zum Jahre 1545 schreibt: »Diß Jar besucht ich Dr. Luther zum letzten [Mal], vnnd bracht jm das Lied mit, darinn vnser kinder zu Mitterfasten den Antichrist außtreiben, wie man etwan den todt, vnd die alten Römer jren Bilden und Argeis theten, die sie auch ins Wasser warffen. Diß Lied gab er in Druck, vnd macht selbs die vnterschrifft: ›Ex montibus et uallibus, ex sylvis et campestribus‹.« Die Umdichtung Luthers aber erhielt eine starke antirömische Spitze, insofern hier der Gegner, um den es gegangen war, mit dem römischen Papst gleichgesetzt wurde: »Nun treiben wir den Bapst heraus / Aus Christus Kirch und Gottes Haus / Darin er mördlich hat regiert / und unzählig viel Seelen verführt [...].«

Was die jüngere Forschung übersehen hat, womit aber Kleriker wie Jan Dugosz voll vertraut waren, das betrifft den Hauptgedanken der Messe des Laetare-Sonntags, der gerade in der Lossagung von dem überkommenen Alten und in der Hinwendung zu dem erwarteten Neuen liegt. Am Mittfastensonntag befindet man sich, wie gesagt, liturgisch am Wendepunkt von alter zu neuer Zeit, und dieser Gegensatz spiegelt sich nicht nur in der Gegenüberstellung von Trauer (»tristitia«) und Freude (»laetitia«), auf die schon der Introitus des Meßformulars für den Sonntag Laetare abhebt, sondern viel stärker noch in der für diesen Tag vorgeschriebenen Lesung aus dem Brief des Apostels Paulus an die Galater (Gal 4,22-31). Da wird an die Geschichte von Abraham erinnert, der zwei Söhne hatte, einen von der Magd, den anderen von der Freien – der eine »*nach dem Fleisch (secundum carnem)*« geboren, der andere »*nach der Verheißung (per repromissionem)*« –, und ausdrücklich hervorgehoben, daß dies allegorisch gemeint sei: »*quae sunt per allegoriam dicta*«. Paulus erläutert, wer mit diesen Söhnen gemeint sei: die beiden Testamente, das Alte und das Neue, die einander nicht anders gegenüberstünden wie Gesetz und Gnade oder wie Sinai und das neue Jerusalem. Er beruft sich dann auf das Wort der Schrift (Gen 21,10): »*Treib fort die Magd und ihren Sohn! Denn der Sohn der Magd soll nicht Erbe sein mit dem Sohn der Freien (Ejice ancillam, et filium ejus: non enim haeres erit filius ancillae cum filio liberae)*«. Und er kommt zu dem Schluß: »*Wir sind nicht Söhne der Magd, sondern Söhne der Freien*« (*non sumus ancillae filii, sed liberae)*«, an den das Meßformular noch eine weitergehende Erläuterung anschließt: »*qua libertate Christus nos liberavit – aus deren Freiheit Christus uns freigemacht hat.*« Die Aufforderung, daß Alte hinauszutreiben, von dem man frei geworden sei, ist hier so deutlich ausgesprochen, daß man gut verstehen kann, warum man gerade an diesem Tag, wie Jan Dugosz versichert, an die »*Zerbrechung und Versenkung der alten Gottheiten*« durch einen entsprechenden Brauch erinnerte. Wenn dieser Brauch dann wirklich in den Pestzeiten des 13./14. Jahrhunderts mit dem neuen Sinn einer magischen Austreibung der Figur des Todes belegt worden wäre, so hätte dies in der Tat als Aberglauben (»superstitio«) interpretiert werden können, weil die Überwindung des Todes nach allgemein-christlichem Verständnis gerade nicht durch eine magische Handlung, sondern durch den Opfertod Jesu Christi am Kreuz erfolgt war. Von hier aus ließe sich ohne weiteres das Prager Synodalverbot von 1366 verstehen, das die Anfertigung von Todesbildern untersagte, weil die Brauchträger »*zu ihrer eigenen Schande*« erklärt hätten, »*daß ihnen der Tod (mors) weiterhin nicht schaden dürfe, gleichsam als ob er aus ihrer Gemarkung gebannt und verjagt*« worden sei. Noch 1740 meinte der aufgeklärte evangelische Pfarrer Georg Christoph Zimmermann zum Todaustragen: »*O der Thorheit! Ist denn der Tod ein solches Ding / das sich an eine Stange stecken / und wegtragen läst? / Wann das hülffe / solten die jenigen / welche nicht gern sterben wolten / sich leicht ein langes Leben können zuwegen bringen.*« Jedenfalls bleibt als Tatsache bestehen, daß der vorreformatorische Brauch von den Reformatoren mit dem Papsttum in Verbindung gebracht wurde und daß er sich über die Reformation hinaus nur in den katholischen Landschaften erhielt. Der Sommer-Winter-Kampf und das Tod- oder Winteraustragen fanden im Meßformular des Laetare-Sonntags eine sichere Stütze. Daß man es bei diesen Brauchformen mit christlichem Erbe zu tun hat, dürfte sich insofern schwer widerlegen lassen.

Fasten-Zeche zu Jesu Christi »bitterem Tod«

Daß der Laetare-Sonntag im Hinblick auf den an ihm üblichen Brauch gelegentlich als »Totensonntag« bezeichnet wurde, mag Anlaß genug gewesen sein, an ihm auch des »bitteren Todes« Jesu Christi zu gedenken, wie das mehrfach geschah. In Röttingen versammelten sich am Mittfastensonntag die »*Rathsverwandten*« [= Gemeinderäte] nach der Vesper auf dem Rathaus, wohin auch in einer feierlichen Prozession unter Anführung ihres Lehrers die Schüler zogen. Sie sangen dabei das Passionslied: »*Als nun vollendet / Und sich geendet / Des Herrn Tisch und Abendmahl.*« Anschließend wurde der Schullehrer in das Ratszimmer eingelassen und durfte mit dem Bürgermeister und den Räten auf Kosten der Gemeinde zechen, während die Schulkinder zum Dank für Ihre Mühe frische Wecken erhielten, die ihnen von den Ratsdienern gereicht wurden. Aufklärerische Versuche, diese Zeremonie abzuschaffen, scheiterten an dem Argument, daß es sich bei dieser Zeche um einen fromme Stiftung handelte, so daß ihre Abschaffung ein Unglück bedeuten würde.

9
....

Hochgelobt, der da kommt im Namen des Herrn

VON OSTERPALMEN
UND
PALMESELN

Zu den wichtigsten Brauchterminen des christlichen Jahreslaufes gehört der Sonntag vor Ostern, der »Palmsonntag«, dem sich die Karwoche anschließt. Ihn verbindet mit dem Laetare-Sonntag der Doppelaspekt von Trauer und Freude: Trauer über das bevorstehende Leiden Jesu Christi, Freude über das Wissen der künftigen Auferstehung. Am Palmsonntag werden seit alter Zeit Bräuche geübt, die sich an der Liturgie dieses Sonntages orientieren. Es handelt sich um die Anfertigung und das Aufstellen von Palmstöcken oder Palmstangen, um das Tragen von Palmzweigen bei der Prozession und um den Umgang mit dem Palmesel, der einst eine große Rolle spielte, heute aber nur noch vereinzelt geübt wird. Alle drei Bräuche haben als gemeinsame Grundlage und als Gegenstand die Erinnerung an den Einzug Jesu in Jerusalem, der sich in der Liturgie dieses Sonntages mit der Passionsgeschichte verbindet. Diese wird heute im liturgischen Jahr A nach Matthäus, im Jahr B nach Markus und im Jahr C nach Lukas gelesen. Vor der Liturgiereform nach dem Zweiten Vatikanum betraf die Perikope des Palmsonntags das Evangelium nach Johannes (Joh 12,12 bis 13): »*Am Tage darauf hörte die Volksmenge, Jesus komme nach Jerusalem. Da nahmen sie Palmzweige und zogen hinaus, um ihn zu empfangen.*« Mit dieser Schriftstelle verband sich eine zweite, aus dem Matthäus-Evangelium (Mt 21,9): »*Die Leute aber riefen: Hosanna dem Sohn Davids.*« Aus diesen Texten erklären sich nicht nur die einzelnen Brauchübungen des Palmsonntages, der Umzug mit dem Palmesel und das Tragen von Palmzweigen, sondern aus ihnen ergibt sich auch der freudige Charakter, den die Feier des Einzugs Jesu in Jerusalem tragen sollte, während die nachfolgende Eucharistiefeier, zu der man früher das Altarkreuz verhüllte, von der Trauer um das Leiden Jesu geprägt war. Bis heute fordert die Liturgie des Palmsonntages, daß sich die Gemeinde vor der Kirche versammelt, um dann nach der Verkündigung des Evangeliums mit Palmzweigen in den Händen singend und freudig in die Kirche als dem »Neuen Jerusalem« einzuziehen. Der Palmsonntag bildet eigentlich das Christkönigsfest der alten Kirche, wie sich noch an dem Hymnus auf Christus, den König, erkennen läßt: »*Ruhm und Ehre sei dir, Erlöser und König! Jubelnd rief einst das Volk sein Hosianna dir zu. Du bist Israels König, Davids Geschlecht entsprossen, der im Namen des Herrn als ein Gesegneter kommt (Gloria, laus, et honor, tibi sit Rex Christe Redemptor: Cui puerile decus prompsit Hosianna pium. Israel es tu Rex, Davidis et inclyta proles: Nomine qui in domini, Rex benedicte, venis)*« usw.

Im Mittelpunkt der Palmsonntagsfeier steht die Weihe der »Palmen«, bei denen in nördlichen Gegenden »*die Blüthenkätzchen der Salweide, auch wohl des Haselstrauches, oder Tannen, Wacholder, Buchsbaum und andere Gewächse die wirkliche*

Vorige Seite: Palmesel, Hans Multscher zugeschrieben, 1456, Fasssung von Meister Georg, Christuskopf im 18. Jahrhundert wohl von Stephan Luidl in Dillingen überarbeitet. Wettenhausen: Dominikanerinnenkloster (früher Augsburg: St. Ulrich und Afra).

Barockes Wegkreuz mit Leidenswerkzeugen im Dietenbacher Tal bei Kirchzarten, 1982.

PALMSONNTAG

122

Herstellung von Osterpalmen im Dietenbacher Tal bei Kirchzarten, 1982.

Palme ersetzen [...]. Man bindet die Zweige besenartig zusammen oder befestigt sie an Stöcken und Stangen, die oft eine erhebliche Höhe erreichen, und schmückt diese mit Äpfeln, Eiern, Goldflitter, Seidenbändern, Schleifen und Brezeln. Die geweihten Palmen werden sorgfältig aufbewahrt, in Stuben, Kammern und Ställen angebracht, auf die Felder und Weinberge gesteckt, schützen hier gegen Gewitter und Hagelschlag und haben auch sonst manch segensreiche Wirkung« (Paul Sartori).

Palmenherstellung im Dietenbacher Tal

In Südwestdeutschland, besonders in Baden, werden solche »Palmen« mit besonderer Sorgfalt hergestellt. Am Donnerstag vor »Palmarum« beginnt zum Beispiel der »Jungbuur« [= Jungbauer] Andreas Maier in Dietenbach bei Kirchzarten mit den Vorbereitungen für die Palmbaumherstellung. Auf ihn geht die Wiederbelebung des Palmenbrauches in der Gemeinde zurück. Ähnlich veranlaßte im nahegelegenen Oberried die katholische Landfrauenvereinigung 1982 die Wiedereinführung des Palmbrauches nach fünfzigjähriger Pause.

Die Palmenherstellung nimmt am Donnerstag vor »Palmarum« damit ihren Anfang, daß eine lange schmale Tanne aus dem Wald geholt und mit dem Schälmesser von der Rinde befreit wird. »Der« Palmen (männlicher Sprachgebrauch überwiegt) soll

123 PALMSONNTAG

Osterpalmen im Palmsonntagsbrauch vor der Pfarrkirche zum hl. Gallus in Kirchzarten, 1982.

mindestens sechs Meter lang sein und in einer schönen Spitze enden. Bäume dieser Art sind aber meist zu stark, um getragen werden zu können, so daß man statt ihrer den »Dolden«, d.h. die Baumspitze, von einem gut gewachsenen Baum nimmt und ihn mit einem dünnen Stamm verbindet. Zu diesem Zweck werden Stamm und Stammansatz »angeschifft« und mit Draht zusammengebunden. Auch eine »Kugel« aus Stechpalmen wird angefertigt, die so sehr als ein unentbehrlicher Bestandteil der Palmen gelten, daß die Dörfler die für sie benötigten Pflanzen auf langen Wegen aus den Bergregionen heranholen. Die Stechpalmenzweige werden auf dreißig Zentimeter Länge zugeschnitten und am unteren Ende von ihren Blättern befreit. Dann legt man sie um den Stamm und bindet sie mit Draht in Richtung und Gegenrichtung fest. Je mehr Stechpalmenzweige aufeinandergebunden werden, umso mehr rundet sich die Kugel. Wenn schließlich der ganze Korb geleert ist, schiebt man die letzten Zweige von der Seite darunter, bis die Kugel fertig ist. Dann erneuert man die Rundbögen, für die Papierbänder in bestimmten Farben zurechtgeschnitten werden. Ebenso wird das Kreppapier so zugerichtet, daß beim Umwickeln der Drahtbögen gleichmäßige Schleifen entstehen. Schließlich werden die Rundbögen mit roten und blauen sowie oben mit gelben und weißen Girlanden verkleidet; – gelb und weiß sind die Kirchenfarben. Auch hier umschließen die Rundbögen ein Gesteck aus dreierle immergrünen Pflanzen: Stechpalmen, Buchs und »Sefi« oder Sefel (Juniperus Sabina), eine giftige Wacholderart, die einst als Abortivum verwendet wurde. Heute baut man sie nur noch wegen ihrer Eignung für den Palmsonntagsbrauch an. Der Bauer selber bringt dann noch die christlichen Sinnbilder an: die Trinitätskreuze (drei Kreuze mit jeweils drei Quer-

PALMSONNTAG

Osterpalmen im Palmsonntagsbrauch in der Pfarrkirche zum hl. Gallus in Kirchzarten, 1982.

stangen) und die Arma Christi , d. h. die Leidenswerkzeuge Nägel, Hammer, Leiter, Ysop und Longinus-Lanze, um damit an die Passion Jesu Christi zu erinnern. Die ikonographische Vorlage für die Darstellung der Leidenswerkzeuge liefert ein Wegkreuz am oberen Ende des Dietenbacher Tales, das deutlich der christlichen Barock-Ikonographie verpflichtet ist: Leiter, Ysop, Zange, Lanze und Hammer, darüber auch die Würfel, die sich auf die Bibelstelle Joh 19,24 beziehen: *»Sie haben meine Kleider unter sich geteilt, und über mein Gewand haben sie das Los geworfen.«* Die letzte Aufgabe besteht jedenfalls darin, diese Leidenswerkzeuge am Palmen zu befestigen, wobei die beste Lösung sorgfältig erprobt wird; sie entspricht derjenigen am Wegkreuz: Leiter und Hammer befinden sich außen, Ysop und Lanze dazwischen. Zum Schluß steckt die Bäuerin die Osterfahne in die Palmkugel und schmückt sie mit blutroten Papierrosen.

Am Sonntag früh wird der Palmen dann in die Kirche getragen, wo zusammen mit den von überall herbeigetragenen Gegenstücken in der Kirche ein ganzer Palmenwald entsteht. Nach dem Läuten der Glocke findet vor der Kirche die Palmprozession statt, bei der nur Palmzweige getragen werden. Sie führt einmal um die Kirche herum, vom Südportal zum Nordportal, und endet mit dem Einzug des Priesters in die Kirche.

Im Anschluß an die Messe versammeln sich die Träger mit ihren Palmen auf dem Kirchplatz. Man kann vergleichen und dabei z.B. eine Palmkugel mit gefärbten Eiern entdecken, die im Hinblick auf die Eierweihe am Ostersonntag als Schmuck genauso sinnvoll erscheint wie die Verwendung der Osterfahne. Das Ganze bietet ein helles, fröhliches Bild, und so ist es auch gemeint: Nicht die Trauer über die Passion, die im evangelischen Bereich als wichtigstes

Charakteristikum des Tages gilt, sondern die Freude über den zu erwartenden Sieg steht hier im Mittelpunkt der Brauchübung – Palmsonntag gilt als »kleiner Ostertag«. Schließlich empfangen die Palmträger als Lohn für ihre Mühe »Wurst und Weck«, und danach zieht jeder von ihnen heim, um seinen Palmen am Wohnhaus oder an der Umfriedung der Hofreite anzubringen. Dort bleibt der Palmen die Karwoche über stehen und erinnert an den Triumph, der auf das Leiden folgen wird.

Bei Anbruch des Ostertages wird der Baum umgelegt. Der erste, der an diesem Morgen erwacht und sich an diese Arbeit macht, erhält den großen Korb mit den Eiern, die für diesen Tag aufgespart wurden, – und diese Belohnung bildete einst ein probates Mittel, die Gläubigen zur Teilnahme an der Frühmesse aus den Federn zu bringen. Dann wird der Palmen am Bauernhaus quer festgemacht oder unter dem Dachfirst abgestellt, wo er das Jahr über Schutz und Segen spenden soll.

Verbreitete Palmbräuche

Das Anfertigen solcher Palmstöcke oder -stangen ist in den meisten katholischen Gegenden verbreitet, und zwar in zahlreichen Varianten. Häufig waren die Pfarrer selbst die Initiatoren des Palmbrauches. Ein Pfarrherr im Allgäu beispielsweise gab zur Palmenherstellung folgende Anweisung: *»Zwölf ist eine heilige Zahl / Zwölf Jünger saßen beim Abendmahl / Zwölf Jünger zogen in Jerusalem ein / Zwölf Hölzer müssen am Palmen sein.«* In Münster in Westfalen konnte man in den Sechziger Jahren ähnliche, wenngleich sehr viel einfachere Gebilde für die Kinder auf dem Wochenmarkt kaufen. Es handelte sich um etwa siebzig Zentimeter lange, mit farbigem Krepp-Papier umwickelte und am oberen Ende mit Grün geschmückte Stäbe. In Havixbeck und in Lüdinghausen trugen die Palmstöcke im Jahre 1969 Äpfel als Schmuck. In Loxten gehörte eine Brezel dazu, in Asbeck fand sich eine baumähnliche Ausprägung mit allerlei Zierformen, usw. Es gab auch Prozessionen, bei denen von den Klerikern nur Palmzweige getragen wurden, wie in Münster 1965. Üppige Palmstangen findet man dagegen wieder im Salzburger Land, so in St. Wolfgang, wenngleich in abweichenden Schmuckformen.

Völkische Palmbrauchdeutung

Auch diese rein christlichen Bräuche sind in der Vergangenheit als heidnisches Erbgut aus vermeintlich germanischer Tradition mißdeutet worden, worauf nur deshalb hinzuweisen ist, weil solche Fehlinterpretationen bis in die Literatur der jüngsten Vergangenheit nachwirken. So hat man gemeint, daß der Palmbaum *»den Charakter eines mächtigen Fruchtbarkeitsfetisches bewahrt«* habe und obendrein in ihm *»ein[en] Nachfahre[n] des uralten magischen Lebensbaumes, von dem die geheimnisvollen Kräfte des Frühlings auf alle Lebewesen ausstrahlten«*, sehen wollen. Sogar die Palmweihe selbst wollte man schon aus vorchristlicher Zeit herleiten.

Der Palmbrauch der Jerusalempilger

In Wirklichkeit dient der Palmenbrauch allein der Vergegenwärtigung des biblischen Berichtes vom Einzug Jesu in Jerusalem und des Passionsbeginns sowie der Aneignung und Nutzbarmachung der in

Umgang mit Palmzweigen im Palmsonntagsbrauch in Kirchzarten, 1982.

diesem Zusammenhang ausgeteilten kirchlichen Segnungen. Die Quellen hierfür liegen seit langem vor. Eine von ihnen und zugleich die früheste bildet die »Peregrinatio«, der Reisebericht einer gallischen Pilgerin namens Egeria (oder Etheria) nach Jerusalem aus dem vierten Jahrhundert. Diese Pilgerin überliefert, daß das Volk am Epiphaniasfest in großen Scharen an den Jordan gezogen sei, um durch ein Bad in diesem Fluß die Taufe Christi nachzuahmen. Ganz entsprechend habe am Sonntag vor dem Osterfest nach Verlesung des Evangeliums vom Einzuge des Herrn eine feierliche Prozession von der Himmelfahrtskirche aus stattgefunden. Die Gläubigen Jerusalems seien, durch fremde Pilger verstärkt, mit Palmen- und Ölzweigen in den Händen (»omnes ramos tenentes, alii palmarum, alii olivarum«) in die Stadt gezogen. Wie der Heiland sei der Bischof geführt worden, und zwar »in eo typo, quo tunc Dominus deductus est«; der Bischof spielte also die Rolle des Herrn. Von Jerusalem breitete sich die Palmprozession weithin aus, nicht zuletzt unter dem Einfluß der Jerusalempilger, die diese Gedächtnisfeier miterlebt hatten. Hermann J. Gräf hat 1959 die Phasen dieser Entwicklung im einzelnen nachgezeichnet. Man erfährt von ihm, daß die Palmenprozession mit besonderer Feierlichkeit in Konstantinopel durchgeführt worden sei, wo sich der Kaiser daran beteiligte und den Hofbeamten zugleich mit den Palmen größere oder kleinere silberne Kreuze überreichte. Eine Palmenweihe fand zunächst noch nicht statt, wohl aber sprach der Priester Gebete für diejenigen, die die Palmen trugen, verbunden mit dem Wunsch, daß Christus diese Träger im Gericht zur Auferstehung gelangen lassen werde.

In der lateinischen Kirche Roms spielte der Brauch ebenfalls eine Rolle, eine größere etwa seit dem Jahre 1000. Die Bedeutung des Brauches erkennt man schon an der Namensgebung des Sonntages, der bei Isidor von Sevilla und anderen Kirchenvätern als »*Dies palmarum*«, »*Pascha palmarum*«, »*Pascha Floridum*«, »*Dominica in ramis olivarum*« oder »*Dominica in olivo*« begegnet. Die entsprechenden deutschen Bezeichnungen lauten »Palmtag«, »Palmsonntag«, »Palm-Ostern« oder ähnlich; die deutschen Pflanzennamen, die das Wort »Palm« aufgenommen haben – »Stechpalme«, »Palmkätzchen« usw. – weisen auf ihre Verwendung im Brauchwesen dieses Tages hin. Heinrich Marzells »*Wörterbuch der deutschen Pflanzennamen*« verzeichnet über dreißig entsprechende Bezeichnungen.

Das älteste Zeugnis für die Feier der Palmenprozession in der lateinischen Kirche liefert das Sakramentar von Bobbio aus der Zeit um 700, das schon eine Unterscheidung zwischen den »*ramis arborum*« – den Zweigen, die (nach Joh 12,12) die Einwohner Jerusalems in den Händen hielten – und den »*triumphatricibus palmis*« trifft, die auch als »*palmae victoriae*« bezeichnet werden. Beides, die Palmzweige und die Palmstangen, hat sich im Palmsonntagsbrauch, wie er zum Beispiel in Kirchzarten geübt wird, bis heute erhalten; die Teilnehmer an der Prozession tragen die Zweige, und die Siegespalmen, die Palmstangen, werden in der Kirche aufgestellt.

Man könnte fragen, wie es zu dieser Unterscheidung zwischen Zweigen und Stangen gekommen sei, und hier vielleicht einen Ansatzpunkt für die Akkomodation einer germanischen »Lebensrute« oder dergleichen gegeben sehen, da es bei Johannes nur heißt: »*Sie nahmen Palmzweige, liefen ihm entgegen und riefen ›Hosianna!‹*«, während Matthäus schreibt: »*Andere hieben Zweige von den Bäumen und streuten sie auf den Weg.*« Aber die Entstehung der Siegespalmen erklärt sich nicht aus einer Übernahme fremder Formen, sondern aus der Anwendung der Allegorese bei den Kirchenvätern. Es sind vor allem Isidor von Sevilla, Ambrosius von Mailand und Augustinus von Hippo, die hier die Voraussetzungen geschaffen haben, was bedeutet, daß dies noch vor den großen Germanenmissionen des 6. und 7. Jahrhunderts geschah. Isidor hebt die symbolische Bedeutung der Palmen beim Einzug Christi hervor: Sie bildeten das Zeichen des Sieges, den der Herr über den Tod und über den Teufel davontragen sollte. Ähnlich hatte schon Augustinus argumentiert: Die Palmen bedeuteten den Sieg des Herrn über Tod und Teufel. Ambrosius meinte, die Palme wechsele die Blätter nicht; sie bleibe immer grün und frisch. Das bedeute die frische Tugend der Jugend und die natürliche Unschuld, auch die immer grünende Gnade Christi in der Kirche. Ein späterer Autor führt diesen Gedanken fort: Das dauernde Grün der Blätter symbolisiere das frische Tugendleben der Kirche und der Auserwählten. Am Fuße sei die Palme eng zusammengepreßt, nach oben erweitere sie sich in herrlichen Blätterschmuck: So sei es auch im Leben der Auserwählten, das sich himmelwärts entfalte, denn in Ps 91 heiße es: »*Der Gerechte wird blühen wie eine Palme.*« Diese Symbolik hat später Alkuin im Zeitalter der karolingischen Renaissance in mehreren Hexametern zusammengefaßt, z.B.: »*Pálma tuí signúm, magne, ést, rex Chríste, triúmphi, / Pálma dócet nostrám ipsós nos víncere cárnem, / Pálma ést mercedís signúm coeléste futúrae* [...]. – *Die Palme ist ein großes Zeichen deines Triumphes, o König Christus; / die Palme lehrt uns selbst unser Fleisch zu besiegen; / die Palme ist himmlisches Zeichen künftigen Lohnes* [...]«, usw. Das bedeutet, daß die Allegorik, die auf der Schriftexegese beruht, Rückwirkungen auf die Darstellung des betreffenden Abschnittes der Heilsgeschichte gehabt hat, wie das auch in anderen Bereichen beobachtet werden kann. Man wollte offensichtlich die Siegespalmen darstellen und konnte sich deshalb nicht mit den Zweigen begnügen. Da man aber in nördlichen Breiten keine Palmbäume besaß, mußte man sie künstlich herstellen, wobei darauf zu achten war, daß sie die gerühmten Eigenschaften behielten: ihre Höhe, ihren geringen Umfang am Fuß und ihre Erweiterung nach oben sowie vor allem ihren immergrünen Blätterschmuck. Hinzu kamen die Siegeszeichen, an erster Stelle die Rundbögen – die noch von Kirchenbesuchern am Palmsonntag 1982 in Kirchzarten durchaus richtig erklärt wurden – und die Zeichen der Passion, die den nachfolgenden Triumph begründeten. Nicht fehlen

durften die weiteren christlichen Sinnbilder, wie die Trinitätskreuze, bestimmte liturgische Farben und anderes, z. B. die Äpfel, die Ambrosius in der Auslegung des 118. Psalms auf die »*Satisfactio vicaria*«, die stellvertretende Genugtuung Christi bezieht: »*An das Kreuz geheftet hing Christus einem Apfel gleich am Baum und strömte den Duft der Welterlösung aus. Er hat ja den üblen Geruch der schweren Sünde hinweggenommen und das Aroma des Lebenstrankes ergossen. Allein nicht nur Wohlgeruch, auch süße Labung bietet der Apfel – diese köstliche Nahrung ist Christus.*«

Man sieht hier, wie weit der Kontext die zwischen den Polen Gut und Böse schwankende Sinngebung auch dieser Frucht festlegte; – der Apfel, lateinisch *malum*, bezeichnete in der negativen Auslegung wegen seines Gleichklanges mit dem Wort *malum* = das Böse. Daß dabei auch Verbindungen mit dem Baumkreuz entstanden, erklärt sich aus einer Stelle des Hohenliedes (7,8), die traditionell auf Christus in seiner Passion bezogen wird: »*Ich steige hinauf zur Palme und greife nach ihrer Frucht*«, die dabei im Erlösungstod Jesu Christi gesehen wird. Bei den Palmen, wie sie im badischen Land, aber auch in den katholischen Gebieten der Schweiz oder in Österreich anzutreffen sind, handelt es sich also um Sinnbilder für den Sieg Christi, die einerseits in ihrer Bedeutung festgelegt sind, andererseits aber den Brauchträgern genügend Spielraum für individuelle Ausformungen des Themas lassen, etwa in der Auswahl der immergrünen Pflanzen, in der Anordnung der Passionszeichen und im Schmuck mit Blumen und Girlanden.

Segensformeln und Palmenweihe

Allenfalls der Umstand, daß diese Palmen und ihre Teile als Schutzmittel verwendet, aufbewahrt, in die Äcker gesteckt und sogar gegessen werden, könnte die Frage nahelegen, ob hier nicht andere als kirchliche Vorstellungen ins Spiel kommen. Doch auch hier sind die Quellen ganz eindeutig. Schon das erwähnte

Sakramentar von Bobbio aus der Zeit um 700 enthält eine Weiheformel, die »*Benedictio palmae et olivae super altario*«, in der zunächst das Geschehen beim Einzug in Jerusalem geschildert, dann das Wesen der Palmen als Triumph- und Siegeszeichen beschrieben und schließlich der Segen für diejenigen erbeten wird, die diese Palmen »*pro expugnandas omnes insidias inimici in cunctis habitationibus suis eas adportaverint aut biberint*«, die sie also in ihren Wohnungen aufbewahren oder sie zu sich nähmen, um dadurch allen Nachstellungen des bösen Feindes zu entgehen. Man kann vielleicht überlegen, ob diese Formel darum in die Palmenweihliturgie aufgenommen wurde, weil der Brauch dazu die Veranlassung bot, oder ob, wie man wohl eher vermuten darf, erst diese Formel den Brauch geschaffen habe; sicher ist jedenfalls, daß die vom Priester ausgesprochene Eignung der geweihten Palmen als Mittel gegen das Böse eine entsprechende Verwendung außerordentlich begünstigen mußte. Dabei erscheint wichtig, daß diese Empfehlung nicht auf das Sakramentar von Bobbio beschränkt blieb, sondern auch in den römischen Ritus einging. Die entsprechenden Weiheformeln erflehen teils für die Palmen die Kraft, die Gläubigen gegen alle Übel zu schützen, teils bitten sie Gott, alle Orte, in denen die Palmen aufbewahrt werden, vor Krankheit zu beschirmen und von teuflischen Anfechtungen zu befreien. So werden die Palmen und die Palmzweige aus bloßen Sinnbildern zu Vermittlern geistiger und materieller Güter: »*Wenn in der Weiheformel von Bobbio denjenigen, welche die Palmen aufbewahren oder genießen, Hilfe gegen den Teufel und gegen alle Krankheiten verheißen wird, so mußte sich das Volk für berechtigt halten, die Palmen oder Ölzweige für diese Zwecke zu gebrauchen [...]. Daher genoß man auch in Deutschland die Kätzchen der an Stelle der Ölzweige geweihten Zweige von Weiden und die ersten Triebe von anderen früh sprossenden Bäumen oder Sträuchern, um Krankheiten, insbesondere dem Fieber, vorzubeugen. Der Brauch hat sich bis in die Gegenwart erhalten. Noch weitere Folgen konnte das Volk aus den wiederholten Wendungen der Weihegebete ziehen, gemäß welchen die Orte, wohin man die Palmen trage, von Krankheit und von jeder Art teuflischer Nachstellung befreit bleiben sollen. Da man nun die Gewitter und Hagelschläge als Werk der Dämonen betrachtete, wurden die Palmen als mächtiges Schutzmittel gegen [...] die bedrohenden Wettergefahren verwendet. Man steckte deshalb zugleich mit dem vom Osterfeuer angebrannten Holze auch Palmzweige in Kreuzform auf die Äcker, verbarg solche in der ersten Garbe, um die Ernte zu schützen, und wenn ein Wetter aufzog, verbrannte man Palmzweige, um durch deren Rauch den Blitz und Hagel von den Häusern zu vertreiben*« (Adolph Franz).

Wenn der »Jungbuur« in Dietenbach »den Palmen« unter das Dach stellt oder an der Hauswand befestigt, damit es ein gutes Jahr gebe, und wenn Bauern in Westfalen ihre Äcker durch Palmen begrenzten oder Palmenteile in ihr Essen taten, geschieht und geschah das in dem Glauben, daß man sich so den Segen Gottes konkret zuwenden könne. Bemerkenswert erscheint, daß die Palmenweihe seit der Änderung des Ritus unter Papst Pius XII. im Jahre 1956 stark verkürzt worden ist, so daß er gelegentlich gänzlich unterbleibt, die Gläubigen aber ihre Palmen wie in der Zeit davor als geweiht und damit als segenskräftig betrachten.

Christus auf dem Palmesel

In gewisser Hinsicht hat der Brauch, am Palmsonntag Siegespalmen zu verfertigen und in die Kirchen zu tragen, den Umzug mit Christus auf dem Palmesel abgelöst, der für nicht weniger als dreihundert Städte und Gemeinden des deutschen Sprachraumes sicher bezeugt ist, heute jedoch nur noch in vierzehn Orten regelmäßig geübt wird. Im Mittelpunkt dieses Brauches steht die Prozession mit dem Palmesel: einer aus Holz geschnitzten, meist bemalten vollplastischen Figur, die den Heiland in Lebensgröße auf einem Esel reitend darstellt. Dieser Esel ist gewöhnlich auf einem Bodenbrett angebracht, das mit Rädern ausgestattet ist. Christus reitet im Männersitz, die eine Hand ist meist segnend erhoben, während die andere die Zügel, ein Buch oder einen Palmenzweig hält. Etwa einhundertneunzig Palmesel sind in den kulturhistorischen Museen oder in Klöstern erhalten; die ältesten stammen aus dem 13., der überwiegende Teil aus dem 15. Jahrhundert, in dem die Palmeselprozession besonders beliebt war. Erhalten hat sich bis heute ein Palmesel aus Steinen in der Schweiz, der in der Zeit um 1200 hergestellt worden sein dürfte und beinahe ganz seinen ursprünglichen Zustand bewahrt hat. Dieser Palmesel stand bis Ende des 18. Jahrhunderts in Gebrauch und wurde dann in einem Beinhaus abgestellt, wo er die Bilderstürme der Aufklärungszeit unbeschädigt überstand. Seit 1893 befindet er sich im Landesmuseum in Zürich. – Ein anderes, besonders schönes Exemplar vom Anfang des 16. Jahrhunderts gehört zum Bestand des Unterlindenmuseums in Colmar. Das ganz aus Holz geschnitzte und bemalte Gefährt besitzt eine Öse für die Zugvorrichtung, und gewisse Gebrauchsspuren lassen erkennen, daß dieser Palmesel tatsächlich für eine Prozession benutzt worden ist.

Den Ansatzpunkt für diesen Palmeselumzug boten wieder die Berichte der Evangelisten. Matthäus schreibt im 21. Kapitel, daß Jesus die Jünger beauftragt habe, ihm eine Eselin zu bringen, und daß diese, als das geschehen war, ihre Kleider auf das Tier legten, Jesus sich darauf setzte und unter dem Jubel des Volkes in Jerusalem einzog. Johannes aber überliefert, im Anschluß an Jes 40,9 : »*Jesus fand einen jungen Esel und setzte sich darauf, wie geschrieben steht: >Siehe, dein König kommt, sitzend auf einem Eselsfüllen<*«. Im apokryphen Nikodemus-Evangelium wurden diese kanonischen Berichte noch um die detaillierte Beschreibung des Ausbreitens der Gewänder und die Beteiligung der Kinder ergänzt. Auf diesen Quellen beruhten die bildlichen Darstellungen des Themas, die der Einführung des Brauches vorausgingen, vornehmlich im byzantinischen Bereich. Die Topik der Szene reicht bis in die Zeit des Frühchristentums zurück und schließt sich an antike Adventus-Traditionen der Begrüßung eines Kaisers an: Christus, der im Schrägsitz nach Jerusalem reitet, erscheint im Nimbus, begrüßt vom Volk, das ihm aus der Stadt mit Palmzweigen in den Händen entgegenkommt, und gefolgt von den Aposteln; dahinter sieht man den Zöllner Zachäus auf dem Feigenbaum, während ganz vorne der »Dornauszieher« sitzt, ein bekanntes Sinnbild für die Beseitigung der Götzen durch das Christentum. Christus reitet über die ausgebreiteten Gewänder hinweg, deren Funktion darin besteht, dem Heiligen, das nach traditioneller Auffassung die Erde nicht berühren darf, den Weg zu bereiten. Die Szene ist auch in die Passionsspiele eingedrungen, die oft mit dem Einzug Jesu in Jerusalem beginnen und von dort wieder in bildliche Darstellungen übernommen wurden, wie man sie beispielsweise von Tilmann Riemenschneider aus Rothenburg ob der Tauber kennt.

Im Rahmen dieser Bildtopik ist auch die szenische Wiedergabe des Einzuges bei der liturgischen Prozession am Palmsonntag zu sehen, die wohl von Papst Gregor dem Großen eingeführt wurde (vor 604), jedoch zum ersten Mal und ganz konkret für die Zeit um 950 in der Lebensbeschreibung des heiligen Ulrich von Augsburg bezeugt ist: Frühzeitig ging der Bischof nach St. Afra, las dort die *Missa de Trinitate* und weihte die Palmen und sonstige Zweige. Darauf zog er, von der Geistlichkeit und den Gläubigen begleitet, in Prozession zum Dom. Alle trugen Palmen in den Händen. Den Mittelpunkt aber bildete eine »*effigies sedentis domini super asinum*«, das Abbild des auf einem Esel sitzenden Herrn, also der Palmesel oder doch mindestens ein Bild, das diesen mit dem auf ihm sitzenden Heiland zeigte. Es gab solche Bilder in Italien, denn der Vatikanische Codex 4855 erwähnt eine »*tabula, in qua figura est Domini salvatoris in asino sedentis*«. Wie das Kreuz war auch dieses Gemälde anfänglich verhüllt. An der ersten Prozessionsstation wurde es dann zusammen mit dem Kreuz beim Gesang der Antiphon »*Dignus es Domine«* enthüllt. Für den restlichen Prozessionsweg wurde genau angegeben, wie dieses Bild zu tragen war: Unterwegs sollte die bemalte Seite nach Osten schauen. Bei der zweiten Station sollten die Träger das Bild so halten, daß das Gemälde von allen Prozessionsteilnehmern gesehen werden könnte. An der dritten Station sollten vier Mönche vor diesem Bild das Gloria singen. Dagegen wurde in Deutschland keine solche *tabula*, sondern eine *effigies* verwendet, also eine figürliche Nachbildung. Auf dem Perlach beispielsweise, einem kleinen Hügel innerhalb der Stadt Augsburg, kamen die Kanoniker, umgeben von vielen Laien, der Prozession entgegen und breiteten Kleider und Zweige auf den Weg. Nun hielt der Bischof eine Predigt über die Leiden des Herrn, worauf die Prozession zum Dom zog. Auch die »effigies« bedeutete möglicherweise eine Abänderung, da man zunächst wohl den Heiland und den Esel lebend dargestellt haben dürfte, wie in den Passionsspielen. Von anderen Orten ist jedenfalls bekannt, daß man als Darsteller des Heilandes kostümierte Knaben, Kleriker, Primizianten, Ministranten usw. in Erscheinung treten ließ, in Antwerpen nach einem 1487 gefaßten Beschluß jedesmal einen Jerusalempilger, der von seiner weiten Reise zurückgekehrt war, demnach die heiligen Stätten gesehen und sich selbst durch Frömmigkeit ausgezeichnet hatte. Große Palmeselprozessionen sind für Hamburg, Köln, Breslau und Nürnberg bezeugt. In Kempten schritten die zwölf Apostel hinter dem Esel her, alle mit schwarzen Bärten, nur Judas trug einen roten Bart.

Zwischenfälle beim Palmesel-Umzug

Offenbar kam es jedoch nicht selten zu Zwischenfällen, die geeignet waren, die Prozessionswürde zu gefährden. Ein Bericht von 1565 schildert, wie ein einfältiger Schweizer Bauer am Palmsonntag den Esel, auf dem der Christusdarsteller saß, auf den Kopf geschlagen habe, so daß dieser losgelaufen sei und den, der auf ihm saß, abwarf. Ähnlich überliefert die Zimmerische Chronik, daß einmal zu Hainstetten ein Osterspiel aufgeführt worden sei und der dortige Pfarrer für die Darstellung der »Historia des Palmtages« seinen Mesner auf einen Mülleresel gesetzt habe. Doch mutwillig habe einer aus dem Volk mit seinem Palmenast den Mesner vom Esel gestoßen, so daß dieser heruntergefallen und weggelaufen sei. Dann habe er gerufen, er spiele nicht mehr mit, »der Teufel solle ihr Herrgott sein«.

Johann Leopold Wander von Grünwald berichtet aus Hohenelbe, daß dort um 1770 die Leidensgeschichte unter Aufteilung des Stoffes auf die einzelnen Tage der Karwoche von der ganzen Bevölkerung nachgespielt worden sei: »*Am Palmsonntag fing die Handlung an: der liebe Heiland hielt den Einzug nach Jerusalem; das heißt in aller Frühe hatte der arme Schuster in Niederhohenelbe einen aus dem Bräuhaus geborgten Esel besteigen und den Einzug halten müssen. […] Die Prozession ging durch die ganze Stadt, und aus vielen Häusern streute man Schilfrohr und Heu in den Weg, breitete sogar Mäntel und rohe Leinwand aus […]*«, also ganz wie es der Topik der bildlichen Darstellungen entsprach.

Ob es nun die Absicht war, die Gefahr von Zwischenfällen zu mindern, oder ob nicht überall wirkliche Esel zur Verfügung standen, – jedenfalls wurde immer öfter der Esel in Holz nachgebildet, auf dem dann der Darsteller der Christusrolle Platz nahm. Es bedeutete dann nur noch einen kleinen Schritt, auch den Darsteller selbst durch eine (oft sehr kunstvoll geschnitzte) Figur zu ersetzen, wie sie ein Palmesel vom Ende des 14. Jahrhunderts mit eindrucksvollem Christuskopf aus Oberrotweil (bei Breisach) zeigt, den das Freiburger Augustinermuseum besitzt. Der geschnitzte Palmesel wurde in der Regel von den Vertretern der Zünfte gezogen, von Ratsherren oder von anderen angesehenen Bürgern, nie jedoch von Zugtieren. Der Umzug endete gewöhnlich mit der Ausstellung des geschmückten Palmesels in der Kirche, wobei vor ihm wie vor einem Gnadenbild Lichter angezündet wurden, ähnlich wie heute noch in Puch bei Salzburg,

Palmesel-Prozession am Palmsonntag in Hall in Tirol, 1997.

wo der Palmesel jedoch nicht gezogen, sondern getragen wird; – er besitzt Tragstangen wie eine Sänfte. Getragen wurden sicher auch der nur 85 Zentimeter hohe Palmesel des 15. Jahrhunderts in Nürnberg und vielleicht der Palmesel aus Hersbruck, dessen Christusfigur abnehmbar war. Die meisten Palmesel wurden jedoch gefahren, so der Palmesel mit dem gekrönten Christus in Kreuzlingen, der sich heute im Baseler Historischen Museum befindet. Solche Palmesel waren kostbare Stücke, deren Erhaltung sich die Gemeinden viel Geld kosten ließen.

Gegenströmungen gegen den Palmesel-Umzug

Der Umzug mit dem Palmesel gehörte allerdings zu den Bräuchen, die von der Reformation mit besonderer Hartnäckigkeit bekämpft wurden. Es gab regelrechte Bilderstürme gegen die Palmesel. Typisch für die Einstellung der Protestanten war die Äußerung Sebastian Francks im »Weltbuoch« 1534: »*Auff diß kumpt der Palmtag / da tragen die Christen den tempel voll grosser büschel Palmbeüm / vnd angebunden äst / die weihet man für alles vngwitter an das feür gelegt. Und füret ein hültzin Esel auff einem wägelin / mit einem darauff gemachten bild yhres Gots / in der statt herumb / singen / werffen palmen für yhn / und treiben vil abgötterei mit disem yhrem hültzinen Gott.*« Ein besonderer Dorn im Auge war den Protestanten die Verehrung, die in der alten Kirche die Reliquie des Palmesels gefunden hatte. Peter von Corbeil erzählt, der Esel des Palmsonntags sei nach mancherlei Reisen durch Palästina trockenen Fußes über das Meer nach Zypern, Rhodos, Kandia, Malta und Sizilien gewandert, sei dann über Aquileia in die Gegend von Verona gekommen und dort gestorben. Nach seinem Tod hätten ihn die Veroneser ausgestopft und in Santa Maria in Organo in einem Reliquiar von Eselsgestalt aufbewahrt. Als »*einzig echter Palmesel*« sei er bei den Palmsonntagsprozessionen benutzt worden, voller Stolz, daß auf seinem Rücken Christus geritten sei.

Zu diesem »echten Palmesel« findet sich eine Bemerkung unter Martin Luthers Tischreden: Am 9. Mai 1538 hatte Luther in Wittenberg den Pfarrer Friedrich Mecum aus Gotha zu Gast, der sich über die Italiener ereiferte und dabei erzählte, wie ein »Meßpfaff« in Rom etliche Deutsche genarrt habe. Einem von ihnen habe dieser nämlich mit vielen guten Worten gegen Geld eine kostbare Relique vermacht, jedoch strenges Stillschweigen über den Handel gefordert: »*Da es nun der Deutsche mit einem Eide verhieß, er wollte es Niemand sagen noch zeigen, bis er in Deutschland käme, gab ihm der Pfaff ein Bein von der Eselin, auf der Christus am Palmentage zu Jerusalem eingeritten war, fein in ein seiden Tüchlin gewickelt, und sprach: ›Das ist das Heilthum* [= die Reliquie]*, darauf der Herr Christus leibhaftig gesessen hat, und mit seinen Beinen dieses Esels Beine berührt.‹ Da ward er frohe, und trug solchen heimlichen Schatz mit sich*

PALMSONNTAG 132

Die Prozession mit Christus auf dem Palmesel in Thaur in Tirol führt auch hinauf zur dortigen Romedikapelle, 1997.

in Deutschland. Da er nu an die Grenze kam, rühmete er sich gegen seine Gesellen des Heilthums und weisete es ihnen. Die andern drei hatten auch ein j[e]glicher ein Bein, und eben das zugesagt, wie der erste. Sie wollten schweigen. Der fünfte, der auch ein Bein hatte, da ers hörete, sprach er: ›Hat denn der Esel fünf Füße gehabt?‹«

Vor diesem Hintergrund versteht man, warum der evangelische Berner Politiker und Dichter Niklaus Manuel in seinem »Satyrischen Testament« dem Palmesel ein Altartuch vermachen konnte, damit dieser nicht friere. 1522 wurde der Züricher Palmesel in finsterer Nacht, mit Steinen beschwert, in die Limmat geworfen und versenkt, und auch sonst kam es zu Exzessen. Als die Bauern am Palmsonntag 1528 in Thurgau wie üblich mit den Palmen dem Esel zuliefen, warf einer von ihnen dem Pfarrer, der bei der Textstelle »Scriptum est: percutiam pastorem« wie üblich niedergekniet war, mit einem Stein ein Loch in den Kopf. Nach Ostern wurde daraufhin die ganze Gemeinde vor das Landgericht zu Unterwalden zitiert und mit einer Geldbuße belegt. – Bekannt wurde auch der »Palmeselstreit« zu Baden im Aargau: »Da die Reformation die Bilder beim Gottesdienst abgeschafft hatte, legten nun die Katholischen einen noch größeren Werth darauf als vorher und gaben sich alle Mühe, ihren Cultus recht feierlich und prunkend zu machen. Kurz nach dem Kappeler Kriege beschloß der Rath von Baden, den alten Palmesel [...] durch einen neuen zu ersetzen. Ein Bildschnitzer von Zürich, dem die Reformation das Geschäft verdorben hatte, sollte das neue Werk anfertigen; allein die Obrigkeit kam dahinter und verbrannte den halbfertigen Esel. Darauf berief Baden einen Holzschnitzer aus Augsburg (1535), der ihnen ›einen neuen Palmesel mitsamt dem Hergott darauf‹ schnitzen sollte. Wie nun der Esel vßgemacht vnd er jetzt an dem andern Bild waß, geschah es, nit onn sondere Ordnung

Gottes, das er an einem Span erstickt, welcher Im ungferd in den Mund gesprungen was, also das sich die Badener selbs [...] darob entsetzend.« Auf evangelischer Seite wurden nicht weniger als fünf Spottlieder über den »Nüwen Esel z' Baden« in Umlauf gesetzt, auf die dann auch von katholischer Seite wieder geantwortet wurde.

Palmesel-Vernichtung in der Aufklärungszeit

Gegen die Palmeselzerstörungen der Aufklärungszeit setzten sich die Katholiken u. a. durch Warnerzählungen zur Wehr. Der katholische Luzerner Stadtschreiber Renward Csay etwa erzählte, wie »*ein muothwilliger bildstürmer vnsers Herrn bild ab dem palmthier geschlagen vnd spöttlich gesagt: ›Du hast lang gnuog geritten, muosst mich jetzt reiten lassen‹, ist damit gerittlichen* [= rittlings] *auff das thier gesprungen, aber hat sein Leben lang also gerigget* [= gespreizt, steif] *verbleiben müssen, also das er schier nit mehr gehen können.«* In Villingen sollte ein Schmied den Palmesel verbrennen, »*weil [dieser] aber lang nit brennen wollt, (sagte er:) ›Der Teufel will nit brinnen‹, welcher Bösewicht kaum etlich schritt von dann für sich gangen, alsobald von einer auss der stadt geschossenen Kugel getroffen (ward).«*

Die Beseitigung der Palmesel ging in den katholischen Gebieten auf ein Edikt Kaiser Josefs II. und auf Hirtenbriefe aufgeklärter Kirchenfürsten zurück, beispielsweise auf ein Schreiben des Salzburger Erzbischofs, Hieronymus Graf Colloredo, vom 29. Juni 1782, der alles wegzuräumen befahl, »*was den guten Geschmack beleidigt, und womit die Altäre und Wände mehr überladen als geziert«* seien, und, als das nichts fruchtete, 1785 in einem »Generale« die einzelnen »Mißbräuche«, die er abgestellt wissen wollte, nacheinander aufführte, darunter den Palmesel-Umzug am Palmsonntag. Ob es stimmt, daß die Bendiktinerinnen auf dem Nonnberg auf Anweisung Colloredos ihren Palmesel »*viertheilen und ein Viertel zum Beweis des strackten Vollzuges dem Consistorium einliefern«* mußten, wie berichtet wird, mag dahinstehen; jedenfalls vermerkt auch die Stiftschronik, daß die Äbtissin die Christusfigur abnehmen, den jahrhundertealten Esel aber zerhakken und verbrennen ließ. Gelegentlich soll man auch Teile der Figuren abgebrochen haben, um die Benutzung der ehrwürdigen Schnitzwerke unmöglich zu machen. Ein Palmesel vom Anfang des 16. Jahrhunderts, heute im Mainfränkischen Museum in Würzburg, legt von diesen Bilderstürmen der Aufklärungszeit Zeugnis ab: Der Christusfigur waren die Arme abgeschlagen worden, damit der Palmesel nicht mehr für seinen eigentlichen Zweck benutzt werden konnte.

Die Palmesel, die den Vernichtungsaktionen der Aufklärer entgangen waren, gelangten auf Dachböden oder Kirchhöfe, wurden als Kinderspielzeug aufgebraucht oder vernichtet. Nur an wenigen Orten nahm man den Brauch im Zeitalter der Restauration wieder auf, bis er auch hier nach störenden Vorfällen endgültig verschwinden mußte.

Auf eine ungebrochene Tradition des Palmesel-Umzuges können heute beispielsweise noch Kühbach bei Aichach in Bayern und die Nachbargemeinden Hall und Thaur in Tirol zurückblicken, in denen der Umzug weiterhin abgehalten wird. Die Palmeselprozession in Hall wurde 1968 durch Stadtpfarrer Praxmarer wieder eingeführt, nachdem sie dort 1826 abgeschafft worden war. Der schöne Haller Palmesel war von einem einheimischen Künstler bereits um 1420 geschnitzt worden, nicht viel anders als sein kostbares Gegenstück in Thaur. Im Bauch des Haller Esels befindet sich ein Hohlraum, in den vor der Palmprozession geweihte Brote hineingelegt wurden. In einem Bericht aus Hall heißt es: »*Wenn der Palmesel polternd durch die mit Steinen gepflasterten Gassen gezogen wurde, fielen die Brote nacheinander aus einer geöffneten Klappe heraus; die Jugend balgte sich dann um die gesegnete Gabe.«* – Insgesamt läßt sich die Palmeselprozession am Sonntag vor Ostern als eine Art Triumphzug aus Freude über die bevorstehende Auferstehung des Herrn begreifen.

10

Als Jesus von seiner Mutter ging

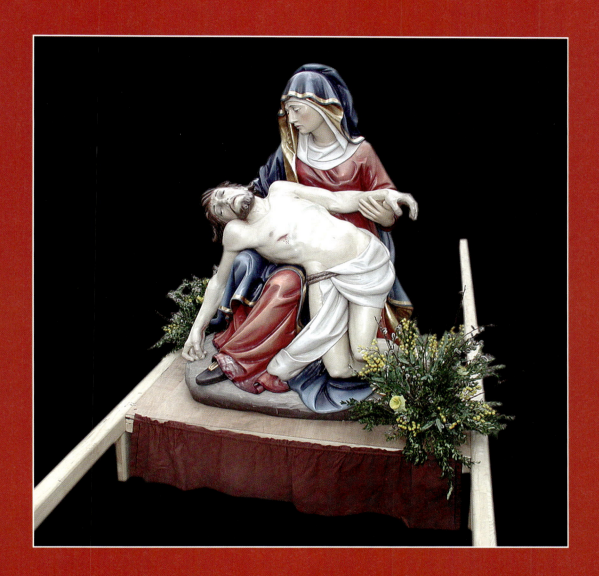

VON PASSIONSBRÄUCHEN,
PASSIONSLIEDERN
UND CHRISTI-LEIDEN-SPIELEN

Die christliche Grundforderung, sich mit dem Leiden Jesu Christi soweit wie nur möglich zu identifizieren, bestimmt auch heute noch die Brauchgestaltung der Karwoche, deren kirchenlateinische Bezeichnung »*Hebdomada sancta*« oder »*hebdomada maior*« lautet, also »heilige« oder »große« Woche. Das als selbständiges Substantiv in spätmittelhochdeutscher Zeit untergegangene Wort »Kar« der »Karwoche« geht auf das althochdeutsche »chara« zurück, das soviel wie Wehklage oder Trauer bedeutet, und bezeichnet insofern die Woche des Leidens Jesu als »Klagewoche«. Es entspricht damit der in Konzilsbeschlüssen gebrauchten Benennung dieser Woche als »*Hebdomada lamentosa*«, die sich daraus erklärt, daß die Kirche in dieser Woche die Klagelieder des (Ps.-) Jeremias vortragen läßt: »*dies lamentationes hebdomadae sanctae*« sind diejenigen Tage der Woche, »*in quibus lamentationes Jeremiae decantantur in ecclesia*«. Dabei handelt es sich um die fünf großen Gesänge, die im Alten Testament als »Klagelieder« auf das Buch des Jeremias folgen und gewöhnlich auch Letzterem zugeschrieben werden. Der Sache nach geht es um rituelle Totenklagen bei der Totenwache. Der Dichter der »Lamentationes« klagt in seinen Gesängen um das im Jahre 586 zerstörte Jerusalem und über die Folgen, die sich aus dieser Zerstörung für den Kult und das religiöse Leben ergaben.

Die Klagelieder der Karwoche

In Erinnerung daran verwendet die katholische Kirche in der Karwoche diese Klagelieder, um mit ihnen die Gläubigen auf das Geschehen der Passionszeit und dessen Bedeutung aufmerksam zu machen; sie verteilen sich auf die fünf Tage vom Montag nach »Palmarum« bis zum Karfreitag und behandeln im einzelnen die Themen »Jerusalem als Witwe«, »Gottes Strafgericht über Sion«, »Leid und Trost«, »Schuld und Schicksal der Bewohner Jerusalems« und das »Klagegebet der Gemeinde«. Alle Klagelieder sind nach einheitlichem Schema gebaut: Sie bestehen aus jeweils 22 Versen bzw. Verseinheiten, entsprechend den 22 Buchstaben des hebräischen Alphabetes.

Burladinger »Volkspassion« und »Trauermetten«

Auf dieses Prinzip greift noch im Deutschland des 19. Jahrhunderts die Burladinger »Volkspassion« zurück, wie sie etwa 130 Jahre lang jedes Jahr am Mittwoch, Donnerstag, Freitag und Samstag der Karwoche von den Gläubigen gemeinsam gefeiert wurde, bis diese Praxis um 1940 erlosch. Aus den Erinnerungen älterer Teilnehmer konnte sie aber noch 1959 Wilhelm Kutter für den »Süddeutschen Rundfunk« rekonstruieren. Mit der »Volkspassion« waren die deutschsprachigen Trauermetten der Karwoche gemeint, die auf die Liturgiereform des Konstanzer Bistumsverwesers Ignaz Heinrich Freiherr von Wessenberg von 1809 zurückgingen. Wessenberg hatte sie gegen den Widerstand der Franziskaner und Kapuziner eingeführt, die meinten, daß der deutsche Psalmengesang eine eher protestantische Andachtsform darstelle; aber die Neuerung setzte sich durch. Im Konstanzer Gesangbuch von 1812 und 1814 finden sich die Trauermetten, die wohl Wessenberg selbst verfaßt hatte, für die Kartage zum ersten Mal, und sie wurden auch später als »*einzigartige volksliturgische Schöpfung*« (Erwin Keller) wiederholt nachgedruckt. Ihre Feier verband sich in Burladingen mit einer spätbarocken bildlichen Darstellung des Passionsgeschehens.

Die »Trauermetten« verteilten die biblischen Passionsberichte und deren Deutung auf die Tage vom Mittwoch bis zum Samstag der Karwoche. Den Höhepunkt bildete die Trauermette des Karfreitages mit dem Todesurteil über Jesus und der Lamentatio nach dem hebräischen Alphabet. In der Bearbeitung der Heimatdichterin Marie Theres Bauer lautete der Abschnitt über das Leiden des Erlösers auf Golgota: »*(ALEPH) Verstumm, o Mensch! Blick hin auf Golgatha, / Und schau den Edelsten, den je die Erde trug; /*

Vorige Seite: »Pietà« der Passionsprozession in Saal an der Donau am Palmsonntag, 24. März 2002.

Wie er mit dornumwundnem, blutbedecktem Haupt / Als Opferlamm der Schlachtbank naht und tilgt damit der Menschheit übergroße Schuld. / (BETH) Verworfen sieht des neuen Tempels Baustein sich; / Des Weinbergs Erben trifft jetzt seiner Knechte Los; / Jetzt reißen die gedungenen Mörder ihm mit Wucht / Die Kleider vom Leib, der von den Geißelstreichen eine einzige Wunde ist. / (GIMMEL) Er, dem der Himmel selbst nur wie der Saum des Kleides ist, / Steht jetzt zum Schauspiel aller Welt da nackt und bloß [...].« Die Karfreitagsmette endete mit Lesungen aus Schriften des heiligen Augustinus und des Papstes Leo über die Passionsgeschichte.

Die Passionsbetrachtung

Die unterschiedliche Brauchgestaltung der einzelnen Karwochentage reicht weit zurück. Das belegt schon der Bericht der oben erwähnten Jerusalempilgerin aus der Zeit um 400, demzufolge man sich am Gründonnerstag am Ölberg versammelte, um hier mit Gesang, Lesung und Gebet der Todesangst Christi zu gedenken. Nach Mitternacht zog man zu der Stelle, an der Christus gefangengenommen worden war, und las hier den Bericht der Evangelisten, worauf alle Gläubigen in lautes Weinen und Wehklagen ausbrachen. Ähnlich wurde der Karfreitag mit dem Nachvollzug des Leidensweges zugebracht, und daran schloß sich die rituelle Totenwache an, die bis zum Anbruch des Ostertages währte.

Daß man im abendländischen Denken auch der Deutung des Passionsgeschehens breiten Raum zugestand, beruhte sicherlich auf der Fastenvorschrift, sich so tief wie nur möglich in die Betrachtung der Heilsereignisse zu versenken, wie das von so manchem barocken Passionslied gefordert wurde (*»Um achte / betrachte...«*). Verschiedene Bräuche dienten dazu, den Gläubigen auf die Dreitage-Einheit (das *»Triduum sacrum«*) von Kreuzigung, Grabesruhe und Auferstehung vorzubereiten, so z. B. das Anfertigen von Vaterunserschnüren in der Fastenzeit. Dabei wurde am ersten Tag ein Vaterunser gebetet und in eine Schnur ein Knoten gebunden; am zweiten Tag betete man zwei Vaterunser und machte wiederum einen Knoten und so fort bis zum letzten Tag der Fasten, an dem vierzig Vaterunser gebetet wurden und der vierzigste Knoten an die Schnur kam; dann befestigte man die Schnur an einen Totenkopf im Beinhaus und opferte so das Gebet für die armen Seelen auf.

Das Nachgehen des Leidensweges

Eine andere Art der Fasteneinstellung auf das Geschehen der Passionswoche betrifft das Beten an den vierzehn Stationen eines Kreuzweges, der vor allem an den vierzehn Kreuzen oder Kapellen eines Wallfahrtsweges üblich war und ist. Dieses Nachgehen der *»Via dolorosa«* zu Jerusalem mit ihren vierzehn Stationen entsprach einem Grundgedanken franziskanischer Geistigkeit, der erklärt, warum gerade die Franziskaner diese Andachtsform propagiert und weiterverbreitet haben, nämlich dem Motto *»Sequi vestigia eius«*, d. h. *»den Fußspuren des Herrn nachgehen«*. Die Gläubigen sollten ihren Fuß gleichsam Schritt für Schritt auf den Weg des Lebens Christi setzen, mit Christus leben und leiden, und Christus sollte ihnen als Führer auf dem Weg zu Gott vorangehen. Thomas von Celano überliefert in seiner Lebensbeschreibung des hl. Franziskus das prägnante Wort: *»Christo duce«* – mit Christus als Führer gelte es, die Pilgerfahrt durch das irdische Leben fortsetzen. Der franziskanische Kreuzweg ermöglicht dem Gläubigen ein konkretes Nachgehen von Leidensstation zu Leidensstation, wodurch er unmittelbar mit dem Geschehen der Passionswoche konfrontiert wird. Im Jahre 1720 veröffentlichte der Kapuzinerpater Engelbert Pauck in Köln eine Quellenschrift *»Via sacra«* zur Geschichte des Kreuzweges. Mit ihr war dem Leser zugleich ein *»Exercitium Viae illius dolorissimae«* gegeben, *»quam DEUS-HOMO [...] ambulavit«*, gedacht als Bußübung des Nachgehens jenes Weges, den Christus in der Leidenswoche selbst gegangen war.

Die Ölbergandachten zu Dietfurt im Altmühltal

Ein typisches Beispiel für die franziskanische Passionsbetrachtung bieten die feierlichen Ölbergandachten an den Donnerstagen der Fastenzeit in der Klosterkirche der Franziskaner zu Dietfurt im Altmühltal. Die Fenster der Kirche sind mit schwarzen Tüchern verhängt. Eingebettet in eine feierliche Andacht mit Predigt („Pfinstapredigt") und Chorgesang wird in drei Szenen das Ringen Jesu mit sich selbst und mit Gott-Vater wegen seines bevorstehenden Leidens und Sterbens dargestellt. Das große Bild des Hochaltares ist dazu durch einen Vorhang ersetzt, auf dem das Ölbergleiden Christi dargestellt ist. Hinter dem Vorhang tut sich eine Altarbühne auf. Die Kulissen zeigen den Garten Getsemani am Ölberg mit der Stadt Jerusalem im Hintergrund. Auf beiden Seiten ruhen die schlafenden Apostel (gemalt wie die Kulissen). In der Mitte kniet Jesus: eine bekleidete Figur aus Holz, die beweglich ist. Bei den »drei Fällen Jesu« läßt sich ein Kreuz auf ihn herab und ruht eine Weile auf ihm. Ein Christussänger und der Chor bringen dabei die Gedanken und Gefühle Jesu zum Ausdruck. Dann erhebt sich die Christusfigur wieder, und ein Engel, von einem Dietfurter Kind gespielt, kommt mit einem Kelch und einem Kreuz in der Hand vom Himmel herab, um Jesus für sein kommendes Leiden und Sterben zu stärken.

Die Stationsandachten des Leidens Jesu Christi

Das »Nachgehen« des Weges Jesu Christi konnte auch nur in Gedanken erfolgen. Das erklärt, warum im Rahmen der bräuchlichen Passionsandachten daheim oder im Kreise der Bußbruderschaften regelrechte Stationenlieder gesungen wurden, zu denen die Anregung vielleicht von den alttestamentlichen Klageliedern genommen worden war. Eines der bekanntesten Lieder dieser Art betrifft den Abschied Jesu von Maria, der den Anlaß einer andächtigen Betrachtung des Leidensweges bildet, die nicht nur von Station zu Station, sondern auch von jedem Tag der »großen, heiligen Woche« zum nächsten führt: »Als Jesus von seiner Mutter ging, / Die große, hochheilige Woche anfing. / Da hatte Maria viel Herzeleid, / Sie fragte den Sohn voll Traurigkeit: // >Ach Sohn, Du liebster Jesu mein, / Was wirst du am heiligen Sonntag sein?< / >Am Sonntag werde ich ein König sein, / Sie werden mir Kleider und Palmen streun.<« Und auf die wiederholte Frage der Mutter, was er, der Sohn, an den folgenden Tagen sein werde, antwortet der Heiland: »[...] Am Montag bin ich ein Wandersmann, / Der nirgends ein Obdach finden kann. // [...] Am Dienstag bin ich ein Prophet, / Verkündig, wie Himmel und Erde vergeht. // [...] Am Mittwoch bin ich gar arm, / Verkauft um dreißig Silberling. // [...] Am Donnerstag bin ich im Speisesaal / Das Osterlamm bei dem Abendmahl. // [...] Ach liebste Mutter mein, / Könnt Dir der Freitag verborgen sein. // Am Freitag, liebste

Ein Engel stärkt Christus am Ölberg. Szenische Ölbergandacht an den Donnerstagen der Fastenzeit in Dietfurt im Altmühltal, 2002.

Mutter mein, / Da werd ich ans Kreuz genagelt sein. / Drei Nägel, die gehn mir durch Händ und Füß, / Verzage nicht, Mutter, das Ende ist süß. // [...] Am Samstag bin ich ein Weizenkorn / Das in der Erde wird neu geboren. // Und am Sonntag freu dich, o Mutter mein, / Da werd ich vom Tode erstanden sein. / Trag ich das Kreuz mit der Fahn in der Hand, / Dann siehst du mich wieder im Glorienstand.« Das Lied, das stofflich auf eine Vision der Dorothea von Montau aus der Zeit um 1400 zurückgeht, besingt die Stationen des Leidens Jesu Christi, führt aber weiter zur Grabesruhe und zur Auferstehung, wobei sich die theologische Qualität der Darstellung daran erweist, daß in der Wendung von dem *»Weizenkorn, / das in der Erde wird neu geboren«* die eucharistische Wandlung angedeutet wird, die in dem Wort Jesu vom Weizenkorn, das viel Frucht bringt, wenn es stirbt, seinen biblischen Ort hat (Joh 12,24-25). Ein ähnliches Beispiel für diese geistige Kreuzwegandacht bietet ein (vermutlich franziskanisches) Karwochenlied aus Kärnten, dessen einzelne Strophen die Stationen der Ölbergszene, der Geißelung, der Dornenkrönung und der Kreuzigung besingt. Seine achtzeiligen Strophen beginnen alle mit der gleichen Klage: »*Mein Herz ist voller Schmerzen / Was fangen wir an? Mein Jesus muß leiden.*« Dann folgt die Schilderung des Leidensgeschehens (Ölberg, Geißelung, Krönung, Kreuzigung), und den Schluß bildet das Verspaar »*Euch gibt man die Schuld / Er leidt's, er leidt's mit Geduld*«, das aber in der letzten Strophe zielbewußt verändert und umgebogen wird: »*Euch gibt er die Gnad / Erlöst, erlöst er uns hat.*« Das Passionsgeschehen wird hier also zugleich beschrieben und theologisch gedeutet, wobei erst das Mitleiden mit dem Leiden des Erlösers, dann aber als Lohn die Gnade und das Erlösungsopfer das Thema bilden.

Passionsspiele der Karwoche

Verbreiteter als solche Lieder für die Privatandacht waren und sind die Passionsspiele mit ihrer großen Breitenwirkung. Die Geschichte des Passionsspieles beginnt im Kirchenraum, denn es erwächst aus dem Bedürfnis, die Leidensgeschichte Jesu Christi, wie sie in den liturgischen Feiern der Karwoche vorgegeben ist, der christlichen Gemeinde anschaulich vorzuführen. Ihm voraus geht der spielhaft gestaltete Gang der drei Frauen zum Grabe, bei dem sie von der Auferstehung des Heilandes erfahren: die Darstellung des Ostergeschehens aus der Sicht derer, die an Jesus glaubten. Im Mittelpunkt steht dabei der Dialog zwischen dem Engel im Grabe und den Frauen, wie er um 975 in St. Gallen – wo Notker Balbulus diese Dichtungsart 851 erfunden hatte – als Tropus zur Messe des ersten Ostertages gesungen wurde. Auf die Frage (INTERROGATIO): »*Quem queritis in sepulchro, Christicole?*« lautete die Antwort (RESPONSIO): »*Ihesum Nazarenum crucifixum, o celicolae.*« Anschließend verkündete der Engel die Botschaft von der Auferstehung und forderte die Fragenden auf,

Maria als Schmerzensmutter bei den szenischen Ölbergandachten in der Klosterkirche der Franziskaner zu Dietfurt im Altmühltal, 2002.

hinwegzugehen und zu berichten, daß der Gesuchte aus dem Grabe erstanden sei: »*Non est hic, surrexit, sicut predixerat; ite, nuntiate, quia surrexit de sepulchro.*« Auf diesen Dialog folgte unmittelbar die Antiphon »*Surrexit enim sicut dixit Dominus.*« Das Wechselgespräch blieb also in der Liturgie beheimatet, und es erfolgte, wie die »*Regularis Concordia*« der englischen Benediktiner (ebenfalls um 975) ausdrücklich versicherte, »*ad imitationem angeli et mulierum*«, d. h. zur Verdeutlichung des Heilsgeschehens. Am szenischen Nachvollzug des liturgischen Textes waren nur Männer beteiligt, die die kirchlichen Weihen empfangen hatten, und dieser Nachvollzug erfolgte innerhalb der Kirche, am Altar oder in dessen unmittelbarer Nähe.

Diese liturgienahen Osterfeiern lassen sich um das Jahr 1000 für alle Zentren der Christenheit nachweisen. Erweiterungen folgten nur allmählich, etwa durch die Hinzufügung der Emmausszene, des Grabwächter- und des Apostelspiels, schließlich auch durch das eigentliche Passionsspiel, das zunächst nur das Ostergeschehen von seinen Voraussetzungen her erklären sollte, nachher aber – unter dem Eindruck der spätmittelalterlichen Passionsfrömmigkeit – Eigengewicht erlangte und am Ende das Osterspiel, mit dem es tendentiell immer verbunden geblieben war, vom Umfang her überwucherte.

Das Heilig-Grab-Spiel von Gernrode

Immer aber blieb der Besuch der drei Frauen am Grabe, die »*Visitatio sepulchri*«, erhalten, so auch im Damenstift Gernrode, bei dem das Spiel in einem gemauerten und mit thematisch passenden Bildwerken geschmückten »heiligen Grab« stattfand. Der »*Visitatio sepulchri*« ging hier ein Spiel von der Kreuzerhebung voraus, die »*Elevatio crucis*«. Am Karfreitag nach der Vesper wurde das Kreuz symbolisch begraben, und in der Osternacht erhob man es feierlich aus dem Grabe und trug es vor den Altar. Mit dem »*Regina coeli*« und einem Lobgesang wurde die Feier abgeschlossen, die man heute, leicht verändert, von Laiendarstellern – und nicht nur von Frauen – nachzuspielen versucht.

Von der Osterfeier zum Oster- und Passionsspiel

Passions- und Osterspiele sind für Herrenchiemsee (13. Jahrhundert), für das Damenstift Obermünster in Regensburg (16. Jahrhundert), für Moosburg und Freising, Prag, Erlau, Joachimsthal, Klagenfurt usw. überliefert. Heilig-Grab-Anlagen kennt man aus Kößlarn (1481 ff), Passau, Viechtach und Grafenau; im Bayerischen Wald haben sie sich vereinzelt bis zur Gegenwart erhalten. Für die Geschichte des Passionsspieles wichtig wurde die Beteiligung des Volkes. In einem Spiel aus dem Benediktinerkloster St. Lambrecht werden um 1200 erstmals deutsche Lieder für die teilnehmende Gemeinde eingeschaltet. Die Handschrift enthält die Anweisung: »*Tunc incipiat ipsa PLEBS istum clamorem: Giengen dreie (vrowen) ce vronem grabe [...]*« und nennt außer diesem Lied noch die alte, in vielen Spielen belegte Osterweise »*Christ ist erstanden*« als Gemeinschaftsgesang »*des Volkes*«. Die Tendenz zur Einbeziehung des Glaubensvolkes verstärkt sich, als immer neue Szenen dem Oster- bzw. Passionsspiel hinzugefügt werden, bis hin zum Weltgericht, das dann seinerseits den Anlaß bietet, der Passion die Sündenfallgeschichte der Genesis als Begründung des Erlösungswerkes voranzustellen. Dieses Fortschreiten von der Osterfeier bis zum Weltgerichtsspiel stellt mehr und mehr die Aufführbarkeit der Spiele in Frage. Die mittelalterlichen Passionsspiele können nicht mehr, wie die Osterfeier, am Morgen des Ostertages von einem Priester und seinen Diakonen im Wechselgespräch vor dem Altar oder dem Heiligen Grab zelebriert werden, sondern sie verlangen immer mehr Tage, Räume und Menschen, bis hin zu jenem berühmten Passionsspiel von Valenciennes (1547), das sich über nicht weniger als 25 Aufführungstage erstreckte und bei dem rund 100 Rollen zu besetzen waren. Doch bei allem Expansionsdrang blieb selbst bei diesen hypertrophen Spätformen das

Grundprinzip einer engen Eingebundenheit des Spieles in die Liturgie der Karwoche bestehen.

Die große mittelalterliche Spielwelle lief im 16., vereinzelt im 17. Jahrhundert aus, wo dann mit dem Renaissance- und dem Barockdrama andere Spielformen und Darstellungsarten durchdrangen. Beendet wurde die Geschichte der Passionsspiele in manchen Gegenden durch die Reformation, in anderen durch die Aufklärung bzw. die Säkularisation, die der von den Klöstern getragenen Tradition den Boden entzog. Den Grund dafür, daß sich die Aufklärer so entschieden gerade gegen die Passionsspiele wandten, kann man dem bayerischen »Generalverbot« von 1770 entnehmen, das der Tegernseer Benediktiner Heinrich Braun für das Gutachten des Kurfürstlichen Geistlichen Rates formuliert hatte, wonach »*das größte Geheimnis unserer heiligen Religion nun einmal nicht auf Schaubühne gehöre*«. Das »*Generalverbot*« traf auch Oberammergau, wo man sich bereits in den besten Vorbereitungen befand, viele Ausgaben gewagt und für die Gäste bereits 4000 Periochen hatte drucken lassen, als aus München das »*Generalverbot*« eintraf. Vergebens erbaten die Oberammergauer, wie hundert andere Gemeinden, um eine Sondergenehmigung, und es dauerte ein ganzes Jahrzehnt, bis es ihnen gelang, ein Privileg zu erhalten, das mehrfach widerrufen und schließlich 1811 von König Max I. erneuert wurde.

Das Passionsspiel von Oberammergau

Dieses Oberammergauer Passionsspiel beruht, lokaler Überlieferung zufolge, auf einem Pestgelübde vom 27. Oktober 1633, bei dem die Ältesten der Gemeinde versprachen, im Abstand von jeweils zehn Jahren das »Bittere Leiden und Sterben Jesu Christi« szenisch darzustellen. Um dieses Gelübde, an das man sich bis zum heutigen Tage hält, möglichst rasch erfüllen zu können, schuf ein unbekannter Autor für die erste Aufführung im Jahre 1634 aus verschiedenen Vorlagen eine praktikable Spielvor-

Der Einzug Jesu in Jerusalem, mit dem sein Leidensweg beginnt, beim Passionsspiel von Oberammergau, 1970.

lage, die in der Folgezeit vielfach verändert wurde. Der älteste erhaltene Oberammergauer Text von 1662 weist eine mittelalterliche Grundschicht auf, die von jüngeren Schichten überlagert wurde, zu denen etwa die »barocken« Typologien zählen. Entsprechend gemischt erscheint die Aufführungsform: Reste der mittelalterlichen Simultantechnik wurden hier mit Wesensmerkmalen des Jesuitentheaters auf eine sehr eigentümliche Weise verbunden. Die Basis des Textes bildete eine mit erbaulichen Szenen franziskanischer Provenienz durchsetzte Evangelienharmonie, die unter anderem durch Verse aus einer gedruckten Bibelparaphrase des Protestanten Sebastian Wild von 1566 ergänzt wurde. Wichtig wurde für die weitere Entwicklung das Passionsspiel von P. Ferdinand Rosner, die »Passio Nova«, die sich mit knapp 9000 Versen (gegenüber gut 4000 des älteren Oberammergauer Spieles) nicht nur äußerlich als großes barokkes Bühnendrama darstellte, sondern das auch inhaltlich und formal weit über die Vorlage hinauswuchs. Anregungen von P. Karl Bader in Ettal und von P. Anselm Manhardt in Rottenbuch folgend, allegorisierte Rosner den Text und schuf damit eine durchgehende zweite Handlungsebene, die mit Hölle, Tod und Teufel und deren Einfluß auf die Menschen konfrontiert. Aus den Vorlagen übernahm Rosner außerdem das Prinzip der abschnittweisen Betrachtungen und die Anregung zu den Lebenden Bildern, die in der Fassung von Anselm Manhardt 1730 als »scenae mutae« Kernstücke der folgenden neutestamentlichen Handlung vorweggenommen hatten, nun aber vorzugsweise typologische Parallelen aus dem Alten Testament darbieten. Daß bei Rosner die antithetischen »Typen« der »Tableaux vivants« nicht, wie üblich, den höher bewerteten »Antitypen« vorausgingen, sondern nachfolgten, machte Besserungen unvermeidlich: In den Periochen von Tölz, wohin das Spiel 1761 übernommen wurde, und von Oberammergau 1770 hat sich die Zahl der Vorbilder verdoppelt, doch gehen sie jetzt den Szenen, auf die sie hindeuten sollen, unmittelbar voraus, so daß die bei- oder untergeordneten Betrachtungen die Handlung zu überwuchern beginnen; es entsteht, wie sie dann auch zurecht genannt wird, eine »Passion durch Betrachtungen«. Zur Betrachtung bestimmt ist dann auch das »Schauspiel« P. Magnus Knipfelbergers von 1750, in dem die Tendenz einer gemeinsamen liturgischen Feier längst einer Aufführung von (Laien-) Schauspielern vor einem Publikum gewichen ist, das Bühneneffekte erwartet und auch unterhalten sein will. Entscheidende Veränderungen des Oberammergauer Passionsspieltextes erfolgten durch P. Othmar Weis (1810/11) und durch Alois Daisenberger (1860), dessen Bearbeitung mit jeweils zeitbedingten Modifikationen bis heute nachgespielt wird, zumeist in aufwendigen Inszenierungen zu der einfühl- und empfindsamen Musik von Rochus Dedler.

Das Passionsspiel von Waal

Zu den Gemeinden, die ihre Spieltradition über die Aufklärung hinweg retten konnten, gehört auch Waal im Allgäu, südlich von Buchloe, dessen ältester erhaltener Passionsspieltext aus dem Jahre 1791 stammt, aber in seinem Kern deutlich älter ist. Dieser Text wurde 1813 durch eine Auftragsarbeit von P. Othmar Weis in Ettal ersetzt, die ganz dem Oberammergauer Spieltext angeglichen war. Im Unterschied zu Oberammergau wurden in Waal die Präfigurationen aber nicht als »Tableaux vivants«, sondern als Pantomimen, ja teilweise als kleine Opernszenen gegeben. Die Musik hatte der Augsburger Chorvikar Jaumann geschrieben, die Kostüme wurden aus Oberammergau entliehen. Im Jahre 1828 wurde in Waal das Passionsspiel von Othmar Weis, leicht verändert, erneut aufgeführt, dann trat eine längere Spielpause ein. Erst 1849 spielte man wieder eine Passion, und zwar eine stark gekürzte Bearbeitung des Weisschen Textes, die auf den Geistlichen Rat von Susan zurückging. Diese Passion wurde 1875 und 1883 wiederholt. Die Bearbeitung ergab sich aus dem Wunsch, die Passion nicht mehr, wie zuvor, unter freiem Himmel, sondern in dem Theater-

Jesus fällt unter dem Kreuz und begegnet der Veronika mit dem Schweißtuch. Fränkische Passionsspiele Sömmersdorf, 1988.

gebäude aufzuführen, das Waal dank einer Schenkung seit 1813 besaß. Heute unterstreicht man den Qualitätsanspruch in Waal dadurch, daß man sich eines eigenen Passionsspieltextes bedient, den der schwäbische Dichter Arthur Maximilian Miller 1975 verfaßt hat und der für die Waaler Passion 2001 von Otto Kobel bearbeitet und erweitert wurde.

Fränkische Passionsspiele Sömmersdorf

Auch in Sömmersdorf/Unterfranken (zwischen Schweinfurt und Bad Kissingen) wird seit mehr als einem halben Jahrhundert das Leiden Christi gespielt. Auf einer respektablen Freilichtbühne tummeln sich in aufwendigen, bunten Kostümen nicht weniger als 300 Laiendarsteller. Sie alle stammen aus dem Dorf selbst, dessen Gesamteinwohnerzahl sich auf 560 Personen beläuft, so daß fast jede Familie am Passionsspiel beteiligt ist. Die Aufführungen gehen auf das politisch so unheilige »heilige Jahr« 1933 zurück, als man sich entschloß, ähnlich wie in Oberammergau das biblische Geschehen vom Einzug Jesu in Jerusalem bis zur Auferstehung Jesu Christi auf einer Freilichtbühne nachzuspielen, wie überhaupt das Oberammergauer Passionsspiel auch früher schon weithin ausge-

»Und um seine Kleider haben sie das Los geworfen«. Golgatha bei der Passion in Sömmersdorf, 1988.

strahlt und neue Spieltraditionen zu begründen geholfen hat. Als »*bloße Nachahmung des Oberammergauer Spieles*« wurde die Sömmersdorfer Passion dann auch von den nationalsozialistischen Machthabern bald verboten, doch lebte sie nach dem Zusammenbruch des »Dritten Reiches« wieder auf. Seit 1957 wird wieder regelmäßig gespielt, seit 1968 im Rhythmus von fünf Jahren – unter der Anleitung so ausgewiesener Regisseure wie Guido Halbig oder Paul Sonnendrucker.

Passionsprozessionen der Karwoche

Die Passionsprozessionen finden meist am Karfreitag statt, auf den sie inhaltlich bezogen sind, doch hat man sie gelegentlich, z. B. in Saal an der Donau, auf den Palmsonntag vorverlegt. Kennzeichnend für sie sind das Fehlen fester Spielorte und eines festen Textes. Prozessionen dieser Art waren einst auch in Deutschland weit verbreitet, doch trifft man sie heute nur noch vereinzelt an. Untergegangen sind auch die früheren Prozessionen mit Geißlern und Kreuzschleppern, Büßern und Klagenden usw., die meist nach entsprechenden bildlichen Vorlagen gestaltet waren.

Prozessionen in Caltanissetta

Am Mittwoch und am Donnerstag der Karwoche finden in Caltanissetta auf Sizilien zwei Karwochenprozessionen statt, deren zweite die ältere ist: Am Gründonnerstag veranstalten die einheimischen Zünfte die Prozession mit lebens- und überlebensgroßen Figurengruppen (*Gruppi Grandi*), während am Tage zuvor ausgewählte Familien mit gleichartigen, aber sehr viel kleineren Gruppen, die wie Modelle der großen wirken (*Piccoli Gruppi*), ihren eigenen Umzug durchführen. Jedem Wagen geht eine Musikkapelle voraus, die einen der vielen Trauermärsche spielt, so daß sich schnell ein ganzer Klangteppich aus schweren, düsteren Melodien über die Stadt legt. Wenn auch die Größe der Figurengruppen

verschieden ist, so werden am Mittwoch und am Donnerstag doch die gleichen Themen dargestellt: das Abendmahl (*Cena*), Christus am Ölberg (*Orazione nell'Orto*), die Gefangennahme Jesu (*Cattura di Gesù*), Christus vor dem Hohen Rat (*Sinedrio*), Ecce Homo, die Verurteilung (*Condanna di Gesù*), Christus fällt unter dem Kreuz (*Prima caduta*), Simon von Cyrene (*Cireneo*), Das Schweißtuch der heiligen Veronika (*Veronica*), Kalvarienberg (*Calvario*), Kreuzabnahme (*Deposizione*), Beweinung (*Pietà*), Grablegung (*Condotta al Sepolcro*), Heiliges Grab (*sacra urna*) und die Schmerzensmadonna (*Addolorata*). Die zumeist nach sehr guten Vorlagen – von Leonardo da Vinci, Peter Paul Rubens, Lorenzo Alessandro Sanseverino – gestalteten (insgesamt vierzehn) Gruppen entstanden in den Jahren 1883 bis 1890. Sie

Christus mit den Gaben von Brot und Wein. Passionsprozession in Saal an der Donau am Palmsonntag 2002.

lösten eine ältere Schicht von Figurengruppen aus dem Jahrzehnt zwischen 1840 und 1850 ab, die einem Großbrand am 12. November 1881 in Caltanissetta zum Opfer gefallen waren. Die Neugestaltung der Figurengruppen lag in den Händen von Francesco und Vincenzo Biancardi, zwei Bildhauern (Vater und Sohn) aus Neapel.

Am Vormittag des Karmittwochs finden sich im Atrium des alten Jesuitenkollegs die Honoratioren der Stadt mit den Zünften und der Geistlichkeit zu einer eucharistischen Prozession zusammen, die über den Corso Vittorio Emmanuele II. und den Corso Umberto I. zur Kathedrale führt. Dabei wird ein Kruzifix mitgetragen, das von einem schwarzen Schleier bedeckt ist, um »*die tiefe Trauer der Kirche anzuzeigen*«. Die Vertreter der einzelnen Zünfte – Schmiede, Zimmerleute, Maurer, Schuster, Schneider, Barbiere – und Kongregationen erscheinen überwiegend in Schwarz und tragen an langen Stangen befestigte Laternen, die mit dem Namen der Zunft beziehungsweise der Kongregation und einer Darstellung der jeweiligen Passionsgruppe geschmückt sind, für die sie die Verantwortung tragen.

Die Einführung einer Karwochenprozession in Caltanissetta geht auf die Kongregation unter dem Namen des heiligen Philippo Neri zurück, die hier im Jahre 1690 errichtet worden war. Nach 1801 setzten sich unter dem Einfluß des Passionsspieles von Oberammergau auch überall in Italien, und besonders auf Sizilien, Darbietungen von Passionsspielen auf Texte verschiedener Autoren durch, vor allem ein Drama »*Adams Erlösung durch den Tod Jesu Christi*« (»*Il Riscatto di Adamo nella morte di G. C.*«) von Filippo Orioles. Damals führten Dominikaner-Patres in vielen sizilianischen Dörfern die Mysterien-Prozessionen ein oder erneuerten sie, außer in Caltanissetta auch in Palermo, Erice, Messina und vor allem in Trapani, wo man die kostbarsten Figurengruppen für die Prozession heranzog, in Menschengröße und aus Silber, gefertigt von tüchtigen sizilianischen Bildhauern wie Mario Ciotta, Milanti, Francesco Nolfo, Tartaglia und anderen.

Das Vorbild gaben die »Mysterien« (*Misteri*) von Murcia in Spanien ab. Die erste Mysterienprozession fand in Caltanissetta 1840 statt. Die Zuordnung der einzelnen Figurengruppen zu den Zünften und sonstigen Gruppen erfolgte in der Weise,

Die Zünfte und Gewerke (hier: die Schmiede) übernehmen bei den Karfreitagsprozessionen in Caltanissetta und Trapani auf Sizilien die Betreuung der jeweiligen Figurengruppen. Unten: die Geißelung Jesu in Caltanissetta, 1991,

Karfreitagsprozession mit Einzelfiguren und Gruppen in Trapani auf Sizilien, 1991: Veronika mit dem Schweißtuch; Jesus mit Maria und Johannes; der Gekreuzigte mit den klagenden Frauen; Kreuzabnahme.

An der Karfreitagsprozession in Trapani beteiligen sich die Bruderschaften in ihren Kapuzen (oben links). Mitgeführt wird als heiliges Grab eine »urna sacra« (oben rechts). Die Prozession beginnt an der Fegfeuerkirche (»chiesa del purgatorio«), in der die Figurengruppen aufbewahrt werden. 1991.

daß die Szene »Christus am Ölberg« den Bäckern und Konditoren zufiel, der »Judaskuß« den Gemüsehändlern und Gärtnern, die »Geißelung« der Kongregation des heiligen Dominikus, der »Ecce Homo« den Lebensmittelhändlern und Obstverkäufern, die »Kreuzigung« den Metzgern, die »heilige Urne« den geistlichen und weltlichen Mitgliedern der Kongregation des heiligen Philippo Neri, usw. Es ging darum, das ganze Volk auf diese Weise an der Prozession zu beteiligen.

Karfreitagsprozession in Trapani

Die beiden Figuralprozessionen in Caltanissetta werden an Qualität noch übertroffen durch die

Karfreitagsprozession von Trapani, die bis in die Morgenstunden des Sonnabends andauert. Die überlebensgroßen, zum Teil aus edelstem Metall gefertigten Figuren werden hier von jeweils acht bis zehn starken Männern auf den Schultern getragen, für deren bestimmten, wiegenden Schritt die Trauermusik den Rhythmus abgibt. Hinzu kommen zahlreiche Gruppen von Teilnehmern aus den Fraternitäten und Kongregationen, die in einer fast endlosen »Pompa« diesen Figurengruppen teils vorangehen, teils nachfolgen. Viele von ihnen sind mit gruppeneigenen Kapuzen verhüllt, die wohl an die Pestzeit, an Hinrichtungszüge und Ähnliches erinnern. Mitgetragen werden bei diesen Trauerzügen die »*Arma Christi*«, d. h. die Leidenswerkzeuge, und sonstige Erinnerungen an die Leidensgeschichte Jesu, etwa das Schweißtuch der »Veronika« (= *vera ikona*), das dieses Leiden so deutlich zum Ausdruck bringt. Bei ihrem Umzug geraten die Teilnehmer durch die Trauermusik, das langsame Schreiten und das anhaltende Rosenkranzbeten in einen Zustand der Versenkung, aus dem sie nur schwer wieder zurückfinden.

Karwochenratschen in Ebnet bei Freiburg, 1982.

Pumpermetten und Karfreitagsratschen

Nur kurz erwähnt seien die Pumpermetten und die Karwochenratschen, welch letztere auf die altüberlieferte liturgische Praxis der Karwochenfeier zurückgehen. Zu ihnen lud man ursprünglich nur mit dem Semantron, den Schallbrettern (Klappern oder Ratschen). Sie wurden seit dem 6. Jahrhundert allmählich durch Glocken ersetzt, doch unterließ man es, diese in der Karwoche zu läuten, weil man angesichts des Leidens Jesu die »heilige Stille« bwahren wollte. Auch heute noch rufen die Karfreitagsratschen, z. B. in Ebnet bei Freiburg, zu den Gottesdiensten, wenn »die Glocken nach Rom geflogen« sind. Ihre erste Verwendung finden die Ratschen in der »Rumpel«- oder »Pumpermette« am Mittwoch der Karwoche, die auch »Finstermette« heißt, weil sie früher bei spärlicher Beleuchtung gehalten wurde. Die Bezeichnung »Pumper-« oder »Rumpelmette« kommt von dem Geräusch her, das am Ende der Andacht mit den Klappern oder den Ratschen erzeugt wird und von dem man sagt, daß es vom ehemaligen »Judasverjagen« herkomme.

11

Da die Sonne aufging

VON OSTEREIERN, OSTERBRUNNEN,
OSTERHASEN
UND EIERSPIELEN AM OSTERMONTAG

Schon der Überblick über die Kalendergeschichte hatte gezeigt, daß das Osterfest unmittelbar an das jüdische Passahfest anschloß, weil sich die christliche Urgemeinde des Zusammenhanges zwischen Passahfest und Leiden und Auferstehung Jesu Christi bewußt war. Mit der Ausbreitung des Christentums wurde das Osterfest überallhin mit übertragen, so daß es im Zuge der Germanenmissionen im 5. und 6. Jahrhundert auch in die Länder nördlich der Alpen gelangte und dort ebenfalls zum zentralen Fest des christlichen Jahres wurde. Der Termin, den das Konzil von Nicäa 325 für das Osterfest festgelegt hatte – der erste Sonntag nach Frühlingsvollmond –, blieb dabei erhalten, so daß sich nicht der geringste Anhaltspunkt für die Vermutung ergibt, daß Ostern ein schon vorhandenes älteres Fest abgelöst oder überlagert hätte. Dennoch kam die romantische Mythologie nicht umhin, als Grundlage des Osterfestes ein germanisches Frühlingsfest zu postulieren, das zu Ehren einer Göttin »Ostara« oder sogar »Ostera« gefeiert worden wäre. Allerdings ist über ein solches Fest nie etwas Konkretes bekannt geworden. Das Einzige, was man fand, war eine Äußerung des englischen Kirchenhistorikers Beda Venerabilis, der um 738 in seinem Werk »De temporum ratione«, Kap. 15, geschrieben hatte: »*Der Ostermonat, wie jetzt der Monat des Passahfestes genannt wird, erhielt seinen Namen einstmals nach einer ihrer Göttinnen, die Eosdre genannt wurde, und der [zu Ehren] man in diesem Monat Feste feierte. Von ihrem Namen her bezeichnet man jetzt die Osterzeit, da man die Freuden des neuen Festes mit dem gewohnten Wort des alten Kultes belegt –* (Eosthur monath), *qui nunc paschalis mensis interpretatur, quondam à Dea illorum, quae Eostra (Eostrae, Eostre) vocabatur, et cui in illo festa celebrabant, nomen habuit; à cuius nomine nunc paschale tempus cognominant, consueto antiquae observationis vocabulo gaudia novae solennitatis vocantes.*«

Vorige Seite: Osterbrunnen mit Kreuz und Königskrone in Tiefenpölz (Markt Heiligenstadt), 2001. Die Inschrift »Hauritis aquas in gaudio de fontibus Salvatoris« stammt aus Ies 12,3: »Ihr werdet mit Freude Wasser schöpfen aus den Brunnen des Erlösers«.

Bereits im Jahre 1959 hat der Bonner Sprachwissenschaftler Johann Knobloch indes zeigen können, daß diese Aussage Bedas nicht auf Wissen beruhte, sondern eine Schlußfolgerung darstellte, die durch einen Brief Gregors des Großen an den Abt Mellitus aus dem Jahre 601 motiviert worden war. In diesem Brief mahnte der Papst, bei der Englandmission duldsam zu sein und die Götzentempel zu schonen. Man könne diese Tempel, sobald man nur das jeweilige Götzenbild zerstört habe, durchaus in den Dienst des wahren Gottes stellen; Entsprechendes gelte für die heidnischen Feste. Die Folgerung, daß jedem christlichen Kirchenbau und jedem christlichen Fest eine heidnische Vorbild vorangegangen sein müßte, hatte Gregor damit nicht provozieren wollen. Dennoch stellte Beda dem »Nun« *(nunc)* der Bezeichnung des Ostermonats das »Einst« *(quondam)* einer älteren Benennung gegenüber, die er offenbar aus dem ihm unverständlichen Wort selbst abgeleitet hatte, um für dieses eine plausible Erklärung anbieten zu können. Daß diese Ableitung fiktiv war, ergibt sich überdies allein schon daraus, daß die zahlreichen regionalen Monatsnamen in den germanischen Sprachen nie aus Götternamen gebildet wurden, im Unterschied zum Lateinischen, wo die Monatsnamen Januar, März oder Juni von Janus, Martius und Juno abgeleitet worden waren.

»Eostro« meint die »Morgenröte«

Warum aber nannte man das Passahfest »Ostern«? Hierzu muß man wissen, daß das Wort »Eostro« mit allen seinen Verwandten in den indogermanischen Sprachen »die Morgenröte« bedeutet, abgeleitet von einem Wortstamm »ausos«, auf den unter anderem das griechische »Eos« = Sonne und das lat. »aurora« = Morgenröte zurückgehen. Durch Umwandlung des indogermanischen »a«-Stammes zu einem gotischen Wort auf -on habe sich, so Johann Knobloch, das Wort gebildet, das im Althochdeutschen als Pluralbildung »ôstarun«, im Altenglischen »eastron« überliefert ist und in den Quellen stets mit dem lateinischen »Pascha« kombiniert erscheint: »*ôstrun unser Christ ist = pascha nostrum Christus est.*« Es bestand also eine feste gedankliche Verbindung zwischen kirchenlateinischem »*pascha nostrum*«, und dem pluralischen »*ôstarun*« – »*eastron*«. Wieso aber belegte man die Tage des Auferstehungsfestes überhaupt mit einem neuen, bodenständigen Wort als »Morgenröten«?

Eine Durchsicht der lateinischen Synonyma für das Zentralwort »Passah«, wie sie im Zeitalter der Germanenmissionen verwendet wurden, ergab, daß es alter Brauch war, die Nacht vor Ostern wachend zu verbringen, wie es vielerorts noch heute üblich ist. So mahnen die *Canones Hippolyti*: »*Nemo igitur illa nocte dormiat usque ad auroram – niemand soll in dieser Nacht schlafen, sondern wach bleiben bis zur Morgenröte«*, um sich so zur Feier des Auferstehungsfestes zu bereiten. Gewöhnlich begann diese Feier mit Anbruch des Tages. Entscheidend aber war, daß man in dieser Nacht die Katechumenen taufte, nachdem man sie, dem Westen zugewandt, den Dämonen hatte abschwören lassen. Gen Osten mußten sie danach das Glaubensbekenntnis sprechen. Die Neophyten trugen weiße Taufkleider (*Albae*), die sie noch die ganze folgende Woche hindurch bei den täglichen Gottesdiensten anbehalten mußten, und nach ihnen wurde diese Woche auch »*hebdomada in albis*« genannt. Zwischen dieser »*hebdomada in albis*« und der »*hebdomada Paschalis*«, der Woche nach Ostern, bestand Bedeutungsgleichheit. Mit dem »weißen Sonntag«, der »*Dominica in albis*«, wurde das Auferstehungsfest beendet. Im Hinblick auf die Prozessionen der Neophyten an jedem Tag der »weißen Woche« wurden diese Tage auch »*Albae paschales*« genannt, verkürzt »*Albae*«. In einer Überschrift des »*Sacramentum Gelasianum*« aus dem 7. Jahrhundert heißt es folglich: »*Incipiunt totius albae orationes et preces – hier beginnen die Gebete und Bitten der ganzen Woche nach Ostern.*« Hrabanus Maurus erklärte: »*Quas septem dies albas vicitamus propter eos, qui in sancta nocte baptizati albis per totam hebdomadam utuntur vestibus*« – *die sieben ›weißen‹ Tage nennen wir nach denen, die in der hl. Nacht getauft wurden und die die ganze Woche über weiße Kleider tragen.*« Dieses Wort »*Alba*« = weiß erhält nun durch den Zusammenhang mit der liturgischen Feier bei Anbruch des Auferstehungstages und die dabei erfolgten Taufen die zusätzliche Bedeutung »Morgenröte«, »Tagesanbruch«, »Frühlicht«, die sich im Italienischen, Provenzalischen und Spanischen als »*Alba*«, im Französischen als »*aube*« erhalten hat – Wörtern, die im Bereich der Tageliedsdichtung als »*Aube*« und »*Aubade*« bis heute fortleben. Wenn aber die »*Albae*« nicht nur die Tage des Passahfestes und dieses selbst, sondern auch »die Morgenröte« oder der »Tagesanbruch« bedeuten, erklärt sich ohne weiteres, warum dieses Wort mit dem althochdeutschen »*ôstarun*« bzw. dem altenglischen »*eastron*« austauschbar wurde, die dasselbe meinen: Beide Ausdrücke bezeichneten das liturgische Geschehen bei Anbruch des Tages, der dem Gedächtnis der Auferstehung Christi gewidmet war, und die damit zusammenhängenden Feiern. Ostern heißt also, genau genommen, »Auferstehungsliturgie am Morgen«. Es handelt sich um eine fränkische Lehnwortschöpfung *Ostern* für *Albae*, deren Entstehung sich zeitlich genau festlegen läßt: Im Jahre 596 sandte Papst Gregor den Mönch Augustin mit 40 Begleitern nach England, um die Angelsachsen zu bekehren. Die Mönche kamen aus dem Andreaskloster in Rom und waren der Sprache des Ziellandes unkundig, so daß sie fränkische Dolmetscher mitnahmen. Durch diese Dolmetscher gelangten verschiedene Wörter der fränkischen Kirchensprache nach England, neben »Bischof«, »Kirche« und anderen eben auch »Ostern«. Mit der fränkischen Mission drangen diese Wörter dann auch in das Slawische ein. Dem althochdeutschen »*ôstarun*« entsprechen zum Beispiel das altpolnische »*jastry*«, kaschubisch »*jastré*«, niedersorbisch »*jatsy*« und entsprechende Wortbldungen.

Die schlüssige Erklärung der Bezeichnung »Ostern« als fränkisches Missionswort für die

Liturgie bei Anbruch des Auferstehungsfestes aber entzieht zwangsläufig allen Annahmen der einstigen Existenz einer germanischen Ostergöttin namens »Ostara« den Boden. Da man bei dieser Sachlage die »Ostereier«, den »Osterhasen« und ähnliche Phänomene des Osterbrauches nicht mehr, wie es vielfach geschehen ist, auf diese vermeintliche Ostergöttin zurückführen kann, muß man also klären, wie es zu diesen Attributen des Osterfestes gekommen ist.

Zeremonien um Ostereier und Osterhasen

In seinem Buch *über »Seelenprobleme der Gegenwart«* beschäftigt sich der bekannte schweizerische Psychiater und Tiefenpsychologe Carl Gustav Jung mit dem Wesen und Verhalten des »archaischen Menschen«. Er spricht in diesem Zusammenhang über die Osterbräuche seiner Heimat um 1930: *»Nehmen wir [...] an, ich sei ein absoluter Fremdling und komme in diese Stadt, um die hier herrschenden Gebräuche zu erforschen. Ich siedele mich zuerst in der Nachbarschaft einiger Villen am Zürichberg an, mit deren Bewohnern ich in nachbarlichen Verkehr trete. Ich frage nun die Herren Müller und Meyer: ›Erzählen Sie mir, bitte, etwas von Ihren religiösen Gebräuchen.‹ Die beiden Herren sind verdutzt. Sie gehen nie in die Kirche, wissen von nichts und leugnen emphatisch, daß sie solche Gebräuche pflegten. Es ist Frühling, und Ostern kommt. Eines Morgens überrasche ich Herrn Müller bei einer sonderbaren Tätigkeit: Er läuft geschäftig im Garten herum und versteckt farbige Eier und setzt eigentümliche Hasenidole dazu. Er ist in flagranti ertappt. ›Warum haben Sie mir denn diese äußerst interessante Zeremonie verschwiegen?‹ frage ich ihn. ›Was für eine Zeremonie? Das ist doch nichts. Das tut man immer zu Ostern.‹ – ›Aber was bedeuten denn diese Eier, diese Idole, das Verstecken?‹ Herr Müller ist vor den Kopf geschlagen. Er weiß es selber nicht, [...] und doch tut er es, genau wie die Primitiven. [...] Der archaische Mensch tut es bloß, und erst der zivilisierte Mensch weiß, was er tut.«* Doch die Interpretation der Osterbräuche als »archaisch« zeigt, daß C. G. Jung selber keine stichhaltigen Gründe für ihre Art und Bedeutung beibringen konnte.

Hinweisschild in Oberngrub im Landkreis Bamberg, Ostern 2000.

Eier-Verbote für die Fastenzeit

Nun kann die Geschichte des Ostereierbrauches nicht älter sein als die Geschichte des Osterfestes selbst, weil er durch den Namen und die Sache fest an das Osterfest und dessen Termin gebunden ist; Eier außerhalb des Osterfestes sind eben keine »Ostereier«. Fragt man nun, in welcher Hinsicht diese Geschichte etwas mit der Produktion und Verwendung von Hühnereiern zu tun hat, wird man durch zahlreiche Überlieferungen auf die vorösterliche Fastenzeit verwiesen, in der spätestens seit dem 7./8. Jahrhundert der Genuß von Eiern untersagt war. Die Kirche verbot für die Fastenzeit den Verzehr des Fleisches warmblütiger Tiere und bezog tierische Produkte, wie Milch und Eier, dabei mit ein. Die Begründung dafür lautete, etwa bei Aegidius Bellemara, daß das Ei nichts anderes sei als flüssiges Fleisch: »Ovum enim nihil aliud est, quam caro liquida.« Es war also in der vierzigtägigen Osterfastenzeit nicht erlaubt, Eier zu essen, und dieses Verbot wurde erst durch die »Eierweihe« zu Ostern wieder aufgehoben. Da man nun die Hennen kaum zu zwingen vermochte, in der Fastenzeit keine Eier

zu legen, ergab sich zum Osterfest ein Überschuß an Eiern, der rasch abgebaut werden mußte. Der eigentliche Grund des Ostereierbrauches liegt also in dem durch die Fastenvorschrift bewirkten Eieranfall. Das wußte noch der katholische Pfarrer Andreas Strobl, der zwischen 1698 und 1710 drei Bücher über das Osterei veröffentlicht hat. Er be-

Der aufwendig gezierte Osterbrunnen von Bieberbach wurde im Jahre 2000 in das Guinness Buch der Rekorde aufgenommen.

OSTERN UND WEISSER SONNTAG

schrieb hier erst den Brauch, die Eier grün, rot, gelb, goldfarben usw. zu verzieren und fuhr dann fort: »Man machts auch schön gesprängt [= verziert], und verehrt es hernach ein guter Freund dem andern. Ja man tragts heut [= zu Ostern] in großer Menge in die Kirche zu der Weihe, und seynd ihrer gar viel, welche heunt vor allen andern Speisen ein lind gesottenes Ayr essen oder außtrinken. Wer kan mir dessen die Ursach geben? Antwort: Vorzeiten, wie dann noch in vielen Orten, sonderlich in Welschland, seynd in der Fastenzeit die Ayr ebensowohl verboten gewesen, als das Fleisch.« Um 1700 wurde es damit nicht mehr so genau genommen. Zuvor aber war sogar der Handel mit Eiern in der Fastenzeit verboten gewesen.

Die Abgabe von Fastnachtshühnern

Auch durch die Verringerung des Hühnerbestandes wurde versucht, dem Eieranfall in der Fastenzeit zu steuern. Zu den ältesten und zugleich verbreitetsten Belegen für die Fastnachtsbräuche gehören Vermerke über die Verpflichtung zur Abgabe von Fastnachtshühnern (»pulli carnispriviales«), ohne daß andere Gründe für diese Verpflichtung zu erkennen wären als die Absicht, die Eierproduktion zur Fastenzeit zu drosseln. Oft mußten diese Fastnachtshühner an bestimmte Zünfte abgeliefert werden, die durch die Fastenzeit Einbußen erlitten und dafür entschädigt werden mußten. Die Pflicht zur Abgabe der Fastnachtshühner scheint erst verschwunden zu sein, seit die Fastenvorschriften weniger streng gehandhabt wurden. Doch konnte man noch beim Umzug am Fastnachtssonntag 1982 in Ebensee/Oberösterreich einen Wagen sehen, an dessen Rückseite vier frisch geschlachtete Hennen hingen. Es hieß, daß das »immer so gemacht« worden sei; die Abgabe der Fastnachtshühner hatte sich hier in der Brauchbindung offensichtlich bis zur Gegenwart erhalten.

Mit dieser Abgabe stehen wohl auch die Eierbräuche der Fastnacht in Verbindung, die im Grundsatz dieselbe Aufgabe wie die Eierbräuche des Osterfestes gehabt haben dürften, nämlich die Eiervorräte zu verringern. Bei diesen Bräuchen wurden Eier ausgeblasen, mit wohlriechenden Essenzen gefüllt – zum Beispiel mit Rosenwasser – und den Damen zugeworfen, wie es vom Nürnberger Schembartlauf um 1500 berichtet wird. Entsprechendes ist für Venedig belegt, wo den Schönen an ihren Fenstern »ovi odoriferi« zugeworfen wurden. Auch die »Gilles« der belgischen Stadt Binche tragen Eierkörbe mit sich herum, aus denen sie die Umstehenden beschenken. Zwischen dem Eierverbrauch an Fastnacht und dem Eierverbrauch an Ostern besteht also ein innerer, durch die Fastenvorschrift begründeter Zusammenhang. So versteht sich leicht Hans Rosenplüts Fastnachtsspiel »Von der Vasnacht und Vaßten recht, vonn sullczen und broten«, in dem sich die Fastnacht beschwert, daß sie nach nur vier Tagen des Regimentes von der Fastenzeit vertrieben worden sei, obwohl u. a. noch Hühner übriggeblieben seien, die nun niemand mehr essen dürfe. Auch die Schöffen beklagen, daß ihnen bis Ostern das Eieressen verboten sei. Der letzte Schöffe schließlich empfiehlt, die Klage auszusetzen und das Osterfest abzuwarten, denn das Osterfest bringe wieder, was die Fastenzeit hinweggenommen habe: die Eier und die Fladen.

Österliche Eierspenden

Abgegeben wurden hauptsächlich zu Ostern Eier an den Pfarrer, beispielsweise für das Abnehmen der Osterbeichte (»Beichteier«) oder als Entgelt für die Abgabe des Osterweihwassers (»Taufeier«). Als Ostereier im engeren und eigentlichen Sinn können jedoch nur die gefärbten oder verzierten Eier gelten, die allein deshalb Färbung oder Verzierung erhielten, weil man sie zur Weihe trug. Ihnen schrieb man dann gerne einen übernatürlichen Nutzen zu, der ihre Anwendung als Heilmittel in der Volksmedizin begründete. Die geweihten Eier wurden als Schutz gegen Schäden getragen oder auf den Äckern und in den Saaten vergraben, um deren Gedeihen zu fördern, in die zuerst gebundene Erntegarbe gelegt, um

Ostereierstrauß vom Ostereiermarkt in Kloster Andechs, 1997.

Segen für die Ernte zu bewirken usw. Ihre Schalen streute man mit der Asche des am Osterfeuer angezündeten Holzes auf die Äcker, um diese ertragreicher zu machen, d. h. man nahm die Segensverheißung wörtlich und versuchte, aus ihr den größtmöglichen Nutzen zu ziehen. Man wählte übrigens mit Vorliebe die am »Antlaßtag« (Gründonnerstag) gelegten Eier für die Weihe.

Die kirchliche Eierweihe

Die Unterdrückung des Eierkonsums in der Fastenzeit zeitigte schon früh jene Folge, die für die Entwicklung des Ostereierbrauches entscheidend werden sollte, nämlich die kirchliche Eierweihe (»Benedictio ovorum«) im Kanon der Ostermesse. Was bis zum Ende der Bußzeit verboten war, weil es als (im geistlichen Sinn) schädlich galt, wurde durch diese Benediktion zum geweihten, segenspendenden Gegenstand umgewandelt: Das Ei veränderte sich durch die Weihe zum »Osterei«, das nun auch äußerlich als solches kenntlich gemacht werden mußte, indem man es einfärbte und auf alle mögliche Weise mit Mustern und Darstellungen verzierte.

Der Jesuit Georg Stengel veröffentlichte 1672 in Ingolstadt ein Buch über die Ostereier (»*Paschalia ova, vulgo plerumque rubra ova vocari; d.h. Über die Ostereier, die gewöhnlich rote Eier genannt werden*«), in dem er die sehr alte Sitte der Katholiken beschrieb, Ostereier weihen zu lassen und sie mit allerlei Bildern und Inschriften zu versehen. Ihr hohes Alter geht schon daraus hervor, daß sie sich ebenso im Bereich der byzantinischen Kirche wie im Einflußbereich der römischen Kirche erhalten hat. In den östlichen Metropolitankirchen überreicht der Erzbischof zu Ostern als heilige Ostergaben vor allem gefärbte und verzierte Eier, häufig mit einer Darstellung versehen, die Christus als guten Hirten zeigt. »*Noch bis heute pflegt der Patriarch von*

Konstantinopel durch eigene Abgesandte dem türkischen Staatschef in Ankara rote Eier und Osterkuchen zu übersenden« (Aranca). Kirchliche Nachschlagewerke, wie das »Exempellexikon für Prediger und Katecheten« der Benediktiner Augustin Scherer und Johann Baptist Lampert erklären das Osterei als *»Sinnbild der Auferstehung und des auferstandenen Heilands«*. Manchmal wird noch eine besondere Ausdeutung des Ostereies als Sinnbild gegeben: Seine Schale bedeute den Leib, das Eiweiß die Seele und das Dotter die Gottheit des Auferstandenen.

Vielfach werden die Ostereier nicht nur eingefärbt, sondern auch mit Zeichen und Sinnbildern versehen. Die Techniken sind dabei sehr verschieden; sie reichen von der einfachen Tönung mit Wasserfarben über Öl- und Wachsmalereien bis hin zu aufwendigen Verzierungen in Gold und in Silber. Was die Themen angeht, trifft man häufig die Osterfahne als Attribut des Lammes, das Sinnbild des Leidens und der Auferstehung Christi, und auch Szenen der biblischen Geschichte werden dargestellt. Wegen der Zerbrechlichkeit der Eier hat man bemalte und verzierte Ostereier oft auch in anderen Materialien nachgebildet. So finden sich in Museen und Sammlungen vielfach stilisierte Ostereiervasen, eiförmige Bonbonnieren und Schmuckschatullen, die dann beispielsweise auf Porzellan den Gekreuzigten oder Maria und Johannes unter dem Kreuz zeigen. Daß diese Art der Stilisierung, die am Osterei vor allem das Dekorative schätzte, zur Ablösung der christlichen Sinngebung führt, kann nicht überraschen.

Protestantische Kritik am Ostereierbrauch

Die Tatsache der Entstehung des Ostereierbrauches aus den kirchlichen Fastenvorschriften erklärt, warum dieser Brauch durch die Reformation abgelehnt, eingeschränkt und allenfalls in säkularisierter Form geduldet wurde. Denn mit den Fastenvorschriften verband sich die Vorstellung von der Verdienstlichkeit entsprechender Werke, die von den Reformatoren bestritten wurde. Da die ablehnende

Haltung Tradition bildete, kann es nicht überraschen, daß die evangelische Landeskirche in Baden noch in jüngster Zeit mit einem Plakat hervortrat, auf dem neben den abgebildeten Ostereiern der Text zu lesen war: *»Eier machen keine Ostern – Ostern hat Christus den Tod besiegt. Unsern auch. Wer daran glaubt, hat – Frohe Ostern«*. Das Plakat unterstrich die evangelische Auffassung von einer Rechtfertigung des Menschen *»allein durch den Glauben«*, die die Ablehnung des Ostereierbrauches konsequenterweise nach sich zog.

Ostereierbemalen auf dem Ostereiermarkt in Kloster Andechs, 1997.

Abgelehnt wurde von den Evangelischen auch die Verwendung der geweihten Ostereier als Patengeschenk und, im Zuge der Entfaltung dieses Geschenkbrauches, als Liebesgabe unter jungen Leuten, besonders unter den Verlobten. Solche Paten- oder Liebesgaben wurden oft jahrelang aufbewahrt und als Wertobjekte getauscht. Man verzierte sie mit

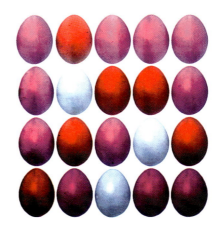

OSTERN UND WEISSER SONNTAG

156

Sprüchen wie »Laß Menschen sein / helfen kann Gott allein« oder: »Trennen uns auch ferne Orte / So behalte dennoch lieb / Deren Hand einst diese Worte / Auf dieses Ei hier niederschrieb«. In der Tradition der Ostereier stehen auch Substitute wie das Schokoladenei, das Marzipanei oder das Schmuckei.

Osterbrunnen in Franken

Zu den jüngsten Entwicklungen im Bereich der Osterbräuche gehört der (vor allem im katholischen Franken belegte) Schmuck der dörflichen und kleinstädtischen Brunnen mit Ostereiern und einer den Abschluß bildenden Königskrone. Die Vermutung, daß man es hier mit einem magischen Fruchtbarkeitsritus aus vorchristlicher Zeit zu tun hätte (Claudia Schillinger), ist gewiß unrichtig. Der österliche »Brunnen des Heils«, aus dem die Gläubigen schon in alter Zeit das »Wasser des Lebens« holten – das »Heiliwog«, wie es in Endingen heißt –, steht ebenso im Zusammenhang wie im unmittelbaren Gegensatz zu den (heute ebenfalls weitverbreiteten) Narrenbrunnen der Fastnacht, aus denen nicht die Weisheit, sondern das Narrentum, also das Böse, hervorgeht. Der biblische Ort für das Verständnis der Osterbrunnen findet sich in der Offenbarung des Johannes (Apoc 21,6), wo dem Durstigen von Gott die Teilhabe an dem »Brunnen des lebendigen Wassers« verheißen wird, der mit dem Auferstandenen Christkönig (und insofern mit dem Ostergeschehen) identisch ist. Der »Brunnen des Lebendigen« (Gen 16,14) steht für das Geheimnis des Osterfestes selbst.

Die Figur des Osterhasen

Die Vorstellung, daß die Ostereier von einem Hasen gelegt und gebracht würden, dem danach so genannten »Osterhasen«, hat sich erst in den letzten eineinhalb Jahrhunderten von den Städten aus verbreitet. Sie versteht sich als *»eine Erfindung des bürgerlich-städtischen Osterbrauchs, der um 1800 aufgekom-*

men und seitdem zum Schema für die Festtagsgewohnheiten allüblich geworden ist« (Gottfried Korff). Korff sieht in der Ausbreitung des Osterhasen ein Beispiel der »Infantilisierung« als Folge der Trennung von Wohnung und Produktionswirklichkeit im 19. Jahrhundert. Es sei im Bürgertum eine sentimentalische Kinderwelt geschaffen worden, zu der, gut passend, auch der Osterhase gehöre. An der Ausbrei-

Sehr verbreitet waren Weltpostkarten mit Osterhasenbildern in der Zeit um 1900.

Ostereier mit Hasenbildern in Kloster Andechs, 1997.

tung seiner Figur seien im wesentlichen Absatzstrategien der Zuckerbäcker schuld gewesen.

Immerhin gab es auch andere Wege der Osterhasenpopularisierung, beispielsweise Kinderbuchillustrationen von Franz von Pocci oder Bildpostkarten, die um 1900 einen regelrechten Absatzrekord erlebten. Aber erst im Jahre 1932 ergab eine Befragung für den »Atlas der deutschen Volkskunde«, daß der Osterhase nunmehr fast überall bekannt war. Die örtlichen Referenten berichteten jedoch auch von gewissen Distanzierungsversuchen auf dem Lande. Beispielhaft zeigt das ein Spruch aus der Moselgegend, der an dem städtisch-bürgerlichen Osterhasen ironisch Kritik übte: »*Die Mutter färbt die Eier / Der Vater legt sie ins Gras / Dann meinen die dummen Kinder / Das wär der Osterhas.*«

Daß die Figur des Osterhasen schon im 17. Jahrhundert bekannt war, zeigt die Heidelberger Untersuchung von Johannes Richier (1682): »*In Oberdeutschland, in unserer Pfalzgrafschaft, im Elsaß und in benachbarten Gegenden sowie in Westfalen werden diese Eier ›Haseneier‹ genannt, nach der Fabel, die man den Naiveren und den Kindern einprägt, daß der Osterhase solche Eier lege und in den Gärten im Grase, in den Obststräuchern usw. verstecke, damit sie von den Knaben um so eifriger gesucht würden, zum Lachen und zur Freude der Älteren.*« Die frühesten Berichte über den Osterhasen rühren ausnahmslos aus protestantischen Gegenden und von protestantischen Autoren her. Schon Albert Becker hat deshalb gemeint, daß die seit etwa 1700 in größerer Zahl erschienenen Schriften gegen sogenannte »*Auswüchse des Osterglaubens*« aus evangelisch-erzieherischer Absicht entstanden seien, dem katholischen Osterbrauchtum entgegenzuwirken. Becker äußerte die Vermutung, daß man für die gefärbten Eier einen eigenen Urheber gesucht habe, schon um nicht sagen zu müssen, daß es eigentlich geweihte Eier seien, die man zu Ostern färbte und in der Kirche weihen ließ. Der Dichter Friedrich Matthissen bezeugt, daß es bereits im 18. Jahrhundert in evangelischen Familien Brauch war, Ostereier zu verstecken und von der Jugend suchen zu lassen. Er berichtet 1783 aus Goethes Haus in Weimar, daß es hier (übrigens schon am Gründonnerstag) üblich gewesen sei, »*Ostereier aufzuwittern. Die muntere Jugend, worunter auch kleine Herders und Wielands waren, zerschlug sich durch den Garten und balgte sich bei dem Entdecken der schlau versteckten Schätze miteinander nicht wenig. [...] Ich erblicke Goethe noch vor mir. Der stattliche Mann im goldverbrämten blauen Reitkleide erschien mitten in dieser mutwilligen Quecksilbergruppe als ein wohlgewogener oder ernster Vater, der Ehrfurcht und Liebe gebot. Er blieb mit den Kindern beisammen bis nach Sonnenuntergang und gab ihnen am Ende eine Naschpyramide preis.*«

Für die Beantwortung der Frage nach der Entstehung des Osterhasen mag ein Hinweis des Goethe-Malers Heinrich Wilhelm Tischbein wichtig sein, der aus seinem Geburtsort Haina im wiederum protestantischen Nordhessen über die Ostereierherstellung im Hause seines Großvaters (um 1760) schreibt: »*Da wurden gegen Ostern Eier mit Figuren in Gelb, Rot und Blau gezeichnet. [...] Auf einem standen drei Hasen mit drei Ohren, und jeder Hase hatte doch seine gehörigen zwei Ohren.*« Diese Notiz belegt, daß hier als Motiv der Ostereier-Bemalung ein Bildtyp verwendet wurde, der wegen seines Sinngehaltes als Osterbild hervorragend geeignet war: das Dreihasenbild, das als populäre Trinitätsdarstellung von zahlreichen Bildquellen des Mittelalters und der frühen Neuzeit her bekannt ist, zum Beispiel von einem (wohl noch mittelalterlichen) Kirchenfenster im Kreuzgang des Domes zu Paderborn her. Versinnbildlicht wurde hier ein Dogma: die Unauflöslichkeit der Einheit in der Dreiheit, die durch die Anordnung der Hasenohren zu einem gleichseitigen Dreieck einsichtig gemacht wurde. Wenn nun dieses Hasen-Sinnbild die Ostereier zierte, um durch das Trinitätssymbol den religiösen Bezug des gefärbten Eies zu unterstreichen, mithin also das Osterfest die Eier mit den Hasen brachte, konnte man durch einen naiven Umkehrschluß leicht auf den

Dreihasenbild aus dem Dom zu Paderborn: ein Sinnbild der Trinität.

Gedanken kommen, daß auch die Hasen zu Ostern die Eier brächten, wie es dann in den protestantischen Familien behauptet wurde. Jedenfalls wird man den Osterhasen als eine im Grunde »evangelische Erfindung« ansehen müssen, die erst über das städtische Süßwarenangebot auch in traditionsverhaftete katholische Gegenden übertragen wurde, im wesentlichen in der Zeit nach dem Ersten Weltkrieg.

Das Eierlesen am Ostermontag

In vielen Städten und Gemeinden Süd- und Westdeutschlands, Österreichs, der Schweiz und Frankreichs findet jährlich am Ostermontag das »Eierlesen«, »Eierlaufen«, die »Eierlage« oder die »Course aux œuf« statt, ein Spiel, das als Wettstreit zwischen den Vertretern zweier Parteien veranstaltet wird. Die Aufgabe des einen Kontrahenten besteht darin, eine große Zahl – meist 100 – in gerader Linie und in bestimmtem Abstand auf dem Boden liegender Eier einzeln aufzulesen und nacheinander in eine oberhalb der Reihe aufgestellte Wanne oder einen entsprechenden Korb zu legen, während der andere Kontrahent unterdessen in ein Nachbardorf oder zu einem sonstigen Zielpunkt laufen und zum Ausgangspunkt zurücklaufen muß. Wer seine Aufgabe zuerst erfüllt hat, wird zum Sieger erklärt. Den Schluß des (leicht variierenden) Wettstreites bildet regelmäßig ein großes Eieressen der Akteure.

In Kirchzarten z. B. wirken mit: der Eiersammler, zwei Räuber, ein Gendarm, der Läufer und der Reiter. Zunächst werden die abgezählten Eier in einer möglichst geraden Reihe und im Abstand von jeweils 50 Zentimetern ausgelegt; den Abschluß der Reihe bildet der im selben Abstand an der Spitze aufgestellte Korb. Dann beginnt der Eiersammler, in möglichster Geschwindigkeit die Eier nacheinander aufzunehmen und einzeln in den Korb zu legen, während der Läufer zugleich in das zwei Kilometer entfernte Dorf Oberried und zurück laufen muß, mit der Maßgabe, daß er in den drei am Weg liegenden Gasthäusern einkehren und jedesmal einen Viertelliter Wein trinken muß. Man möchte meinen, daß bei der Kürze der Eierstrecke in jedem Fall der Eierleser Sieger werden müßte, doch bleibt der Ausgang stets ungewiß; im Jahre 1982 zum Beispiel erwies sich der Läufer dem Sammler gegenüber als schneller. Der Eiersammler darf immer nur ein Ei aufnehmen, so daß er die von Mal zu Mal kürzer werdende Eierreihe einmal laufend umrunden muß, bevor er das nächste Ei aufnehmen und ablegen kann. Während er die Eier aufliest, erscheinen die Räuber auf dem Plan. Ihr Ziel besteht darin, einige der weißen, also rohen Eier zu stehlen, um sich auf einer mitgeführten Bratpfanne und mit Hilfe eines Holzfeuers Spiegeleier zu braten. Aber die Eierreihe wird von dem Gendarmen bewacht. Als einer der beiden Räuber Eier stehlen will, kommt es mit diesem zu einer Schlägerei. Derweilen eilt der Läufer auf das erste Gasthaus zu, in dem er rasch sein Glas Wein hinunterstürzt, bevor er seinen Lauf – nunmehr mit leicht verminderter Kondition – fortsetzt. Die Räuber speisen noch, als das Spiel längst beendet ist, weil der Eiersammler seine Aufgabe beendet hat und der Läufer nur wenige Sekunden später am Ziel eingetroffen ist.

Mit größerem Aufwand als in Kirchzarten wird das gleiche Spiel in Schönecken bei Prüm in der Eifel

»Das Eierlesen« in Württemberg nach einem Farbdruck der Ebnerschen Kunsthandlung in Stuttgart, um 1860: im Vordergrund der Eiersammler, im Hintergrund der Läufer.

als »Schönecker Eierlage« abgehalten. Hier legt man 104 Eier im Abstand einer preußischen Elle (62,5 cm) aus. Während der Raffer ein Ei nach dem anderen aufnimmt und zum Korb trägt, eilt sein Kontrahent in den 3,5 km entfernten und 122 m höher gelegenen Nachbarort Sewerath und kehrt so rasch nur möglich zurück. Der Raffer hat aber in der Zwischenzeit schon sein Ziel erreicht und ist Sieger geworden. Ganz ähnlich wird das Spiel auch in Orten wie Dintikon, Effingen, Remlingen oder Kiebingen abgehalten, und auch aus älterer Zeit gibt es viele Zeugnisse für die einstmals allgemeine Verbreitung dieses Brauches.

Chancengleichheit als Rechenaufgabe

Die Erklärung für ihn findet sich leicht, wenn man die Chancen der Wettkämpfer bedenkt. Im Falle Kirchzartens lagen die 100 Eier 50 cm auseinander; die Länge der Strecke betrug also 50 Meter. Da der Sammler oder Raffer immer nur ein Ei aufnehmen durfte, hatte er zuerst 50 m hin, dann 50 m zurückzulaufen, mußte aber auch noch den Abstand von und zum Korb berücksichtigen (2 x 50 cm = 1 m); das bedeutet, daß der Sammler für das erste Ei 101 m laufen mußte, für das zweite 100, für das dritte 99, und so fort. Da sich die Strecke von Lauf zu Lauf kontinuierlich bis auf 1 m verkürzte, brauchte man zur Berechnung der Strecke nur der[en] nehmen und diese mit der Gesamtlä[nge] und Rücklauf zu multiplizieren. Es e[rgibt] die Rechenaufgabe: 50 x (100 + 1), i[ns]demnach eine Länge von 5050 Mete[rn/5] Kilometern. Da der Konkurrent in d[en] vier Kilometer laufen mußte, befand [er sich] rechnerisch im Vorteil. Insofern bild[ete die Ver]pflichtung, in die am Wege liegende[n Wirtshäuser] einzukehren und dort jeweils einen [Schnaps] zu trinken, ein Korrektiv zugunsten [des Samm]lers, der nun aber seinerseits durch [diese Pausen] einen Vorteil gewann, so daß die Ch[ancen] ungefähr gleich verteilt waren. – Im [»Schön]ecker Eierlage« wurden 104 Eier im [Abstand von] 62,5 cm ausgelegt, so daß sich die Gesamtlänge auf 52 x 126,5 = 6,578 km belief, während die Konkurrenzstrecke 2 x 3,5 = 7 km ausmachte, mithin rund 0,5 Kilometer länger war als die Strecke, die der Eiersammler zurückzulegen hatte. Wie es scheint, hing die Zahl der ausgelegten Eier (und damit die Länge der Sammelstrecke) stets von der Entfernung des Ziels ab, das der Konkurrent anzusteuern hatte.

Damit wird aber sofort einsichtig, daß, wie bei jedem anderen Brauch, auch hier eine sinnvolle Überlegung am Anfang stand: die Frage nämlich, was wohl leichter sei, beispielsweise 100 Eier einzusammeln, die in gerader Reihe hintereinander gelegt würden, oder einen Lauf zu einem verhältnismäßig weit entfernten Ziel anzusteuern. Dem bloßen Augenschein nach war das erste einfacher, während die Berechnung ergab, daß das keineswegs so zu sein brauchte. Es ging also letztlich um die Demonstration einer Rechenaufgabe, wie man sie Schülern zu stellen pflegte, wenn es darum ging, die Summenformel für die endliche arithmetische Reihe zu erklären. Tatsächlich finden sich die ältesten Beschreibungen dieses Brauches in weitverbreiteten Rechenbüchern, und zwar zuerst bei dem jüdischen Mathematiker Simon Jacob von Coburg in dessen »*Rechenbuch auff den Linien und mit Ziffern*«, erstmals erschienen zu Frankfurt am Main 1557, von

Das Eierlesen am Ostermontag in Kirchzarten: Spielgruppe, Auslegen der Eierreihe, Eiersammeln, Wirtshausbesuch der Läufers und Eierschlacht der Räuber, 1983.

»Summenformelspiels« für den Osterbrauch bewußt wurde und die deshalb auch durch entsprechende Empfehlungen und Kommentare für seine Verbreitung sorgten. Zu ihnen gehörte der Jesuit Georg Stengel, der in seinem Werk über die Ostereier, »*Ova paschalia*«, das Eierlesen (»*Ovorum collectio*«) als ein »*jucundum sane atque honestum spectaculum*« bezeichnet, d. h. als ein fröhliches und ehrenhaftes Spiel. So überrascht es nicht, daß der Prediger Andreas Strobl in seinem entsprechenden Buch *»Ovum Paschale Novum«* [= Neues Osterei], Salzburg 1700, bereits von der allgemeinen Verbreitung des Eierlesens sprechen kann. Neben ihm trugen Autoren wie Jeremias Drexel, Georg Henisch, Daniel Schwenter, Georg Philipp Harsdörffer und andere die Kenntnis des Eierlesens weiter.

Sonstige Osterbräuche

Früher gab es zu Ostern noch repräsentative Festversammlungen zum Ausdruck der Osterfreude, wie man sie auch durch eigene Ostermärlein und das »Ostergelächter« (den *risus paschalis*) sichtbar zu machen suchte. Dem »Osterspaziergang«, meist am

161   OSTERN UND WEISSER SONNTAG

Einsammeln der Eier für den Eierlauf in Remlingen, Ostermontag 1982.

Nachmittag des Ostermontages, ging entwicklungsgeschichtlich das »Emmaus-Gehen« voraus, in Veranschaulichung des Berichtes von der Begegnung der beiden Jünger auf dem Weg nach Emmaus mit dem Auferstandenen (Lk 24,13-35). Es geschah in der Absicht, sich wie die Jünger, *»die ihn erkannten, da er das Brot brach«* (Lk 24,35), auf den Weg der Nachfolge Jesu Christi zu begeben. Mancherorts wird dieses »Emmaus-Gehen« heute noch praktiziert. Allgemein verbreitet, weil in der Ostervigil verankert, sind noch das Anzünden von Osterfeuern und die Entzündung der Osterkerze, die das »neue Licht«, ja das »neue Feuer« *(»novum ignem«)* versinnbildlicht, das mit Christus in die Welt gekommen ist. Gelegentlich trifft man noch auf das Herstellen von Gebildbroten, z. B. von Osterlämmchen und Osterhasen; wohl aber ist es allgemein üblich, Osterfladen zu backen, ein sauerteigloses Eiergebäck mit Hagelzucker. Ein besonders eindrucksvoller christlicher Brauch ist für Prizzi auf Sizilien bezeugt, wo am Ostersonntag die *»Abbalu di li Diavuli«* veranstaltet wird: Tod und Teufel, ersterer mit Pfeil und Bogen bewaffnet, gehen von Haus zu Haus, um hier ihr Unwesen zu treiben, werden aber mit dem dreimal wiederholten Ruf *»Abbalu di li Diavuli«* von Christus und der Mutter Maria an ihrem Tun gehindert und von den Engeln vertrieben. Der Sieg des Auferstandenen über Hölle, Tod und Teufel (und damit der Triumph des Guten über das Böse) erfährt so eine sehr eindringliche Veranschaulichung.

Das Osterfest endet mit seiner »Oktav«, dem Weißen Sonntag, an dem in der Regel die Erstkommunionen gefeiert werden. In St. Peter im Schwarzwald tragen die Kommunikantinnen dabei die alten, schweren Brautkronen (»Schäppel«), die sie zu »Bräuten« des »himmlischen Bräutigams« werden lassen. Gemeint ist damit ein Kranz von natürlichen oder künstlichen Blumen, auch Perlen und sonstigem Zierrat, der als Zeichen der Jungfräulichkeit gilt, – einst, im christlichen Mittelalter, ein Schmuck der Königinnen.

»Schäppelträgerinnen« in St. Peter im Schwarzwald, 1971.

OSTERN UND WEISSER SONNTAG

162

12

Da erhob sich vom Himmel her ein Brausen

VON HIMMELFAHRTS- UND PFINGSTBRÄUCHEN
UND VON
TRADITIONELLEN REITERSPIELEN

In der Apostelgeschichte berichtet der Evangelist Lukas davon, daß Christus den Jüngern 40 Tage hindurch erschienen sei und von den Dingen des Gottesreiches geredet habe; dann habe er ihnen den Auftrag erteilt, für ihn »*bis an die Grenzen der Erde*« Zeugnis abzulegen. Schließlich sei er vor ihren Augen emporgehoben worden, und eine Wolke habe ihn ihren Blicken entzogen (Apg 1,3-9). An dieser Stelle ist also wieder von jener Zahl Vierzig die Rede, die immer dann in Erscheinung tritt, wenn auf das Werden eines neuen Menschen abgehoben wird. So ist sie wohl auch in diesem Zusammenhang zu verstehen: Die Wandlung, die sich vollzieht, läßt aus den Jüngern, die um ihren Herrn trauern und erst allmählich begreifen, daß er lebt, die Apostel werden, die seinen Ruhm und seine Lehre verkünigen. Das Fest Christi Himmelfahrt wird also gewiß nicht zufällig am vierzigsten Tag nach Ostern gefeiert, sondern in Fortführung einer Tradition, die sich der kultischen Bedeutung der Zahl Vierzig bewußt war. Das christliche Fest selbst ist alt und wohl bald nach dem Ende des Osterfeststreites im Jahre 325 auf den Termin festgelegt worden, der sich aus der biblischen Vorlage ergab; die vorgeschriebene Lesung aus der Apostelgeschichte hatte Vorrang vor den übrigen Bibelstellen, die sich auf die Himmelfahrt Jesu Christi beziehen (Mt 28,16-20; Lk 24,50 f; Joh 3,13; 20,17).

In der Exegese wurde die Himmelfahrt Christi immer ganz konkret verstanden. Aus eigener Kraft sei der Heiland in den Himmel aufgefahren, betonte etwa Antonius von Padua, während doch alle anderen Menschen dorthin von Engeln gebracht würden. Und das Ziel der Himmelfahrt sei letztlich gewesen, »*uns den Geist der siebenfachen Gnade zu senden, die er in seinen allmächtigen Händen hält*«. Im liturgienahen Brauchwesen wurde dieses doppelte Phänomen der Auffahrt Jesu Christi einerseits und der Gnadensendung andererseits auf schlichte und doch eindringliche Weise veranschaulicht, insbesondere dadurch, daß man in der Kirche eine Christusfigur in das Gewölbe hinaufzog und nach oben entschwinden ließ, dafür aber einen wahren Regen von Blumen oder Heiligenbildchen, gelegentlich auch von brennendem Werg, hinabschickte. Dieser Brauch verfolgte noch die besondere Absicht, die Augen der Gläubigen nach oben zu lenken, um wieder eine Situation zu schaffen, die derjenigen glich, in der sich die Apostel befunden hatten, als ihnen die beiden Männer in weißen Kleidern erschienen waren und sie gefragt hatten: »*Ihr Männer aus Galiläa, was steht ihr und schaut zum Himmel? Dieser Jesus, der von euch weg in den Himmel aufgenommen wurde, wird ebenso wiederkommen, wie ihr ihn habt hingehen sehen zum Himmel*« (Apg 1,11). Mit dieser Frage setzte auch die Vesper-Antiphon des Himmelfahrtsfestes ein, die das

Vorige Seite: Aufzug der Latzmann-Buben an Pfingsten in Volkersheim bei Ehingen a. d. Donau, 1999.

Figur des Auferstandenen mit der Osterfahne in einem mit zwei Kerzen geschmückten Rahmen. Viehbach im Landkreis Freising, 2002.

HIMMELFAHRT UND PFINGSTEN

Aufziehen der Figur des Auferstandenen in der Messe am Fest der Himmelfahrt Jesu Christi in Viehbach im Landkreis Freising, 2002.

Römische Brevier an den Anfang seiner Lesungen stellte: »*Viri Galilaei, quid aspicitis in caelum? Hic Jesus, qui assumptus est a vobis in caelum, sic veniet, alleluja.*« Auch hier ging es um den gläubigen Nachvollzug der Heilsgeschichte. In einigen Orten des bayerischen Oberlandes, wie Viebach im Landkreis Freising oder in Baumburg, hat sich dieser Brauch bis heute erhalten, jedenfalls soweit er das Hinaufziehen einer Christusfigur in das barocke Kirchengewölbe betrifft. Ähnlich berichtet Notker Curti aus Schwyz, daß man hier am Himmelfahrtstage um zwölf Uhr mittags, »*der traditionellen Stunde von Christi Himmelfahrt*«, ein Christusbild mit zwei brennenden Kerzen aufgestellt und emporgezogen habe: »*Sobald nun im Chor nach dem Kapitel das Responsorium intoniert wird (Ascendo ad patrem meum et patrem vestrum, alleluja, Deum meum et Deum vestrum, alleluja – Ich fahre auf zu meinem und eurem Vater, zu meinem und zu eurem Gott), wird das Christusbild unter dem Geläute aller Glocken in die Höhe gezogen, und staunend schauen ihm alle Kinder nach, bis es in einer Öffnung des Gewölbes verschwindet.*« Daß man auf diese und andere Weise an das Thema des Tages erinnert habe, belegt schon Sebastian Franck im »Weltbuoch« 1534: Am Fest »*der Auffart Christi (daran yederman voll ist / vnd eyn gef[l]ügel essen muoß / weiß nit warumb) da zeucht man das erstanden bild* [= das Bildes des Auferstandenen] */ so diese zeit auff dem altar gestanden ist / vor allem volck zuo dem gewelb hinein / vnd würfft den teüfel eyn scheützlich bild an statt herab / in den schlagen die vmbstenden knaben mit langen gerten biß sy in vmbringen. Daruff wirfft man oblat[en] von hymel herab / zuo bedeuten das hymel brot.*« Mag auch das Essen von Geflügel am Himmelfahrtstag als eine recht naive Maßnahme zur Veranschaulichung des Aufsteigens zum Himmel erscheinen, bildete der Brauch, statt des hinaufgezogenen Christusbildes eine Darstellung des Teufels hinabzuwerfen und diese schlagen zu lassen,

165   HIMMELFAHRT UND PFINGSTEN

eine theologisch gut fundierte Maßnahme, zumal unter dem Aspekt, daß ein angemessener Zeitpunkt zur Veranschaulichung des Engelsturzes kaum gefunden werden könnte. Ihren Hintergrund bildete die Exegese zu Jes 14,12 ff: »*Wie bist du vom Himmel gefallen, du Glanzgestirn, Sohn der Morgenröte! Wie bist du zu Boden geschmettert, du Völkerbezwinger! Du freilich dachtest bei dir: Zum Himmel will ich emporsteigen, hoch über die Sterne Gottes will ich meinen Thron stellen, will sitzen auf dem Versammlungsberg, im äußersten Norden. Aufsteigen will ich auf Wolkenhöhen, gleich sein dem Allerhöchsten. Doch zur Hölle wirst du hinabgestürzt, zur tiefsten Grube.*« Gewiß ist hier eigentlich der König von Assur (Babel) angeredet, aber die christliche Tradition sah in dieser Stelle ebenso den Hochmut wie den Fall Luzifers angedeutet: »*Die Farben zu diesem Gemälde*«, argumentierte der Dogmatiker Johannes Brinktrine, »*scheinen dem Fall des Engels beziehungsweise Satans entlehnt zu sein.*« Es lag insofern nahe, dem übermütigen Verlangen des Bösen, in den Himmel emporzusteigen, die Himmelfahrt Jesu Christi gegenüberzustellen und mit ihr den Zeitpunkt für den Engelsturz gegeben zu sehen, der sich ihr zumindest gut anschließen ließ. Dabei spielte sicherlich auch die augustinische Kompensationstheorie eine Rolle, daß die Zahl der Himmelsbewohner konstant sei und deshalb für jeden, der in den Himmel aufgenommen werde, ein anderer in die Hölle hinabstürzen müsse.

Jedenfalls wurde der Brauch, bei dem man mancherorts auch Wasser hinabgoß, um anzuzeigen, »*daß Gott über Gute und Böse regnen lasse*« (Passau 1614/15) im Zeitalter der Aufklärung allgemein abgeschafft; späte Verbote datieren noch von 1955. Am 7. Oktober 1835 schrieb der Passauer Generalvikar Adalbert Freiherr von Pechmann von einem eigens erdachten Ersatzbrauch: »*Die Statue des Heilandes (welche ohnedieß von Ostern bis zum Himmelfahrtsfeste auf dem Hochaltare oder einem anderen schicklichen Orte aufgestellt ist) wird auf einem mit vier Armen versehenen Postumente aufgestellt, nach abgesungener Non incensirt, unter dreimaliger Anstimmung des ›Ascendo ad patrem‹ etc. dreimal emporgehoben, sodann von vier Geistlichen [...] auf den Schultern durch das Schiff der Kirche, und auf dem Rückwege in die Sakristey hineingetragen. Während dem kann auf dem Chore ein Himmelfahrtslied abgesungen und am Ende desselben der Vers ›Domino in coelo, alleluja‹ angestimmt [...] werden.*« Durchaus kritisch über die Beseitigung der alten »*Gebräuche, welche immerhin sehr geeignet waren, das Geheimnis des Tages darzustellen und entsprechende Gefühle anzuregen*«, äußerte sich 1907 das »Exempel-Lexikon für Prediger und Katecheten« der Benediktinerpatres Augustin Scherer und Johannes Baptist Lampert, die als Grund der Abschaffung »*nur die unordentliche Gesinnung vieler Christen*« sahen, »*welche, nicht so fromm als ihre Vorfahren, die Sache als gemeinen Zeitvertreib betrachteten*«.

Flurumgänge am Himmelfahrtstag

In Abgang gerieten im Zeitalter der Aufklärung weithin auch die Flurumgänge, die seit dem Mittelalter in vielen Bistümern zum kirchlichen Brauchwesen des Himmelsfahrtstages gehört hatten. Sie waren wohl zunächst aus der Absicht entstanden, den Gang der elf Jünger zum Ölberg nachzuahmen, die von Jesus dorthin beschieden worden waren, um von ihm ihre Sendung zu empfangen (Mt 28,16-17), gingen dann aber unter oder überlebten nur in stark säkularisierten Formen. Daß es bei den Umgängen dieser Woche recht fröhlich zuging, bezeugte schon Sebastian Franck 1534: »*Da isset man eyer vnd was man guots hat im grünen graß auff dem kirchoff / vnd ermanen sich die leüt wol.*« Jedenfalls stehen in der Tradition der vorgenannten Apostelprozessionen die sogenannten »Herrenpartien« oder »Schinkentouren« des Himmelfahrtstages, wie sie im 19. Jahrhundert besonders in Berlin Mode waren, wo der Fuhrunternehmer Kremser seit 1822 die entsprechenden Ausflugsfahrten mit Pferdefuhrwerken in die Umge-

»Herrenpartie« am Himmelfahrtstag, in der Tradition der nachgespielten Apostelprozessionen, Berlin um 1955.

bung der Stadt organisierte. Frauen waren bei diesen »Herrenpartien«, die später mühelos in den als Gegenstück zum Muttertag (am zweiten Maisonntag) eingeführten »Vatertag« übergehen konnten, naturgemäß nicht zugelassen. Daß sich die »Herrenfreiheit« auch kommerziell nutzen ließ, belegt das Beispiel der Stadt Idar-Oberstein, die das »Himmelfahrtskegeln« mit Spießbratenessen und Keglerball als »typisches Vatertagsvergnügen« erfand. Vernünftiger mutet demgegenüber das Beispiel der Stadt Linz an, in der die Wohlfahrtsvereinigung »Linzer Bürgertisch« 1957 auf den Gedanken kam, alte verarmte und vereinsamte Gewerbetreibende zu einer Frühlingsfahrt einzuladen und die Kosten für die anfallende Zeche zu übernehmen.

Pfingstfest und Pfingstbrauch

»Gleich darauff über neün tag ist der Pfingstag / da henckt man eyn hültzin vogel oder tauben vnder das loch im gewelb / das bedeütt den Heyligen geyst den Aposteln zuo geschickt« (Sebastian Franck, 1534). Tatsächlich war auch dieser Brauch »der Sendung des hl. Geistes durch Herablassung einer Taube«, wie der Generalvikar Adalbert Freiherr von Pechmann 1835 schrieb, bis zur Aufklärung ein sehr verbreitetes Mittel zur Veranschaulichung des Pfingstwunders gewesen. Dann wurde auch hier eine vergleichsweise rationalistische Neuerung eingeführt: *»Die Sendungs-Ceremonie kann in der Art statthaben, daß am Pfingstfeste vor dem Nachmittags-Gottesdienste die Figur des hl. Geistes am oder ober dem Tabernakel aufgestellt, jedoch mit einem Velum verhüllt und nach abgesungener Non nach dreimaliger Anstimmung des ›Veni sancte Spiritus‹ durch Wegnahme des Velums enthüllt werde.«* Doch auch in diesem Punkt hielt sich das Interesse der Gemeinden an neuen, weniger anschaulichen Brauchformen in Grenzen.

Fragt man nach den wesentlichen Pfingstbräuchen, wird man durch zahlreiche Überlieferungen auf das Bitten um den heiligen Geist verwiesen, das ebenso mit Liedern wie mit bestimmten Brauchhandlungen erfolgte. Kennzeichnende Beispiele für entsprechende Bittgesänge bieten die verschiedenen Übertragungen des lateinischen Pfingstliedes *»Veni sancte spiritus«*, die etwa *»Komm heiliger Geist, Herre Gott«* oder ähnlich lauten. Das bereits für das 12. Jahrhundert belegte Lied *»Nun bitten wir den Heiligen Geist / Um den rechten Glauben allermeist«* wurde im Rheinland als Heischelied zu Pfingsten und nach der Brunnenreinigung verwendet.

Weit verbreitet war früher der Heischeumgang des »Pfingstls«, »Pfingstquacks« oder »Latzmannes«, der das rechte Bitten der Gläubigen bräuchlich vormachte. Bis zur Gegenwart hat sich dieser Brauch noch in den Dörfern rund um den Bussenberg an der oberen Donau erhalten, z. B. in Volkersheim, einem Ortsteil von Ehingen. Hier veranstalten die Pfingstbuben einen Umgang mit dem »Latzmann«, einer ganz in Stroh gehüllten Gestalt, der in parallelen Bräuchen der mit pflanzlichem Grün vermummte »Pfingstl« entspricht. Es handelt sich um einen Heischebrauch, bei dem auf dem Weg von Haus zu Haus Gaben erbeten, gegeben und empfangen werden.

Einer erhellenden Untersuchung von Marianne Sammer aus dem Jahr 2001 verdanken wir die Einsicht, daß diese pfingstlichen Heischebräuche eine Handlung nachahmen, die bei Lk 11,5-13 vorgebildet ist und die bei Mt 7,7-12 aus dem Munde Jesu erläutert wird: Ein Freund kommt und bittet nachdrücklich um Gaben; sie werden ihm gegeben, denn »*wer bittet, dem wird gegeben; wer sucht, der findet; wer anklopft, dem wird aufgetan*«. Die Aufgabe der pfingstlichen Heischespiele besteht demzufolge darin, den »*in Sünde gefallene[n] Mensch[en] [...] um die Erkenntnis der Trinität*« bitten zu lassen, insbesondere um den Heiligen Geist, dessen erste Frucht die Nächstenliebe ist. Das Gebot der Nächstenliebe wurde als »sittlicher Imperativ« gesehen und als »*Heilige Regel (sancta regula)*« interpretiert. So erklärt sich die Tatsache, daß man die pfingstlichen Heischespiele in der Vergangenheit auch als »Santrigel«-Spiele bezeichnet hat, ohne daß es der älteren Forschung gelungen wäre, diesen Begriff auf seine lateinische Grundlage zurückzuführen.

Die breite exegetische Tradition, die Marianne Sammer aufgearbeitet hat, liefert auch die Belege für die Vermummung des »Pfingstl« oder »Latzmannes« mit einem Naturgewand, das diesen»*als Ungläubigen, Heiden oder Sünder kennzeichnet, und zwar so lange, bis nach dem Gabenheischen sein Naturgewand vernichtet wird und der ›Pfingstl‹ in seiner ›wahren‹, von seiner rohen Natur nicht entstellten Gestalt – sozusagen frei von Sünde und im Glauben – in die Dorfgemeinschaft zurückkehrt*«. Dabei ist zu betonen, daß es sich bei dem Nachweis der ursprünglichen Sinngebung der genannten (und weiterer) Pfingstbräuche keineswegs um eine nachträgliche »interpretatio christiana«, sondern um die Rückgewinnung der historischen Gegebenheiten handelt, die nur von den Mythologenschulen des 19. Jahrhunderts verdeckt worden waren.

Das Fest der christlichen Gemeinschaften

Das Pfingstfest selbst stammte schon aus jüdischer Tradition. Als »*chag schabuot*« hatte man es sieben Wochen nach Abschluß des Passahfestes gefeiert, genauer gesagt am fünfzigsten Tag (»*pentekosté*« = Pfingsten), und zwar als Erntedankfest nach der Weizenernte, so wie das Passahfest am Beginn der Gerstenernte gestanden hatte. Das Wort »chag« bedeutet »tanzen«, und als Fest der Freude über die aufgegangene und eingebrachte Frucht, auch als Pilgerfest und in späterer Zeit als Erinnerungsfest an die Gesetzgebung auf dem Berg Sinai, wurde es fröhlich tanzend gefeiert (Ex 34,22). So versteht man leicht den Bericht des Evangelisten Lukas, daß die Jünger am Pfingstfest zusammengekommen seien, als sie plötzlich »vom Himmel her ein Brausen« wie von einem daherfahrenden gewaltigen Sturm vernahmen, Feuerzungen auf sie herabfielen und sie vom Heiligen Geist erfüllt wurden (Apg 2,1-4) – zur Erinnerung an diese herabkommenden Feuerzungen ließ man bis in die jüngste Vergangenheit in einigen Kirchen Oberbayerns zu Pfingsten Rosenblätter hinabfliegen. Als christliches Fest begegnet Pfingsten seit dem Jahre

Der »Pfingstl«, eine in grüne Zweige gehüllte, jedoch funktionslos gewordene Gestalt, am Rande des Kötztinger Pfingstrittes, 1989.

HIMMELFAHRT UND PFINGSTEN

130; allgemein eingeführt als Hochfest mit eigener Oktav wurde es im Jahre 425, vielleicht zur Säkularfeier der Beendigung des Osterfeststreites auf dem Konzil von Nicäa. Kaiser Theodosius berief dann zum Pfingstfest 431 das Konzil nach Ephesos ein. Es blieb stets das Fest, mit dem sich die Kirche an die Öffentlichkeit wandte, so wie sie dies bereits zur Zeit der Apostel getan hatte. Schon dieses Pfingstkonzil zu Ephesos machte den Gedanken deutlich, daß die Zusammenkunft der »Jünger«, auch im übertragenen Sinn, im Zentrum all dessen steht, was man als einen Pfingstbrauch ansehen kann. Pfingsten bildet sowohl von der Jahreszeit als auch vom Grundcharakter des Festes her den idealen Zeitpunkt für die Zusammenkunft vieler Menschen im Zeichen des christlichen Glaubens. Deswegen

Der »Latzmann«-Umzug in Volkersheim bei Ehingen a. d. Donau, 1999. Die Verhüllung der Strohgestalt ist für den Brauch ebenso unentbehrlich wie das Heischen und Einsammeln der Gaben.

169 HIMMELFAHRT UND PFINGSTEN

HIMMELFAHRT UND PFINGSTEN

Pfingstritt in Kötzting im Bayerischen Wald als Pferdeprozession, 1989.

wurden auf Pfingsten gerne auch religiöse Großspiele anberaumt, wie etwa die »Freiberger Pfingstspiele«, in deren Mittelpunkt die Darstellung des Heilsgeschehens bis zum Jüngsten Gericht stand – auch dies nicht ohne Grund, da das Pfingstfest mit seiner Oktav, dem Dreifaltigkeitsfest, den Bezugspunkt für die folgenden Sonntage bis zum Ende des Kirchenjahres abgibt, das dann ganz dem Gedenken der vier letzten Dinge des Menschen (»Quattuor Novissima«), und damit auch dem Gericht, gewidmet ist. Es gab auch Pfingstspiele, die nur dem Festgegenstand gewidmet waren, so in Vicenza, wo 1379 das Pfingstwunder als geistliches Schauspiel inszeniert wurde: Auf einem der beiden geschmückten Podeste, die man auf dem Platz vor der Antoniuskapelle aufgestellt hatte, saßen die Propheten und erwarteten die Ausgießung des Heiligen Geistes, auf dem anderen die Gottesmutter Maria und die anderen Marien in gold- und edelsteingeschmückten Gewändern, umgeben von den Aposteln. Den Höhepunkt des Spieles bildete der Augenblick, in dem vom Turm des erzbischöflichen Palastes an einer Schnur eine helleuchtende Taube herabgelassen wurde und die Apostel unter hellzuckenden Feuererscheinungen in verschiedenen Sprachen zu reden begannen. Zum Abschluß stellte man die durch das Wunder bewirkte Bekehrung eines Juden dar, der die Vorgänge bis dahin mit ironischen Glossierungen begleitet hatte. Nach der Lehre von den Letzten Dingen des Menschen gehört die Bekehrung der Juden zu jenen »Zeichen der Endzeit«, die der Wiederkunft Christi zum Gericht vorausgehen.

Wie am Himmelfahrtstag, veranstaltet man auch an den Pfingstfeiertagen Flurumgänge, dazu Wallfahrten und Prozessionen, unter denen als bekannteste die Echternacher Springprozession zu nennen ist. Dabei handelt es sich um die Wallfahrt am Pfingstdienstag zum Grab des heiligen Willibrord (gestorben 739) in Echternach (Luxemburg). »Springprozession« wird sie deshalb genannt, weil bei dieser Prozession die Heilsuchenden in einem bestimmten (neuerdings stark vereinfachten) Rhythmus »springen«, so wie es im Mittelalter bei Heiltänzen üblich war, nach drei Schritten vorwärts einen Schritt zurückgehen oder nach fünf Schritten zwei Schritte zurück.

Umritte und Reiterprozessionen

Zu den Pfingstbräuchen zählen auch die in den Tagen vor- oder nachher veranstalteten Umritte und Reiterprozessionen, zu denen auch der Blutritt zu Weingarten am Freitag nach Christi Himmelfahrt gehört. Bei ihm wird eine Heilig-Blut-Reliquie von einem Priester hoch zu Roß durch die Flur zu vier Altären getragen, vor denen der Priester jeweils den Anfang eines der Evangelien liest und mit der Reliquie die Flur segnet. Nach der Rückkehr wird die Reliquie feierlich in die Basilika zurückgeführt, und dort schließt sich das Hochamt an. Der Weingartener Blutritt reicht historisch bis in das Mittelalter zurück; die Überlieferung nennt als Schenkungstermin für die Heilig-Blut-Reliquie den 31. Mai 1090, der auf den Freitag nach Christi Himmelfahrt fiel. Die Reiterprozession selbst ist erst für 1529 bezeugt. 1743 gründete man eine Bruderschaft der Blutreiter, der bald schon mehr als 7.000 Mitglieder angehörten. Im Zeitalter der Aufklärung wurde die Reiterprozession unterdrückt, dann aber unter dem Aspekt »eines günstigen Einflusses des Ritts auf die Hebung der Pferdezucht« wieder erlaubt und seither mit wenigen Unterbrechungen weitergeführt.

Kötztinger Pfingstritt

An Pfingsten selbst wird dann in Kötzting im Bayerischen Wald der »Pfingstritt« abgehalten. Auch hier handelt es sich um eine Reiterprozession mit vielen hundert Mitwirkenden. Man sieht geschmückte Pferde der verschiedensten Rassen – vom eleganten Reitpferd bis zum Ackergaul. Den Reiterzug führt der Kreuzträger an. Das Kreuz, das er in der Hand hält, trägt die Aufschrift: »*Jesus von Nazareth – ein König der Juden*«. Ihm folgen – hoch zu Roß – weitere Würdenträger und der »Herrn Kooperator«, begleitet von Ministranten, und hinter ihm schließt sich die lange Reihe der Pfingstreiter an, immer zu zweit oder zu dritt nebeneinander. Sie reiten durch die Stadt hinaus auf die Flur und zur Nikolauskirche in Steinbühl, wo die Messe gelesen wird und man besonders der Pferdepatrone gedenkt, des heiligen Wendelins und des heiligen Leonhards. Unterwegs werden wieder an vier Stationskreuzen die Anfänge der Evangelien gelesen. Nachmittags geht es dann zurück in die Stadt, wo auf dem Hauptplatz der »Pfingstbräutigam« geehrt wird, der mit seiner »Pfingstbraut« die »Pfingsthochzeit« feiert, und diese erschöpft sich – alles in allem – in einem festlichen »Hochzeitsessen«.

Wie alt der Kötztinger Pfingstritt ist, läßt sich nicht mit Bestimmtheit sagen; die ältesten Zeugnisse (in örtlichen Kommunalrechnungen) reichen bis 1670 zurück, und eine Eingabe von 1821 führt seine Einführung bis in das Jahr 1412 zurück.

Andere Pfingstreiterspiele

Reiterspiele an Pfingsten – in der Regel am Pfingstmontag – kamen seit dem Beginn der Industrialisierung weithin in Abgang, weil vielerorts eine Pferdehaltung größeren Umfanges nicht mehr möglich war. Immerhin sind Pfingstreiterspiele aus den letzten beiden Jahrhunderten für mehr als 20 Orte allein des schwäbisch-alemannischen Gebietes belegt, auch wenn sie dort in keinem Fall die Ausmaße des Kötztinger Pfingstreitens erreichen. Konnte man 1989 in Kötzting noch etwa 600 Reiter zählen, so waren es beim Pfingstumritt von Wasenweiler im Kaiserstuhl vor seinem Untergang im Jahre 1933 kaum mehr als zwanzig Reiter gewesen. Diese allerdings hatten ein regelrechtes Spiel mit Versen aufgeführt, in denen sie sich selbst als *»König von Burgund«*, *»König von Portugal«*, *»König von Sachsen«*, *»König aus dem Mohrenland«* usw. vorstellten; auch allerlei andere Figuren kamen darin vor, wie Türke und Husar, die miteinander kämpften. Den Schluß bildete jeweils die Einholung der erwähnten Pfingstgestalt, manchmal auch ein Bekehrungsspiel. In den Dörfern rund um Rottweil kannte man eine regelrechte David- und Goliath-Szene, bei der der König David den Riesen Goliath bezwang und diesen dazu brachte, dem Heidentum abzuschwören, während man anderenorts offenbar die alten Turnierspiele der Artus-Epik nachahmte. Es mag sein, daß diese Reiterspiele in der Tradition der alten Heerschauen waffenfähiger Männer wurzelten.

Hofhaltung am 1. Mai und an Pfingsten

Diese Heerschauen waren in aller Regel durch den König abgehalten worden, und zwar ursprünglich am 1. Mai, dem Tag des Sommerbeginns, während sie später – zwischen 1400 und 1600 – (vor allem in niederdeutschen und südskandinavischen Städten) durch den »Maigrafen« erfolgten, der dann auch das Fest zu finanzieren hatte, das sich dem »Mairitt« der waffenfähigen Männer anzuschließen pflegte. Da es sich nun bei diesem 1. Mai nicht um einen christlichen Festtag handelte, sondern um einen alten weltlich-bürgerlichen Rechtstermin, drängte die Kirche seit dem 12. Jahrhundert verstärkt darauf, daß die Könige ihre Hofhaltung und die mit der Heerschau traditionell verbundenen Reiterspiele auf das nächst erreichbare christliche Fest verlegten: das Pfingstfest. Sie konnte dafür auch einen hinlänglichen biblischen Grund angeben. Denn der Bericht vom Kommen des Heiligen Geistes (Apg 2) besagte, wie am Pfingsttag in Jerusalem fromme Männer »*aus jedem Volk unter dem Himmel*« versammelt gewesen seien, Parther und Meder und Elamiter, die Bewohner von Mesopotamien, von Judäa und Kappadocien, von Pontus und Asia, von Phrygien und Pamphylien, Ägypten und den Gegenden Libyiens nach Cyrene hin, auch Römer, Juden, Proselyten, Kreter und Araber, – die alle in ihrer eigenen Sprache die Großtaten Gottes verkündigen hörten (Apg 2,8-11). Da sich nun die Kirche auch in einem übertragenen Sinn als das »Neue Jerusalem« verstand, lag es nahe, Feste, die eine große Anzahl von Männern aus allen Gegenden anzogen, gerade auf das Pfingstfest zu legen und ihnen damit gewissermaßen einen Anteil an jener Frömmigkeit zuzusprechen, die gerade jene Männer ausgezeichnet hatte, denen das biblische Pfingstwunder zuteil geworden war. Jedenfalls ergab sich unter diesem Gesichtspunkt eine starke theologische Motivation dafür, solche Massenzusammenkünfte gerade am Pfingstfest abzuhalten, so daß man versteht, warum etwa Friedrich Barbarossa nicht nur seinen ersten Hoftag zu Merseburg, sondern auch den großen Hoftag zu Mainz 1184, dieses »*maximum festum et convivium*«, auf Pfingsten anberaumte. Die Teilnehmer kamen nicht nur aus dem Reichsgebiet, sondern auch aus Burgund, Frankreich, Italien, Illyrien, aus Spanien und England. Im Mittelpunkt des Festes stand dann der Ritus, der unmittelbar an entsprechende Vorgänge bei den alten Heerschauen anschloß, nämlich die Schwertleite, d. h. die Erhebung in der Ritterstand durch den Ritterschlag, in diesem Fall der beiden Kaisersöhne, des Königs Heinrich und des Königs Friedrich. Sie fand am Pfingstmontag nach der Frühmesse statt und gab dem ganzen weiteren Festverlauf sein ritterliches Gepräge. Die beiden neuen Ritter, die sich durchaus als »*Milites Christiani*« oder Kreuzritter verstanden, erwiesen sogleich ihre ritterliche Freigebigkeit durch Geschenke, die sie den entsprechenden Anwärtern (Rittern, Kreuzfahrern, Spielleuten usw.) überreichten. An den Festakt schloß sich dann ein großes, glanzvolles Kampfspiel an, für das man eine Zahl von 20.000 Teilnehmern in Ansatz gebracht hat.

Wenn Johann Wolfgang von Goethe seinen »Reineke Fuchs« (1794) mit der Beschreibung einer königlichen Hofhaltung an Pfingsten einsetzen läßt, folgt er damit dieser christlichen Tradition: »*Pfingsten, das liebliche Fest, war gekommen; es grünten und blühten / Feld und Wald; auf Hügeln und Höhn, in Büschen und Hecken / Übten ein fröhliches Lied die neuermunterten Vögel; [...] Nobel, der König, versammelt den Hof, und seine Vasallen / Eilen gerufen herbei mit großem Gepränge; da kommen / Viele stolze Gesellen von allen Seiten und Enden, / Lütke, der Kranich, und Markart, der Häher, und alle die Besten. / Denn der König gedenkt mit allen seinen Baronen / Hof zu halten in Feier und Pracht; er läßt sie berufen / Alle miteinander, so gut die Großen als kleinen./ Niemand sollte fehlen!*«

Insbesondere in der mittelalterlichen Artus-Epik ist von den Hofhaltungen an Pfingsten die Rede, bei denen dann die ritterlichen Spiele um den sagenhaften englischen König Artus beträchtlichen Raum einnehmen. So liest man in der »*Crône*« Heinrichs von dem Türlin aus der Zeit um 1220: »*Ein hof wart geboten [= anbefohlen] dô / nach küneges gewohnheit / und uf den pfingstac geleit*«, – wie es also schon länger der Brauch war. Im »*Parzival*« heißt es ähnlich: »*Artûs der meienbære man / swaz man ie von dem gesprach / zeinen pfinxten daz geschach / oder in des maien bluomen zît.*« Gerade diejenigen Vereine, die das Ritterwesen bewahren und die zugleich ihre Turnierfähigkeit fördern wollten, legten ihre Veranstaltungen auf das Pfingstfest. Die Magdeburger Schöppenchronik verzeichnet für die Zeit um 1280 die »tabelrunde«, also die Spiele um König Artus und dessen Tafelrunde, und andere Reitervergnügungen, wie Rolandreiten und »Schildekenbom«, als Pfingstspiele; man errichtete hier einen »Gral« und ließ eine »Frau Feie« auftreten, eine Art Maikönigin, wie sie 1387 in Hildesheim wiederkehrt, wo zu Pfingsten »vor de tavelrunnen [= Tafelrunde] to malende vnde Vrofeyen cledinghe« sieben Florin oder Gulden ausgegeben werden.

Jedenfalls führte man zu Pfingsten Reiterspiele durch, zu denen auch regelrechte Turniere zählten. Im Jahre 1331 veranstalteten in der Woche nach Pfingsten die »Chevaliers de la Table Ronde«, die Ritter der Tafelrunde, in Tournai »La Fête de trente et un Roi«. Bei diesem Fest wählte jeder der 31 Könige einen anderen der vielen Ritternamen aus der Artus-Epik aus, und als ihr »Primus inter pares« trat der Gralsritter Gallehos [= Galaad] in Erscheinung, dessen Figur unter anderem aus dem Prosa-»Lanzelot« bekannt ist. Diese Pfingstturniere aber waren gefährlich, und sie liefen keineswegs immer glimpflich ab. Gewiß handelte es sich, wie Matthäus Parisiensis festhielt, bei der »Mensa Rotunda« um einen »ludus militaris«, ein Kriegsspiel, bei dem man mit stumpfen Waffen aufeinander losritt. Dennoch kam es dabei nicht selten zu gefährlichen Unfällen, sogar zu solchen mit Todesfolge. Dieser Sachverhalt veranlaßte die Kirche seit dem Zweiten Laterankonzil 1139 wiederholt, gegen die Turniere und deren Barbarei vorzugehen und schließlich ihre Ablehnung auch auf die Tafelrunden-Spiele zu Pfingsten auszudehnen. Im Jahre 1313 verurteilte Papst Clemens V. auch jene Spiele, die man »gemeinhin Tafelrunden nennt« (»quae Tabulae Rotundae... vulgariter nuncupantur«), und sprach über sie dieselben Verurteilungen samt deren Konsequenzen aus wie über die sonstigen Turniere (»eadem damna et pericula, quae in torneamentis praedictis«); Nichtbefolgung des Verbotes solcher Spiele zog z. B. die Verweigerung der kirchlichen Bestattung nach sich.

Damit aber ergab sich für die jungen Burschen, die bis dahin an Pfingsten im Anschluß an die Heerschau ihre Reiterspiele abgehalten hatten, eine fatale Situation: Wollten sie sie in gewohnter Weise fortsetzen, mußten sie zwangsläufig in den Konflikt mit der Kirche geraten; war ihnen der Friede mit der Kirche wichtiger, hatten sie den prächtigen Reiterbrauch aufzugeben. In dieser Situation lösten die Reitervereinigungen das Problem auf zweierlei Weise: Die eine bestand darin, die Turniere in die Fastnacht zu verlegen, wo sie als Elemente einer »verkehrten Welt« auch von der Kirche akzeptiert wurden. Seit Anfang des 15. Jahrhunderts tauchen die Turniere der »Tafelrunden« in den Quellen immer wieder in der Bindung an die Fastnacht auf. In Hildesheim, wo man zuvor an Pfingsten »turniert« hatte, wird 1413 ebenso wie 1503 der »lutteke vastelvand«, als »Stechtermin« genannt; in Danzig fand das Hauptfest des dortigen »Artushofes«, der »curia Regis Arthuris«, »auf den Fastelobent« statt,

»Leonhardi-Fahrt« mit Pferden, Reitern und Wagen in Bad Tölz, 1990.

wo man 1494 »nach der tabelrunde« reitet; und auch beim Nürnberger Schembartlauf wurden entsprechende Fastnachts-Turniere abgehalten.

Die zweite Möglichkeit bestand darin, den Brauch inhaltlich zu ändern, nämlich ihm eine neue, unanfechtbare Funktion zu geben. Dabei bot es sich an, die Sache selbst in eine kirchliche Veranstaltung umzuwandeln, also statt des Reiter-Wettkampfes eine kirchliche Prozession mit Pferden, d. h. eine Art Pferde-Wallfahrt, zu veranstalten. Wenn Georg Schierghofer (*»Altbayerns Umritte und Leonhardifahrten«*, 1913) bemerkt, daß die alte Marktfahne im Kötztinger Museum zusammen mit einer Darstellung des Pfingstrittes die Jahreszahl 1421 trage, und dazu meint, es liege *»die Vermutung am nächsten, daß eben diese Zeit den Anstoß gab, den aus heidnischer Zeit überkommenen Pfingstbrauch in christliche Bahnen zu lenken«*, ist daran nur so viel richtig, daß in dieser Zeit aus einem pfingstlichen Reiterbrauch weltlicher Art ein solcher geistlicher Art wurde, denn die aus den Heerschauen auf den »Maifeldern« hervorgegangenen Reiterspiele waren schon durch die Verlegung auf den Pfingsttermin liturgisch integriert worden. Der Vorgang der Umfunktionierung eines problematisch gewordenen Pfingstbrauches wurde übrigens auch auf andere Bereiche ausgedehnt; daß so aus der weltlichen *»Maienkönigin«* die Jungfrau Maria wurde, der man (seit Heinrich Seuse) in weiterführender Analogie *»Maiandachten«* und schließlich den ganzen Monat Mai als *»Marienmonat«* widmete, ist bekannt genug.

Bad Tölzer Leonhardifahrt

Bei den traditionellen Pferdeprozessionen darf die Bad Tölzer »Leonhardifahrt« nicht übergangen werden, die allerdings nicht schon zu Pfingsten, sondern erst am Festtag des Heiligen stattfindet, dem 6. November. Bei dieser »Fahrt« zieht eine lange Reihe von Pferdegespannen unter Anführung von »Vorreitern« und begleitet von Musikkapellen auf den bei Bad Tölz gelegenen Kalvarienberg, auf dem sich eine »Kettenkirche« befindet, die dem heiligen Pferde- und Viehpatron Leonhard geweiht ist. Im Unterschied zu den schon genannten Pferdeprozessionen sind in Bad Tölz nicht nur Männer beteiligt, sondern auch Frauen und Kinder, und dies hat zur Folge, daß man nicht allein Pferde benötigt, sondern auch Wagen, auf denen die Frauen und Kinder Platz finden. Diese Wagen werden »Truhen« genannt, und sie haben keine andere Funktion, als einmal im Jahr die Teilnehmer an dieser Prozession aufzunehmen. Aus diesem Grund sind sie auch mit allerlei bildlichen Darstellungen geziert, von denen sich nicht wenige auf die Geschichte der Leonhardifahrt selbst, andere auf die verschiedensten sonstigen religiösen Motive beziehen. Die »Truhen« nehmen manchmal ganze Familien auf, dann wieder Jungfrauen- und Junggesellenvereine und sonstige Gruppen. Auf einigen kann man Frauen aller Lebensaltersstufen sehen, die in gewissermaßen hierarchischer Ordnung, nach den Geburtsjahren angeordnet, sitzen: die jüngsten ganz vorne, die

»Leonhardi«-Fahrt mit Frauen und Mädchen in Bad Tölz, 1990.

ältesten ganz hinten. Gemeinsam ist allen, daß sie die schönste Sonntagstracht tragen. Die Fahrt selbst beginnt morgens um acht Uhr und führt die lange Wagenreihe durch die Stadt auf den Kalvarienberg und dort um die Votivkapelle herum, vor der ein Priester die Segnung der Pferde, Wagen und Insassen vornimmt. Anschließend werden die Wagen in Reihen geordnet, bis der Weg nach Durchzug der ganzen Kolonne wieder frei ist und der Rückweg in gleicher Ordnung wie auf der Herfahrt angetreten werden kann.

Wann die Bad Tölzer Leonhardifahrt eingeführt wurde, ist nicht genau bekannt. Die ältesten »Leonharditruhen« stammen aus dem 18. Jahrhundert, die jüngsten wurden erst in den letzten Jahren hergestellt. Soviel man weiß, wurde der Brauch 1856 durch den Tölzer Pfarrer Pfaffenberger neu geordnet. Leonhardifahrten sind in Bayern, wo Leonhard, der Einsiedler von Noblac (gestorben 559), als »der Heilige der Heiligen« gilt (Notker Curti), weit verbreitet und finden sich beispielsweise auch (zu unterschiedlichen Terminen) in Furth im Wald, Holzhausen-Teisendorf, Kreuth, Murnau-Froschhausen und anderen Orten, doch begegnen sie auch in Oberösterreich und Tirol, z.B. in Desselbrunn, Neukirchen a. Vöckla, Pettenbach-Heiligenleithen, wo sie oft nicht am Heiligenfest selbst, sondern erst am darauffolgenden Sonntag abgehalten werden.

HIMMELFAHRT UND PFINGSTEN

176

13

Den Fußspuren des Herrn nachfolgen

VON PROZESSIONEN, BLUMENTEPPICHEN
UND TRIUMPHBÖGEN
AM FRONLEICHNAMSFEST

Die christliche Kirche versteht sich nicht nur als eine geschichtliche Größe, sondern sie denkt auch geschichtlich und gestaltet daher ihre Feste als Erinnerungen an die historischen Ereignisse, die sie selbst einst begründet haben. Das gilt in besonderem Maße für das Fronleichnamsfest, bei dem es sich um das Erinnerungsfest an die Einsetzung des Altarsakramentes handelt. Vom liturgischen Ablauf des Jahres her müßte dieses Fest eigentlich auf den Gründonnerstag fallen, doch entspricht die Grundstimmung der Karwoche nicht seinem freudigen Charakter, so daß es vom Gründonnerstag auf den letzten Donnerstag (in anderen Ländern auch auf den letzten Sonntag des Osterfestkreises) verlegt wurde. Das Fronleichnamsfest fällt demnach entweder auf den Donnerstag nach »Trinitatis« oder auf den zweiten Sonntag nach Pfingsten, wo es in prunkvoller Weise begangen wird.

Name, Entstehung und Ausbreitung des Festes

Die Festbezeichnung »Fronleichnam« bildet eine Zusammensetzung aus den mittelhochdeutschen Wörtern »vron« (»göttlich«), »lich« (»Körper, Leib«) und »hama« (»Hülle«), die sich über »vronlicham« zu *Fronleichnam* weiterentwickelte und demnach die »göttliche Hülle des Leibes«, also die Hostie, meint. Etwas genauer bezeichnet der lateinische Name *»Festum corporis Christi«* oder *»Corpus Domini«* den Sinn dieses Festes als Erinnerungsfeier an die Einsetzung der Eucharistie. Der andere Name »Antlaß-« oder Ablaßtag ist vom Inhalt des Gründonnerstagsgeschehens, der Wiederaufnahme der Gefallenen, hergeleitet; nach der Bußpraxis der alten Kirche pflegte man die Sünder für die Zeit des Osterfastens aus der Gemeinschaft der Gläubigen auszuschließen und sie am Gründonnerstag wieder aufzunehmen. Das Fronleichnamsfest kam im 13. Jahrhundert in der Diözese Lüttich auf, wo die Augustinernonne Juliane im Siechenhause *»Mont Cornillon«* die Vision dieses Festes empfangen haben soll. Am 11. August 1264 wurde es von Papst Urban IV. (ursprünglich Jakob Pantaleon aus Lüttich) durch die berühmte Enzyklika *»Transiturus de hoc mundo«* zum allgemeinen kirchlichen Fest erhoben. Nach dem Tode Urbans im Oktober 1264 ging das Interesse an der Befolgung der Konstitution zurück, wohl weil es Bedenken gegen den vorgeschlagenen Prozessionsbrauch mit der Ausführung des Allerheiligsten aus dem geweihten Kirchenraum gab. Aber im Jahre 1311, unter dem Pontifikat Papst Clemens V., wurde das Fronleichnamsfest auf dem Konzil von Vienne erneut bestätigt und 1317 unter Papst Johannes XXII. endgültig angeordnet. An der Ausgestaltung der Messe und des Offiziums des Fronleichnamsfestes war hauptsächlich Thomas von Aquin beteiligt – er starb 1274 –, wie überhaupt die Dominikaner seine Ausbreitung stark begünstigten.

Das Fronleichnamsfest breitete sich anfangs recht zögerlich aus: 1264 wurde es in Rom, Münster und Orvieto, 1273 in Benediktbeuren, spätestens 1277 in Köln, 1276 in Osnabrück festlich begangen. Für Würzburg ist es 1298 bezeugt, für Hildesheim 1301, für Augsburg 1305, für Wien 1334. Spanische Belege nennen 1280 Toledo, 1282 Sevilla, 1319 Barcelona, 1348 Valencia usw. In Ungarn feierte man es 1424 zum ersten Mal. Um das Fest zu popularisieren, wurde es von Anfang an mit Ablässen ausgestattet. Man gründete vielerorts Fronleichnamsbruderschaften, die die Ausgestaltung der Festfeier übernahmen. Bis zum Ende des 14. Jahrhunderts hatte sich jedenfalls das Fronleichnamsfest allgemein und in einheitlichen Formen durchgesetzt: mit dem Offizium von Thomas von Aquin und eigener Prozession.

Die Fronleichnamsprozession

Diese Prozession wurde häufig – zum Beispiel in Köln, Regensburg, Bamberg, Paderborn – nicht oder nicht nur an *»Corpus Domini«* selbst, sondern auch am Sonntag nach »Gottes Leichnamstag« gehalten, und zwar offenbar deshalb, weil der Introitus der

---

Vorige Seite: Adolf Menzel, Fronleichnamsprozession in Hofgastein, 1880. München: Neue Pinakothek.

Ferdinand Georg Waldmüller: Am Fronleichnamsmorgen, 1857. Wien, Österreichische Galerie.

Messe dieses Sonntages mit den Worten »*Der Herr ward mein Beschützer; er führte mich heraus ins Weite*« ebenso zu einer Prozession anregte wie die Fortsetzung der Evangeliumsperikope desselben Tages (Lk 14,25 ff), in der es heißt: »*Es begleitete ihn auf dem Weg das Volk in großen Scharen*«. Wie die Liturgie des zweiten Sonntages nach Pfingsten die Gedanken der liturgischen Texte der Vorfastenzeit mit ihrer Betonung der babylonischen Gefangenschaft, der Sündenbefangenheit und der Todeserwartung in das Gedenken der Heilserfüllung hinüberführte, so versuchte die Prozession dieses Sonntages beziehungsweise des ihm zugeordneten Fronleichnamsfestes die Heilsgeschichte als einen Weg zu beschreiben, der von der ältesten Zeit (»*ante legem*«) über die Zeit des Alten Bundes (»*sub lege*«) bis zur Zeit seit Christus (»*sub gratia*«) führte und so dem Gläubigen zeigte, wie er selbst eingebunden sei in die Menschheitsgeschichte zwischen Schöpfung und Jüngstem Tag und ihm so eine ihn selbst betreffende Perspektive eröffnete. Den entscheidenden Grund zur Begehung des Osterkreis-Schlußfestes mit einer Prozession aber bot wohl der Zusammenhang zwischen der Metastruktur des Osterfestkreises und der prinzipiellen Bedeutung der Prozession selbst, die nach Honorius Augustodunensis – wie dieser in seiner »*Gemma animae*« vor der Mitte des 12. Jahrhunderts hervorhob – nichts anderes versinnbildlichen sollte als die Errettung des christlichen Volkes von den Nachstellungen des bösen Feindes: »*Populus a Pharaone per Moysen ereptus, est Christianus populus a diabolo per Christum redemptus*«, oder mit den Worten des

Durandus: »*In unsern processen* [= Prozessionen] *wird bedewtt unser widerchern zw unserm vaterleichen lantt*«. Und weiter: »*Die processe ist der weg zu dem ewigen leben*«. Und schließlich: »*Wann wir auz der chirchen gen und hinwider inn, so gen wir recht alz von Jerusalem uncz hinwider gen Jerusalem sam die junger getan haben, vnd volgen dem chrewcz nach alz sew dem chrewzten* [= Gekreuzigten]«. Durandus erwähnt in diesem Zusammenhang als das Gegenbild zu Jerusalem die Stadt Jericho, die »*vellet*« und »*zwstört*« wird, jene Stadt, an deren Weg der Blinde des Fastnachtssonntags-Evangeliums gesessen und um Einsicht gebeten hatte: »*Domine ut videam*« (Lk 18,31 ff). Die erwähnte Metastruktur des Osterfestkreises forderte geradezu zwangsläufig eine feierliche theophorische Prozession heraus, die schon als solche – wie die älteren Prozessionen an Maria Lichtmeß, Ostern oder Christi Himmelfahrt – die Heimkehr der Gläubigen in das »*Hierusalem coeleste*« der Kirche versinnbildlichen konnte. So wird auch verständlich, warum Thomas von Aquin seine Fronleichnamssequenz mit dem Anruf der Heilsgemeinschaft beginnen läßt: »*Lauda Sion Salvatorem / Lauda ducem et pastorem / In hymnis et canticis... – Lobe, Zion, den Erlöser, / Lobe den Herrn und Hirten / In Preisliedern und Gesängen ...*«. Das Besondere der Fronleichnamsprozession betrifft die Ausführung der Hostie, in der nach der Lehre der Kirche Christus mit Fleisch und Blut, mit Leib und Seele, mit Menschheit und Gottheit wahrhaft, wirklich und wesentlich gegenwärtig ist, obwohl die Gestalten des Brotes wie die des Weines bestehen bleiben. Es ist also nach dieser Auffassung Christus selber, der in der Fronleichnamsprozession mitgeführt und geleitet wird. Dieser Umstand erklärt nicht nur die Bedeutung, sondern auch die feierliche Ausgestaltung der Fronleichnamsprozession. Ihr Sinn liegt in dem Bestreben, eine bessere Erkenntnis der Realgegenwart Christi in der Hostie zu bewirken; dann aber auch in der Vorstellung, auf diese Weise den Menschen und der ganzen Welt den Segen des Gottessohnes unmittelbar zuwenden zu können. Die Fronleichnamsprozession führt gewöhnlich zu vier Stationsaltären, die den vier Himmelsrichtungen entsprechen.

Schon frühe Ordnungen der Fronleichnamsprozession bekunden die strenge Unterscheidung zwischen den Klerikern, die dem Bischof, Priester oder Abt mit der Hostie vorausgehen, und den Laien, die diesem nachfolgen. Der Priester mit dem Allerheiligsten geht also nicht an der Spitze des Zuges, wie man es nach der kirchlichen Hierarchie vermuten würde, sondern am Ende der Klerikergemeinschaft, zu der Ministranten, Ordensangehörige, Subdiakone und Diakone gehören, nicht selten als Träger von Reliquien und Heiligenbildern. In gebührendem Abstand folgen dem Priester mit der Monstranz die Laien, nach Rang und Ständen geordnet: der Adel, der Magistrat, die Bürgerschaft. Den Grund für diese Ordnung wird man mit Durandus in der Mittlerfunktion Christi zu sehen haben, der in der Hostie gegenwärtig ist: Christus vermittelt zwischen Gott und den Menschen, d. h. auch zwischen den Berufenen und den Auserwählten, auf die das Evangelium des Sonntags »Septuagesima« (Mt 20) hinweist. Andere Gesichtspunkte, wie die Gleichsetzung der Diakone mit den Propheten, der Träger des »Himmels« mit den vier Evangelisten, der Kerzenträger und der Träger des Rauchfasses mit den Heiligen »*vor der new[en]ee*« usw. treten hinzu.

Auf dem Wege zu Gott

Nicht übersehen darf man im übrigen das franziskanische Element, das bei der Ausgestaltung der Prozessionen ebenso wirksam gewesen sein dürfte wie bei der Einrichtung der Kreuzwege und Kreuzwegstationen außerhalb und innerhalb der Kirchen. Im franziskanischen Schrifttum wird das Leben »*unter der Herrschaft Gottes*« als ein ständiges Unterwegssein zu Gott in der getreuen Nachfolge Jesu Christi gesehen, wie es übrigens schon die Fronleichnamsbulle selbst anspricht. Die Forderung, daß man Christus nachfolgen solle, gehört zwar schon zu den Forderungen des Apostels Petrus (1 Petr 2,21), aber erst bei Franziskus von Assisi gewann sie eine eigene und charakteristische Bedeutung für die Stadtbevölkerung. Franziskus verlangte, Jesu »Fußspuren nachgehen«. Die Gläubigen sollten Christus als ihren Führer auf dem Weg zu Gott ansehen. Dieses Unterwegssein mit Christus als dem Führer in das »Himmlische Jerusalem« (»Christo duce«) wird für die Menge der Gläubigen in der Fronleichnamsprozession zum konkret faßbaren Ereignis: Sie folgen dem in der Hostie gegenwärtigen Christus auf dem Weg durch die »Welt« und in die Kirche, genauso wie beim Begehen des Kreuzweges, nur daß bei der Fronleichnamsprozession der sieghafte Charakter dieses Weges der Nachfolge stärker in das Bewußtsein gerückt wird als beim Nachgehen des Leidensweges.

Weltgeschichte als Heilsgeschichte

Es entspricht diesem sieghaften Grundton, wenn sich die Fronleichnamsprozession seit der Mitte des 15. Jahrhunderts zur zentralen Gelegenheit einer Darstellung der Heilsgeschichte in lebenden Bildern weiterentwickelt, die – etwa in Zerbst, Konstanz, Ingolstadt, Freiburg im Breisgau, München oder Bozen – (unter genauer Beachtung der biblischen Vorlagen) von der Schöpfung über den Sündenfall und den Brudermord Kains an Abel, weiter über die Sintflut, Melchisedechs Opfer, Abraham und Isaak, den Durchzug durch das Rote Meer usw. bis hin zu den neutestamentlichen Geschehnissen, vor allem zur Passionsgeschichte Jesu, und schließlich bis zum Jüngsten Gericht führt, wobei das Prinzip einer Darstellung der Weltgeschichte vom ersten Schöpfungstag bis zum Jüngsten Gericht aber nie durchbrochen wird. Entscheidend bleibt dabei nur, daß es sich durchwegs um Typologien handelt, bei denen alttestamentliche Szenen auf höherwertige neutestamentliche präfigurativ vorausweisen. Wie ein systematischer Vergleich zeigt, decken sich die meisten der verwendeten Typologien mit denen, die bereits der hl. Augustinus in den Büchern 11 bis 18 von »De civitate Dei« in gleicher Anordnung vorgegeben hat. Das szenische Programm der Fronleichnamsprozessionen (und übrigens auch der Fronleichnamsspiele, etwa von Künzelsau oder von Eger) setzte das augustinische Geschichtsverständnis voraus und konkretisierte es in anschaulicher Weise. Das Künzelsauer Fronleichnamsspiel griff sogar noch über die Heilsgeschichte hinaus in den Bereich der Heilslehre, denn es umfaßte die Schöpfung, die Erlösung, das Endgericht, dazu Kirche und Synagoge in ihrem Kampf, die zehn Jungfauen, das Apostolische Glaubensbekenntnis und den Streit zwischen Leib und Seele. Zuletzt erschien der Papst und beschloß das Spiel mit mahnenden Worten.

Monstranz und Baldachin

Um das Allerheiligste würdig aufbewahren zu können, wurde als tragbares liturgisches Schaugerät die Monstranz geschaffen (von lat. *monstrare* = zeigen), das Ostensorium aus kostbarem Metall, das hinter Glas die von einem halbmondförmigen Träger, der *lunula*, gehaltene geweihte Hostie enthält. Die Bezeichnung »Monstranz« findet sich zum ersten Mal in den Kanonisationsakten der seligen Dorothea von Preußen, Ende des 14. Jahrhunderts: *»Eukaristie sacramentum quod aperte in una monstrantia ibi servabatur.«* Der Fuß einer solchen Monstranz entspricht dem eines Kelches, wodurch die Verbindung von Brot und Wein als Substanzen des Fleisches und Blutes Christi angedeutet wird; häufig begegnet der Typus der »Sonnenmonstranz«, die den Hostienbehälter als Mittelpunkt eines Strahlenkranzes erscheinen läßt: Die unbesiegte Sonne, der *sol invictus,* wird hier zum Zeichen Christi umgedeutet. Bei jüngeren Monstranzen ruht die Hostie manchmal in einem herzförmigen Behälter, der an die Herz-Jesu-Verehrung erinnert, die zwischen 1680 und 1740 vor allem von den Jesuiten propagiert wurde, und über dem Herzen befindet sich dann gerne eine Krone, die auf die Königsherrschaft Christi hinweist. Dazu kommen verschiedene eucharistische Sinnbilder, etwa der Pelikan, der nach alter Vorstellung seine Kinder so lange mit seinem Herzblut ernährt, bis er selbst stirbt – ein Sinnbild Christi, der sein Leben für die Menschen opferte.

Der Fronleichnamsprozession geht notwendig eine Messe voraus, die an diesem Tag, durch die Jahreszeit begünstigt, häufig im Freien zelebriert wird. Meist geht der Priester mit der erhobenen Monstranz unter einem Baldachin einher, der nicht nur schützen, sondern auch als Hoheits- oder Herrschaftszeichen dienen soll. Dieses Zeichen gebührt nur dem in der Hostie gegenwärtigen Christus, keinem weltlichen Herrscher, so daß verständlich wird, warum in München 1915 der bayerische König Ludwig III. mit brennender Kerze der Monstranz vor dem Baldachin voranschritt: Es handelte sich um ein bewußt gesetztes Zeichen der Demut vor dem größeren Herrscher. Der Baldachin oder »Himmel« fehlt nie, ganz gleich, ob es sich um die Prozession durch die Straßen einer Stadt oder zu einer Wallfahrtskirche handelt, oder ob es um eine Schiffsprozession (z. B. auf dem Staffelsee) geht.

Prozession und Prozessionsspiel

Zu der prunkvollen Ausgestaltung der Fronleichnamsprozession gehörte schon früh die einläßliche Darstellung biblischer und verwandter Szenen, denn es ging darum, »zu sehen und zu glauben«. Im Hinblick auf den Opfertod Christi lag es nahe, gerade den Stationen der Leidensgeschichte bei der Prozession einen besonderen Platz einzuräumen – sei es durch Bildwerke oder durch »lebende Bilder« (»Tableaux vivants«). Doch griff die Fronleichnamsprozession darüber hinaus auch auf die gesamte Menschheitsgeschichte zurück und versuchte, diese den Gläubigen in charakteristischen Auszügen zu vergegenwärtigen. Dabei wurde die Sündenanfälligkeit des Menschengeschlechts nicht ausgespart, so daß man auch den Sündenfall oder die Verführungskünste des Teufels dargestellt sehen konnte, weil sich von hier aus die Notwendigkeit der Erlösung durch Jesus Christus am ehesten einsichtig machen ließ. Gewöhnlich führte man im Umgang Wagen zu Einzelthemen mit, die von den Bruderschaften der Zünfte gestaltet wurden. Dabei ergaben sich Umzüge, die denen der Fastnacht sehr ähnlich sahen. Das Stadtmuseum in Aix-en-Provence besitzt zwei Fronleichnamswagen mit Figuren, die völlig denen gleichen, die man auch aus dem Fastnachtsbrauch kennt: etwa den Teufeln mit fleckenbesetzten Gewändern, den Gestalten mit Schellenkleidern oder sonstigen Maskenwesen, die von dorther allgemein vertraut sind, z. B. den wilden Leuten. Jedenfalls führte von diesen Umzugswagen mit heilsgeschichtlichen Themen der Weg zum Fronleichnamsspiel und von dort weiter zum Passionsspiel, wie umgekehrt auch Szenen aus den Passionsspielen in das Prozessionsspiel des Fronleichnamstages eingingen.

Die Gestaltung des Fronleichnamsfestes

Seit der Reformationszeit mehrte sich die Kritik am Fronleichnamsfest, das Martin Luther von seiner anderen Abendmahlslehre her als das »*allerschädlichste Jahresfest*« bezeichnete. So äußerte er sich in der »Festpostille« von 1527 mit scharfen Worten zur vorgeschriebenen Lesung dieses Festes, das Wort Jesu über das eucharistische Brot (Joh 6,48-59): »*Darumb mag sich dys Evangelion nicht reymen auf das brot des altars, dann es hat vil zu klare verhaissung in sich. Der halben lass mans in seynem rechten ainfeltigen verstand bleiben und ziehe es nicht auff das heutige fest, wie der Bapst gethon hat.*« Luther warf dem Papst vor, die Schrift verfälscht zu haben, »*wie er mit disem Evangelio auch gethon hat, welchs er hie auf diss fest zeuhet, und were nit ain buchstab darinne, der sich auf diss fest reymete. Darumb bin ich keinem fest nie feinder gewest dan disem fest, allain darumb das der bapst der schrifft dazu so missbrauchet.*« Er wolle geraten haben, »*diss*

Blumenteppich am Fronleichnamsfest in Bolsena/Italien, dem historischen Ort des Blutwunders, 1984.

fest ganz und gar abethun, dann es ist dz aller schedlichst fest, als es durch dz ganze jar ist. An kainem fest wirt got und sein Christus merer gelestert, dann an disem tag, und sonderlichen mit der Procession, die man vor allen dingen sol abstellen [...].« Luthers Verdikt *»erhitzte den konfessionellen Streit«* wie kein anderes, gab aber manchen Autoren Anlaß, sich mit der Gestaltung des Festes auseinanderzusetzen, wodurch nebenbei eindrucksvolle Beschreibungen der Brauchpraxis selbst zustande kamen. So wandte sich etwa Sebastian Franck im *»Weltbuoch«* 1534 gegen die »Hoffart«, mit der das Fronleichnamsfest begangen werde: *»Auff diß fest* (= Pfingsten) *kompt vnsers herrn fronleichnamstag; da tregt man das Sacrament mit einer pfaffenprocession / under eynem köstlichen verdecktem hymmel / den vier mit krentzen geziert tragent / in einer monstrantzen herumb / an vil orten mit vil figuren, auß dem alten vnd newen Testament gezogen. Item vil histori auß den legenden / da sihet man den Passion / vil teüfel / heyligen etc. da ist eyn iungfraw sant Katherin / die sant Barbara / dise Maria / und geschicht seer vil hochffart an disem fest. Die Juden marteren vnseren hergott / ettwan eyn man, der Christus sein muoß / pancklen hin und heer / hencken jn vor der statt an das Creütz / mit zweyen schchern / vor dem Sacrament gehn engel daher / die werffen mit rosen gegen dem Sacrament. Item Johannes der Teuffer der darauff zeygt / sprechende: Sihe das ist das lamp Gottes! Man strewet alle gassen vol graß / rosen / henckt sy vol meyen etc. alles dem fest zuo eeren.«* Die berühmte Stelle des Johannes-Evangeliums (Joh 1,29.36) hatte hier eine sehr wohl verständliche Realisierung erfahren: Johannes ging vor dem in der Hostie gegenwärtig geglaubten Christus einher und zeigte auf ihn genauso, wie nach dem historischen Bericht der Täufer auf den nachfolgenden Heiland hingewiesen hatte. Wie weit man sich solcher Zusammenhänge bis heute bewußt ist, wurde 1981 in Heitersheim in Baden erkennbar, wo man an einer Hauswand einfach eine große Reproduktion des Kreuzigungsbildes aus dem Isenheimer Altar des Matthias Grünewald aufgehängt hatte, weil hier durch die Figur des Johannes mit der Inschrift *»Illum oportet crescere, me autem minui – Jener muß wachsen, ich aber muß weniger werden...«* (Joh 3,30) und durch das Lamm mit Kreuz und Kelch der eucharistische Bezug hergestellt wurde, um den es beim Fronleichnamsfest im wesentlichen geht, – ganz so, wie es schon Sebastian Franck erlebt hatte. Dieser schreibt weiter: *»An disem tag reitt man auch an vil orten umb den fluor / das ist / umb das korn mit vil kertzen stangen. Der pfaff reitt auch mitt / tregt vnsern hergott leiphafftig am hals in eynem seckel / an bestimpten orten sitzt er ab / singt eyn Evangelium über das korn / vnd singt der[en] vier / an vier orten / biß er umb den fluor reitt. Die Jung-*

Der »Drachenstich« in Furth im Walde, 1985, ist aus einem Auftritt des hl. Ritters Georg im Rahmen der Fronleichnamsspiele hervorgegangen.

frawen gehn schön geschmuckt in eyner Procession auch mit / singen vnnd lassen jn wol sein / und geschicht vil hochffart / muotwill und büberei von rennen / schwetzen / singen / sehen / vnd gesehen wöllen sein.« Die Jungfrauen sind die Erstkommunikantinnen, die auch heute noch in ihren weißen Gewändern dem Klerus voranschreiten. Ihrer Gruppe folgt regelmäßig der Zug der Ministranten, Subdiakone, Diakone und Priester mit den Kirchenfahnen und dem Sakrament, und ihnen schließen sich in langer Kolonne die übrigen Gläubigen an. Wie schon Sebastian Franck beobachtete, beschränkt sich die Schmückung der Prozessionswege nicht auf das Blumenstreuen oder -legen, sondern bezieht auch den Häuserschmuck mit ein. Eindrucksvoll mutet es an, daß der Weg, den der Priester mit dem Altarsakrament nimmt, vielfach von Heiligenfiguren gesäumt wird, so daß gewissermaßen die Heiligen dem Herrn, dem sie in ihrem Leben nachgefolgt sind, auch jetzt noch das Geleit geben.

Fronleichnamsprozessionen im Barock

Es war klar, daß eine so harsche Zurückweisung des Fronleichnamsfestes, wie durch Martin Luther, zu einer Reaktion der katholischen Seite führen mußte. Sie bestand im wesentlichen darin, daß das Fest auf dem Tridentinum neu bestätigt und danach mit noch größerem Glanz als je zuvor gefeiert wurde, übrigens in der ganzen katholischen Welt. In Spanien z. B. entwickelte sich die »*Corpus Domini*«-Prozession zur »*Procesion de Procesiones*« schlechthin, für die ein unerhörter Aufwand getrieben wurde. Die kostbaren Zeichnungen der »Tarascas de Madrid« (Drachenbilder) der Jahre 1656 bis 1770 geben davon noch heute Kunde. Auch unter Herzog Wilhelm von Bayern fanden dramatische Fronleichnamsprozessionen mit feuerspeienden Teufeln und blutbedeckten Georgsdrachen statt, die weithin Aufsehen erregten. Eine letzte Erinnerung daran bewahrt noch der »Drachenstich« in Furth im Wald, der zwischen 1590/91 und 1754 unbeanstandet einen Teil der Fronleichnamsprozession bildete. Hinter dem Allerheiligsten kam ein Ritter hoch zu Roß, der den Drachen an einer Kette führte und von vier Trabanten (»*Lanzenauszieher*«, »*Säbelabwischer*« und zwei »*Büchsenspannern*«) begleitet wurde. Ihnen folgte die Prinzessin, genannt »*Ritterin*«, mit ihren Edelfrauen. Im Anschluß an die Prozessin fand der »Drachenstich« statt. Das Spiel stand in der Tradition der Glaubenskämpfe, denn im Zeitalter der barocken Gegenreformation galt der heilige Ritter Georg als Sinnbild standhafter Verteidigung des überkommenen katholischen Glaubens. In der Aufklärung aber rückte man auch diesem Sinnbild zu Leibe. Im Jahre 1754 erließ das Bischöfliche Ordinariat in Regensburg ein Schreiben des Inhaltes, daß *»aus erheblichen Ursachen bemeltes Drachenstechen auf keinerlei Weise mehr gestattet, sondern [...] abstellig«* gemacht werden sollte, notfalls *»brachio saeculari«*, d. h. mit Hilfe der Polizei. Die Further erhoben Einspruch und setzten durch, daß der »Drachenstich« wieder erlaubt wurde. Als im Jahre 1878 erneut ein Verbot erging und der Ritter und sein Gefolge sich weigerten, aus der Prozession auszutreten, ging die Geistlichkeit in die Kirche zurück und las dort die vier Evangelien-Initien. Dieser Vorgang führte zu erheblicher Unruhe unter der Bevölkerung und auch zu Aggressionen gegen den Pfarrer. So suchte man einen Ausweg, der sich 1886 fand, als der Ortsgeistliche dazu riet, den *»Lindwurm, welcher uralt Herkommen massen bei der Corporis Christi Prozession vorgestellet«* worden war, in den Mittelpunkt eines eigenen Festes zu rücken, das seither jedes Jahr am zweiten Augustsonntag begangen wird. Im Jahre 1922 schrieb der Festspieldichter Dr. Heinrich Schmidt aus Bayreuth für den Further »Drachenstich« ein eigenes Stück, das 1952 durch ein anderes Spiel Josef Martin Bauers ersetzt wurde. Es nahm die Schlacht im Hussitenkrieg bei Taus im Jahre 1431 zum historischen Hintergrund. In diesem Festspiel, das von Dr. Sigfrid Färber dramaturgisch eingerichtet wurde, stehen »Schwarzer Ritter« und »Weißer Ritter« einander gegenüber, und natürlich siegt auch hier der Gute über den Bösen. Der Drache, ehemals klein und von einem einzigen Mann zu tragen, hat inzwischen riesige Ausmaße angenommen. 1912 arbeitete ein Further Bürger am Hoftheater in München und vermittelte, als dort ein neuer Siegfried-Drache angeschafft wurde, den alten Drachen für dreißig Mark nach Furth. Dieser stand bis 1939 in Gebrauch. Für den ersten Nachkriegs-»Drachenstich« im Jahre 1947 baute dann der Further Schmiedemeister Jakob Hofmann einen sechzehn Meter langen und drei Meter hohen Drachen, der Rauch und Feuer spie und später noch motorisiert wurde. Die derzeitige Lösung beruht auf einem Entwurf des Mitspielers Hans Dimpfl von 1974, der einen mit modernster Hydraulik versehenen Drachen von 18 Metern Länge und dreieinhalb Metern Höhe zur Folge hatte; seine Außenhaut schuf der Bildhauer Heinz Wildau. Aus einer beliebten Szene der Fronleichnamsprozession wurde so ein Historisches Festspiel, das eine ganze »Drachenstich«-Festwoche umfaßt und alle möglichen »Erinnerungen an die Ritter-Zeit« einschließt.

Alte und neue Prozessionsformen

Durch die Gegenreformation wurden die alten Formen der Begehung des Fronleichnamstages wiederhergestellt, aber auch neue erprobt, wie Fluß- und Seen-Prozessionen. Wie eine barocke Fronleichnamsprozession aussehen konnte, läßt sich aus Angaben für Mainz schließen, wo 1613 neun Engelchöre vor dem Allerheiligsten schritten, während andere Engel Blumen auf den Weg streuten. Man kannte hier einen »Propheten Elias« und einen »Goliath« mit großem Sturmhut. Zwei Mohren trugen Armbrüste und Pfeile von Holz. Eine Arche Noah wurde mitgeführt; die Barbiergesellen stellten den Erzengel Raphael und den Tobias dar, usw. In

Blumenteppichlegen und fertiger Blumenteppich in Genzano di Roma, Juni 1984.

Würzburg dagegen überwogen die trauernden und büßenden Gestalten. Und wiederum ein anderes Gesicht trug sie in Freiburg im Breisgau, wo die geschwänzten Teufel, wie in der Fastnacht, auch hier ihr Unwesen trieben. In München führte man gar eine Hölle mit, von der aus die Teufel Mist unter die Zuschauer warfen. Auch hier kannte man einen heiligen Georg, der auf dem Drachen stand und mit »Drachenblut« herumspritzte. Die Restauration des 19. Jahrhunderts brachte dann freundlichere, lieblichere Formen auf, von denen sich manche bis zur Gegenwart gehalten haben, unter ihnen vor allem das Legen von Blumenteppichen.

Die Blumenteppiche des Fronleichnamstages

Man folgt dem Sakrament auf Blumen. Gewöhnlich werden diese Blumen von den Kommunikantinnen gestreut, die zu diesem Zweck kleine weiße Körbchen mit sich tragen. Der Schmuck der Straßen und Plätze

wird auch durch das Rituale Romanum und ähnliche kirchenamtliche Schriften vorgeschrieben: »*Omnes viae et plateae per quas venerabile Sacramentum portabitur, sint mundatae et ornatae arboribus, Frondibus, Floribus, Gramine, Aulaeis, aliisque ornamentis.* – Alle Straßen und Plätze, durch die das verehrungswürdige Sakrament getragen wird, sollen geziert und geschmückt sein mit Bäumen, Zweigen, Gras, Teppichen und sonstigen Schmuckformen.«
Der Brauch, an Fronleichnam Blumenteppiche auszulegen, ist weit verbreitet; er findet sich ebenso in Genzano di Roma wie in Bolsena in Italien, in La Orotava auf Teneriffa oder in Hüfingen auf der Baar im deutschen Südwesten. Der Grund für das Blumenstreuen oder Blumenteppichlegen auf dem Weg, den der Priester mit der Monstranz nimmt, liegt wohl in dem Kerngedanken franziskanischer Geistigkeit, daß Christus auf Blumen, »unseren Schwestern«, in das Himmelreich einziehe. Wenn der Priester mit dem Allerheiligsten unter dem »Himmel« seinen Weg über einen (Blumen-)Teppich nimmt, spielt dabei sicherlich auch die Vorstellung eine Rolle, daß das Göttliche die Erde nicht berühren dürfe.

Die für die Fronleichnamsprozession ausgelegten Blumenteppiche weisen eine sehr unterschiedliche Länge und Gestalt auf. Den örtlichen Gegebenheiten entsprechend, erstrecken sie sich manchmal nur über fünfzig oder sechzig Meter, während sie in anderen Fällen viele hundert Meter lang sein können. In einem Bericht über die frühere Fronleichnamsfeier in den Ofener Bergen in Ungarn wird als durchschnittliche Länge des blumengeschmückten Weges, den die Prozession mit dem Allerheiligsten nimmt, eine Strecke von vier bis fünf Kilometern angegeben. Der Läufer ist in diesem Fall gewöhnlich sehr schmal, mit einer Breite von etwa einem Meter, doch braucht er auch nicht breiter zu sein, da über ihn nur der Priester mit der Monstranz schreitet, während der übrige Klerus und die Gläubigen neben dem Teppich einhergehen. Nicht selten hängen Durchführung und Art des Blumenteppichlegens vom Wetter und vom Stand der Blütenentwicklung ab. Sind nicht genügend Blüten vorhanden, werden sie durch gefärbte Sägespäne oder gefärbtes Sägemehl ersetzt.

An der Gestaltung dieser Blumenteppiche sind die Gläubigen jeweils in großer Zahl beteiligt, als Blütensammler ebenso wie als Teppichleger. An den Tagen vor Fronleichnam müssen die Sammler Millionen von Blüten in Säcken und Körben, nach Art und Farbe getrennt, zusammentragen, während die Teppichleger in der Nacht vor Fronleichnam, oft noch bei künstlicher Beleuchtung, familienweise die einzelnen Blumenteppiche gestalten. In Deutschland ist dieser Brauch, für die Fronleichnamsprozession Blumenteppiche zu legen, noch nicht sehr alt. Er wurde in Hüfingen 1842 eingeführt, offenbar nach italienischem Muster. Mitte der 1870er Jahre kamen die Alumnen des Priesterseminars zu Freising auf den Gedanken, im dortigen Dom einige solcher Zierteppiche auszulegen. Und wenig später, 1883, erschien ein Buch von Arnold Rütter, das nicht nur das allgemeine Interesse an dieser Art des Wegschmuckes verstärkte, sondern auch auf Spezialliteratur zur Gestaltung solcher Teppiche hinwies.

Die »Infiorata« von Genzano di Roma

Das Vorbild für die Blumenteppiche gab seit dem Ende des 18. Jahrhunderts Genzano di Roma ab, eine kleine, in den Albaner Bergen gelegene Stadt. Dort pflegt man – wohl seit 1778 – am zweiten Sonntag nach Pfingsten die rund 200 Meter lange Domstraße in ihrer ganzen Breite von neun Metern mit (sorgsam vorgezeichneten) Ornamenten und Bildern aus Blumenblättern zu belegen. In seinen »Römischen Tagebüchern« hat der Reiseschriftsteller Ferdinand Gregorovius am 5. Juni 1864 niedergelegt, welchen Eindruck diese »Infiorata« auf ihn gemacht habe: *»Die Blumenteppiche (waren) vollendet schön; man zeichnete die Figuren mit Kreide auf das Straßenpflaster; Groß und Klein füllte sie mit Blumenblättern aus. Das Fest war seit 19 Jahren nicht gehalten worden, aber die Tradition ist geblieben. Man stellte Embleme, Wappen, alexandrinische Mosaike* *dar, mit ganz bewundernswertem Geschick. Das Volk sah mit heiterem Behagen diesem sinnvollen Tun zu. Nur in diesem Lande ist ein solches Spiel der Anmut möglich.«* Lokaler Überlieferung zufolge geht die Anregung zu diesen Blumenteppichen auf den vatikanischen Obergärtner Benedikt Drei zurück, der im Jubeljahr 1625 ein Blumenmosaik im Petersdom geschaffen haben soll. Jedenfalls bilden die Blumenteppiche von Genzano heute eine folkloristische Attraktion, für die mit Plakaten in weitem Umkreis geworben wird. An der Disposition des jeweiligen Blumenteppiches wirken Künstler mit, auch wenn die Entscheidung über die gewählten Themen letztlich vom amtierenden Stadtpfarrer gefällt wird. Eucharistische Themen herrschen vor, doch werden sie gerne ergänzt durch heilsgeschichtliche Stoffe, wie die Verkündigung an Maria, die Passionsgeschichte oder die Grablegung Jesu. Auch Papstbilder werden gelegt, und es kommt sogar vor, daß man politische Themen wählt, wie die Frage der Empfängnisverhütung, die Einkerkerung politischer Gefangener oder den antifaschistischen Widerstand. Die benötigten Blüten werden im Morgengrauen lastwagenweise aus den Albaner Bergen herangeschafft, während die Künstler auf dem Straßenpflaster sorgsame Vorzeichnungen anbringen, nach denen die Teppiche dann in wenigen Stunden zusammengelegt werden können. Das Wissen um die »Infiorata di Genzano« gelangte über die katholischen Orden in alle Welt. So übertrug etwa der Schwesternorden der Franziskanerinnen die Fronleichnamsteppiche vom Mutterhaus in Rom um 1950 ins Kloster Maria-Anzbach in Niederösterreich, und von dort aus verbreitete sich der Brauch 1952 in der Oststeiermark. Im Oberinntal entstanden entsprechende Blumenteppiche auf Anregung von Schwester Anna Cäcilia Weinbeer, Kindergärtnerin in Zams/Tirol, die durch Diapositive über die Teppichgestaltung in Freiburg im Breisgau veranlaßt wurde, 1947 mit ihren Schülerinnen die Blumenmosaike vor den Stationsaltären der Fronleichnamsprozession zu gestalten. Um 1960 hatte das Blumenteppichlegen in der Pfarrgemeinde Zams und im benachbarten Landeck bereits Tradition. Auch aus den ehemaligen deutschen katholischen Gemeinden in Ungarn ist das »Wegestreuen« mit Musterstreifen und Sinnbildern für die Gemeinden Budakeszi, Budaörs, Bia und Torbagy bezeugt. Nach dem Zweiten Weltkrieg gelangten Einwohner von Budaörs nach Oftersheim bei Schwetzingen und setzten dort das Blumenteppichlegen fort. Für die Popularisierung des Brauches in der Steiermark waren vor allem die Kapuziner verantwortlich.

Bilder und Zeichen

Bevorzugt werden in den Blumenteppichen eucharistische Motive, doch kommen auch andere Abbildungen vor. So stellte man 1935 in Hüfingen unbekümmert die »Swastika« dar, das Hakenkreuz, das durch Ähre und Schwert sowie durch die Unterschrift *»Blut und Boden«* ganz der nationalsozialistischen Ideologie unterworfen wurde. Ein seltenes, aber passendes Bildmotiv war 1979 in Königshofen im Grabfeld das Wappenschild des Papstes mit den beiden gekreuzten Schlüsseln als Zeichen der Binde- und Lösegewalt (im Anschluß an Mt 16,19). Am häufigsten begegnet auf den Blumenteppichen Christusmonogramm aus griechischen Buchstaben Chi (X) und Rho (P), den beiden ersten Buchstaben des Namens Christi in ihrer griechischen Schreibweise. Der Legende nach hatte Kaiser Konstantin im Jahre 312 vor der Schlacht gegen Maxentius eine Erscheinung dieses Christusmonogrammes gehabt. Eine Stimme hatte ihm zugerufen: *»In diesem Zeichen wirst du siegen!«* Das »Chrismon« ist also als Siegeszeichen zu verstehen, das sich wieder gut dem triumphalen Charakter des Fronleichnamsfestes anpaßt. Manchmal wird das Chrismon auch mit dem Fisch verbunden, dem traditionellen »Zeichen« für Christus, denn *»piscis significat Christum«*, weil er, wie Augustinus sagt, *»im Abgrund unserer Sterblichkeit wie in der Tiefe des Meeres lebendig blieb«*. Das griechische Wort für Fisch *(ICHTHYS)* betrachteten die Kirchenväter als ein Akrostichon (= Wort

Blumenteppiche am Fronleichnamstag in Hüfingen, 1984.

deren Mittelpunkt das Kreuz geht. Damit wird gesagt, daß Christus den Mittelpunkt der Welt bedeute. Und dazu wiederum kann eine Darstellung der fünf Brote aus der ersten Brotvermehrung treten (Mt 14 und Parall.), offenbar im Hinblick auf die Stelle »Und alle aßen und wurden satt«, die auch geistlich verstanden wird.

Dem »Chrismon« nahe verwandt ist das IHS-Zeichen, das unterschiedlich gedeutet wird, z. B. als *»Jesus Hominum Salvator – Jesus der Menschen Heiland«*. Es geht auf den franziskanischen Volksprediger Bernhardino von Siena (gestorben 1444) zurück, doch erst im Zeitalter der Gegenreformation wurde es zum Motto der Jesuiten, die es als Wahrzeichen erkoren: *»Jesus Habemus Socium – Wir haben Jesus zum Gefährten«*. Auf den Blumenteppichen begegnet ferner die Friedenstaube mit dem Ölzweig, den die Taube aus Noahs Arche von ihrem Probeflug zurückgebracht hatte (Gen 8,11). Sie wird manchmal durch die Taube ohne den Zweig ersetzt, die eher auf die Jordan-Taufe Bezug nimmt. Aus der Andachtsliteratur stammt das Zeichen des Ankers, der schon im Frühchristentum das Zeichen des Kreuzes vertreten hatte; bis zur Einführung des Christentums als Staatsreligion unter Konstantin dem Großen war das Kreuz niemals offen dargestellt worden. Heute gilt der *»Anker der Seele«* (Hebr 6,19) als Merkmal der Heilshoffnung, wenn er nicht – in Verbindung mit dem Fisch – zum Zeichen der Eucharistie wird. Andere Zeichen verstehen sich von selbst, etwa die betenden Hände (nach Albrecht Dürer), die auch mit Kreuz, Kreis (als Ewigkeitssymbol) oder Weltscheibe verbunden werden. Manchmal trifft man auf den Leuchter mit der lichtspendenden Kerze, der das Licht des Glaubens oder das *»Lumen Christi«* versinnbildlicht. Wichtig erscheinen vom Sinn des Festes her jedoch vor allem die eucharistischen Sinnbilder Kelch und Hostie, die man auch mit dem Kreuz verbunden antrifft, gelegentlich mit der Erläuterung *»Brot des Lebens«* (Joh 6,35). Die Verbindung einzelner Sinnbilder, wie Kelch, Kreuz, Hostie und auch Fisch, trifft man gleichfalls relativ

aus Anfangsbuchstaben), dessen einzelne Buchstaben die Eingangslettern anderer Wörter bilden sollten, in diesem Fall *»IESOUS CHRISTOS THEOU YIOS SOTER – Jesus Christus Gottes Sohn Heiland«*. Manchmal wird dieser Fisch mit einer Weltscheibe verbunden, durch häufig an. Mit der Kornähre wird an die Schriftstelle vom Weizenkorn erinnert (Joh 12,24-25): »*Wenn das Weizenkorn nicht in die Erde fällt und stirbt, bleibt es allein; wenn es aber stirbt, bringt es viele Frucht*«.

Über die Blumenteppiche wird auch viel biblisches Erzählgut weitervermittelt. Man findet die Geschichte von der Vermehrung von fünf Broten und zwei Fischen, von der Heimkehr des verlorenen Sohnes (Lk 15,11-32), vom barmherzigen Samariter (Lk 10,30-37) und von der Verheißung Jesu Christi an seine Diener: »*Ich bin bei euch alle Tage bis an der Welt Ende*« (Mt 28,20). Es gibt ebenso Darstellungen von Christus und Maria wie von der Kreuzigung mit Maria und Johannes. Und man trifft gelegentlich sogar auf Legendarisches, etwa auf die Darstellung des »heiligen Wandels«: Joseph trägt dabei die Säge, die ihn als Zimmermann ausweist (Mt 13,55).

Blumenteppiche werden nicht für ein Publikum gelegt, sondern von Gläubigen für Gläubige, die mit ihnen ihr Bekenntnis bezeugen.

Unten: Barocke Triumphpforte in Mardorf/Hessen, 1971. – Rechts oben: Prozession in Orvieto, 1984.

Barocke Triumphbögen für das Allerheiligste

Eine andere Art, das höchste Fest der katholischen Christenheit prunkvoll zu begehen, betrifft das Aufstellen von Triumphbögen oder »Ehrenpforten«, wie sie im Barock bei der Huldigung von hochstehenden Persönlichkeiten benutzt wurden. Die Triumphbögen, durch die am Fronleichnamstag der Priester mit dem Allerheiligsten hindurchschreitet, sollen nach Rütter eine »*Via triumphalis*« ergeben, die er vor allem für Dörfer empfiehlt, deren einförmige Straßen auf diese Weise würdig verwandelt werden könnten. Heute findet man solche Triumphbögen nur mehr in einigen katholischen Dörfern in der Nähe von Marburg, z.B. in Roßdorf und in Mardorf. Sie werden aufwendig gestaltet und mit Emblemen verziert. Kreuze, Christusmonogramm, Kirchenfahnen, Girlanden, Blumen usw. fügen sich dabei zu einem prachtvollen Bild zusammen. Das Fronleichnamsfest vereint die Bevölkerung hier nicht nur im Glauben, sondern auch im Handeln.

14

Kinder, es ist die letzte Stunde

VON DEN BESINNUNGSFESTEN
AM ENDE DES KIRCHENJAHRES
UND IHREN BRÄUCHEN

Wenn im Herbst die Ernte eingebracht ist und über die Natur allmählich der Winter einbricht, zieht sich auch der Mensch in sein Inneres zurück. So wird der Monat November zu einer Zeit der Besinnung auf die Grenzen des Lebens, auf Sterben und Tod, und zur Zeit der Erinnerung an diejenigen, die einmal waren und die dahingegangen sind, so wie jeder Mensch früher oder später dahingehen muß. Um Buße, Trauer und Tod rankt sich das Brauchwesen dieser Zeit. Im November besucht man die Gräber der Verstorbenen, bekundet öffentlich Bußbereitschaft und verzichtet man auf laute und fröhliche Feste; – nur der Martinstag als altes Herbstfest am Beginn der vorweihnachtlichen Fastenzeit wird, zumindest von den Kindern, noch einmal mit Fest und Feier froh begangen; aber auch dabei geht es nicht ohne Besinnung ab: Die Themen der christlichen Nächstenliebe, der Kardinaltugenden Glaube, Hoffnung und Liebe oder der Erwartung des Herrn werden im Brauchwesen des Martinstages immer deutlich hervorgehoben. Die Erwartung des Herrn wird dabei auch stets in einem doppelten Sinn angesprochen: als Erwartung der Endzeit mit dem Gericht über die Lebenden und die Toten sowie als Adventserwartung der Geburt des Erlösers, die aus der düsteren Grundstimmung wieder in eine freudige und zuversichtliche Haltung hinüberführt.

Lesung vom Untergang der Welt

Die Kirche hat auf die auf die ernste Grundstimmung dieser Jahreszeit stets Rücksicht genommen. Als sie daran ging, eine inhaltliche Übereinstimmung zwischen den Lesungen der einzelnen Sonntage und dem Jahreslauf zu erzielen – ein Vorhaben, das mit Gregor dem Großen um 600 im wesentlichen abgeschlossen war –, setzte sie als Lesungen für die drei letzten Sonntage vor dem Advent Schriftstellen über das Kommen Christi zum Jüngsten Gericht fest, um von dem Jahresende her das Denken auch auf das Ende der Welt hinzulenken. Das Römische Meßbuch schrieb für den letzten Sonntag nach Pfingsten die Perikope vom »*Gericht über Jerusalem*« vor (Mt 24,15 ff), einen eschatologischen Text, der die alttestamentlichen Weissagungen vom Untergang der Welt aufgreift und daran düstere Warnungen knüpft: »*Wenn ihr nun den ›Greuel der Verwüstung‹ […] an ›heiliger Stätte‹ stehen seht, – dann fliehe, wer in Judäa ist, in die Berge; wer auf dem Dach ist, steige nicht herab, um etwas aus seinem Hause zu holen, und wer auf dem Felde ist, der kehre nicht zurück, um seinen Mantel zu holen.*« So las man aber nicht nur in der Kirche. An vielen Orten wurden Spiele aufgeführt, die in eindringlichen Worten das in der Kirche Vorgetragene durch Lied und Spruch, Szene und Gebärde anschaulich zu machen und es zugleich zu interpretieren suchten. Die »*Tragedia mit 34 Personen, des jün[g]sten gerichtes, auß der schrifft überall zusammen gezogen, und hat 7 actus*« von Hans Sachs (1558), die selbst in einer breiten Tradition ähnlicher Weltgerichtsspiele stand, wurde in katholisch überarbeiteten Fassungen noch in den letzten Jahrzehnten im Burgenland gespielt, in Apetlon zum Beispiel und in Illmitz, und es setzte dort mit einem Lied ein, das unmittelbar auf den Perikopentext des letzten Sonntages im Kirchenjahr zurückgriff: »*Merkt fleißig auf, ihr Christenleut, / tut Buß, denn es ist große Zeit, / der jüngste Tag ist nicht mehr weit. // Der auf dem Dach, steig nicht herab, / der auf dem Feld kehr nicht mehr wieder, / denn es wird sein groß Ungewitter […].*« Aufführungen von Weltgerichtsspielen, auch wenn sie zu anderen Zeiten im Jahr, wie zu Pfingsten 1516 in Freiberg, gespielt wurden, waren liturgisch schon auf das Ende des Kirchenjahres bezogen. Ihr unmittelbares Ziel bestand darin, auf die Folgen sündhaften Lebens hinzuweisen. Als Joachim Greff 1542 das Freiberger Pfingstspiel sah, das dort inzwischen in einer reformatorischen Bearbeitung gegeben wurde, notierte er: »*So nu der iüngste tag heraner kam / hat man die obgenanten Herren vnd Fürsten Babst / Soldan [= Sultan] / Cardinal / Bischoff / Keyser / vnd*

Vorige Seite: Jules Bastien-Lepage, Allerseelentag, um 1882. Budapest: Magyar Szépművészeti Múzeum.

ALLERHEILIGEN UND ALLERSEELEN

192

Albrecht Dürer: Allerheiligenbild, 1511. Wien: Kunsthistorisches Museum.

Könige / alle zum Teuffel in die Helle / mit einer langen grossen ketten vmbringet / geführet / vnd ist Christus mit wenig seiner auserwelten gen himel gefaren.« Selbst durch die konfessionell veränderte Fassung schimmerte noch der alte Spielbrauch durch, der jener Gestaltung der »Vier Letzten Dinge« entsprach, an die man in dieser Zeit denken sollte: Tod, Gericht, Himmel und Hölle; die Novemberstimmung erhielt so ihre liturgische Vertiefung. Sie lud ein zur Besinnung auf Sterben und Tod.

Endzeit und letzte Stunde

Um das allgemeine Todesbewußtsein zu schärfen, ging man in der religiösen Unterweisung der Barock-

Zeit noch einen Schritt weiter: Auf der Grundlage der Schriftstelle »*Kinder, es ist die letzte Stunde*« (1 Joh 2,18) verband man die Hinweise auf den Tod nicht nur mit der Jahres-, sondern auch mit der Tageszeit. Totenköpfe wurden zusammen mit Uhren dargestellt, deren Zeiger auf die letzte Stunde weist. Das treffendste Beispiel für diese Verbindung liefert immer noch das »*Memento mori*«-Gemälde der Totenkapelle zu Grassau (Oberbayern), das die wörtliche Mahnung des Toten »*Hodie mihi, cras tibi*« mit Sanduhr, Zeituhr (mit dem Zeiger auf der letzten Stunde), Sense, Grabschaufel, verwelkenden Blumen und niedergebrannten Kerzen verbindet, – lauter Zeichen, die den Betrachter zur Besinnung auf seine eigene Sterblichkeit hinführen sollten. Aus dem Bewußtsein einer breiten Öffentlichkeit sind die liturgischen Leitgedanken dieser Jahreszeit in den letzten Jahrzehnten mehr und mehr geschwunden; aber immer noch finden sich Spuren einer liturgienahen Auseinandersetzung mit Sterben und Tod, die das latente Fortwirken dieser Gedanken erkennen lassen: Man hört da in den Konzertsälen der großen Städte das »*Requiem*« von Giuseppe Verdi, das »*Deutsche Requiem*« von Johannes Brahms, die »*Kindertotenlieder*« von Gustav Mahler oder die Totenmessen von Mozart oder Bruckner; die Theater spielen in dieser Zeit die großen Tragödien der Weltliteratur; in der Oper wird bevorzugt Mozarts Oper »*Don Giovanni*« auf den Spielplan gesetzt, in der es, wenn man so will, um den bestraften Frevel einer Störung der Totenruhe geht. Und doch wird über die kulturellen Wurzeln dieser »*Wendung nach Innen*« kaum noch irgendwo reflektiert. Nur in kleinen Gemeinden mit mehr oder weniger ungebrochener religiöser Tradition läßt sich der Zusammenhang zwischen Brauchformen und liturgischen Vorgaben weiterhin als bekannt voraussetzen.

Ein guter Tod: Nonnen am Bett einer Sterbenden. Motivpostkarte der Fa. Stengel & Co., Dresden, um 1900.

An Allerseelen werden Gräber und Grabdenkmäler der Verstorbenen mit Blumen geschmückt. München: Südlicher Friedhof, 2. November 2001.

Allerheiligen und Allerseelen

Die Zeit der Besinnung wird im Kalender einerseits durch die Feste Allerheiligen und Allerseelen am 1. und 2. November, andererseits durch die Feier des ersten Advents in den Tagen um den 1. Dezember abgegrenzt. Zu den Allerheiligen- und Allerseelenfesten tritt in den evangelischen Landschaften noch das Reformationsfest am 31. Oktober hinzu, das in seinem Ursprung auf Allerheiligen bezogen war. Denn der Thesenanschlag Martin Luthers an der Tür der Schloßkirche zu Wittenberg am 31. Oktober 1517 hatte seinen Grund wohl darin, daß man an Allerheiligen theologisch zu disputieren pflegte, und zwar gerade über die Buße, die den Charakter der folgenden Tage und Wochen beherrschte. Und die Frage nach der rechten Buße stand auch im Zentrum der Thesen Luthers. Darüber hinaus beschäftigten diese sich mit der Ablaßfrage, bei der es darum ging, ob man den Armen Seelen im Fegfeuer Suffragien zuwenden könne oder nicht. Auch dieses Problem führte unmittelbar zu der in der Liturgie des Novemberbeginns vorgegebenen Thematik hin.

Christliche Gedenktage für die Verstorbenen

Die Feste des Totengedenkens, wie sie im Allerheiligen- und im Allerseelenfest vorliegen, gehen auf Gedenkfeiern für die Märtyrer des christlichen Glaubens zurück, die ursprünglich innerhalb des Osterfestkreises angesiedelt waren, um die Teilnahme der Blutzeugen am Leiden und an der Auferstehung Christi sinnfällig hervorzuheben. Papst Bonifatius IV. verlegte im Jahre 610 diese Gedenkfeiern auf den 13. Mai, und zwar anläßlich der Weihe des römischen Pantheons zur Kirche der Gottesmutter Maria und aller heiligen Märtyrer, die auf diesen Tag fiel. Gregor III. dehnte die Feier dieses Tages in der ersten Hälfte des 8. Jahrhunderts auf das Gedächtnis aller Heiligen aus, und Papst Gregor IV. schließlich ordnete das entstandene Gedenkfest unter dem Namen »Fest aller Heiligen« im Jahre 835 für die Gesamtkirche an. Dann übertrug er es auf den 1. November, an dem es noch heute begangen wird. Er veranlaßte auch, daß Ludwig der Fromme dieses Fest in seinem Reich einführte. Daß dieses Fest allmählich an Bedeutung gewann, ergibt sich daraus, daß ihm das Konzil von Seligenstadt 1023 eine Vigil hinzufügte und daß späterhin

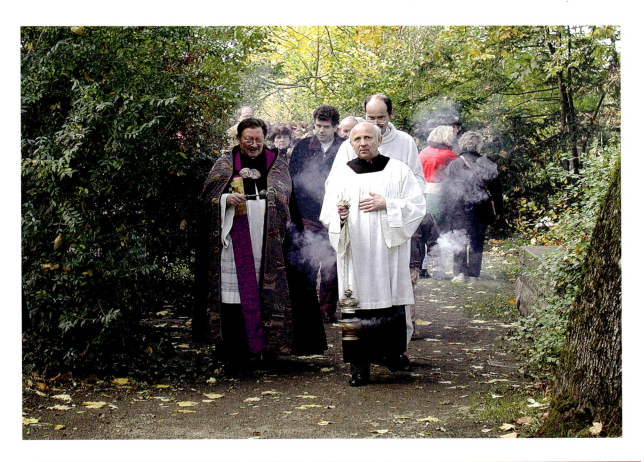

Gräberbesuch und Gräbersegnung an Allerseelen. Friedhof München-Bogenhausen, 2. November 2001.

Giovanni Bellini: Allegorie des Fegfeuers, um 1490. Florenz: Galleria degli Uffizi. Nach der Lehre der Kirche sind die Seelen im Fegfeuer der unverlierbaren Anschauung Gottes sicher. Sie erwarten im Reinigungsort (»purgatorium«) den Zeitpunkt ihrer Aufnahme in den Himmel.

noch eine Oktav dazutrat, so daß es im Festkalender schließlich als Doppelfest erster Klasse geführt wurde. Als Perikope sahen die Verzeichnisse des 11. Jahrhunderts und der Folgezeit die Seligpreisung der Berufenen (Mt 5,1 f) vor. Charakteristisch für die Festfeier war die Allerheiligenlitanei, ein mächtig ausuferndes Gebet, das etwa bei Ludwig dem Deutschen 536 Anrufungen enthielt.

Dem Gedenkfest der um des christlichen Glaubens willen Gestorbenen und in die Anschauung Gottes Gelangten am 1. November folgt tags darauf das Gedenkfest für alle übrigen Toten, das Allerseelenfest, das in den Jahren, in denen der 2. November auf einen Sonntag fällt, um einen Tag verschoben wird, also auf den nachfolgenden Montag. Die Entstehung dieses zweiten Erinnerungsfestes an die Verstorbenen wird dem fünften Abt des Cluniazenserordens zugeschrieben, dem heiligen Odilo von Cluny (gestorben 1048), der es am 2. November des Jahres 998 zum ersten Mal begangen und danach für alle seine Klöster vorgeschrieben haben soll. Das »Statutum S. Odilonis de defunctis« bezeichnet als den Sinn der Feier die Erinnerung an alle im christlichen Glauben Verstorbenen vom Anfang bis zum Ende der Welt (»commemoratio omnium fidelium defunctorum, qui ab initio mundi fuerant usque in finem«). Bereits acht Jahre nach diesem ersten umfassenden Seelengedächtnis, im Jahre 1006, ordnete Papst Johannes XVIII. die allgemeine Feier dieses Festes an. Sie bildete die Voraussetzung für die Benennung der Woche, in die der 2. November fällt, als »Seelenwoche« und des Monates November als »Seelenmonat«. Eine gewisse Fortsetzung fand die Feier des Allerseelentages im Totengedächtnis des Montages, an dem herkömmlicherweise ebenso Seelenmessen für die Verstorbenen gelesen werden wie am Allerseelentage selbst.

Auf Abt Odilo von Cluny geht offenbar auch der Brauch zurück, den Armen an Allerheiligen oder auch an Allerseelen Brot und Wein zu verabreichen, die Gaben der Eucharistie. Das geschah wohl in Anschluß an eine etwas naiv anmutende Gleichsetzung der »Armen Seelen« der Verstorbenen im Fegfeuer mit den notleidenden »Seelen« des eigenen Lebensraumes. Ausdrücklich schrieb das genannte Statut den Brüdern vor, an diesem Tage selbst etwas zu opfern und außerdem zwölf Arme zu speisen. Daraus entwickelte sich später der weitverbreitete Brauch, den Bedürftigen entweder schon am Allerheiligentag »Allerheiligenstriezel« oder am Allerseelentag entsprechende »Allerseelenstriezel« zu spenden. Im oberösterreichische Mühlviertel ließen wohlhabende Bauern vier- bis fünfhundert »Seelwecken« als »Vergeltsgotts für die Armen Seelen« herrichten und verteilen, und manch einer von denen, die aus Armut zu »Seelgängern« geworden waren, trugen diese Brotspenden sackweise heim. Manchmal waren diese Gebäcke, wie bei Gebildbroten üblich, in einer Weise gestaltet, die zu dem Tag, für den sie hergestellt wurden, auch inhaltlich paßte. Clemens von Brentano erwähnt einmal die gebackenen »Koblenzer Totenbeinchen«, die man in Österreich »Totenbeinli« nannte, und es wird auch von Allerseelengebäcken berichtet, die wie Menschenbeine geformt waren. Ähnlich gestaltete man in Perugia und Livorno diese Gebäcke als Schienbeine (»stinchettes«) oder Knochen (»glossi«). Man wird »*nicht fehlgehen, in den Namen und in den makabren Formen dieser Gebäcke eher Hinweise auf die gerade in der Allerseelenzeit den Lebenden besonders nahe geglaubten Verstorbenen zu sehen. [...] Sie bilden [...], gleich den zahlreichen in den Beinhäusern Süddeutschlands, Österreichs und Italiens aufgestellten Schädeln und Langknochen von Exhumierten, ein ernstes und gerade in der Allerseelenzeit besonders eindringlich wirkendes Memento mori*« (Ernst Burgstaller).

Daß gerade Allerseelen typische Brauchformen entwickelt hat, die über den Kirchenraum hinausreichen, ist vom Thema dieses Festes her leicht verständlich. Denn es geht ja nicht um die Verehrung von zeitlich und räumlich ferngerückten Heiligen, denen man sich zwar durch die Glaubensgemeinschaft verbunden weiß, zu denen die Beziehung aber doch eher unpersönlich bleibt; vielmehr betrifft es die Erinnerung an die Menschen, die man selber gekannt hat und denen man sich über den Tod hinaus zugehörig fühlt. Das Gemälde von Jules Bastien-Lepage, »Allerseelentag« (um 1882, s. o. S. 191), macht diese Totenbindung besonders deutlich: Ein Witwer besucht mit seinen unmündigen Kindern, die Totenkränze mit sich tragen, das Grab seiner verstorbenen Frau. Noch klarer wird die Zusammengehörigkeit der Lebenden mit den Toten als im Fall des Beinhauses zu Hallstatt in Oberösterreich hervorgehoben, wo die Schädel der Verstorbenen mit Namen und Lebensdaten versehen wurden, um noch auf lange Zeit ihre Identifizierung zu ermöglichen. Zum Allerseelenfest gehören das Totenamt, die Prozession auf den Friedhof, das Schmücken der Gräber mit Kerzenlicht, auch das Beten und das Anzünden von Kerzen vor und in den Beinhäusern, und die Armeseelenspenden, mit denen man etwas für das Heil der Armen Seelen im Fegfeuer bewirken zu können glaubt. In manchen Orten war es früher üblich, daß man am Nachmittag des Allerheiligentages und am Vormittag von Allerseelen das Beinhaus *(ossuarium)* öffnete und während des Gebetes für die Toten Kerzen auf ihr Gebein kleben ließ. Ähnlich ist bezeugt, daß man zu den Gebeinen der Toten Schüsseln mit Speisen für ihre Seelen stellte. Solche Spenden an Geld, Brot, Käse oder Salz, Korn und Flachs, wie überhaupt an Naturalien, waren weit verbreitet und gingen erst in den letzten Jahren nach Einführung einer besseren Sozialfürsorge mehr und mehr zurück.

Hilfe für die Armen Seelen im Fegfeuer

Die Auffassung mancher Kirchenväter, daß die Seelen der Abgeschiedenen, denen die Anschauung

Gottes sicher sei, zunächst in einem Reinigungsort aufbewahrt würden, dem Purgatorium, und daß man ihnen während dieses Aufenthaltes mit Fürbitten und Opfern zuhilfe kommen könne, wurde zuletzt im Jahre 1563 in einem Lehrentscheid des Trienter Konzils bestätigt und damit als offizielle Auffassung der katholischen Kirche bekannt gemacht. Schon ein verbreiteter Vers des Mittelalters zählte auf, welche Suffragien für diese Hilfe in Betracht kommen: »*Missa, preces, dona, ieiunia, quatuor ista / Absolvunt animas quas ardens detinet ignis* – Meßopfer, Gebete, Gaben und Fasten, diese vier / lösen die Seelen, die das brennende Feuer festhält.«

Die katholische Lehre, daß die Lebenden den Toten auf diese Weise dazu helfen könnten, früher als sonst in die unverlierbare Anschauung Gottes zu gelangen, bildet den Kernpunkt des Armeseelenkultes, der noch im 17. und 18. Jahrhundert eine große Rolle gespielt hat, zumal er durch die Missionsorden stark gefördert wurde. Die »*Litterae Annuae*« des Neusser Jesuitenkollegs berichten davon, daß die Jesuitenpatres im Jahre 1655 den sogenannten monatlichen Gottesdienst »*zur Befreiung der Seelen aus dem Fegfeuer*«, der vorher schon in Belgien bekannt gewesen sei, zu einer ständigen Einrichtung gemacht hätten. Dabei schlugen sie eine »*apostolische Urkunde*« am äußeren Tor des Kollegs an, die Art und Zahl der durch Suffragien gewinnbaren Ablässe verzeichnete. Ein Jesuitenpater erklärte »*die Bedeutung dieses frommen Werkes*«, woraufhin »*das Volk von einem unbeschreiblichen Eifer zu diesem Sühneopfer ergriffen*« wurde. Unterstützt wurde die Neueinführung des Kultes durch die Anbringung eines Gemäldes auf dem Hochaltar der Jesuitenkirche, das »*die Seelen der Verstorbenen*« zeigte, »*in lodernde Flammen versenkt, mit hochgereckten Armen, unter Tränen und entstellten Gesichtern, traurig die Lebenden um Trost bittend. [...] Über diesem Bild ragt der Erlöser empor, der seine Arme am Kreuz über die Weinenden ausbreitet und in seiner Reinheit Frieden ausstrahlt. Darunter gibt der Allerheiligste, den die Gestalt des Brotes verbirgt,*

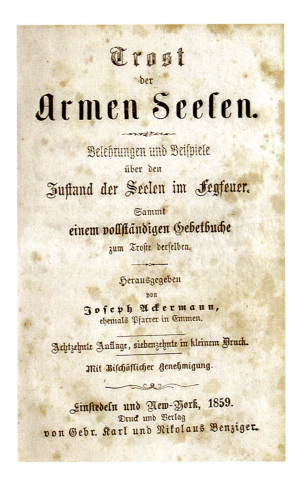

Hoffnung auf Erlösung. Zwischen Kerzen und Leuchtern sind Schädel und Gebeine der Toten verstreut, ein passendes Bild des Erbarmens, und es entzündet die Gebete der Frommen.« Es sind die ersten Jahre nach dem Ende des Dreißigjährigen Krieges, in denen der Armeseelenkult hier wie anderenorts neu eingeführt wird. Wie erfolgreich das geschah, kann man noch den kritischen Bemerkungen der konfessionellen Gegner entnehmen, die Ende des 18. Jahrhunderts gerade auch diesen Armeseelenkult zurückzudrängen suchen. So schildert der Wiener Aufklärer Josef Richter in seiner »*Bildergalerie katholischer Mißbräuche*« von 1784, daß am Allerseelentag die Altäre der Kirchen schwarz verhangen gewesen seien und man in der Mitte jeder Kirche eine mit schwarzem Tuch überzogene Truhe auf einem Gerüst angebracht habe, umgeben von brennenden Fackeln. »*Die Zuhörer*

sahen handgreiflich die Peinen des Fegfeuers abgemahlt, sahen hier die Geliebte im feurigen Hemd herumspringen, dort ihre theure Ehehälfte aus einem glüenden Kessel gucken – kurz die Prediger suchten alle Bilder hervor, die die Einbildungskraft erhitzt, das Gemüth weich, den Geist furchtsam, und die Hand freygebig machen konnte.« Im Grunde hatte man hier nur die Anregung des heiligen Ignatius von Loyola aufgegriffen, sich den Schauplatz der Geschehnisse bis in jede Einzelheit bewußt zu machen, im besonderen *»mit der Schau der Einbildung den leiblichen Ort zu sehen, an dem sich die zu betrachtende Sache befindet«*. Zu dieser »Zurichtung des Schauplatzes« (*»composicion viendo el lugar«*, *»compositio loci«*) hatte es gehört, die Länge, Weite und Tiefe der Hölle zu sehen, dazu *»die großen Flammen und die Seelen wie in brennenden Leibern«*, das Weinen, Wehklagen und Geschrei zu hören, Rauch und Schwefel zu riechen, Tränen und Trübsal zu schmecken und sogar zu ertasten, *»wie die Feuergluten die Seelen erfassen und entzünden«*.

Unterstützt worden waren die Jesuiten durch die Armeseelenbruderschaften, die oft unter dem Patronat des heiligen Josephs standen, des Sterbepatrons, sowie durch eine weitgestreute Literatur, zu der ebenso Andachtsbücher wie Liederdrucke gehörten; meist erzählen die auf solchen Drucken verbreiteten Armeseelenlieder von dem Nutzen, den die Seelen Verstorbener aus dem Umstand zögen, daß sie zu Lebzeiten Gutes getan hätten. Unter den Andachtsbüchern erwies sich als besonders erfolgreich der *»Trost der Armen Seelen«* von Joseph Ackermann (18. Auflage Einsiedeln 1859). Eine große Rolle spielten auch die zahlreichen privaten Andachtsbilder, die bis weit in das 19. Jahrhundert gedruckt und verbreitet wurden. Eigene Armeseelenbruderschaften des 19. Jahrhunderts waren die von S. Maria in Monterone zu Rom, gegründet 1841, und die von Senanque in Frankreich, 1860 entstanden, mit insgesamt über 1,5 Millionen Mitgliedern. In Lambach wurde 1877 eine »Erzbruderschaft der ewigen Anbetung des allerheiligsten Altarsakramentes des hl. Benedikt zum Trost der armen Seelen im Fegfeuer« errichtet, und 1884 entstand in La Chapelle in Frankreich das *»Sühnungswerk für die verlassenen Seelen des Fegfeuers«* mit mehreren Millionen Mitgliedern.

Verdienste der Lebenden für die Toten

Tatsächlich sind die zum Allerseelenfest gehörigen Bräuche entweder rein kirchlichen Ursprungs, oder sie betreffen Weiterbildungen von Vorstellungen, die in der kirchlichen Fegfeuerlehre fest verankert sind. Argumentiert wird gewöhnlich so, daß die Gemeinschaft der Heiligen es ermögliche, den Seelen, die nicht mehr wirken können, die Verdienste der Lebenden zuzuwenden. Dahinter wiederum steht das Dogma von der *»Communio Sanctorum«*, das besagt, daß in der Kirche allen alles gemeinsam sei, wie dies der Apostel Paulus im Bild von der Einheit der Glieder des Leibes ausgesprochen hat (1 Kor 12,12-31). Die Theologen lenken von diesem Dogma unmittelbar auf den Ablaß über, wenn sie mit Thomas von Aquin sagen, daß sich an ihm sowohl die Gerechtigkeit als auch die Barmherzigkeit Gottes ablesen lasse: die Gerechtigkeit, weil Gott volle Sühne verlange – nämlich die vorherige Reinigung der Seelen, die später in die unverlierbare Anschauung Gottes gelangen, im Purgatorium –, und die Barmherzigkeit, weil er die Genugtuung anderer annehme. Es trifft den Kern der Sache, wenn Adolph Franz hervorhebt, daß diese traditionelle Lehre der Kirche, wie sie schon Gregor der Große vertreten hatte, später *»in phantasievollen Erzählungen«* verbreitet wurde, die sich *»wirkungsvoller einprägten, als theologische Darstellungen«* es vermocht hätten. So entstanden seit dem 11. Jahrhundert in großer Zahl die wundersamen Geschichten von Erscheinungen armer Seelen, die immer wieder neu in Umlauf gesetzt wurden.

Ebenfalls im 11. Jahrhundert kam der Gedanke auf, daß Allerseelen ein großer Befreiungstag vieler im Fegfeuer schmachtender Seelen sei. Das bildete die logische Weiterentwicklung der Auffassung, daß die Lebenden mit Hilfe bestimmter Werke die Leiden der abgeschiedenen Seelen im Fegfeuer abkürzen könnten. In einer hübschem Umkehr der Verhältnisse erzählt Mitte des 11. Jahrhunderts Petrus Damiani, ein Cluniazensermönch habe auf der Rückkehr aus dem heiligen Land von einem Einsiedler am Berg Ätna erfahren, daß in diesem Berge viele Seelen gemartert würden, deren Seufzer man oft höre, und gerade dies habe den Abt Odilo zur Einführung des Allerseelenfestes veranlaßt. Eine Predigt des 12. Jahrhunderts führt diesen Gedanken weiter: Am Allerseelentag würden Tausende von Seelen erlöst, weil die Christenheit für sie gebetet habe; andere Seelen warteten jedoch noch darauf, daß ihnen von ihren Nachfahren mit Almosen, Seelenmessen usw. geholfen werde. Der Armeseelenkult besitzt eine ausgeprägt missionarische Komponente. Die Vorstellung, daß man durch die Zuwendung der Früchte eigener Guttaten etwas für diejenigen bewirken könne, die dazu nicht mehr in der Lage seien, mußte dem von der Kirche gewünschten Verhalten einen starken Anreiz bieten. Die in der Bußlehre verankerte Regel, daß zwar niemand für den anderen bereuen und beichten, wohl aber jeder für den anderen Genugtuung leisten könne, um so das Einvernehmen mit Gott wiederherzustellen – gemäß dem Satz »*Einer trage des anderen Last*« (Gal 6,2) –, förderte jedenfalls die Propagierung der dafür geeigneten Mittel. Sie zeigt z. B. ein Regensburger Armeseelenaltar des 15. Jahrhunderts, auf dem man einen Gläubigen vor einem Beinhaus sein Gebet verrichten sieht. Ergänzt wird diese Darstellung durch eine Schilderung der guten Werke, die den Armen Seelen zugewendet werden können: vor allem das Meßopfer, daneben die Almosen und die Versorgung der Kranken und Schwachen, die Befreiung der Gefangenen aus dem Kerker und – wenn man so will – das Totenbegraben selbst.

Lebendiges Licht auf Gräbern

In der Brauchpraxis des Allerseelentages mischen sich die verschiedenen Formen des Andenkens, der Andacht und der Zuwendung des Lohnes für die guten Werke an die Verstorbenen zu einer Vielzahl von Rosenkranzandachten, Seelenmeßstiftungen, Brotspenden und Lichterbräuchen, von denen das Anzünden »*lebendigen Lichtes*« vor oder in den Karnern seinen festen Platz besaß. Das Anzünden von »*Elendskerzen*« – mittelhochdeutsch »Elend« heißt »die Fremde« –, also von Kerzen für die in der »Fremde« oder in der »Ferne« weilenden Seelen, ist beispielsweise im Bistum Eichstätt seit 1390 bezeugt. »*Man sorgte für der ›selen trost‹ durch das Licht.*« Erst die Aufklärung hat diese Lichterbräuche stark eingeschränkt. Ein Hofkanzleidekret der Kaiserin Maria Theresia vom 1. März 1764, das noch mehrfach wiederholt wurde, ordnete die Abschaffung verschiedener »*Mißbräuche*« an, darunter »*die am Gedächt-*

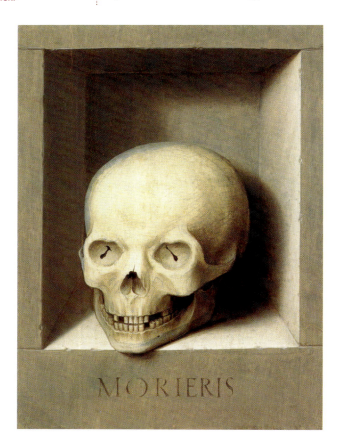

Hans Memling: »*Morieris – Du wirst sterben!*« Memento-mori-Darstellung auf einem Diptychon, um 1470/75. München: Alte Pinakothek.

Totenbretter in Bayerisch-Eisenstein, 1985, dienen wie Grabmäler der Erinnerung an die einst auf ihnen aufgebahrten Toten.

nistage der Armen Seelen üblichen Illuminationen in Kirchen und die Beleuchtung der Grabstätten auf dem Kirchhofe«. Der Gräberbesuch selbst ließ sich nur schwer zurückdrängen. Noch 1846 kritisierte ein Wiener »Curiositäten- und Memorabilien-Lexikon« die »Wallfahrt nach den Gräbern« am Allerseelentag mit dem Argument, »daß wir die Ruhestätte eines theuren Dahingeschiedenen lieber in einer einsamen, stillen als in einer lärmenden Stunde betreten«, und beklagte vor allem die Gewohnheit, den Gräberbesuch »mit einem Einsprechen beim ›Heurigen‹ zu beschließen«.

Auch die meisten der übriggebliebenen Beinhäuser sind in den letzten Jahrzehnten verschwunden oder zumindest unzugänglich gemacht worden, wie der alte Karner in Kaysersberg im Elsaß, den man verschlossen und aus dem man das sinnvoll auf die Todesüberwindung hinweisende Kruzifix in das örtliche Museum überstellt hat, so daß hier entsprechende Brauchformen keinen Bezugspunkt mehr besitzen. Aber einige wenige Denkmäler dieser Art haben sich doch erhalten und erlauben daher die Fortführung des alten Brauches: so der frei zugängliche Karner zu Epfig im Elsaß, der die Gebeine der Soldaten Turennes aus der Zeit um 1670 bewahrt hat, oder das erwähnte Beinhaus zu Hallstatt. Wie Notker Curti für katholische Gemeinden in der Schweiz berichtet, war es dort üblich, am Abend des Allerseelenfestes vier Stationsandachten zu halten, bei denen man für die Verstorbenen betete, »auch für die, an die sonst niemand denkt«. Die letzte Station bildete das Beinhaus, »wo die Gebeine der Ahnen aufgeschichtet sind und die Totenköpfe mit ihren hohlen Augen von ihren Nachkommen Gebet und Segen fordern«.

Es wirkt noch immer beeindruckend, wenn man in den beiden Nächten vor dem Allerseelentag das Lichtermeer auf katholischen Friedhöfen sieht, das diesen Stätten der Ruhe eine merkwürdige Lebendigkeit verleiht. Jedes Licht steht da für einen Verstorbenen, dem die noch Lebenden damit weniger einen Tribut zollen, als daß sie versuchen, ihn durch dieses flackernde Licht in die eigene Lebensgemeinschaft wieder miteinzubeziehen. »*Im oberösterreichischen Innviertel beispielsweise zündet man zu Allerseelen soviele Lichter an, wie man sich erinnert, daß im Laufe der letzten Jahre Freunde und Verwandte aus der Familie und vom Dorf verstorben seien. Jedes Licht gehört eben einem Toten und bedeutet ihn auch in dieser Nacht*« (Leopold Schmidt).

Reformatorische Brauchkritik

Von den Reformatoren, an der Spitze Martin Luther, wurden das Allerheiligen- und das Allerseelenfest prinzipiell verworfen. In seiner Predigt vom 2. November 1522 erinnert Luther daran, daß man beide Feste »*in der ganzen Welt*« begehe, und erklärt: »*Ich wolt, das sie in allen landen wern auffgehaben, alleyn umb des mißbrauchs willen, der doryn geschicht.*« Wolle man für seines Vaters oder seiner Mutter Seele bitten, so möge man das daheim in seiner Kammer tun. Ewige Begängnis, Nachtwachen und Jahrzeiten zu halten, sei Narretei. Der Einwand, daß diese Einstellung den Geistlichen »*wenig in die Küche bringen*« werde, sei belanglos: »*Es ist vil besser, das sie nodt leyden und vorterben [= verderben] wen [= als] daß die armen selen alßo yns narrenn spyl gebunden werden.*« Man solle »*des Dinges müssig gehen*« und beide Feste fallen lassen.

Das Reformationsfest

Martin Luthers entschiedene Absage an das Allerheiligen- und an das Allerseelenfest war in sich konsequent, da er die »Werke«, um die es in der Hauptsache ging, aufgrund seiner Auffassung von der Rechtfertigung des Menschen »*allein durch den Glauben*« (»*sola fide*«) weder als verdienstlich noch gar als heilsnotwendig betrachtete. Seinen Nachfolgern fiel die Unterdrückung der beiden Feste leicht, und sie wurde nach Ausweis der evangelischen Kirchenordnungen des 16. Jahrhunderts auch strikt und rasch vorgenommen, während sich das Äquivalent dafür, die Festfeier der Reformation, erst sehr viel später durchsetzte. Den ersten Anlaß dafür boten die Jubelfeiern aus Anlaß der 100., 150. und 200. Wiederkehr des Reformationstages vom 31. Oktober 1517. Ihr Hauptzweck bestand außer in der Erinnerung an Luthers Thesenanschlag in einer Rückbesinnung auf die eigentlichen Ziele der Reformation. Welche Impulse von diesen Feiern ausgehen konnten, zeigte das dritte Säkularfest 1817, zu dem der Kieler Pastor Klaus Harms, ein Anhänger Schleiermachers, wie Luther »95 Thesen« veröffentlichte, die mit rund zweihundert Stellungnahmen und Entgegnungen ein sehr lebhaftes Echo fanden und wesentlich zur Erneuerung des orthodoxen Luthertums beitrugen. 1824 schrieb Goethe an Zelter: »*Sie läuten soeben mit unsern sonoren Glocken das Reformationsfest ein; ein Schall und Ton, bey dem wir nicht gleichgültig bleiben dürfen. Erhalt' uns Herr bey Deinem Wort und steure –* .« In Preußen wurde seit 1717 das Reformationsfest auch durch Arbeitsruhe ausgezeichnet.

Der Totensonntag

Die Unterdrückung des Allerseelenfestes bedeutete aber zugleich einen Angriff auf die Feier des Totengedächtnisses selbst, führte also über rein theologische Fragen weit hinaus. Martin Luther hatte im Hinblick auf die Beerdigungen pietätvolles Verhalten und Gesang der Glaubens- und Auferstehungslieder gefordert, wollte insofern auch das schwierige Wort Jesu zur Nachfolgefrage »*Laßt die Toten ihre Toten begraben*« (Mt 8,22) nicht zu streng befolgt wissen. Jedenfalls kam schon bald der Wunsch nach einem neuen Totengedenkfest auf, das dann dem letzten Sonntag des Kirchenjahres zugeordnet wurde, – keineswegs zufällig, sondern unter dem Gesichtspunkt, daß auf diesen Sonntag die Perikope vom Letzten Gericht fiel. Der Totensonntag verdankt seine Entstehung also in erster Linie der Unterdrückung des Allerseelenfestes und stellt insofern ein typisch evangelisches Substitut für dieses Fest dar. Allerdings dauerte es noch geraume Zeit, bis dieses Ersatzfest

Arnold Böcklin: Selbstbildnis mit fiedelndem Tod. »Memento-mori«-Darstellung, 1872. Berlin: Nationalgalerie.

allgemeine Anerkennung fand. Kirchlich angeordnet wurde der *»Feiertag zum Gedächtnis der Entschlafenen«* erst durch Friedrich Wilhelm III. von Preußen am 25. November 1816, offenbar unter dem Eindruck der Freiheitskriege und des Verlustes der vielen in diesen Kriegen Gefallenen. Kennzeichnend dafür ist eine der bekannten Totensonntagspredigten Friedrich Schleiermachers, in der es heißt: *»Seit jenen denkwürdigen Jahren, in denen so viele der Unsrigen bei der glorreichen Verteidigung des gemeinsamen Vaterlandes ihren Tod fanden, besteht unter uns die Einrichtung, daß wir unser kirchliches Jahr damit beschließen, derer besonders zu gedenken, welche in dem Laufe desselben aus unserer Mitte sind abberufen worden.«* An sich sprachen theologische Erwägungen gegen ein solches Erinnerungsfest, zumal man einen *»unerwünschten Gräberkult«* befürchtete, eine Sorge, die noch heute in evangelischen Schriften geäußert wird. Aber allgemeine kulturelle Strömungen seit der Aufklärung und der Zeit der Empfindsamkeit hatten ihm den Boden bereitet. Die Dichtung, von Goethes *»Werther«* an, schuf eine entsprechende Stimmung; man schwärmte für Gräberkult, plädierte für ein Vorfahrenfest, ähnlich dem *»Fest der Ahnen«*, das das Dekret der französischen Nationalversammlung über die neue Religion angeordnet hatte, man sprach von Pflichten gegen die Verstorbenen, pries die *»Nacht- und Grabdichter«*, gruselte sich über den *»Wiederkehrenden Toten«* in Gottfried August Bürgers Gedicht *»Lenore«*, das nach Auffassung des Dichters bei Kerzenlicht und beigestelltem Totenkopf vorgetragen werden sollte, und stimmte Julius von Soden zu, der 1796 schrieb: *»Irgend jemand hat jüngst vorgeschlagen, ein Totenfest zu feiern. Dieser Gedanke ist so wahr, so schön, so wohltätig für die Empfindung, so wichtig für die Moralität ... Laßt uns ein Totenfest stiften, dem Andenken der Verstorbenen, der Erinnerung ihrer Liebe, ihrer Tugenden, der Hoffnung des Wiedersehens, der Huldigung ihrer Asche geweiht ... Wollüstig wird sich an diesem Tage die Thräne der Verwaisten ergießen...«.* Diese Anregung zeigt schlaglichtartig eine Säkularisierung des Todesbewußtseins an, von der die Kirche nicht profitieren konnte.

Bußtag – Volkstrauertag – Heldengedenktag

Immer wenn Menschen einen neuen Krieg geführt haben und sich bewußt geworden sind, welche Opfer er gefordert hat, erwacht für einige Zeit ein Schuldgefühl, in das sich die Erkenntnis mischt, daß es besser gewesen wäre, die kriegerischen Auseinandersetzungen zu meiden. Dieses Schuldgefühl, das man denen gegenüber hegt, die geopfert wurden, drängt nach sichtbarer Bekundung, wie sie in den kirchlich oder staatlich verfügten Gedenktagen zum Ausdruck kommt. Aus diesem Schuldgefühl heraus entstanden die halb staatlichen, halb kirchlichen Bußtage, die einerseits an die alten Quatember-Bußtage zur Eröffnung der vier Jahreszeiten (Quatember = *quattuor tempora*) anknüpften, anderseits aus den

Notzeiten des Dreißigjährigen Krieges hervorgingen. Die Landesbußtage – von denen es noch 1878 immerhin 47 in 28 verschiedenen Ländern gab – wurden allmählich durch den einen, 1852 von der Eisenacher Konferenz vorgeschlagenen Bußtag am Mittwoch vor dem Totensonntag ersetzt, der staatsrechtlich geschützt ist und der dazu dient, »*das Wächteramt der Kirche gegenüber den Sünden der Zeit*« auszuüben und eine jeweils eigene Gewissensprüfung zu betreiben. So verhielt es sich bei der Anordnung des Totensonntags nach den Freiheitskriegen, und nicht anders war es bei der Einführung des Volkstrauertages nach dem Ersten Weltkrieg und bei der Wiedereinführung dieses Tages nach dem Zweiten. Die Anregung, einen solchen nationalen Trauertag zur Erinnerung an die Opfer des Krieges und der Gewalt zu schaffen, ging 1920 vom »*Volksbund Deutsche Kriegsgräberfürsorge e.V.*« aus, der erst 1919 gegründet worden war. Das Entsetzen über die Verluste an Menschenleben – insgesamt zeigte die Bilanz 8,5 Millionen Gefallene, darunter 2 Millionen allein in Deutschland, dazu 21 Millionen Verwundete – äußerte sich in dem Verlangen, ein Mahnmal zu setzen, das vor Wiederholungen eines solchen Krieges abschrecken sollte. Der Plan zur Schaffung eines Volkstrauertages wurde vom Jahre 1925 an verwirklicht. Man legte ihn auf den zweiten Sonntag der Fastenzeit, und zwar angeregt (oder verleitet) durch den Namen, den dieser Sonntag in der evangelischen Kirche trägt: »*Reminiscere*«, was soviel heißt wie »*Besinne dich!*« Man meinte offenbar, daß mit dieser Aufforderung die Menschen angesprochen würden, doch handelte es sich in Wirklichkeit um den Beginn des Introitus der Messe dieses Sonntages: »*Reminiscere miserationum tuarum, Domine*«, der also ein Gebet zu Gott betraf. Dieses Mißverständnis bildete einen wesentlichen Grund für die Theologen, eine Verlegung des Volkstrauertages auf einen anderen als den zweiten Fastensonntag anzustreben. Die Möglichkeit dazu ergab sich bei der Wiedereinführung dieses Tages nach dem Zweiten Weltkrieg. Der Gedanke, den Volkstrauertag neben den Totensonntag, also an das Ende des Kirchenjahres, zu rücken, bot liturgisch zweifellos Vorteile. Seit 1952 wird er deshalb am zweiten Sonntag vor dem ersten Advent begangen, d.h. am Sonntag vor dem Toten- und Ewigkeitssonntag.

Daß ein Tag, der vor den Folgen des Krieges warnen sollte, den Machthabern des »Dritten Reiches« mit ihren Expansionsbestrebungen höchst ungelegen kommen mußte, versteht sich von selbst. Deshalb beeilten sich die Nationalsozialisten, den Volkstrauertag durch einen »Heldengedenktag« zu ersetzen, der dann systematisch und mit großem Propagandaaufwand durchgesetzt wurde. Dabei wurde die Trauer in eine neue Siegesideologie umgesetzt: »*Stilles Gedenken und traurige Erinnerung wandeln sich in sieghafte Zuversicht und trotzigen Glauben.*« Dementsprechend nahm man dann 1935 den »Heldengedenktag« zum Anlaß, die Wiedereinführung der allgemeinen Wehrpflicht zu verkünden, obwohl sich eine größere Geschmacklosigkeit kaum denken ließe. Gleichzeitig wurde durch das »Propagandaministerium« die Wehrparole »*Sie sind nicht umsonst gefallen*« als Leitmotto aller Veranstaltungen ausgegeben. Der »Heldengedenktag« sollte künftig nicht mehr dem Andenken der Millionen Gefallener des Ersten Weltkrieges gewidmet sein, sondern er sollte (unter Berufung auf falsch interpretierte christliche Vorgaben, wie den siegreichen Ostermorgen) als Symbol dafür dienen, daß der »*Kampf um Deutschlands Größe*« weiterginge. Die Trauerbeflaggung wurde vom Reichsinnenminister abgeschafft; eine Verordnung regelte den »*soldatischen und heroischen Ablauf*« des Tages.

Nach Ende des Zweiten Weltkrieges kam es unter sofortigert Abschaffung des NS-»Heldengedenktages« wieder zum Volkstrauertag, der nun auf den vorletzten Sonntag vor dem Ersten Advent festgelegt wurde. Er wird in der Regel mit einem Staatsakt begangen, aber auch mit örtlichen Feiern, die in der Regel still verlaufen, weil das Entsetzen über die 60 Millionen Toten, die dieser Krieg auf allen Seiten forderte, bis heute nicht verschwunden ist.

15

Siehe, ich bin des Herren Magd

VON DEN MARIENFESTEN UND IHREN BRÄUCHEN,
BESONDERS VON MARIÄ LICHTMESS
UND VOM VALENTINSTAG

Eine Betrachtung der Feste und Bräuche des christlichen Jahreslaufes kann nicht an den Marienfesten vorübergehen, von denen wenigstens zwei – »Mariä Lichtmeß« und »Mariä Himmelfahrt« – im Laufe der Jahrhunderte auch eigene Brauchformen entwickelt haben, während dies bei den übrigen nicht oder doch nicht in gleichem Maß der Fall ist; von den Marienwallfahrten kann in diesem Zusammenhang ohnehin nicht gesprochen werden, da diese sich nicht allein unter dem Gesichtspunkt des Jahreslaufes fassen lassen. Was alle Marienfeste und Marienwallfahrten dennoch fest miteinander verbindet, ist die Verehrung der Gottesmutter selbst, die schon in den frühesten Glaubensbekenntnissen angelegt ist. In manchen Epochen trat sie stärker hervor als in anderen, besonders in der Barockzeit, während sie seit der Reformation auf evangelischer Seite stark zurückgedrängt wurde.

Das Marianische Jahr

Eine bräuchliche Marienverehrung setzte in größerem Umfang erst zu einer Zeit ein, als die Ordnung des christlichen Jahres in ihren wesentlichen Teilen bereits abgeschlossen war. Das Marianische Jahr stellt in jedem Fall eine Ergänzung zu dem in der Väterzeit entwickelten christlichen Heilsjahr dar, das die Ereignisse des Lebens, des Leidens und der Verherrlichung Jesu Christi in den Mittelpunkt entsprechender Feste rückt. Diese Ergänzung geschah in dem Bestreben, das Leben und (Mit-)Leiden der Gottesmutter liturgisch in gleicher Weise nachvollziehbar zu machen wie das ihres Sohnes Jesus Christus. Die Marienfeste wuchsen insofern aus den Herrenfesten hervor, wie das noch heute am Beispiel des Festes »Mariä Lichtmeß« gezeigt werden kann, das als Fest der »Darstellung des Herrn« begangen wird. Bei dieser neuen Benennung wird auch deutlicher sichtbar, warum mit diesem Fest stets der äußere Weihnachtskreis endet: weil nämlich mit ihm das Weihnachtsgeschehen inhaltlich zum Abschluß gebracht wurde.

Insgesamt heben sich aus der Vielzahl der Marienfeste zunächst die vier »alten« Feste »Mariä Lichtmeß« (oder »Mariä Reinigung«), Mariä Geburt, Mariä Verkündigung (heute: »Verkündigung des Herrn«) und »Mariä Himmelfahrt« (heute: Hochfest »Mariä Aufnahme in den Himmel«) hervor, die alle ihren Ursprung im Orient haben und ihre Entstehung wenigstens zum Teil der Auseinandersetzung mit den Arianern verdanken; sie kamen nach dem Konzil von Ephesus (431) auf, bei dem Maria feierlich zur »Gottesgebärerin« erklärt worden war, und wurden im sechsten und siebenten Jahrhundert in Rom eingeführt. Welche Bedeutung sie in der abendländischen Kirche erlangten, geht aus einer benediktinischen Urkunde der Jahre 1104 bis 1115 hervor, die eine Liste der sieben Hauptfeste des Jahres enthält. Sie nennt als solche »Weihnachten« (»*nativitatis Domini*«), »Mariä Reinigung« (»*purificationis sancte Mariae*«), »Karfreitag« (»*crucis adorande*«), »Ostern« (»*pasche*«), »Christi Himmelfahrt« (»*ascensionis*«), »Mariä Himmelfahrt« (»*assumptionis beate Marie*«) und »Allerheiligen« (»*omnium sanctorum*«). Es mag auffallen, daß hier Epiphanie und Pfingsten nicht eigens genannt werden, doch wurden diese beiden Hochfeste zu »Weihnachten« beziehungsweise »Ostern« hinzugedacht, mit denen sie eine Einheit bildeten. Jedenfalls werden hier schon »Mariä Reinigung« (am 2. Februar) und »Mariä Himmelfahrt« (am 15. August) zu den zentralen christlichen Festen gezählt, um die sich eigene Brauchformen entwickelt haben. Die übrigen Marienfeste bildeten Ergänzungen zu den Hauptfesten, wie »Mariä Verkündigung« (am 25. März), das auch »*Annuntiatio Domini*« oder »*Conceptio Christi*« genannt wurde, weil es dem Weihnachtsfest um neun Monate vorausgeht, und wie »Mariä Geburt« (am 8. September), das seinen Termin der Weihe einer Marienkirche in Rom verdankt. Diesem Fest wiederum schloß sich – wohl um 1290 – analog das Hochfest der »Unbefleckten Empfängnis Mariä« (»*Immaculata*«) (am 8. Dezember) an, wiederum genau neun Monate vor dem Tag

Maria, die Mutter Gottes, als Schutzmantelmadonna. Worms: Dominikanerkirche, 15. Jahrhundert.

der Geburt; es trägt heute den Namen »*der ohne Erbsünde empfangenen Jungfrau und Gottesmutter Maria*«. Nimmt man dazu noch die kleineren Marienfeste, die im Laufe der Jahrhunderte hinzutraten (»*Mariä Vermählung*« am 23. Januar, »*Mariä Lourdes*« am 11. Februar, »*Maria vom guten Rat*« am 26. April, »*Maria Hilfe der Christen*« am 24. Mai, »*Maria Königin*« und »*Maria Vermittlerin der Gnaden*« am 31. Mai, »*Mariä Heimsuchung*« am 2. Juli, das Skapulierfest »*Maria vom Berge Karmel*« am 16. Juli, das Portiunkulafest »*Maria von den Engeln*« am 2. August, »*Mariä Schnee*« am 5. August, »*Mariä Unbeflecktes Herz*« am 22. August, »*Mariä Namen*« am 12. September, »*Mariä sieben Schmerzen*« am

DIE MARIENFESTE

15. September, »*Maria von der Erlösung der Gefangenen*« am 24. September, das »*Rosenkranzfest*« am 7. Oktober, »*Mariä Mutterschaft*« am 11. Oktober, »*Mariä Opferung*« am 21. November und »*Mariä Erwartung*« am 18. Dezember), ergibt sich in der Summe wirklich ein ganzes Marianisches Jahr, das insgesamt als Ausdruck einer immerwährenden Marienfrömmigkeit angesehen werden kann.

Zur Geschichte der Marienverehrung

Die Entwicklung der Marienverehrung läßt sich an den zahlreichen Mariendichtungen ablesen, die zunächst überwiegend für den Gebrauch in der Liturgie geschaffen wurden, dann aber auch für die liturgienahen Brauchformen, etwa die Passions- und Osterspiele mit den – zum Teil auch selbständigen – Marienklagen und für die Privatandacht gefertigt wurden. Ein frühes Beispiel liturgischen Gesanges stellt der lateinische Hymnus »*Salve sancta parens*« des Sedulius Caelius (5. Jahrhundert) dar, der zum ersten Mal eine direkte Anrufung Marias enthält. Andere Hymnen treten hinzu, so das Loblied »*Ut virginem fetam loquar / Quid, laude dignum Mariae?*« des Ennodius (gestorben 521), der an Marienanrufungen reiche Hymnus »*Quem terra pontus aethera*« des Venantius Fortunatus (gestorben nach 600), schließlich im 8. Jahrhundert der berühmte Gesang »*Ave, Maris stella*«, der im Andachtslied »*Meerstern, ich dich grüße*« seinen spätesten Ausläufer findet. Bei Notker von St. Gallen (gestorben 912), der die Form der Sequenz im deutschen Sprachraum heimisch macht, findet sich zum ersten Mal eine Mariensequenz für das Fest »*Mariä Himmelfahrt*«, die sich nach eigenem Bekunden als Gemeindegesang versteht und ganz auf die Verherrlichung der Himmelskönigin abhebt: »*Congaudent angelorum chori / gloriosae virginis* - Engelschöre freuen sich mit der ruhmreichen Jungfrau«. Maria erscheint hier als die erhabene Herrscherin des Himmels, noch nicht, wie dann später, als die »*Mater dolorosa*«, deren mitleidender Schmerz die Freude über das Glück der Gottesmutterschaft über-wiegt. Große Bedeutung für die Entwicklung der Marien-verehrung erlangten schließlich die drei Antiphonen und eine Sequenz auf Maria, gedichtet wahrschein-lich von Hermann dem Lahmen (Hermannus Contractus, 1013-1054), einem Mönch der Insel Reichenau, und zwar deshalb, weil sie eine neue Dichtungsgattung einschlossen: den Mariengruß (»*Ave Maria, gratia plena*«), der in der Verkündigungsszene biblisch verankert war und wohl deshalb eine sehr rasche Verbreitung fand. Die Antiphonen »*Salve, Regina misericordiae*« und »*Ave, praeclara maris stella*« bildeten jedenfalls über Jahrhunderte hin Musterbeispiele praktizierter Marienfrömmigkeit.

In dieser frühen Mariendichtung wurde die Mutter Jesu gern in Bildern gewürdigt, die als Zeichen für ihre Jungfrauschaft vor, in und nach der Geburt verstanden werden konnten, als »*Aarons Stab*« etwa (Num 17,5-8), als »*Gedeons Vlies*« (Richter 6,36-38), als »*brennender Dornbusch*« (Ex 3,2), als »*verschlossene Pforte*« (Ez 44,2 f), als »*Zweig aus der Wurzel Jesse*« (Jes 11,1) oder – mit Bildern aus dem Hohenlied – als »*Brunnen*« (Hld 4,12.14) und als »*verschlossener Garten*« (Hld 4,12). Hervorgehoben wurden in entsprechenden Bildern auch Marias Tugenden; Maria erschien so als Lilie (Hld 2,1-2 u.ö.), als Rose, Meerstern, Morgenstern, Edelstein usw. Sie alle beherrschen die Mariendichtung und bleiben insofern im christlichen Denken immer präsent. Besonderen Rang fand die Auslegung des ganzen Hohenliedes auf Maria durch den Zisterzienser Rupert von Deutz (vor 1070-1129) oder durch

---

Linke Seite: Kleine Andachtsbildchen förderten die Marienverehrung. Gezeigt werden hier einige Sinnbilder und Beiwörter der Gottesmutter: »Erwählt wie die Sonne«, »Schön wie der Mond«, »Meerstern«, »Brunnen der Gestirne«, »Blume auf dem Felde«, »Himmelspforte«, »Gottesstadt«, »Unbefleckter Spiegel«, »Versiegelter Quell«, »Verschlossener Garten«, »Turm Davids«. Dazu sind Worte aus dem 4. Kapitel des Hohenliedes gestellt: »Du bist schön, meine Freundin, und kein Makel haftet an Dir«.

Honorius Augustodunensis (1090- um 1156), die insofern liturgisch verankert ist, als die Feste »Mariä Himmelfahrt« seit dem 9. Jahrhundert und »Mariä Geburt« seit dem 12. Jahrhundert mit Lesungen aus dem Hohenlied verbunden wurden.

Eine Erweiterung und Vertiefung der Marienverehrung ergab sich aus den im 12. und frühen 13. Jahrhundert aufkommenden Marienpredigten, beispielsweise bei Bernhard von Clairvaux. Sie zeigen die Gottesmutter als »*Königin und Mutter der Barmherzigkeit*«, als »*Unsere Liebe Frau*« oder als »*Mutter aller Tugenden*«, insbesondere als Muster der Reinheit, der Demut und des Gehorsams, wobei sich gerade die beiden letzten Tugenden aus der Antwort Marias auf den Gruß des Engels ergaben: »*Siehe, ich bin des Herren Magd*« (Lk 1,38). Erst im späten 13., im 14. und im 15. Jahrhundert änderte sich das Bild. Die aufkommende Stadtkultur ließ das vorwiegend kontemplative, betrachtende Element, das der Marienverehrung zunächst eigen gewesen war, ganz zurücktreten. Stattdessen rückte die Betrachtung der Heilsgeschichte stärker in den Vordergrund. Nicht etwa, daß ein neues Geschichtsbewußtsein das alte abgelöst hätte, sondern es mußte nun eine viel größere Menge Menschen als je zuvor in die religiöse Praxis eingebunden werden. Da erinnerten sich die eigens für die Stadtmission gegründeten Orden, vor allem die Franziskaner und die Dominikaner, an den Grundgedanken des heiligen Augustinus, daß jeder Anfangsunterricht in der Christenlehre ein geschichtlicher Vortrag sein solle, eine »Narratio« wunderbarer Ereignisse, weil – wie Augustinus argumentiert hatte – dem Christen nicht eine Theorie, sondern die Geschichte des Heils gegeben sei. So trat das Erzählen der Heilsgeschichte mehr und mehr in das Zentrum der christlichen Unterweisung. Künftig wurde vor allem erzählt: in der Kirche, wo die vorgeschriebenen Lesungen die Grundlage lieferten; im Kloster, wo man »über Tisch« Legenden und Mirakel las; auf der Straße, wo die Volksprediger, von Berthold von Regensburg bis zu Johannes Capistranus, die Menschen mit Wundergeschichten aufzurütteln suchten. Und erzählt wurde auch durch das geistliche Spiel, das die heilsgeschichtlichen Vorgänge auf anschaulichste Weise in das Bewußtsein hob. Die Weihnachts-, Passions-, Oster- und Pfingstspiele rückten auch das Leben und Miterleben der Leidensgeschichte durch die Gottesmutter Maria in den Vordergrund, um durch das (oft äußerst realistisch) Dargestellte den Menschen »*zu bessern und zu bekehren*«. »*Quidquid narras, ita narra, ut ille, cui loqueris, audiendo credat, credendo sperat, sperando amet*«, lehrt Augustinus. »*Was du auch erzählst, erzähle es so, daß jener, zu dem du sprichst, durch das Gehörte zum Glauben, durch das Geglaubte zur Hoffnung, durch das Erhoffte zur Liebe kommt*« (1 Kor 13). Nach beendeter Erzählung (»narratione finita«) solle man die Menschen so unterweisen, wie Christus dies bei den Jüngern von Emmaus getan habe, als er ihnen von Mose über die Propheten bis zur Gegenwart alles erklärte, was sie wissen mußten, und sie auf diese Weise zum Glauben und zur Liebe führte: »*Wie brannte unser Herz in uns, da er zu uns redete und uns die Schrift auslegte!*« (Lk 24,32). Man versteht von hier aus ohne weiteres, warum in den Mysterienspielen des Mittelalters einerseits die Heilsgeschichte ausgebreitet, andererseits durch den hl. Augustinus und die übrigen Kirchenväter die Essenz aus dem Dargestellten gezogen wurde, wenn sie die Gläubigen ermahnten, das Gesehene in ihr Herz aufzunehmen und über das Mitleiden zum Mitsterben und zum Mitauferstehen zu gelangen.

In diesem Rahmen gewann jedenfalls das Erzählen vom Mitleiden der Gottesmutter Maria mit dem Leiden ihres Sohnes Jesus Christus ein ganz eigenes Gewicht. »*Passionis Christi compassio*« lautete das Ziel der christlichen Unterweisung. Die Darstellung des gekreuzigten Heilandes und die Marienklage, die um Themen wie den Schmerz über Jesu Wunden, Marter und Tod, Verlassenheit, Freud- und Trostlosigkeit, Übermaß des Leidens und sogar den eigenen Todeswunsch kreist, aber auch die Vergegenwärtigung der »*Maria im Leid*«, die ihren toten Sohn auf dem Schoß hält, fügte sich vollkommen in diese Vergegenwärtigung des tragischen Aspektes der Heilsgeschichte; das »Vesperbild« wurde so genannt, weil die Kreuzabnahme im Stundengebet der Vesper zugeordnet war. Es war dann wohl der Franziskus-Biograph Thomas von Celano, der die berühmte Sequenz »Stabat mater dolorosa« schrieb, die davon spricht, daß das Miterleben der Kreuzigung das Herz der Gottesmutter »gleich einem Schwert« durchbohrt habe, so wie von Simeon bei der Darbringung Jesu im Tempel vorhergesagt (Lk 2,35). Und Thomas fragt: »Quis est homo qui non fleret / Matrem Christi si videret – Wer würde nicht weinen, wenn er die Mutter Christi so sähe?« Daß Maria ihrem Sohn bis zu dessen Tod am Kreuz »nachgeht«, wird im franziskanischen Denken zu einer festen Vorstellung, weil sie die Forderung des heiligen Franziskus von Assisi, den »Fußspuren des Herrn nachzugehen« (»sequi vestigia eius«), ganz wörtlich nimmt und dabei zu leicht vorstellbaren neuen Szenen gelangt, die in das Marienleben eingehen und die Marienverehrung ungemein verstärken. Zu den aus der Bibel bekannten Szenen, wie der Verkündigung an Maria, der Begegnung zwischen Maria und Elisabeth, der Geburt im Stall von Nazareth, der Anbetung durch Hirten und Könige, der Darbringung im Tempel (mit Simeons Weissagung), der Flucht nach Ägypten, der Suche nach dem zwölfjährigen Jesus im Tempel und der Szene unter dem Kreuz kommen jetzt weitere hinzu, vor allem der Abschied in Bethanien, den Johannes de Caulibus (Ps.-Bonaventura) in seinen »Meditationes Vitae Christi« behandelt, dann die Begegnung zwischen Maria und Johannes oder Petrus, der ihr die Nachricht von der Gefangennahme Jesu übermittelt, weiter das Wiedersehen mit dem Sohn auf dem Kreuzweg, schließlich die bewegende Schmerzensmutter-Szene, die sie mit ihrem toten Sohn zeigt, dazu der Marientod und die Aufnahme Marias in den Himmel, – lauter Themen, die auf die vielfältigste Weise veranschaulicht werden. Zahlreiche Elemente kommen aus apokryphen Schriften, wie dem »Evangelium Infantiae Arabicum«, und aus der rasch anschwellenden Visionsliteratur hinzu, vor allem aus den »Revelationes caelestes« der heiligen Birgitta von Schweden, verfaßt kurz vor der Mitte des 14. Jahrhunderts, die noch lange ab- und ausgeschrieben und schließlich auch in Drucken verbreitet wurden.

Lorenzo Lotto: Jesu Abschied von Maria, 1521. Berlin: Gemäldegalerie. Rechts im Bild die Stifterin Elisabetta Rota.

Die Dominikaner, denen außer der Predigt und der Ketzerverfolgung auch die Seelsorge der Frauen anvertraut worden war – unter dem Begriff der »Dominikanerdichtung« hat man weithin Frauendichtung zu verstehen –, unternahmen es, gerade die Frauen auf dem Weg über das Frauenschicksal der Mutter Jesu anzusprechen, das heißt über die Freuden und die Leiden Marias. So empfahlen sie als Gebetsform (besonders für Frauen) den »freudenreichen« und den »schmerzhaften« Rosenkranz, der wohl sein Muster in den älteren Vaterunser-Gebetsschnüre hatte und zum Beten von beispielsweise 150 Mariengrüßen bestimmt war, entsprechend der Zahl der Psalmen, zu denen in jedem Fall eine mehr oder minder große Zahl von »Geheimnissen« trat. Diese

Mariengrüße fanden ihre bräuchliche Fortsetzung zunächst im mittäglichen »*Angelus*«-Läuten, das an die Verkündigung an Maria erinnerte (bezeugt 1386 für Prag, allgemein eingeführt durch Papst Calixt III. zur Abwendung der drohenden Türkengefahr 1456), dann in den bebliebten Rorate-Frühmessen des Advents, die gelegentlich auch durch szenische Darstellungen des Zwiegespräches zwischen dem Engel Gabriel und der Jungfrau Maria ergänzt wurden. Benutzt wurde dabei etwa das Dialoglied »*Gegrüßet seist du, Maria, jungfräuliche Zier*«, das unter anderem durch gedruckte Flugschriften des 18. Jahrhunderts weithin bekannt gemacht worden war.

Theologische Kontroversen

Die Marienverehrung wurde in ihren verschiedenen Epochen auch durch theologische Kontroversen bestimmt, deren Lösung jeweils der Marienverehrung neue Impulse gab. Im 14. Jahrhundert kam es zu einem Streit über das Dogma von der Unbefleckten Empfängnis Mariä, der vor allem zwischen Dominikanern und Franziskanern ausgetragen wurde. Diese Auseinandersetzung führte zu der Bestimmung des Konzils von Basel (17. September 1439), daß an der Lehre, Maria sei unbefleckt empfangen worden, von allen Gläubigen fromm festgehalten werden müsse. Aber erst am 8. Dezember 1854 wurde das Dogma durch Papst Pius IX. im strengen Sinne definiert, nicht ohne neuerliche Debatten auszulösen.

Während die Haltung der katholischen Kirche gegenüber dem Kult der Muttergottes klar war, der ihr stets noch über den sonstigen Heiligenkult hinausging – man spricht daher von einem »*cultus hyperduliae*« gegenüber einem bloßen »*cultus duliae*« –, blieben die Meinungen auf reformatorischer Seite geteilt. Gerade hinsichtlich der Marienverehrung vertrat Martin Luther selbst durchaus unterschiedliche Ansichten. An der Lob- und Preiswürdigkeit der Muttergottes ließ er keinen Zweifel, zumal sich diese für ihn aus dem biblischen Gruß des Engels an Maria zweifelsfrei ergab. Wohl aber wandte er sich gegen die überkommenen Gewohnheiten, die an diesen Gruß anschlossen, wie das Rosenkranzbeten und die Mariengrüße. Er war auch bereit, Maria als Fürbitterin bei Gott anzusehen, wollte sie jedoch nicht als Fürsprecherin anerkennen. Den Brauch, in allen Kirchen täglich in der Vesper das Magnificat abzusingen, nannte er »*nicht unbillig*«. Dagegen sprach er sich gegen das Fest »Mariä Himmelfahrt« aus, weil man es aus der Schrift nicht belegen könne. Daß Maria »*also den ersten augenblick, da sie anfieng zuo leben, […] on alle sünde*« gewesen sei, erschien ihm dagegen wieder evident und unbestreitbar. Maria, meinte er, halte als »*heilige Jungfraw […] das mittel zwyschenn Christo und andern Menschen*«. Diesem Standpunkt widersprachen dann in der Gegenreformation manche Jesuiten, die Maria Christus ganz gleich stellten, indem sie sie (dogmatisch nicht unbedenklich) geradezu zur »Miterlöserin« der Menschheit erklärten. Immerhin wurde die Marienverehrung im evangelischen Raum ganz zurückgedrängt, während sie – als Reaktion darauf – im Zeitalter der Gegenreformation auf katholischer Seite einen starken, neuen Auftrieb erlebte. Dabei fand vor allem die Auffassung, daß Maria »Mittlerin der Gnaden« (»*mediatrix gratiarum*«) und selbst in scheinbar aussichtslosen Lagen Hilfe bringe, in ungezählten Beispielen ihren Niederschlag.

Festbrauch an Mariä Lichtmeß

In der »*Legenda aurea*« berichtet der Dominikaner Jacobus de Voragine unter Berufung auf Papst Innozenz, daß die römischen Frauen im Monat Februar ein Lichterfest gefeiert hätten, zu dem die Anregung aus der antiken Dichtung kam. Man habe nämlich von Pluto dem Höllenfürsten erzählt, daß er Proserpina ihrer Schönheit wegen geraubt und zu einer Göttin gemacht habe; vergeblich hätten ihre Eltern sie mit Fackeln und Lichtern gesucht. Um an diesen Raub der Proserpina zu erinnern, seien die römischen Frauen Jahr für Jahr mit ebensolchen

Fackeln und Lichtern umhergezogen. Nun falle es schwer, eingeführte Gewohnheiten wieder aufzugeben. Deshalb habe Papst Sergius angeordnet, diesen alten Umgang zu Ehren der Proserpina in einen Umgang zu Ehren der Gottesmutter Maria umzuwandeln. Am 2. Februar, Mariä Lichtmeß, sollten die Christen künftig jedes Jahr mit brennenden Kerzen und geweihtem Wachs alle Welt erleuchten. »*So blieb die andächtige Gewohnheit (erhalten), aber der Sinn wurde ein anderer.*« Wenn diese Beschreibung den historischen Sachverhalt richtig wiedergibt – andere Quellen wollen Papst Gelasius (492-496) dafür in Anspruch nehmen –, erfolgte die Ablösung des Proserpina-Umzuges durch die Prozession zu Mariä Lichtmeß vergleichsweise spät, denn die Regierungszeit des Papstes Sergius I. fiel erst in die Jahre 687 bis 701. Es kann auch durchaus sein, daß diese Umwandlung eines heidnischen durch einen christlichen Brauch (Akkomodation) schon viel früher erfolgte. Die Chronik des Jacob Twinger von Königshofen aus der Zeit um 1415 nennt das Jahr 541 für die Einführung des Festes »bei den Griechen« und gibt als Grund dafür ein großes Sterben an: »*Wie unser frowen dag der liehtmesse war ufgesetzet. Zuo disen ziten was ein grosser sterbotte zuo Kriechen: darumb wart unser frowen dag der liehtmesse ir zuo eren ufgesetzet noch gotz gebürte 541 jor.*« Die ganze Sache wurde wohl nur deshalb mit dem Namen des Papstes Sergius in Verbindung gebracht, weil dieser, wie man sicher weiß, den Messen aller vier Marienfeste (»Mariä Verkündigung«, »Mariä Himmelfahrt«, »Mariä Geburt« und »Mariä Reinigung«) Prozessionen vorausschickte und auch den entsprechenden Meßformularen ihre künftige Form gab. Zudem geht auf diesen Papst wohl auch die Einführung der Kerzenweihe zu »Mariä Lichtmeß« zurück. Dazu stimmen im übrigen die Ausführungen des Basler Zeremonienbuches von Brilinger (1513): »*Zum Lob und zur Ehre der allerreinsten Jungfrau Maria und zum Zeichen der Verachtung heidnischen Aberglaubens [...] werden heute auf Grund einer löblichen Anordnung des Papstes Sergius Kerzen gesegnet und in feierlichem Umzug durch die Kirche getragen.*« Das Fest »Mariä Reinigung«, das ursprünglich nur ein Herrenfest darstellte, gewidmet der Erinnerung an die Darbringung Jesu im Tempel, beging man in Jerusalem schon im vierten Jahrhundert. Von seinem Thema her führte dieses Fest fast zwangsläufig weiter zum Gedächtnis der Gottesmutter Maria, weil ja Tag und Termin – der 40. Tag nach der Geburt – durch die mosaischen Reinheitsvorschriften für die Mutter vorgegeben waren (Lev 12,1-8; vgl. Lk 2,22); das Fest trug ursprünglich auch nur den Namen »Mariä Reinigung« *(purificatio)*. Wieder begegnet man in diesem Zusammenhang der kultischen Zahl Vierzig, die in der Bibel im wörtlichen wie im übertragenen Sinn das Werden eines neuen, eines veränderten Menschen bezeichnet. Und nach diesen 40 Tagen zwischen der Geburt Jesu Christi und seiner Darbringung im Tempel zeigt sich auch nach dem Zeugnis des Evangelisten Lukas eine bedeutsame Veränderung an. Denn der greise Simeon wendet sich jetzt an Maria, die Mutter, und spricht zu ihr von Dingen, die ihr Mutterglück überschatten und ihr mit der Verwunderung über die Weissagung des Alten zugleich auch eine Ahnung des bevorstehenden Leidens bringen müssen: »*Siehe, dieser ist bestimmt zum Falle und zum Aufstehen Vieler in Israel und zu einem Zeichen, dem widersprochen wird – auch deine eigene Seele wird ein Schwert durchdringen –, damit offenbart werden die Gedanken aus vielen Herzen*« (Lk 2,34-35). Mit dieser Weissagung aber wendet sich der Blick von dem Schicksal des Kindes notwendig weiter auf das Geschick der Mutter, die den Weg des Sohnes mitgeht und dabei von seinem Leiden unmittelbar betroffen wird. Man versteht von hier aus ohne weiteres, warum das Fest »Mariä Lichtmeß« nicht nur das älteste der in der ganzen Kirche gefeierten Marienfeste darstellt, sondern warum man es auch in ungebrochener Tradition bis zur Gegenwart weitergeführt hat. Verstärkt wurde das Bewußtsein um die Bedeutung des Festtages durch den bis in die Neuzeit weitergeführten Brauch, die »Sechswöchnerin« 40 Tage nach ihrer Niederkunft mit dem Kind gemeinsam den ersten Kirchgang antreten zu lassen und dabei eine Feier abzuhalten, die in manchem dem bereits vollzogenen Taufakt entsprach.

Lichtmeß-Spuren im »Valentinstag«

In seiner ältesten Gestalt wurde das Fest der »Reinigung« im übrigen noch nicht am 2., sondern am 14. Februar gefeiert, als man nämlich die Vierzig-Tage-Frist noch von Epiphanie (und nicht von Weihnachten) her zählte, wie es im Bereich der Ostkirche bis heute beibehalten wurde. Liturgisch beschloß man die Periode zwischen Epiphanie und dem 14. Februar mit einer Antiphon, die die Ankunft des Bräutigams besingt, nämlich die Ankunft des Bräutigams Jesus Christus zur Himmlischen Hochzeit: »*Adorna thalamum tuum, Sion, et suscipe Regem Christum – Schmücke dein Gemach, Zion, und empfange den König Christus.*« Als nach der Einführung des Festes der Geburt Jesu Christi am 25. Dezember die Vorverlegung des Reinigungsfestes auf den 2. Februar erfolgte, blieb doch die Erinnerung daran, daß zum 14. Februar, dem Tag des heiligen Valentin, das Thema der »*Ankunft des Bräutigams*« gehört hatte, erhalten. So konnte sich an den 14. Februar, den Tag des Märtyrers und heiligen Bischofs von Terni, Valentin, das Patronat für Verlobte und gute Heirat herausbilden, das in der Legende dieses Heiligen keinerlei Bezugspunkt besitzt. In Frankreich blieb der Valentinstag der »*Tag der Brautleute*«, der also eine ursprünglich christlich-religiöse Idee in säkularisierter Form weiterführte. In England trieb diese Säkularisierung der Bräutigams-Vorstellung die merkwürdigsten Blüten. Hier galt nämlich der 14. Februar als Tag, an dem »*die Vögel Hochzeit halten*«. Diese Idee stützte sich auf eine Bemerkung in Buchanans »*Poëmata*« von 1628, in denen es heißt: »*Festa Valentino rediit lux; quisquis sibi sociam legit ales avem – Am Valentinstag kehrt das Licht zurück, und jeder Vogel wählt sich einen anderen zum Gefährten.*« Von diesem letzteren Gedanken her findet auch das Liebespaar von Valentin und Valentine eine Begründung, auf das William Shakespeare anspielt, wenn er im »Hamlet« (1602) Ophelia an den Wunsch des Mädchens an ihren Partner erinnern läßt, »*to be your Valentine*«: »*Auf Morgen ist Sankt Valentins Tag / Wohl an der Zeit noch früh / Und ich, eine Maid am Fensterschlag / Will sein eure Valentine.*« In England pflegten junge Leute am Valentinstag Zettel mit Namen auszutauschen, durch die sie auf bestimmte Zeit, ähnlich wie beim Mailehen, zum »*Valentin*« beziehungsweise zur »*Valentine*« des jeweils erkorenen Partners wurden. Oft endete dieses Spiel mit Verlobung und Eheschließung. Es gab auch ein Gebildbrot, die »*True-Love-Knots*«, und gedruckte »*Valentine-Greetings*« mit aufgemalten Herzen. An diese Tradition der Partnerwahl am Valentinstag konnten später auf dem Kontinent die Blumengeschenkbräuche zum Valentinstag anknüpfen. Die liturgische Grundlage in der Antiphon zur Messe am Fest »*Mariä Reinigung*« wurde dabei vergessen.

Lichtmeß-Singen in der Steiermark

Daß der von Jacobus de Voragine beschriebene Kerzenumgang an »Mariä Lichtmeß« tatsächlich geübt wurde, hat Leopold Kretzenbacher an steirischen Belegen nachgewiesen, von denen sich der älteste in der Reimchronik Ottokars von der Gaal findet. Da wird berichtet, wie zu Lichtmeß des Jahres 1289 Bauern in Fohnsdorf von einem Kriegshaufen überrascht werden: »*Ez was reht des tags / so man beget die liehtmesse / [...] daz ir kirchganc wart gestôrt. / Die bûren mit ir kerzen / die begunden scherzen [...].*« Mehr als dreihundert Jahre später findet sich in Nicolaus Beuttners gegenreformatorisch getöntem »*Catholisch Gesangbuch*«, Graz 1602 und 1660, ein Lichtmeß-Lied »*In Gottes Namen heben wir an*«, das nicht nur Gruß-, sondern auch Bittstrophen enthält, auf die Sammlung von Kerzen ausgeht und in diesem Zusammenhang Wachs, Docht und Feuer geistlich interpretiert: »*In [= Zum] Gottesdienst sind wir ausgesendt / Wir sammlen zur*

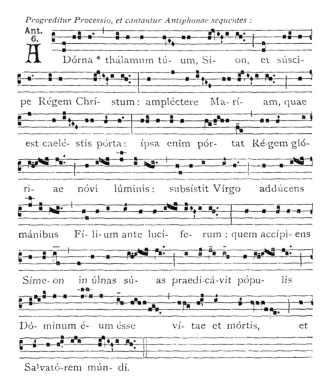

tugenden Glaube, Hoffnung und Liebe (nach 1 Kor 13) zu beziehen.

Alte Urkunden kennen als Bezeichnung für den Festtag am 2. Februar auch den Namen »Kerzenweihe«. Natürlich erwarben sich die Sänger, die das Kerzenopfer einholten und dafür in Gemeinden mit weit auseinanderliegenden Höfen lange Wege auf sich nehmen mußten, auch das Recht auf eine Entschädigung, die nach Peter Roseggers Zeugnis von 1872 aus einem guten »Lichtmeß-Koch« bestand, das heißt einem Brei. So werden die Heischelieder zum Lichtmeßtag verständlich, die erst den entsprechenden Abschnitt der Heilsgeschichte erzählten, dann zu guten Wünschen für die Hausleute übergingen und schließlich in Bitt- und Dankstrophen für die erhofften Gaben einmündeten. Eines dieser Lieder nahm der Österreichische Rundfunk noch 1971 aus der Singtradition auf. Es lautete: »Jetz kimp [= kommt] scho bald da Liachtmeßtag / unser liab'n Frau ihr Namenstag; / wir loben Gott und unser liabe Frau. // Maria geht in die Kirchen hinein / und sprengt sich dort mit Weihwasser ein... // Was hat das Kind für Gödenleit [= Paten]? Die heiligste Dreifaltigkeit... // Was hat das Kind für Kresngöld [= Patengeld]? Himmel und Erd und die ganze Welt... // Und wär' das Kindlein nicht geborn / so wären wir schon längst verlorn. // Wir wünschen dem Bauern viel Glück ins Haus / Das Unglück soll bei da Tür hinaus...« Dem Wunsch für den Bauern schlossen sich entsprechende Wünsche für die Bäuerin, für den Sohn, für die Tochter und schließlich der Dank für die »Bradwurscht« an, die den Sängern für ihre Mühe zuteil wurde, und diese beendeten ihren Auftritt damit, daß sie noch »an feschn Walzer« aufspielten. Die Kerzen wurden übrigens nicht nur für den Gebrauch an »Mariä Lichtmeß« selbst gesammelt, sondern auch vor Gnadenbildern angezündet oder im Totenbrauch verwendet: »Was an Kerzen das Jahr über geweiht wird, soll alles an Lichtmeß geweiht werden« (Notker Curti). Der Weihe folgt in jedem Fall die erwähnte Lichterprozession. Man weiß, daß Papst Johannes XXIII. auf dem Konzil von Konstanz

Ursprünglich zum 14. Februar, dem Valentinstag, gehörte die Antiphon, die im Missale Romanum wegen der Berechnung der Reinigungsperiode nicht mehr von Epiphanie, sondern von Weihnachten her auf den 2. Februar, Mariä Lichtmeß, vorverlegt wurde: »Adorna thalamum tuum, Sion, et suscipe Regem Christum – Schmücke Dein Gemach, Zion, und empfange den König Christus.« Mit der Legende des hl. Valentin von Terni hat der Valentinsbrauch nichts zu tun.

Kerzen, die gar schön brennt. // Wir sammeln zur Kerzen und zum Licht / Das Alles zu Gottes Ehr geschicht. // [...] Das Wachs bedeut' der christlich Glaub / Darbei erhalt uns Gott und unser liebe Frau. // Der Docht bedeut die Hoffnung gut / Die uns allzeit erhalten tut // Das Feuer der Kerzen brennet licht / Bedeut': die Lieb soll uns verlöschen nicht.« Auch diese Ausdeutung besaß ihre Tradition, hatte doch schon Jacobus de Voragine erklärt, Wachs, Docht und Flamme der Lichtmeß-Kerzen bedeuteten den Leib, die reine Seele und die Gottheit Jesu Christi, und es lag nahe, wenn man diese Kerzen überhaupt im geistlichen Sinn verstehen wollte, sie auch auf die drei Kardinal-

an Lichtmeß Kerzen weihte und diese geweihten Kerzen dann von einem Erker aus als Gaben unter das Volk warf. In den reformierten Städten Zürich, Basel und St. Gallen wurden Kerzen- und Wachsweihe sowie die Lichterprozession in den Jahren 1524 und 1525 abgeschafft. Daß diese Lichterprozession an »Mariä Lichtmeß« auch verwandte Bräuche anziehen konnte, belegt das oben schon erwähnte Lichterschwemmen in Eisenkappel (Unterkärnten).

Mariä Himmelfahrt

Die Gedächtnisfeier des Todes der Jungfrau Maria *(»Depositio«)* und das Hochfest ihrer Aufnahme in den Himmel *(»Assumptio«)*, wurden ursprünglich an zwei verschiedenen Tagen begangen, nämlich am 18. Januar und am 15. August, doch legte man beide, der Tradition zufolge, unter Kaiser Mauritius (582-602) auf einen Tag, den 15. August, zusammen, und dieser Festtag wurde mit besonderer Feierlichkeit begangen. In Rom veranstaltete man von der Hadrianskirche aus eine Prozession unter Beteiligung des Volkes, und zwar mit einer Vigil und Fasten am Vorabend. Auf der Synode zu Mainz (829) ordnete Ludwig der Fromme die feierliche Begehung des Festes im ganzen fränkischen Reich an, und in England erklärte König Alfred gar die ganze Oktav des Festtages zu einer Freiwoche. Auch in Deutschland wurde »Mariä Himmelfahrt«, der »große Frautag«, als ein Hauptfest des Jahres gefeiert, an dem sogar die Feldarbeit ruhte.

Kräuterweihe an »Mariä Himmelfahrt«

In seinem »Weltbuoch« von 1534 berichtet Sebastian Franck über das, was in katholischen Landen an »Mariä Himmelfahrt«, dem 15. August, geschieht: »*Darnach* [= nach dem Johannistag] *kompt vnser frawen Hymmelfart / da tregt alle wellt obs / büschel allerley kreüter / in die kirchen zuo weihen / für alle sucht vnnd plag überlegt / bewert. Mir disen kreütern gschicht seer vil zauberei. Die knaben tragen äst mit äpffeln / vmnd darauff gemacht vögel / die da in die äpffel bicken* [= picken]. *Der schönst ist künig / vnd macht die andern auff eyn tag von der schul loß.*« Die Kräuterweihe fand unmittelbar nach der Morgenmesse statt. Der »Würzwisch«, wie der zur Weihe getragene Strauß weithin genannt wird, besteht aus »neunerlei« oder auch aus achtzehnerlei (oder noch mehr) verschiedenen Nähr- und Heilpflanzen, die sich um die »Kunkel«, die »Königin der Wiese«, reihen: Kamille, Minze, Nachtschatten, Beifuß, Estragon, Johanniskraut, Tausendgüldenkraut, Benediktenkraut, Blindnessel, Thymian, Spitzwegerich, Pfefferkraut, Farn; auch Kornähren, Hafer und zwei Zwiebeln dürfen nicht fehlen. Auch heute noch wird die Kräuterweihe vielerorts geübt, zum Beispiel in Kirchzarten und in Endingen, während der von Sebastian Franck erwähnte Schülerwettstreit um den schönsten Apfel wohl nirgends mehr bekannt ist. Im Jahre 1907 halten die Benediktinerpatres Augustin Scherer und Johannes Baptist Lampert aus eigener Anschauung fest, daß »*in manchen Gegenden Deutschlands [...] an diesem Tage auch gewisse Kräuter zu Ehren der heiligen Jungfrau geweiht*« würden, woher dieses Fest auch die Namen »Mariä Kräuterweihe« oder »Würzweihe« erhalten habe. Als Grund für diesen Brauch der Kräutersegnung geben sie an, »*daß Maria oft in der Heiligen Schrift mit Blumen und fruchtbaren Gewächsen verglichen*« werde (Sir 24,17-23), »*und daß nach einer alten ehrwürdigen Überlieferung, deren schon der hl. Johannes Damascenus gedenkt, zur Erfüllung der Worte des hohen Liedes (Hld 3,6), da Maria dem Grabe entstieg, sich ein überaus lieblicher Wohlgeruch wie von duftenden Kräutern verbreitete.*« Und sie erklären weiter: »*Hierauf deutet die Weihe selbst durch die Worte, daß alle, welche von den Kräutern zur Herstellung ihrer Gesundheit genössen, durch die Fürbitte Mariä, deren glorreiche Aufnahme gefeiert werde, an Leib und Seele Heil empfangen und im Wohlgeruche der*

Gegenüberliegende Seite: Mateo Cerezo d. J., Himmelfahrt Mariä, um 1650. Madrid: Museo del Prado.

DIE MARIENFESTE

göttlichen Salbungen einst in die Pforten des Paradieses einzugehen gewürdigt werden möchten.« Die Kräuterweihe an »Mariä Himmelfahrt« – dem »Kräuterbuscheltag« –, ist also, wie so viele andere christliche Bräuche, aus der Kirche selbst hervorgegangen, die dabei allerdings manche Anstöße aus der traditionellen Marienverehrung selbst erhalten haben mag. Darauf deutet beispielsweise die Legende der heiligen Gertrud von Helfta (1256-1302) hin, jener Mystikerin, deren Schriften noch im 18. Jahrhundert gelesen und vielfach ausgewertet wurden. Diese Heilige sah, wie erzählt wird, am Morgen des Festes »Mariä Himmelfahrt«, als sie ihre Andacht verrichtete, *»im Geist einen herrlichen, mit aller Kunst gepflegten Garten, in welchem alle Gattungen wohlriechender Blumen waren, und inmitten derselben die allerseligste Jungfrau gleichsam im Sterben liegen [...]. Die hl. Gertrudis erblickte in diesem Garten auch dornenlose Rosen, schneeweiße Lilien, höchst lieblich duftende Veilchen, kurz, alle Arten von Blumen ohne das geringste Unkraut.«* Und der Herr selber belehrte sie nun: *»Der Garten bedeute den keuschen Leib der seligsten Jungfrau; die Blumen seien ihre verschiedenen Tugenden; die Rosen [...] bedeuteten die [...] guten Werke [...]; die schneeweißen Lilien seien das Sinnbild der engelgleichen Reinigkeit, welche aus dem ganzen Wandel der seligsten Jungfrau hervorgeleuchtet.«* Es handelte sich um die alten Mariensinnbilder, die schon früh aus der Schrift selbst abgeleitet worden waren, insbesondere aus dem Hohenlied. Im Grunde bedeutete die Vision der Gertrud von Helfta nichts anderes als eine Vertiefung der Vorstellungen, die schon der Festhymnus *»Surge! Jam terris fera bruma cessit«* zum Ausdruck gebracht hatte. Dieser Hymnus, der im Römischen Brevier bis zur Gegenwart weitergetragen wurde, besang den ganzen Schmuck der Blumen auf den Wiesen *(»Ridet in pratis decus omne florum«)*, den es dann im Brauch gewissermaßen nur noch zu belegen galt. Daß bei der Kräuterweihe, die seit dem 10. Jahrhundert nachgewiesen ist, aber nicht Blumen schlechthin, sondern allerlei Gewürz- und Heilkräuter geweiht werden, zielt – schon nach dem Wortlaut der Benediktionen – auf den besonderen Nutzen, den man von ihnen erwartet. – Zum Brauchwesen am Fest »Mariä Himmelfahrt« gehört auch das Absingen geistlicher »Fraulieder«, zu dem sich in der Sprachinsel Gottschee Burschen und Mädchen schon früh um 3 Uhr, nach der Mette, auf dem Felde zusammenfanden.

Schlußwort

Mit diesen Hinweisen sei der Gang durch das christliche Jahr beschlossen. Was er bieten konnte, umfaßt die Ergebnisse eigener Beobachtungen aus mehr als drei Jahrzehnten, ergänzt um die Antworten auf die immer wiederkehrende Frage, wie das Beobachtete denn von seinem Ansatz her gemeint und zu verstehen sei. Es liegt in der Natur der Sache, daß sowohl das Gesehene als auch die Erläuterungen nur Ausschnitte aus einem großen Ganzen bieten können, das sich wohl keinem Einzigen völlig erschließt. Denn was an Festen, an Brauchformen, an Gestaltungsmöglichkeiten in einem Zeitraum von rund zwei Jahrtausenden in der ganzen christlichen Welt geschaffen und erprobt, bewährt und wieder verworfen wurde, umfaßt eine solche Fülle von Phänomenen, daß es vermessen wäre, eine Vollständigkeit in irgendeinem Bereich auch nur anzustreben. Es ging dem Verfasser deshalb darum, wenigstens einige Grundlinien zu ziehen und manches von dem, was eher aus bloßer Gewohnheit denn aus sicherem Wissen von Generation zu Generation weitergetragen zu werden scheint, wieder in seinen genuinen Horizont zu rücken. Er ist sich dessen bewußt, daß er dabei weder alle Erwartungen erfüllen, noch auch nur immer den geläufigsten Ansichten entsprechen konnte. Doch mag sich die Faszination, die das erlebte Bauchwesen auf ihn immer wieder ausgeübt hat, auch auf den Leser übertragen. Denn über das Brauchwesen erschließt sich ein wesentliches Erbe christlicher Religion und Tradition.

Literaturhinweise

Adam, Wolfgang: Descriptio quattuor temporum anni. In: Euphorion 72, 1978, 121-132.

Alesso, Michele: Il Giovedi santo in Caltanissetta. Usi, Costumi, Tradizioni e Leggende, Raccolti Descritti ed Illustrati, Caltanissetta 1903, Nachdruck 1982.

Antonazzi, G.: Als der römische Karneval noch eine todernste Sache war. In: Osservatore Romano (dt. Ausgabe) vom 22. 2. 1974, Nr. 8, 6.

Aranca: »Christos anesti«. Osterbräuche im heutigen Griechenland, Zürich 1968.

Assion, Peter: Volksbrauch in der Industriegesellschaft. In: Badische Heimat 55, 1975, 1-13.

Baldazzi, Anna/Renata Torti: Genzano e l'Infiorata. Antologia di scritti, stampe, foto. Genzano di Roma ²1981.

Barth, Medard: Fronleichnamsfest und Fronleichnamsbräuche im mittelalterlichen Straßburg. In: Archiv de l'Eglise d'Alsace 25, 1958, 233-235.

Bartos-Höppner, Barbara/Burghard Bartos: Norddeutsche Feste und Bräuche, Frankfurt am Main 1987.

Bauerreiß, Romuald: Zur Entstehung der Fronleichnamsprozession in Bayern. In: Festgabe des Vereins für Diözesangeschichte von München und Freising, München 1960, 94-101.

Bausinger, Hermann (Hg.): Narrenfreiheit. Beiträge zur Fastnachtsforschung, Tübingen 1980 (Untersuchungen des Ludwig-Uhland-Institutes, 51).

Ders.: Adventskranz. Ein methodisches Beispiel. In: Württembergisches Jahrbuch für Volkskunde 1970, 9-31. Separatdruck mit Ergänzung: Würzburg-München 1977 (= Ethnologia Bavarica, 4).

Becker, Albert: Osterei und Osterhase. Vom Brauchtum der deutschen Osterzeit, Jena 1937.

Becker-Huberti, Manfred: Feiern, Feste, Jahreszeiten. Lebendige Bräuche im ganzen Jahr, Freiburg/Basel/Wien 1998, Sonderausgabe 2001.

Ders.: Lexikon der Bräuche und Feste, Freiburg/Basel/Wien ²2001.

Behland, Max: Die Dreikönigslegende des Johannes von Hildesheim, Diss., München 1968.

Beissel, Stephan: Die Verehrung U. L. Frau in Deutschland während des Mittelalters, Freiburg i.Br. 1896 (= Ergänzungsheft zu den »Stimmen aus Maria Laach«, 66).

Ders.: Entstehung der Perikopen des Römischen Meßbuches, Freiburg i. Br. 1907 (= Ergänzungsheft zu den »Stimmen aus Maria Laach«, 96).

Ders.: Geschichte der Verehrung Marias in Deutschland während des Mittelalters, Freiburg i. Br. 1909.

Ders.: Wallfahrten zu Unserer Lieben Frau in Legende und Geschichte, Freiburg i. Br. 1913.

Beitl, Klaus: Das Klausenholz. In: Rheinisches Jahrbuch für Volkskunde 20, 1969, 7-92.

Berliner, Rudolf: Die Weihnachtskrippe, München 1955.

Bernheim, Ernst: Mittelalterliche Zeitanschauungen in ihrem Einfluß auf Politik und Geschichtsschreibung. Teil I. Die Zeitanschauungen: Die Augustinischen Ideen, Antichrist und Friedensfürst, Regnum und Sacerdotium, Leipzig 1918, ND. 1964.

Bimmer, Andreas C.: Brauchforschung. In: Rolf W. Brednich (Hg.): Grundriß der Volkskunde. Einführung in die Forschungsfelder der Europäischen Ethnologie, Berlin ³2001 (= Ethnologische Paperbacks), 445-468.

Binterim, Josef Anton: Pragmatische Geschichte der deutschen National-, Provinzial- und Diözesan-Konzilien, Bd. 1-7, Mainz 1837-1852.

Blümmel, Maria-Verena: Die Japanesengesellschaft von Schwyz und ihr Fastnachtspiel. In: Joseph Kreiner (Hg.): Deutschland-Japan. Historische Kontakte, Bonn 1984, 55-67.

Bock, Emil: Der Kreis der Jahresfeste, Frankfurt 1982.

Bogner, Gerhard: Das große Krippen-Lexikon, München 1981.

Bohnenberger, Karl: Volkstümliche Überlieferungen in Württemberg (1904 ff). ND Stuttgart ³1980 (= Forschungen und Berichte zur Volkskunde in Baden-Württemberg, 5).

Bongus, Petrus: *Mysticae numerorum significationis liber in duas divisas partes*, I-II, Bergomi 1585.

Bouvier, Bertrand: Le Mirologue des la Vierge. Chansons et Poèmes Grecs sur la Passion du Christ, Genf 1976 (= Bibliotheca Helvetica Romana, 16).

Brauch, Theodor: Lätarebrauchtum am bayerisch-badischen Untermain, im östlichen Odenwald und Bauland, Würzburg o. J. (um 1970).

Brüggemann, Fritz: Das Nürnberger Schembartbuch der Kieler Universität. In: Mitteilungen der Wiss. Gesellschaft für Literatur und Theater, 8, Nr. 1, Kiel, November 1930, 1-16.

Brunner, Heinz-Rudi: Volksfeste zwischen Rhein, Main und Neckar, Bern-Frankfurt 1974 (= Europäische Hochschulschriften Reihe XLX, Abt. A, 7).

Budde, Rainer (Hg.): Die Heiligen Drei Könige, Köln 1982 (Ausstellungs-Katalog).

Burgstaller, Ernst: Das Allerseelenbrot, Linz 1970 (= Schriftenreihe des Institutes für Landeskunde von Oberösterreich, 22).

Ders.: Lebendiges Jahresbrauchtum in Oberösterreich, Salzburg 1948.

Cammareri, Giovanni: La Settimana Santa Nel Trapanese, passato e presente, Trapani 1988.

Caro Baroja, Julia: El Carnaval. Analisis Historico-Cultural, Madrid 1965.

Christern, Elisabeth: Johannes von Hildesheim, Florentinus von Wevelonghoven und die Legende von den Heiligen Drei Königen. In: Jahrbuch des Kölnischen Geschichtsvereins 34/35, 1959/60, 39-52.

Dies.: Die Hystori oder Legend von den Heiligen Dryen Koenigen. In: Achthundert Jahre Verehrung der Heiligen Drei Könige in Köln, 1164-1964, Köln 1964 (= Kölner Domblatt, 23-34), 180-204.

Clare, Edward G.: St. Nicholas. His Legends and Iconography, Firenze MCMLXXXV (= Pocket Library of Studies in Art, XXV).

Clauss, Manfred: Mithras und Christus. In: Historische Zeitschrift 243, 1986, 265-285.

Coo, Josef de: »In Josephs Hosen Jhesus gewonden wert«. In: Aachener Kunstblätter 30, 1965, 144-184.

Curti, Notker: Volksbrauch und Volksfrömmigkeit im katholischen Kirchenjahr, Basel 1947 (= Volkstum der Schweiz, 7).

Diehm, Friedrich: Luther als Kenner deutschen Volksbrauchs und deutscher Volksüberlieferung, Diss. phil., Gießen 1930.

Dieterich, Albrecht: Mutter Erde. Ein Versuch über Volksreligion, 3., erw. Aufl., besorgt von Eugen Fehrle, Leipzig 1925.

Dörrer, Anton: Bozener Bürgerspiele, Leipzig 1941.
Ders.: Tiroler Umgangsspiele, Ordnungen und Sprechtexte der Bozner Fronleichnamsspiele und verwandter Figuralprozessionen [...], Innsbruck 1957 (= Schlern-Schriften, 160).
Dostal-Melchinger, Iris: Blumenteppiche am Fronleichnamstag, München 1990 (= Kulturgeschichtliche Forschungen, 12).
Dünninger, Josef: Brauchtum. In: Deutsche Philologie im Aufriß. Hg. von W. Stammler, Berlin ²1962, 2571-2640.
Dünninger, Josef/Horst Schöpf: Bräuche und Feste im fränkischen Jahreslauf, Kulmbach 1971 (= Die Plassenburg, 30).
Ehrensvärd, Ulla: Den svenska Tomten, Stockholm 1979.
Eisentraut, Engelhard: Die Feier der Sonn- und Festtage seit dem letzten Jahrhundert des Mittelalters, Würzburg 1914.
Emanuel, Isidor Markus: Sieben Jahre im roten Talar. Erinnerungen eines Germanikers, Speyer 1970.
Ernyey, Josef/Geiza Karsai (Kurzweil)/Leopold Schmidt: Deutsche Volksschauspiele aus den oberungarischen Bergstädten, I-II, Budapest 1938.
Escher, Walter: Dorfgemeinschaft und Silvestersingen in St. Antonien, Basel 1947.
Faber, Matthias SJ: *Concionum Sylva Nova in Dominicas et Festa Totivs Anni*, Köln 1654.
Fabris, Melchior de: Von der Martins Gans. Ein Schöne Nutzliche Predig [...], Gedruckt im Closter zuo Thierhaupten 1595.
Färber, Sigfrid: Festspiele im Landkreis Cham. Pfingstritt zu Kötzting, Drachenstich in Furth i. Wald, Trenck der Pandur in Waldmünchen, Burgfestspiele in Falkenstein, Singendes klingendes Cham, München 1982.
Federer, Fritz: Der Palmesel und die Palmprozession in Baden. In: Mein Heimatland. Badische Blätter für Volkskunde 21, 1934, 75-91.
Fielhauer, Helmut Paul: Allerheiligenstriezel aus Stroh – Ein Burschenbrauch im Weinviertel, Begleitveröffentlichung zum wiss. Film CT 1364 der BHWK (Wien) Nr. 27, Oktober 1981, 43-53.
Fliedner, Hans-Joachim/Michael Friedmann: Offenburg und seine Fastnacht – damals und heute. 1483-1983, Offenburg 1983.
Fluck, Hanns: Der Risus Paschalis. In: Archiv für Religionsgeschichte 31, 1934, 188-212.
Fochler, Rudolf: Von Neujahr bis Silvester, Linz 1971.
Franck, Sebastian: Weltbuoch: Spiegel / vnd bildtnisz des gantzen erdbodens [...], (Tübingen) Anno MDXXXIIII (1534).
Franz, Adolph: Die kirchlichen Benediktionen im Mittelalter, Freiburg i. Br. 1909.
Ders.: Die Messe im deutschen Mittelalter, Freiburg i. Br. 1902, ND Darmstadt 1963.
Gajek, Esther: Adventskalender von den Anfängen bis zur Gegenwart, München 1988.
Galler, Werner: Adventskalender, Wien 1980 (= Katalog des NÖ Landesmuseums, NF 103).
Ders.: Mai- und Frühlingsbrauch in Niederösterreich, Wien 1980 (= Katalog des Niederösterreichischen Landesmuseums, NF 99).
Gärtner, Josefine: Heiligenbluter Stemsingerlieder. Klagenfurt 1965.
Geiger, Paul: Deutsches Volkstum in Sitte und Brauch, Berlin und Leipzig 1936 (= Deutsches Volkstum, 5).

Gerndt, Helge: Vierbergelauf, Klagenfurt 1973.
Ginzel, Friedrich K.: Handbuch der mathematischen und technischen Chronologie, Bd. I-III, Leipzig 1906-1914.
Göbel, Karin: Das Summenformenspiel, München 1987 (= Kulturgeschichtliche Forschungen, 8).
Goetz, Hans-Werner: »Empirisch – metaphysisch«. Zum Verständnis der Zweistaatenlehre Ottos von Freising im Hinblick auf Augustin. In: Augustiniana 30, 1980, 29-49.
Graf, Ferdinand Albert: Die Praxis der Volksbildung bei Ignaz Heinrich von Wessenberg, Meisenheim 1968 (zugl. Diss., Freiburg i. Br. 1967).
Graf, Hermann J.: Palmenweihe und Palmenprozession in der lateinischen Liturgie, St. Augustin bei Kaldenkirchen 1959.
Groß, Nikolaus (Hg.): Ostern in Tirol, Innsbruck 1957.
Grass-Cornet, Marie: Von Palmeseln und tanzenden Engeln. In: Ostern in Tirol. Festschrift für Georg Schreiber, Innsbruck 1957 (= Schlern-Schriften, 169), 155-180.
Gretser, Jacob: De Festis Christianorum, Bd. 1, Ingolstadt 1612.
Grisar, Hartmann SJ: Das Missale im Lichte römischer Stadtgeschichte. Stationen, Perikopen, Gebräuche, Freiburg i. Br. 1925.
Groß, Rudolf Raimund: Nikolospiele. In: Bad Mitterndorf, Bd. 1, Bad Mitterndorf 1972, 201-205.
Grübel, Isabel: Die Hierarchie der Teufel, München 1991 (= Kulturgeschichtliche Forschungen, 13).
Grün, Reinhard: Sternsinger – einst und jetzt, Freiburg i. Br. 1967.
Gugitz, Gustav: Das Jahr und seine Feste im Volksbrauch Österreichs. Bd. 1-2, Wien 1950 (= Buchreihe Österreichische Heimat, 15).
Gutzwiler, Hellmut: Die Einführung des Gregorianischen Kalenders in der Eidgenossenschaft in konfessioneller, volkskundlicher, staatsrechtlicher und wirtschaftspolitischer Schau. In: Zeitschrift für Schweizerische Kirchengeschichte 72, 1978, 54-73.
Gynz-Rekowski, Georg von: Der Festkreis des Jahres, Berlin 1985.
Häussling, Angelus A.: Literaturbericht zum Fronleichnamsfest. In: Jahrbuch für Volkskunde NF 9, 1986, 228-238: Ergänzungen und Nachträge: ibid., NF 11, 1988, 243-248.
Haider, Friedrich: Tiroler Volksbrauch im Jahreslauf, Innsbruck/Wien/München 1968.
Hain, Mathilde: Arme Seelen und helfende Tote. Eine Studie zum Bedeutungswandel der Legende. In: Rheinisches Jahrbuch für Volkskunde 9, 1958, 54-65.
Dies.: Bemalte Ostereier in Hessen. In: Schweizerisches Archiv für Volkskunde 53, 1957, 70-74.
Hansjakob, Heinrich: Aus meiner Jugendzeit, Heidelberg 1890, ND Freiburg i. Br. ¹⁵1967.
Hartinger, Walter: »... denen Gott genad!« Totenbrauchtum und Armen-Seelen-Glaube in der Oberpfalz, Regensburg 1979 (= Oberpfälzer Kostbarkeiten).
Ders.: Religion und Brauch, Darmstadt 1992.
Hävernick, Walter: Gebräuchliches und Brauch. In: Beiträge zur Deutschen Volks- und Altertumskunde 13, 1969, 7-17.
Ders.: Sitte, Gebräuchliches, Gruppenbrauchtum. In: Beiträge zur Deutschen Volks- und Altertumskunde 13, 1969, 7-17.
Heim, Walter: Die Revitalisierung des Hungertuches, Maria Laach 1981.
Ders.: Volksbrauch im Kirchenjahr heute, Basel 1983 (= Schriften der Schweizerischen Gesellschaft für Volkskunde, 67).

Henker, Michael/Eberhard Dünninger/Evamaria Brockhoff (Hg.): Hört, sehet, weint und liebt. Passionsspiele im alpenländischen Raum, München 1990.

Hepding, Hugo: Ostereier und Osterhase. In: Hessische Blätter für Volkskunde 26, 1927, 127-141.

Heydenreich, Titus: Fronleichnamsspiele für Granada im Jahre 1640. In: Archiv für das Studium der neueren Sprachen und Literaturen 218, 1981, 309-322.

Hiss, Albert: Fasnacht oder Fastnacht? In: Württembergisches Jahrbuch für Volkskunde 69, 1966, 123-193.

Hoffmann-Krayer, Eduard: Kleine Schriften zur Volkskunde. Hg. von P. Geiger, Basel 1946 (= Schweizer Bräuche).

Holtorf, Arne: Neujahrswünsche im Liebeslied des ausgehenden Mittelalters, Diss., Göppingen 1973.

Ders.: Neujahrslied. In: Handbuch des Volksliedes, Bd. 1, München 1973, 363-390.

Holzheimer, Gerd/Elisabeth Tworek/Herbert Woyke: Leiden schafft Passionen. Oberammergau und sein Spiel, München 2000.

Houart, Victor: Easter Eggs. A Collector's Guide, London 1978.

Hubrich, Eugen: Der Pfingstritt in Kötzting – gestern und heute. In: Ders.: Pfingstritt-Ehr. Historisches Festspiel, Kötzting ²1990, 4-7 und passim.

Humburg, Norbert: Städtisches Fastnachtsbrauchtum in West- und Ostfalen, Münster 1976 (= Beiträge zur Volkskultur in Norddeutschland, 5).

Hünermann, Wilhelm: Sankt Martin. Der Reiter der Barmherzigkeit, Innsbruck-Wien-München 1962.

Jaacks, Gisela: Lebendige Volksbräuche in Schleswig-Holstein, Heide/Holst. 1973.

Jannasch, Wilhelm: Totensonntag. In: Die Religion in Geschichte und Gegenwart, 6, Tübingen 1962, 957-958.

Jung, C(arl) G(ustav): Seelenprobleme der Gegenwart (1930), Zürich-Stuttgart ⁶1959.

Jungmann, Josef Andreas: Der Gottesdienst der Kirche, Innsbruck-Wien-München 1962.

Jürgensen, Wilhelm: Martinslieder, Diss., Kiel 1909, im Druck: Breslau 1910 (= Wort und Brauch, 6).

Kapfhammer, Günther: Brauchtum in den Alpenländern, München 1977.

Ders.: Lichterschwemmen in Fürstenfeldbruck, Göttingen 1972 (= Encyclopaedia cinematographica, Beiheft zu Film E 1769 des Institutes für den Wissenschaftlichen Film).

Karasek, Alfred/Josef Lanz: Krippenkunst in Böhmen und Mähren vom Frühbarock bis zur Gegenwart, Marburg ²1992.

Karasek-Langer, Alfred: Sudetendeutsche Maibaumfeiern daheim und in Westdeutschland. In: Festschrift für Alfons Perlick, Dortmund 1960 (= Schriftenreihe der Kommission für Volkskunde der Heimatvertriebenen, 2), 133-167.

Kastner, Otfried: Die Krippe. Mit einem Nachwort von Franz Lipp, Linz 1964 (= Denkmäler der Volkskultur aus Oberösterreich, 3).

Kauß, Dieter/Fritz Werwigk: Der Göppinger Maientag, Göppingen 1976 (= Veröff. des Stadtarchivs, 13).

Kehrer, Hugo: Die Heiligen Drei Könige in Literatur und Kunst, I/II, Leipzig 1908, ND. Hildesheim 1976.

Keim, Anton M.: 11 mal politischer Karneval. Weltgeschichte aus der Bütt, Mainz ²1981.

Keller, Erwin: Die Konstanzer Liturgiereform unter Ignaz Heinrich von Wessenberg, Freiburg i. Br. 1965 (= Freiburger Diözesan-Archiv, 85).

Kellner, Heinrich: Heortologie oder die geschichtliche Entwicklung des Kirchenjahres und der Heiligenfeste von den ältesten Zeiten bis zur Gegenwart, Freiburg i. Br. ³1911.

Keim, Antje/Katharina Dietze/Rüdiger Vossen: Ostereier. Vom Symbol des Lebens zum Konsumartikel, Hamburg ³1982 (= Wegweiser zur Völkerkunde, 25).

Kimminich, Eva: Religiöse Volksbräuche im Räderwerk der Obrigkeiten, Frankfurt am Main-Bern-New York-Paris 1989 (= Menschen und Strukturen, 4).

Kitamura, Kazayuki/Federica de Cesco: Die hundert schönsten Volksfeste. Viva Europa, Zürich 1980; Würzburg 1981.

Klersch, Joseph: Die kölnische Fastnacht von ihren Anfängen bis zur Gegenwart, Köln 1961.

Knobloch, Johann: Der Ursprung von nhdt. Ostern, engl. Easter. In: Die Sprache (Wien) 5, 1959, 27-45.

Ders.: Sprache und Religion. 2. Band. 1. St. Nikolaus – Konzilsvater – Wundertäter – Gabenbringer. – 2. Johannes der Täufer – Ivan Kupala, Heidelberg 1983.

Koenig, Otto: Klaubauf – Krampus – Nikolaus. Maskenbrauch in Tirol und Salzburg. Wien 1983.

Ders.: Klaubaufgehen, Hamburg 1980 (= Wegweiser zur Völkerkunde, 24).

Kohler, Erika: Martin Luther und der Festbrauch, Köln-Graz 1959 (= Mitteldeutsche Forschungen, 17).

Köhler, Anette: Das neuzeitliche Fastnachtspiel 1600-1800, Mag.-Arb., München 1989 (masch.).

Kohlmann, Theodor: Muttertagspoesie. In: Beiträge zur deutschen Volks- und Altertumskunde 13, 1969, 93-98.

König, Wolfhilde von: Ostereierverse. In: Bayerisches Jahrbuch für Volkskunde 1961, 81-89.

Koren, Hanns: Volksbrauch im Kirchenjahr, Leipzig 1934.

Korff, Gottfried: Ostern. Weihnachten. Brauchtums-Dokumentation im Museum, 1/2, Kommern o. J. (um 1980).

Koschier, Franz: Das Heiligenbluter Sternsingen. In: Lied und Brauch. Festschrift für Anton Anderluh zum 60. Geburtstag, Klagenfurt 1956, 113-125.

Koya, Tagita: Christentum und Volksbrauch. In: Nikonminzokugakutaikei (Großes Kompendium der japanischen Volkskunde), 8, Tokyo 1960, 393-406.

Krämer, Karl-Heinrich: Der Kötztinger Pfingstritt. In: Kötzting 1085 bis 1985, hg. von der Stadt Kötzting anläßlich der 900-Jahr-Feier, Kötzting 1985, 181-230.

Kraus, Johann Adam: Burladingen in vergangenen Tagen. In: Hohenzollerische Heimat 7, 1957, 28-29 und 46-48.

Krause, Adalbert: Die Krippenkunst des steirischen Bildhauers Josef Thaddäus Stammel im Stifte Admont, Wien 1962.

Kreissl, Eva/Andrea Scheichl/Karl Vocelka (Hg.): Feste feiern. Katalog zur Oberösterreichischen Landesausstellung Stift Waldhausen 2002, Linz 2002.

Kretzenbacher, Leopold: Altsteirischer Allerseelenbrauch. In: Blätter für Heimatkunde (Graz) 33, 1959, Heft 4, 97-107.

Ders.: Das Nikolausschiff. In: Blätter für Heimatkunde 25, 1951, 81-92.

Ders.: Lebendiges Volksschauspiel in Steiermark, Wien 1951 (= Österreichische Volkskultur, 6).

Ders.: Lichterschwemmen als Kultbrauch. Zagreb 1962, auch in: Ders: Volkskunde im Mehrvölkerraum, 101-114.

Ders.: Lichtmeß-Singen in Steiermark. Brauchtumslieder im Heischeumzug der Ostalpenländer. In: Volkslied – Volkstanz – Volksmusik (Wien) 50, 1949, 9-23.

Ders.: Mürztaler Passion. Steirische Barocktexte zum Einort- und Bewegungsdrama der Karwoche, Wien 1988 (= ÖAW, Sitzungsberichte, 501).

Ders.: Passionsbrauch und Christi Leidenspiel in den Südost-Alpenländern, Salzburg 1952.

Ders.: Ringreiten, Rolandspiel und Kufenstechen. Sportliches Reiterbrauchtum von heute als Erbe aus abendländischer Kulturgeschichte, Klagenfurt 1966.

Ders.: Vom roten Osterei in der grünen Steiermark. In: Schweizerisches Archiv für Volkskunde 53, 1957, 104-109.

Ders.: Santa Lucia und die Lutzelfrau. Volksglaube und Hochreligion im Spannungsfeld Mittel- und Südosteuropas, München 1959 (= Südosteuropäische Arbeiten, 53).

Ders.: Volkskunde im Mehrvölkerraum, München 1989 (= Beiträge zur Kenntnis Südosteuropas und des Nahen Orients, 41).

Kruhöffer, Barbara/Heinz-Peter Mielken: Osterfest und Osterbrauch, Minden 1981 (= Schriften des Mindener Museums, Volkskundliche Reihe, 1).

Kügler, Hermann: Zum Stralauer Fischzug. In Mitteilungen des Vereins für die Geschichte Berlins, H. 3, 1929, 101-106.

Ders.: Zur Geschichte der Weihnachtsfeier in Berlin. In: Niederdeutsches Jahrbuch für Volkskunde 8, 1930, 129-177.

Kully, Rolf Max: Cisiojanus. In: Schweizerisches Archiv für Volkskunde 70, 1974, 93-123.

Künzig, Johannes: Die alemannisch-schwäbische Fasnet. 2., veränderte Aufl., Freiburg i. Br. 1980.

Ders.: Die alemannisch-schwäbischen Pfingstumrittspiele. In: Zeitschrift für Volkskunde 54, 1958, 205-238.

Künzig, Johannes/Waltraut Werner: Das »Scheibenschlagen« in Buchenbach (Filmdokumentation; Kamera: Fritz Aly), Freiburg i. Br. 1962.

Küster, Jürgen: Bräuche im Kirchenjahr, Freiburg i. Br. 1986 (= Herder-Bücherei, 1293).

Ders.: De duobus temporibus – Fastnacht und Fronleichnam. Abschlußdiskussion zum DFG-Forschungsprojekt »Fastnacht und Fronleichnam«, München o. J. (1987) (masch.), Teildruck in: Jahrbuch für Volkskunde 19, 1989, 147-179.

Ders.: Fastnachtsgebote als Quellen. In: Jahrbuch für Volkskunde 6, 1983, 53-74.

Ders.: Spectaculum vitiorum. Studien zur Intentionalität und Geschichte des Nürnberger Schembartlaufes. Phil. Diss. Freiburg i. Br. 1983 (= Kulturgeschichtliche Forschungen, 1).

Ders.: Wörterbuch der Feste und Bräuche im Jahreslauf, Freiburg i. Br. 1985.

Kutter, Wilhelm: Schwäbisch-alemannische Fasnacht, Stuttgart 1976.

Kyll, Nikolaus: Das Ei im österlichen Gabenbrauch des Trierer Landes. In: Kurtrierisches Jahrbuch 9, 1969, 70-87.

Lanz, Josef: Das Eierlesen in den ostdeutschen Sprachinseln. In: Jahrbuch für Volkskunde der Heimatvertriebenen 6, 1961, 98-106.

Lau, Alfred (Hg.): Carneval international, Bielefeld o. J. (1982).

Lauffer, Otto: Allegorie der Begriffe der Zeit, des Jahres und der Jahreszeiten, der Monate und der Tageszeiten. In: Beiträge zur sprachlichen Volksüberlieferung. Festschrift für Adolf Spamer, Berlin 1953, 250-259.

Layer, Adolf: Palmesel in Schwaben. In: Jahrbuch des Historischen Vereins Dillingen an der Donau, 83, 1981, 224-235.

Lechner, Maria-Lioba: Beichteier. Ein Beitrag zum kirchlichen Abgabewesen und zum Osterbrauchtum. In: Rheinisches Jahrbuch für Volkskunde 9, 1958, 244-254.

Dies.: Ei. In: Reallexikon zur deutschen Kunstgeschichte, Stuttgart 1956, 893-903.

Leibbrand, Jürgen: Armeseelenkult und Andachtsgraphik im 19. und 20. Jahrhundert. In: Forschungen und Berichte zur Volkskunde in Baden-Württemberg 1971-1973, Stuttgart 1973, 21-41.

Ders.: Speculum Bestialitatis. Die Tiergestalten der Fastnacht und des Karnevals im Kontext christlicher Allegorese, München 1988 (= Kulturgeschichtliche Forschungen, 11).

Leonhardt-Aumüller, Jacqueline: »Narren um Christi willen«. Eine Studie zu Tradition und Typologie des »Narren in Christo« und dessen Ausprägung bei Gerhart Hauptmann, München 1993 (= Kulturgeschichtliche Forschungen, 18).

Liebl, Elsbeth: Ostereierspiele im Atlas der schweizerischen Volkskunde. In: Schweizerisches Archiv für Volkskunde 53, 1957, 61-67.

Lipsmeyer, Elizabeth: Jahreslaufbrauchtum. Palmsonntag-Christus und Palmesel. In: Volkskunst 1, Februar 1989, 50-58.

Loorits, Oskar: Der heilige Kassian und die Schaltjahrslegende, Helsinki 1954 (= Folklore Fellows Communications, 149).

Lutz, Dieter: Volksbrauch und Sprache. Benennung volkstümlicher Phänomene in Winter- und Frühlingsbräuchen Südwestdeutschlands, Stuttgart 1966.

Mackensen, Lutz: Sitte und Brauch. In: Die Deutsche Volkskunde. Hg. von A. Spamer, Bd. 1, Leipzig-Berlin 1934, 108-167.

Maier, Hans: Die christliche Zeitrechnung, Freiburg i. Br. 1991 (= Herder-Spektrum, 4018).

Ders.: Sankt Martin und die Kapellen. In: Anzeiger für die Seelsorge, Heft 11, November 1982, 420.

Markmiller, Fritz: Der Tag, der ist so freudenreich. Advent und Weihnachten, Regensburg 1981 (= Bairische Volksfrömmigkeit, 1).

Marsala, Maria Teresa: Prizzi, Palermo 1985 (= Atlante di Storia Urbanistica Siciliana, 7).

Matern, Gerhard: Zur Vorgeschichte und Geschichte der Fronleichnamsfeier, besonders in Spanien, Münster 1962 (= Spanische Forschungen der Gönesgesellschaft 11,10).

Mayer, Hermann Leopold/Alfons Leitz: 50 Jahre Volksschauspiele Ötigheim, Baden-Baden 1957.

Mechin, Colette: Sankt Nikolaus. Feste und Brauchtum in Vergangenheit und Gegenwart, Saarbrücken 1982.

Meier, John: Muttertag. In: Zeitschrift für Volkskunde 46, 1936/37, 100-112.

Meisen, Karl: Die hl. drei Könige und ihr Festtag im volkstümlichen Glauben und Brauch, Köln 1949.

Ders.: Namen und Ursprung der Fastnacht. In: Rheinisches Jahrbuch für Volkskunde 17/18, 1966/67, 7-47.

Ders.: Nikolauskult und Nikolausbrauch im Abendlande, Düsseldorf 1931 (= Forschungen zur Volkskunde, 9-12), ND, Mainz 1981.

Ders.: St. Martin im volkstümlichen Glauben und Brauch. In: Rheinisches Jahrbuch für Volkskunde 19, 1969, 42-91.

Merkelbach-Pinck, Angelika: Brauch und Sitte in Ostlothringen, Frankfurt am Main 1968 (= Schriften der Erwin von Steinbach-Stiftung, 1).

Melken, Sigrid: Sankt Nikolaus in Kunst und Volksbrauch. Duisburg 1966.

Dies.: Die letzte Reise. Sterben, Tod und Trauersitten in Oberbayern, München 1984.

Mezger, Werner: Narretei und Tradition. Die Rottweiler Fasnet, Stuttgart 1984.

Ders.: Sankt Nikolaus zwischen Kult und Klamauk, Ostfildern 1993.

Ders. (Hg.): Narren, Schellen und Marotten. Elf Beiträge zur Narrenidee, Remscheid ³1984 (= Kulturgeschichtliche Forschungen, 3).

Ders.: Narrenidee und Fastnachtsbrauch, Konstanz 1991 (= Phil. Habil.-Schrift, Freiburg i. Br. 1990).

Mitterwieser, Alois/Torsten Gebbard: Geschichte der Fronleichnamsprozession in Bayern, München ²1949.

Möhler, Gerda: Das Münchener Oktoberfest, München 1981.

Moser, Dietz-Rüdiger: Fastnacht – Fasching – Karneval. Das Fest der »Verkehrten Welt«, Graz-Wien-Köln 1986.

Ders.: Feste und Bräuche im christlichen Jahreslauf, Graz-Köln-Wien 1993.

Ders.: Maskeraden auf Schlitten, München 1988.

Ders.: Verkündigung durch Volksgesang. Studien zur Liedpropaganda und -katechese der Gegenreformation, Berlin 1981 (= Habilitationsschrift Freiburg i. Br. 1978).

Moser, Hans: Volksbräuche im geschichtlichen Wandel, München-Berlin 1985 (= Forschungshefte des Bayerischen Nationalmuseums, 10).

Moser, Oskar: Die Kärntner Sternsingbräuche. In: Lied und Brauch. Festschrift für Anton Anderluh zum 60. Geburtstag, Klagenfurt 1956, 126-164.

Müller, Rüdiger/Helmuth Nils Loose: Sankt Nikolaus. Der Heilige der Ost- und Westkirche, Freiburg i. Br. 1982.

Neu, Peter: Jakobusbrot und Martinswein. In: Rheinisch-Westfälische Zeitschrift für Volkskunde 23, 1977, 211-275.

Newall, Venetia: An Egg at Easter. A Folklore Study, London 1971.

Nigg, Walter/Helmuth Nils Loose: Martin von Tours, Freiburg-Basel-Wien 1977, ²1979.

Nilles, Nicolaus SJ: Kalendarium Manuale utriusque Ecclesiae Orientalis et Occidentalis, Bd. I-II, Regensburg 1896-1897.

Nilsson, Martin P.: Der erste Mai. In: Hessische Blätter für Volkskunde 49/50, 1958, 203-206.

Oeschger, Bernhard: Zwischen Santiklaus und Martinsritt, Frankfurt a. M.-Bern 1981 (= Artes Populäres, 5).

Opferkuch, Dora: Zum Brauchtum des Palmentragens. In: Volkskunst 1, Februar 1989, 58-60 (mit Abb.).

Peinkofer, Max: Von niederbayerischen Palmeseln. In: Bayerisches Jahrbuch für Volkskunde 1950, 79-85.

Pesch, Dieter: Das Martinsbrauchtum im Rheinland. Wandel und gegenwärtige Stellung, Diss., Münster 1969.

Petzoldt, Leander: Volkstümliche Feste, München 1983.

Pfaundler, Wolfgang: Fasnacht in Tirol. Telfser Schleicherlaufen, Wörgl 1981 (= Volkskunde der Alpenländer, 1).

Ders.: Nassereither Schellerlaufen. Fasnacht in Tirol, Innsbruck-Wien 1998.

Pleij, Herman: Het gilde van de Blauwe Schutt, Amsterdam 1979.

Puchner, Walter: Akkomodationsfragen, München 1997 (= Kulturgeschichtliche Forschungen, 23)

Ranke, Kurt: Allerheiligen und Allerseelen in der Sagenüberlieferung. In: Rheinisches Jahrbuch für Volkskunde 9, 1958, 28-53.

Ratzinger, Joseph [Kardinal]: Volk und Haus Gottes in Augustins Lehre von der Kirche, München 1954 (= Münchener Theologische Studien, II,7).

Reich, Lucian: Hieronymus (1853). ND Freiburg i. Br. 1954.

Richter, Johannes: De ovis paschalibus. Von Ostereiern, Diss. Heidelberg 1682.

Röhrich, Lutz: Adam und Eva. Das erste Menschenpaar in Volkskunst und Volksdichtung, Stuttgart 1968.

Roller, Hans-Ulrich: Der Nürnberger Schembartlauf, Tübingen 1965 (= Volksleben, 11).

Rosenfeld, Helmut: Fastnacht und Karneval. In: Archiv für Kulturgeschichte 51, 1969, 175-181.

Rotter, Fritz: Weihnachten einst und jetzt, München 1968.

Rubino, B./G. Cochiara: Usi e Costumi, Novelle e Poesie del Popolo Siciliano, Palermo-Roma 1924.

Rumpf, Marianne: Perchten, Würzburg 1991 (= Qellen und Forschungen zur Europäischen Ethnologie, 12).

Rütter, Arnold: Die Pflanzenwelt als Schmuck des Heiligthumes und Fronleichnamsfestes, Regensburg 1883,

Sammer, Marianne: Zeit des Geistes. Studien zum Motiv der Herabkunft des Heiligen Geistes an Pfingsten in Literatur und Brauchtum, St. Ottilien 2001 (= Studien zur Theologie und Geschichte, 15).

Sartori, Paul: Sitte und Brauch, Bd. 1-3, Leipzig 1912-1914 (= Handbücher zur Volkskunde, 5-8).

Schaller, Stephan: Die Passionsspiele von Oberammergau, Ettal 1950.

Schierghofer, Georg: Altbayerns Umritte und Leonhardifahrten, München 1913.

Schillinger, Claudia: Fränkische Osterbrunnen, Bamberg 1997, ²2000.

Schmidt, Leopold: Formprobleme der deutschen Weihnachtsspiele, Emsdetten 1937.

Ders.: Volksglaube und Volksbrauch. Gestalten, Gebilde, Gebärden, Berlin 1966.

Schreiber, Georg: Die Wochentage im Erlebnis der Ostkirche und des christlichen Abendlandes, Köln und Opladen 1959 (= Wiss. Abhandlung der Arbeitsgemeinschaft für Forschung des Landes Nordrhein-Westfalen, 11).

Schreiber, Johann/Rolf Müller: Schönecker Eierlage, Prüm o. J. (um 1977).

Schreyl, Karl-Heinz: Der graphische Neujahrsgruß aus Nürnberg, Nürnberg 1981.

Schuhladen, Hans: Die Nikolausspiele des Alpenraumes, Innsbruck 1984 (= Schlern-Schriften, 271).

Schwabe, Erich/Michael Wolgensinger: Schweizer Volksbräuche, Zürich 1969.

Schwarz, Thomas: Canzona della morte. Der Todestriumphzug Piero di Cosimos im italienischen Karneval des 16. Jahrhunderts. In: Freiburger Universitätsblätter 90, 1985, 93-99.

Schwedt, Herbert/Elke Schwedt: Malerei auf Narrenkleidern, Stuttgart 1975 (= Forschungen und Berichte zur Volkskunde in Baden-Württemberg, 2).

Serraino, Mario: Storia di Trapani, Trapani 1976.

Sieber, Friedrich: Volk und volkstümliche Motivik im Festwerk des Barocks, Berlin 1960 (= Deutsche Akademie der Wissenschaften zu Berlin. Veröffentlichungen des Instituts für deutsche Volkskunde, 21).

Simrock, Karl: Martinslieder, hin und wieder in Deutschland gesungen, von Alten und Jungen [...] durch Anserinum Genserich, Bonn 1846.

Siuts, Hinrich: Die Ansingelieder zu den Kalenderfesten, Göttingen 1968.

Sömmersdorf – 50 Jahre Fränkische Passionsspiele Sömmersdorf, Würzburg 1983.

Spamer, Adolf: Sitte und Brauch. In: Handbuch der deutschen Volkskunde. Hg. von W. Peßler, Bd. 2, Potsdam o. J., 33-236.

Ders.: Weihnachten in alter und neuer Zeit, Jena 1937.

Staff, Frank: The Valentine and its origins, London 1949.

Stahl, Bianca: Formen und Funktionen des Fastnachtsfeierns in Geschichte und Gegenwart, dargestellt an den wichtigsten Aktivitäten der Mainzer Fastnachtsvereine und -garden, Bielefeld 1981 (= Wissenschaftliche Reihe, 4).

Steinhuber, Andreas [Kardinal]: Geschichte des Collegium Germanicum Hungaricum in Rom, Freiburg i. Br. ²1906.

Stengel, Georg: *Ova Paschalia, Sacro Emblemate inscripta descriptaque*, München 1635.

Ders.: *Paschalia ova, vulgo plerumque rubra ova vocari*, Ingolstadt 1672.

Stenmans, Paul: Litterae Annuae. Die Jahresberichte des Neusser Jesuitenkollegs 1616-1773, Neuss 1960 (= Schriftenreihe des Stadtarchivs Neuss, 4).

Stille, Eva/Ursula Pfistermeier: Christbaumschmuck, Nürnberg 1979.

Strele, Richard von: Der Palmesel. In: Zeitschrift des Deutschen und österreichischen Alpenvereins 28, 1897, 135-154.

Strobl, Andreas: *Ovum Paschale novum*, oder: Neugefärbte Oster-Ayr, Salzburg 1710.

Strohecker, Hans Ott/Günter Willmann: Das Cannstatter Volksfest, Stuttgart-Aalen 1978.

Strübin, Eduard: Baselbieter Volksleben, Sitte und Brauch im Kulturwandel der Gegenwart, Basel 1952 (= Volkstum der Schweiz, 8).

Ders.: Muttertag in der Schweiz. In: Schweizerisches Archiv für Volkskunde 52, 1956, 95-121.

Stückelberg, Ernst A.: Die Palmsonntagsfeier im Mittelalter. In: Festbuch zur Eröffnung des historischen Museums Basel 1894, 17-36.

Stüdeli, Bernhard E. J.: Minoritenniederlassungen und mittelalterliche Stadt, Werl/Westf. 1969 (= Franziskanische Forschungen, 21).

Sulzbacher, Josef: Das Prager Nikolausspiel. In: Egon Kühebacher (Hg.): Tiroler Volksschauspiel, Bozen 1976 (= Schriftenreihe des Südtiroler Kultur-Institutes, 3), 349-359.

Swoboda, Otto: Alpenländisches Brauchtum im Jahreslauf, München 1979.

Ders.: Lebendiges Brauchtum, Salzburg 1970.

Taylor, Archer: Ach, du armer Judas. In: Journal of English and Germanic Philology 19, 1920, 318-339.

Thierbach, Alfred: Untersuchungen zur Benennung der Kirchenfeste in den romanischen Sprachen, Berlin 1951 (= Veröffentlichungen des Institutes für Romanische Sprachwissenschaft, 6).

Thomann, Günther: Die Armen Seelen im Volksglauben und Volksbrauch des altbayerischen und oberpfälzischen Raumes. In: Verhandlungen des Historischen Vereins für Oberpfalz und Regensburg, Bd. 110, 1970, 115-170; 111, 1971, 96-167; 112, 1972, 173-261.

Thull, Martin: Martin von Tours, Aschaffenburg 1985.

Tille, Alexander: Die Geschichte der deutschen Weihnacht, Leipzig 1893.

Tomschik, Erich (Hg.): Der Markgröninger Schäferlauf, Markgröningen 1971.

Torsy, Jakob: Eucharistische Frömmigkeit im späten Mittelalter, in: Archiv für mittelrheinische Kirchengeschichte 23, 1971, 89-102.

Ders.: Lexikon der deutschen Heiligen, Seligen, Ehrwürdigen und Gottseligen, Köln 1959.

Trümpy, Hans: Der Freiheitsbaum. In: Schweizerisches Archiv für Volkskunde 57, 1961, 103-122.

Veit, Ludwig Andreas/Ludwig Lenhart: Kirche und Volksfrömmigkeit im Zeitalter des Barock, Freiburg i. Br. 1956.

Vermeersch, Arthur: Der Muttergottesmonat und der Muttergottestag, Wien-München ²1963.

Vilkuna, Kustaa: Finnisches Brauchtum im Jahreslauf, Helsinki 1969 (= Folklore Fellows Communications, 206).

Vorbrodt, Günter: Die Stiftskirche in Gernrode. Ein kunstgeschichtlicher Beitrag. In: Hans K. Schulze (Hg.): Das Stift Gernrode, Köln-Graz 1965 (= Mitteldeutsche Forschungen, 38), 91-129.

Währen, Max: Der Königskuchen und sein Fest, Bern 1958.

Walter, Sepp: Weststeirischer Fronleichnamsschmuck. In: Alpes Orientales II, Graz 1961, 135-145.

Weber-Kellermann, Ingeborg: Laubkönig und Schößmeier. In: Deutsches Jahrbuch für Volkskunde 4, 1958, 366-385. Nachtrag von W. Prochaska, ibid. 4, 1959, 416-429.

Dies.: Das Weihnachtsfest. Eine Kultur- und Sozialgeschichte der Weihnachtszeit, Luzern 1978.

Dies.: Das Buch der Weihnachtslieder, Mainz-London-New York-Tokio 1982.

Dies.: Weihnachtslieder. Kulturgeschichte, Noten, Texte, München 1982 (= Goldmann-Taschenbuch, 33058).

Dies.: Volksleben in Hessen 1970, Göttingen 1971.

Dies.: Volksfeste in Deutschland, Hamburg 1981.

Dies. (Hg.): Brauch und seine Rolle im Verhaltenscode sozialer Gruppen. Eine Bibliographie, Marburg 1973 (= Marburger Studien zur vergleichenden Ethnosoziologie, 1).

Weiß, Richard: Volkskunde der Schweiz. Grundriß, Erlenbach-Zürich ²1978.

Wendland, Volker: Ostermärchen und Ostergelächter, Frankfurt-Bern-Cirencester 1980 (= Europäische Hochschulschriften, I/306).

Wentzel, Hans: Die Kornfeldlegende [...]. In: Festschrift für Kurt Bauch, Stuttgart-München 1957, 177-192.

Ders.: Die »Kornfeldlegende«. In: Aachener Kunstblätter 30, 1965, 131-143.

Werland, Walter: Karneval in Münster, Münster 1976.

Ders.: In Münster spukt der Morio, Münster 1978.

Wetter, Herbert: Heischebrauch und Dreikönigsumzug im deutschen Raum, phil. Diss., Greifswald, Wiesbaden 1933.

Widmann, Marion: »De coronis«, Frankfurt am Main-Bern-New York 1987 (= Artes populares, 12).

Wiepen, Eduard: Palmsonntagsprozession und Palmesel, Bonn 1903.

Wiesinger, Alfons: Narrenschmaus und Fastenspeise im schwäbisch-alemannischen Brauch, Konstanz 1980.

Wildhaber, Robert (Hg.): Osterbrauchtum in Europa. In: Schweizerisches Archiv für Volkskunde 53, 1957, 61-198.

Wolfram, Richard: Brauchtum und Volksglaube in der Gottschee, Wien 1980.

Ders.: Funkensonntag in Vorarlberg. In: Germanien 19, 5. Mai 1939, 198-209.

Ders.: Prinzipien und Probleme der Brauchtumsforschung, Wien 1972 (= ÖAW, Sitzungsberichte, Phil.-hist. Kl., 278).

Worschech, Reinhard: Fränkische Bräuche zur Weihnachtszeit, Würzburg 1978.

Zehnder, Leo: Volkskundliches in der älteren Schweizerischen Chronistik, Basel 1976 (= Schriften der Schweizerischen Gesellschaft für Volkskunde, 60).

Zeuner, Ernst August: Bethlehem liegt im Schwarzwald. In: Die Schulwarte 6, 1953, 733-737.

Zimmermann, Walther: Über Osterpalmen in Baden. In: Mein Heimatland 1927, 88-95.